75가지 핵심 문법과
예제로 익히는 RxJS 기초

RxJS
프로그래밍

RxJS 프로그래밍 75가지 핵심 문법과 예제로 익히는 RxJS 기초

초판 1쇄 발행 2018년 9월 10일

지은이 이종욱, 안재하 / **펴낸이** 김태헌
펴낸곳 한빛미디어(주) / **주소** 서울시 서대문구 연희로2길 62 한빛미디어(주) IT출판사업부
전화 02-325-5544 / **팩스** 02-336-7124
등록 1999년 6월 24일 제 25100-2017-000058호 / **ISBN** 979-11-6224-053-3 93000

총괄 전태호 / **책임편집** 김창수 / **기획 · 편집** 이중민
디자인 표지 박정화 내지 김연정
영업 김형진, 김진불, 조유미 / **마케팅** 송경석, 김나예, 이행은 / **제작** 박성우, 김정우

이 책에 대한 의견이나 오탈자 및 잘못된 내용에 대한 수정 정보는 한빛미디어(주)의 홈페이지나 아래 이메일로
알려주십시오. 잘못된 책은 구입하신 서점에서 교환해드립니다. 책값은 뒤표지에 표시되어 있습니다.

한빛미디어 홈페이지 www.hanbit.co.kr / **이메일** ask@hanbit.co.kr

지금 하지 않으면 할 수 없는 일이 있습니다.
책으로 펴내고 싶은 아이디어나 원고를 메일(**writer@hanbit.co.kr**)로 보내주세요.
한빛미디어(주)는 여러분의 소중한 경험과 지식을 기다리고 있습니다.

75가지 핵심 문법과
예제로 익히는 RxJS 기초

RxJS
프로그래밍

이종욱, 안재하 지음

H3 한빛미디어
Hanbit Media, Inc.

지은이 소개

지은이 이종욱 peace0114@gmail.com

신입 개발자로 LG전자에 입사해 안드로이드 앱을 개발하면서 자연스레 자바에서 동시성 문제를 다루는 데 관심을 두었다. 실무 앱 개발에 동시성 문제를 해결하는 방법으로 RxJava와 함수형 프로그래밍을 접했고, 리액티브 프로그래밍과 동시성 프로그래밍에 매력을 느꼈다. 지금도 동시성 프로그래밍에 관심이 많은 프로그래머이기도 하다.

현재 근무하는 카카오에서는 Daum 영화를 개편해 자바스크립트의 이벤트 처리를 ReactiveX 방식으로 해결했다. 이때 도입한 RxJS의 실무 적용 경험을 바탕으로 이 책을 쓰게 되었고, 기술 블로그에 포스팅하면서 좋은 반응도 얻었다. 최근 관심사는 스프링 프레임워크 5의 웹플럭스를 사용하면서 알게 된 Reactor 라이브러리(https://projectreactor.io/)다.

지은이 안재하 eu81273@gmail.com

카카오 FE 플랫폼 팀에서 근무하고 있으며 자바스크립트에 관심이 많은 개발자다. 아내가 지어준 감성 프로그래밍이라는 낯간지러운 이름의 블로그를 운영하면서 다른 개발자들과 지식, 경험을 나누기 위해 노력하고 있다.

지은이의 말

어렸을 때 컴퓨터 프로그래밍에 관심을 둔 후 서점에서 구입한 많은 IT 서적이 성장하는 데 많은 도움이 되었습니다. 이렇게 IT 서적을 읽는 독자에서 저자로 첫 책을 출간했습니다. 책 한 권이 나오기까지 정말 큰 노력과 고민이 필요한지를 경험할 수 있어 기쁘기도 합니다.

RxJS를 다루다 보면 "왜 이렇게 동작하지?"라는 의문을 많이 갖습니다. 공식 문서의 추상화된 사용 방법만으로 어떻게 동작하는지 막막함을 느끼기 때문입니다. 이 책은 개인적으로 ReactiveX를 처음 접할 때 겪었던 어려움을 생각해서 실제 사용하는 예제 코드 소개는 물론 실제 RxJS의 연산자 구현 코드 분석도 상세히 했습니다. 그래서 이 책은 오랜 시간 공을 들여 집필했습니다. RxJS 버전 이슈 등에도 대응하느라 고생했던 기억이 스쳐 갑니다. 부디 이 책으로 RxJS에 좀 더 익숙해질 수 있다면 보람찰 것입니다.

이 책을 쓰면서 많은 분의 도움을 받았습니다. 우선 이 책을 같이 집필한 안재하 님께 감사드립니다. 또한 회사 동료로 집필 과정에서 도움을 준 박일호 님께도 감사드립니다. Daum 영화를 같이 만들어온 분들, 미디어 개발을 하는 모든 동료분, 회사에서 함수형 프로그래밍에 관심이 있어 함께 모인 람다 동호회분들께도 감사드립니다.

전 직장에서 개발자로 성장하는 데 많은 도움을 준 선배들께도 감사드립니다. 김수정 님, 이상준 님, 이선주 님, 김호진 님 외 동료들, 함수형 프로그래밍을 알려주신 한주영 님과 애자일 개발팀, 같은 팀에서 먼저 집필 경험을 갖고 많은 조언을 준 유동환 님께도 감사드립니다. RxJS가 굉장히 낯설고 힘든데도 끝까지 인내하며 편집을 도와준 이중민 과장님께도 감사드립니다.

마지막으로 이 오랜 시간 동안 사랑으로 함께 해준 가족들께 감사드립니다. 집필 과정에서 함께 배려해주고 도와준 아내 수미에게 사랑하고 감사한 마음을 전합니다. 어렸을 때 적성을 찾도록 도와주시고 잘 키워주신 부모님, 결혼 후 많은 사랑을 보여주신 장모님, 하늘나라에서 지켜보실 사랑하는 장인어른께도 감사의 마음을 전합니다.

이종욱

다른 프로그래밍 언어에서 ReactiveX는 꽤 영향력을 넓혀가는 중입니다. 그런데 자바스크립트의 ReactiveX인 RxJS는 아직 큰 영향력을 발휘하지 못하는 것 같습니다. 근래 빠르게 발전해 온 자바스크립트를 RxJS가 뒤늦게 따라가며 기존 설계에서 많은 변화가 있었던 것도 한 이유라고 생각합니다. 하지만 표준 스펙으로 추가되며 자연스럽게 자바스크립트의 세계에 확고히 자리 잡은 프로미스처럼 RxJS의 옵저버블도 곧 우리 곁에 자리 잡게 되리라는 것은 의심할 여지가 없습니다. 많은 변화를 거치며 다시 자바스크립트 세상에 문을 두드리는 RxJS를 맞이하는데 이 책이 도움이 되기를 기대해 봅니다.

저를 개발자의 길로 이끌어주신 장의진 님과 ReactiveX의 세계를 알려준 이종욱 님에게 먼저 감사의 말을 전합니다. 또한 책을 정성으로 다듬어 주신 이중민 과장님과 한빛미디어에도 감사하다는 말을 전합니다. 마지막으로 집필하는 동안 항상 배려하고 응원해준 아내와 존재만으로도 응원이 되어준 지휼이에게 고맙고 사랑한다는 말을 하고 싶습니다.

안재하

서문

필자는 RxJS를 접하기 전에 안드로이드 앱 개발에 RxJava를 사용해본 적이 있다. 이때 느꼈던 RxJava의 장점은 다음과 같았다.

- 앱에서 발생하는 각종 이벤트를 비동기 처리할 때 발생하는 콜백 지옥[1]을 쉽게 해결했다. 실제로 여러 개 콜백 함수를 작성할 필요가 없어서 코드 가독성이 좋고 디버깅하기 편리했다.
- 특정 코드를 원하는 스레드에서 동작하게 할 수 있는 쉬운 방법을 제공한다. 예를 들어 UI 작업은 UI 스레드에서, UI 작업과 상관없는 계산이나 입출력 처리를 다른 스레드에서 동작하도록 하기 쉬웠다.

단, 익숙해지는 데 시간이 걸렸다(이때 함께 일하는 동료의 많은 도움을 받았다). RxJava를 익히면서 알아야 했던 것들은 다음과 같았다.

- 함수형 프로그래밍 패러다임을 이해해야 하면서 기존에 익숙했던 명령형 프로그래밍 방식의 사고를 벗어나야 했다.
- RxJava에서 제공하는 많은 연산자(operator)를 학습하고 찾아서 적용해야 했다.

하지만 콜백 지옥과 스레드 관리의 어려움을 생각하면 RxJava를 사용할 가치는 충분했다.

웹 애플리케이션의 프런트엔드 개발 역시 UI에서 다양한 이벤트를 처리해야 하는 패턴이 비슷하며 요구사항이 복잡하다. 이때 RxJS를 사용하면 많은 도움을 받을 수 있다. 현재 필자는 웹 애플리케이션 개발자로 일하면서 프런트엔드 자바스크립트 코드에 RxJS 라이브러리를 사용하고 있다. 다행히 RxJava나 RxJS의 기본 개념은 비슷해서 공식 문서를 읽다 보니 RxJava 때만큼 익숙해지는 데 시간이 걸리지는 않았다. 덕분에 주변 동료들에게 관련 정보를 공유하고 도움을 줄 수 있게 되었다. 이 책은 더 많은 사람이 RxJS를 이해하는 데 조금이라도 도움이 되길 바라는 마음으로 집필했다.

대상 독자

이 책은 자바스크립트 기초 문법을 아는 개발자를 대상으로 한다. 이벤트 처리나 AJAX 등의 비동기 처리를 더 편하게 하고 싶은 개발자나 다른 프로그래밍 언어에서 ReactiveX 라이브러리를 사용해본 개발자라면 이 책을 읽었을 때 많은 도움을 얻을 수 있다.

---

1 다른 함수를 인자로 사용해 실행될 콜백 함수가 계속 사용되어 디버깅하기 어려운 정도에 이르는 현상이다.

이 책의 구성

1부에서는 RxJS 공식 문서를 기반으로 기본 개념을 소개한다. 리액티브 프로그래밍 및 RxJS를 소개하고 개발 환경 구축과 기본 예제를 살펴본다. 또한 RxJS의 핵심인 옵저버블을 생성하는 함수를 살펴본다.

2부에서는 RxJS의 기본 연산자를 자세하게 소개한다. 필터링 연산자, 변환 연산자, 조합 연산자, 수학 및 결합 연산자, 유틸리티 연산자, 조건 연산자라는 분류에 맞춰서 살펴볼 것이다.

3부는 에러 핸들링, 멀티캐스팅, 스케줄러 등 RxJS를 효과적으로 사용하는 데 필요한 부분을 소개한다.

4부에서는 RxJS를 사용하는 실전 사례와 방법들을 다룬다. 테스팅, ES2015+ 앵귤러와 리액트에서 RxJS를 사용하는 방법을 살펴본다. 또한 사용자 정의 연산자와 함수를 만드는 방법도 소개한다.

부록에서는 ES2015+에 익숙하지 않은 독자를 위해 ES2015+의 특징을 간단히 소개한다.

RxJS의 특정 부분이 궁금한 독자라면 PART 2와 PART 3에서 필요한 부분을 참고하기 바란다. PART 2와 PART 3을 잘 소화했거나 어느 정도 RxJS에 익숙한 독자라면 실무에 응용하는 부분을 다루는 PART 4를 보길 권한다.

예제 다운로드

예제 코드 전체는 GitHub에서 제공한다. 다음 URL에서 다운로드할 수 있다.

- https://github.com/rxjskr/book-examples
- http://www.hanbit.co.kr/src/10053

예제 코드는 자바스크립트의 새로운 표준 스펙인 ES2015+로 작성했고 Node.js에서 실행할 수 있다.

일러두기

RxJS 6 공식 문서는 기존 RxJS 5 공식 문서와 비교했을 때 크게 변화했다. 공식 문서의 웹 주소도 바뀌었고 실제 연산자의 이름이나 분류가 바뀌었다. 하지만 기본 개념이 완전히 바뀐 것은 아니다. 따라서 이 책에서 참고할 공식 문서를 소개할 때는 최대한 RxJS 6 공식 문서에 맞추지만 현재 버전 6 공식 문서에 없는 일부 내용은 RxJS 이전 버전의 문서도 참조했음을 밝혀둔다.

CONTENTS

PART 1 RxJS 소개

CHAPTER 1 RxJS 소개와 개발 환경 구축

CHAPTER 2 RxJS의 기본 개념

CHAPTER 3 생성 함수

CONTENTS

PART 2 RxJS의 연산자

CHAPTER 4 필터링 연산자

CHAPTER 5 **변환 연산자**

CONTENTS

CHAPTER **6** 조합 연산자

CHAPTER **7** 수학 및 결합 연산자

CHAPTER 8 유틸리티 연산자

CHAPTER 9 조건 연산자

CONTENTS

PART 3 효과적인 RxJS 사용

CHAPTER 10 에러 처리

CHAPTER 11 서브젝트

CONTENTS

PART **4** 실전 RxJS

CHAPTER **14** 테스트

CHAPTER 15 ES2015+와 RxJS

CHAPTER 16 앵귤러와 RxJS

CONTENTS

CONTENTS

CONTENTS

APPENDIX **B RxJS 5와 6의 차이점**

RxJS 소개

1부에서는 RxJS를 소개하고 RxJS의 주요 개념을 살펴볼 것이다. 그리고 RxJS의 핵심인 옵저버블을 생성하는 생성 함수가 무엇인지도 알아본다.

Part I

RxJS 소개

## CHAPTER 1

RxJS 소개와 개발 환경 구축

이 장에서는 RxJS와 그 기반이 되는 리액티브 프로그래밍이 무엇인지 살펴본 후 RxJS를 개발하는 데 필요한 환경 구축 방법을 알아본다.

1.1 리액티브 프로그래밍이란?

사용자의 활동에 좀 더 즉각 반응하는 소프트웨어를 개발하려면 이벤트를 적절하게 처리해야 한다. 그런데 프로그래밍할 때 다뤄야 할 데이터 소스의 종류가 다양해지면서 이벤트 수는 점점 많아지고 있다. 즉, 요구사항은 이전과 비교했을 때 복잡하고 처리 방법은 좀 더 효율적이어야 한다는 문제를 해결해야 할 필요성이 생긴 것이다. 이 책에서 소개하는 RxJS는 방금 설명한 문제를 해결하는 방법의 하나인 리액티브 프로그래밍 패러다임[1]이 있는 라이브러리다.

리액티브 프로그래밍은 비동기 프로그래밍 패러다임의 하위 개념으로 이벤트나 배열 같은 데이터 스트림을 비동기로 처리해 변화에 유연하게 반응하는 프로그래밍 패러다임이라고 정의할 수 있다. 물론 이 정의만 읽었을 때는 어떤 의미인지 알쏭달쏭할 것이다.

먼저 위키백과 리액티브 프로그래밍[2]에서 필자가 핵심이라고 생각하는 키워드를 소개한다.

---

1 패러다임의 이해는 '리액티브 선언문(https://www.reactivemanifesto.org/ko)'을 참고해도 도움이 될 것이다.

2 https://en.wikipedia.org/wiki/Reactive_programming

- 데이터 스트림(Data streams)
- 변화의 전달(The propagation of change)

'데이터 스트림'은 말 그대로 데이터의 흐름이다. 보통 정적인 데이터 스트림은 배열을, 동적인 데이터 스트림은 이벤트 이미터Event Emitter를 뜻한다. 정적이든 동적이든 여러 개의 데이터 흐름이 존재할 수 있는데, 동적인 데이터 스트림의 예로는 마우스 클릭처럼 여러 번 발생할 수 있는 이벤트가 있다.

'변화의 전달'은 데이터 스트림 안에서 어떤 값이 변했을 때의 전달이 바로 이루어지는 것을 뜻한다. 예를 들어 명령형 프로그래밍Imperative programming에서는 c = a + b를 실행한 후 a 값이 바뀐다면 a만 바뀔 뿐 c 값이 같이 바뀌지 않는다. 하지만 리액티브 프로그래밍은 a 값이 바뀌었을 때 바로 c 값도 변한다. 엑셀에서 특정 셀 값을 바꿨을 때 해당 셀을 이용하는 다른 셀 값도 같이 변하는 것과 같다. 즉, 리액티브 프로그래밍은 정적/동적인 데이터 흐름의 변화에 곧바로 반응하는 프로그램을 만드는 것이라고 할 수 있겠다.

그럼 리액티브 프로그래밍을 적용할 때는 무엇을 고려해야 할까? 이를 알아보려면 '리액티브 선언문'에서 말하는 '리액티브 시스템'의 개념을 살펴보는 것이 좋다. 예를 들어 100ms당 1개씩 값을 발행하는 데이터 스트림이 있을 때, 1개를 처리할 때 1초 이상의 시간이 걸린다고 생각해보자. 다음과 같은 부분을 고려해야 한다.

- 이벤트 발생처럼 언제, 어떤 속도로 발생할지 모르는 데이터 흐름의 처리 속도가 느리다면 버퍼를 두어야 할 수 있다.
- 버퍼를 두면 메모리가 얼마나 데이터를 수용할 수 있는가를 고려해야 한다.
- '블로킹' 방식은 응답성이 나쁘다. 정적 데이터 스트림처럼 데이터 흐름을 직접 제어할 수 있다고 해도 처리할 때마다 1초씩 기다려야 다음 데이터를 요청할 수 있다.
- '비동기/논블로킹' 방식은 '비동기 프로그래밍 패러다임'과 잘 맞는다. 100ms마다 발행하는 데이터를 전달하는 부분과 1초 동안 데이터를 처리하는 실행 부분이 다르므로 1초마다 변화를 확인할 수 있다.
- 에러 처리 상황을 고려해야 한다. 에러가 발생했을 때 기본값으로 계산할 수 없음을 보여준다거나, 에러 메시지를 나타낸 후 이후 동작을 진행한다거나, 재시도하는 방법 등으로 응답성을 높일 수 있다.

이는 근본적으로 좋은 '응답성'을 유지하는 방법들이다.

리액티브 프로그래밍이 반드시 리액티브 시스템의 특징을 충족해야 하는 것은 아니다. 그런데도 예를 들면서 리액티브 시스템의 특징을 소개한 이유는 리액티브 시스템을 구성하는 도구 중하나로 리액티브 프로그래밍을 사용할 때 가치를 극대화할 수 있기 때문이다.

앞으로 이 책에서는 RxJS가 이러한 가치를 어떻게 극대화하는지 살펴볼 것이다.[3]

1.2 RxJS

RxJS는 ReactiveX 프로젝트[4]에서 출발한 리액티브 프로그래밍을 지원하는 자바스크립트 라이브러리다. 이벤트 스트림을 옵저버블Observable이라는 객체로 표현한 후 비동기 이벤트 기반의 프로그램 작성을 돕는다. 이벤트 처리를 위한 API로 다양한 연산자Operator를 제공하는 함수형 프로그래밍 기법도 도입되어 있다. 앞 절에서 소개한 리액티브 프로그래밍을 쉽게 해주는 장점이 있다.

1.2.1 RxJS의 역사

ReactiveX는 마이크로소프트 .NET의 'Reactive Extensions[5]'에서 시작해서 발전해왔다. ReactiveX 프로젝트를 시작한 목적은 비동기 이벤트 기반의 프로그래밍을 쉽게 하려는 것이다. 이 때문에 선언형 방식의 LINQ 스타일 연산자를 제공했다. 'Reactive Extensions'에서는 ReactiveX를 다음처럼 설명한다.

> 풀링(Pulling)방식의 이터레이터 패턴을 사용하는 IEnumerable⟨T⟩/IEnumerator⟨T⟩를 데이터 스트림을 구독하는 푸시(Pushing) 방식의 옵저버 패턴인 IObservable⟨T⟩/IObserver⟨T⟩로 전환한다.

이렇게 시작한 라이브러리가 다양한 언어의 오픈 소스 라이브러리로 확장되면서 RxJS, RxJava 등의 라이브러리가 생긴 것이다.

현재 RxJS 라이브러리는 크게 RxJS 4와 RxJS 5+(5, 6 포함)가 있다. GitHub에서 RxJS 4 관련 정보를 확인하면 Rx의 처음 이름인 Reactive-Extensions 아래 RxJS라는 이름으로 2012년에 최초 커밋[6]이 있다. 라이선스 정보[7]를 보면 마이크로소프트에 저작권이 있음을 확인할 수

---

3 리액티브 프로그래밍과 리액티브 시스템을 좀 더 자세히 살펴보고 싶다면 '리액티브 프로그래밍 vs. 리액티브 시스템(https://goo.gl/MDZyQu)'을 읽어보길 권한다.

4 http://reactivex.io

5 https://docs.microsoft.com/en-us/previous-versions/dotnet/reactive-extensions/hh242985(v=vs.103)

6 https://github.com/Reactive-Extensions/RxJS/commit/87dfd51109f5e061a084d428b322955376d5bfc4

7 https://github.com/Reactive-Extensions/RxJS/blob/master/license.txt

있다. RxJS 5는 ReactiveX 아래 rxjs라는 이름으로 2015년에 최초 커밋[8]이 발생했음을 확인할 수 있다. 라이선스 정보[9]를 보면 구글과 넷플릭스가 추가되어 있음을 알 수 있다.

RxJS 프로젝트는 벤 레시[Ben Lesh]가 리드하고 있으며, 2018년 8월 현재 최신 버전은 6이다. 버전 6에서는 버전 5의 큰 틀은 유지하면서 단점을 개선하였고, 버전 7까지 고려한 큰 그림[10]을 그리며 변화 중이다.

이 책에서는 RxJS 6을 기준으로 RxJS를 다룰 예정이다. 인터넷 익스플로러 8과 같은 하위 브라우저 지원을 위해 RxJS 4를 사용할 때도 있는데 이는 1.3에서 다루겠다.

1.3 RxJS로 개발할 때 알아야 할 것

RxJS를 사용하려면 당연히 RxJS 라이브러리를 설치해야 한다. 그밖에도 함께 사용해야 할 자바스크립트 기반 개발 환경이 있다. 이 절에서는 RxJS 개발 환경을 설정하기 전 꼭 알아야 할 개발 환경을 살펴볼 것이다. 이 책의 코드를 실행하려면 다음 개발 환경이 필요하다.

- Node.js v8.9.0 이상
- npm v3.0.0 이상
- Git v2.0.0 이상
- RxJS v6.1.0

1.3.1 Node.js

Node.js는 자바스크립트 기반으로 네트워크 애플리케이션을 개발하는 플랫폼이다. 윈도우나 macOS에서는 공식 웹 사이트(https://nodejs.org/en/download/)에서 설치 파일을 다운로드해 사용하면 Node.js를 손쉽게 설치할 수 있다. 리눅스는 NodeSource에서 제공하는 Node.js 버전별 설치 스크립트를 활용하면 된다.

---

8 https://github.com/ReactiveX/rxjs/commit/7e9e6bd4c76d02775e42c0f806ffe5bbf5f8cf7f

9 https://github.com/ReactiveX/rxjs/blob/master/LICENSE.txt

10 'RxJS 6 & 7의 미래(https://www.youtube.com/watch?v=8WhFBIsKy-Y)'와 'RxJS 5.x를 6으로 바꾸는 업데이트 가이드 (https://github.com/ReactiveX/rxjs/blob/master/docs_app/content/guide/v6/migration.md)'를 참고하기 바란다.

1.3.2 npm

npm은 Node.js의 패키지 관리자다. 다른 사람들이 만든 Node.js 기반 코드 모음을 쉽게 설치하거나 공유해 사용할 수 있다. 이러한 코드 모음을 패키지 또는 모듈이라고 하며 package.json 안에 메타데이터를 담고 있다. 어떤 Node.js 프로젝트든 package.json을 열면 해당 프로젝트가 사용하는 모듈 목록을 쉽게 확인할 수 있다.

또한 package.json이 있는 디렉터리에서 npm install 명령을 실행하면 package.json에 선언된 의존 모듈 목록을 분석해 node_modules라는 디렉터리 안에 의존 모듈들을 설치한다.

프로젝트에 다른 모듈을 추가하는 방법은 모든 프로젝트에서 사용하도록 전역global 범위에 설치하는 것과 해당 프로젝트에서만 사용하도록 로컬local 범위에 설치하는 것으로 나눌 수 있다. 일반적으로는 CLICommand line Interface와 같이 실행할 수 있는 모듈은 주로 전역 범위에 설치하고 그 외 대부분은 로컬 범위에 설치한다.

각 설치 명령은 다음과 같다.

```
# 전역 범위에 모듈 설치
$ npm install --global <모듈 이름>

# 로컬 범위 모듈 설치
$ npm install --save <모듈 이름>

# 로컬 범위에 개발용 모듈 설치
$ npm install --save-dev <모듈 이름>
```

전역 범위는 --global 옵션을 추가하고 로컬 범위는 --save 옵션을 추가하면 된다. 또한 앞에서 설명하지 않았던 방식으로 개발용 모듈 설치도 있다. 예를 들어 테스트용 모듈 등 개발할 때만 필요한 패키지를 설치할 때는 --save-dev 옵션을 추가해 설치한다. 전역 범위에 패키지를 설치하면 package.json에 따로 모듈 설치 기록이 추가되진 않는다. --save 옵션으로 설치하면 해당 모듈 이름이 package.json의 dependencies 항목에 추가되고, --save-dev 옵션으로 설치하면 해당 모듈 이름이 devDependencies 항목에 추가된다.

1.3.3 Git

Git은 리눅스를 만든 리누스 토르발스^{Linus Torvalds}가 만든 버전 관리 시스템^{Version Control System}이다. 이 책에서는 GitHub에서 제공하는 예제 파일을 설치하고 환경을 설정하는 데 사용한다.

리눅스에서 Git을 설치할 때는 각 배포판의 패키지 관리 도구를 사용하여 설치한다. 페도라 ^{Fedora} 혹은 센트OS^{CentOS}에서는 yum 명령을 사용해서 설치한다.

```
$ sudo yum install git-all
```

우분투^{Ubuntu} 등의 데비안 계열 배포판에서는 apt-get을 사용해서 설치한다.

```
$ sudo apt-get install git-all
```

윈도우나 macOS는 Git 공식 웹 사이트에서 설치 파일을 다운로드해서 설치할 수 있다. 각각 다음 URL에서 다운로드하면 된다.

- 윈도우: https://git-scm.com/download/win
- macOS: http://git-scm.com/download/mac

1.3.4 RxJS 4와 RxJS 5+

RxJS 5.x 버전부터는 모듈화, 디버깅을 위한 콜스택 지원 등 더 나은 성능을 추구하고자 완전히 새로 만들었다. 그 결과 인터넷 익스플로러 8과 같은 오래된 브라우저의 지원을 종료했다.[11] 이 책을 쓰는 시점인 2018년 8월 현재 국내 인터넷 익스플로러 8 점유율은 약 2% 미만[12]인 것으로 알려져 있으므로, 인터넷 익스플로러 8과 같은 오래된 브라우저의 지원이 필요하다면 RxJS 4.x 버전 사용을 고려할 필요가 있다. 4.x 버전과 5.x 버전은 기본 개념을 공유하므로 대부분 비슷하지만 일부 다른 부분들이 존재하므로 개발할 때 주의가 필요하다.

인터넷 익스플로러 8과 같은 오래된 브라우저를 지원하기 위해 4.x 버전을 사용해야 한다면 4.x 버전이 제공하는 라이브러리 세트를 알아야 한다. 오래된 브라우저를 지원할 필요가 없다면 이 단락은 생략해도 좋다.

----

11 RxJS 4.x 버전까지 지원했다. 참고로 4.x 버전은 인터넷 익스플로러 6+, 크롬 4+, 파이어폭스 1+까지 지원한다.

12 http://gs.statcounter.com/browser-version-partially-combined-market-share/desktop/south-korea/

- **rx.all.js**: 모든 연산자를 포함하는 라이브러리 세트
- **rx.lite.js**: 필수 연산자만 포함해서 용량을 줄인 라이브러리 세트
- **rx.core.js**: RxJS의 핵심 부분만 포함한 라이브러리 세트

필요에 따라 적절한 라이브러리 세트를 선택해야 한다. 참고로 파일 이름 중간에 'compat'이 붙으면 오래된 브라우저를 지원하는 폴리필[13]을 포함한 버전이다. 대부분 rx.lite.js로 충분하지만 좀 더 많은 연산자가 필요하다면 RxJS 메인 라이브러리[14]에서 필요한 연산자가 포함된 스크립트 파일을 찾은 후 추가해서 사용하면 된다.

4.x 버전의 라이브러리 종류를 간단히 정리해보면 [표 1-1]과 같다.

표 1-1 RxJS 4.x 버전의 라이브러리 종류

구분	설명	구성
Complete Libraries	Scheduler, Disposables, Observable, Observer 등 핵심 구성 요소와 모든 연산자를 포함하지만 테스트 기능이 빠져 있다.	rx.all.js
Main Libraries	rx.js는 Scheduler, Disposables, Observable, Observer를 포함하여 많은 핵심 구성 요소를 포함하며, 여기에 추가로 필요한 연산자를 조합해서 사용한다.	rx.js rx.aggregates.js rx.async.js rx.binding.js rx.coincidence.js rx.experimental.js rx.joinpatterns.js rx.testing.js rx.time.js rx.virtualtime.js
Lite Libraries	경량화 버전으로 Scheduler, Disposables, Observable 및 Observer를 포함하여 핵심 구성 요소, 주로 사용하는 연산자들, 이벤트 브리지, 프로미스 등을 내장하고 있다.	rx.lite.js rx.lite.extras.js
Core Libraries	자체적인 용도로 최소 구현만 필요할 때 rx.core.js를 사용하며 Disposables, Schedulers, Observer 및 Observable 등의 기본 요소만 포함되어 있다.	rx.core.js rx.core.binding.js rx.core.testing.js

---

13 특정 기능을 지원하지 않는 브라우저에서 해당 기능을 지원할 수 있도록 만들어주는 코드 조각이나 플러그인을 말한다.
14 https://github.com/Reactive-Extensions/RxJS#main-libraries

이러한 라이브러리 종류를 좀 더 자세히 알려면 다음 GitHub 저장소(https://github.com/Reactive-Extensions/RxJS/tree/master/doc/libraries)를 참고하면 된다.

1.4 RxJS 개발 환경 설정하기

이 절에서는 RxJS 개발 환경을 설정하는 방법을 살펴볼 것이다. 이 책에서 제공하는 예제 파일을 이용하는 방법도 함께 설명할 것이니 꼭 참고하기 바란다.

RxJS를 브라우저에서 사용하는 방법은 크게 두 가지로 나눌 수 있다. 하나는 직접 script 태그로 웹 페이지 안에 포함해서 전역 범위에서 RxJS를 사용하는 전통적인 방법이다. 다른 하나는 Node.js의 패키지 관리자 npm으로 RxJS를 설치하고 최근 많이 사용하는 브라우저리파이[15]나 웹팩webpack[16]과 같은 모듈 번들러를 사용하는 방법이다.

1.4.1 script 태그로 RxJS 사용하기

6.x 버전의 RxJS를 script 태그로 추가할 때는 다음처럼 알려진 CDN을 이용하면 편리하다.

```
<script src="https://unpkg.com/rxjs/bundles/rxjs.umd.min.js"></script>
```

window에 rxjs라는 객체가 주입되어 rxjs라는 이름으로 RxJS 요소들에 접근할 수 있다.

4.x 버전과 5.x 버전에서는 Rx.Observable처럼 Rx라는 네임스페이스를 기준으로 RxJS 요소들에 접근할 수 있다. 다음 CDN 주소를 사용할 수 있다.

```
<script src="https://cdnjs.cloudflare.com/ajax/libs/rxjs/5.3.0/Rx.min.js"></script>
```

---

15 http://browserify.org/#install
16 https://webpack.js.org/concepts/

all 버전을 기준으로 RxJS v4.x.x를 script 태그로 추가하는 방법은 다음과 같다.

```
<script src="https://cdnjs.cloudflare.com/ajax/libs/rxjs/4.1.0/rx.all.min.js">
</script>
```

1.4.2 모듈 번들러로 RxJS 사용하기

RxJS를 브라우저에서 사용하는 또 한 가지 방법은 모듈 번들러를 사용하는 것이다. 모듈 번들러의 동작 방식을 간단하게 설명하면 다음과 같다.

- 모듈(예를 들면 CommonJS 프로젝트[17])을 사용해서 프런트엔드 코드를 작성한다.
- 시작점(Entry Point)이 되는 자바스크립트 파일을 지정한다.
- 모듈 번들러(module bundler)는 시작점에서 모듈과 관련된 부분을 분석해서 하나의 자바스크립트 파일로 번들링해준다.

이러한 방식은 최근 프런트엔드 개발에서 당연하다고 여길 정도로 보편화된 방법이다. Node.js의 강력한 패키지 관리 도구인 npm을 이용해서 패키지를 관리할 수 있고, 번들링 과정에서 모듈화된 자바스크립트 파일을 압축하는 등 부가 작업도 할 수 있다. 그러므로 프런트엔드 개발을 한다면 모듈 번들러 사용 방법을 반드시 이해할 필요가 있다.

기본적인 모듈 번들러 사용법

먼저 Node.js에서 RxJS를 설치해보자. 앞서 살펴본 Node.js의 패키지 관리자인 npm으로 RxJS를 설치한 후 사용하면 된다.

```
# RxJS v6 설치
$ npm install --save rxjs
```

RxJS를 설치했다면 Node.js 백엔드 코드처럼 모듈 작성 방식으로 RxJS 코드를 작성하면 된다. 즉, 다음처럼 require 함수를 사용한다.

---

17 http://d2.naver.com/helloworld/12864 참고.

코드 1-1 RxJS 모듈 가져오기

```
// RxJS 모듈 가져오기
const { range } = require('rxjs');

range(1, 10)
...
```

Node.js에서 require 함수와 module.exports(또는 exports)로 모듈을 가져오고 내보낼 때는 주로 CommonJS 프로젝트에서 제시하는 방식을 사용한다. 이 방식은 Node.js처럼 의존 모듈들이 로컬에 존재해서 매우 직관적이고 단순한 문법으로 모듈을 불러오거나 내보낼 수 있다. 하지만 브라우저에서는 의존 모듈들을 로컬에서 불러올 수 있는 상황이 아니므로 CommonJS 방식을 바로 사용하기가 어렵다. 이를 극복하기 위해 시작점이 되는 파일에서 CommonJS 방식을 사용한 모듈들을 분석한 후 하나의 자바스크립트 파일로 병합해주는 '모듈 번들러'가 등장했다. 대표적인 라이브러리로 앞에서 소개한 브라우저리파이와 웹팩이 있다.

여기에서는 웹팩으로 모듈을 번들링하는 방법을 간단하게 살펴보겠다. 먼저 덧셈을 하는 add 함수를 포함한 모듈이 있는 math.js를 만들자.

코드 1-2 add 함수

```
// math.js
function add(a, b) {
    return a + b;
}

exports.add = add;
```

정말 단순하게 덧셈만 실행하는 add 함수가 exports 키워드로 모듈 외부에 노출되는 것을 볼 수 있다. CommonJS 방식은 모듈마다 독립적인 범위^{scope}가 보장된다. 즉, 모듈 안에서 선언한 변수나 함수는 모듈 외부에서 사용할 수 없다. 모듈 외부에서 참조하려면 exports의 멤버로 노출해야 하는 것이다.

이제 math.js의 add 함수를 불러와 덧셈을 실제로 실행하는 프로그램을 작성해보자.

코드 1-3 add 함수 불러오기

```
// entrypoint.js
const math = require('./math');

console.log('1 + 2 =', math.add(1, 2));
```

require 함수를 사용하면 다른 모듈을 불러올 수 있다. 지금처럼 직접 작성한 모듈은 모듈 파일의 경로를 꼭 입력해주어야 한다. 확장자는 기본적으로 .js라고 가정하므로 일반적으로 생략한다. 경로는 require를 실행하는 파일을 기준으로 한 상대 경로다. 직접 작성한 모듈이 아니라 npm으로 설치해 node_modules 디렉터리 아래에 있는 모듈이라면 별다른 경로 지정 없이 바로 모듈 이름을 쓰면 된다.

이제 웹팩을 사용해 모듈화된 2개의 파일을 하나의 파일로 번들링해보자. 먼저 다음 명령을 입력해 웹팩을 설치하자. --global 옵션을 설정하면 CLI에서도 사용할 수 있다.

```
$ npm install webpack webpack-cli --global
```

다음으로 시작점이 되는 파일을 지정하면 웹팩이 모듈 관계를 알아서 분석한 후 파일 하나로 번들링해준다.

```
$ webpack entrypoint.js bundle.js

Hash: 3f4330f3ea728925ec4d
Version: webpack 3.6.0
Time: 56ms
    Asset     Size  Chunks            Chunk Names
bundle.js  2.69 kB       0  [emitted]  main
   [0] ./entrypoint.js 73 bytes {0} [built]
   [1] ./math.js 63 bytes {0} [built]
```

첫 번째로 시작점이 될 파일인 entrypoint.js를 지정했고, 두 번째로 번들링한 결과 파일의 이름을 bundle.js로 지정했다. bundle.js의 내용 일부를 살펴보면 파일 2개 내용이 파일 하나로 합해져 있음을 알 수 있다.

코드 1-4 번들링한 결과인 bundle.js

```
/**********************************************************************/
/******/ ([
/* 0 */
/***/ (function(module, exports, __webpack_require__) {

const math = __webpack_require__(1);
console.log('1 + 2 =', math.add(1, 2));

/***/ }),
/* 1 */
/***/ (function(module, exports) {

function add(a, b) {
    return a + b;
}
exports.add = add;

/***/ })
/******/ ]);
```

브라우저에서는 이렇게 합한 bundle.js를 script 태그로 추가해서 사용할 수 있다.

```
<script src="bundle.js"></script>
```

웹 프로젝트 최적화를 고려하는 모듈 번들러 사용법

앞에서 모듈 번들러로 RxJS를 사용하는 간단한 방법을 알아봤다. 그런데 일반적으로 웹팩을 사용할 때는 모듈을 번들링하는 것 외에도 다른 작업도 함께 한다. 예를 들면 다음과 같다.

- 소스 코드의 불필요한 부분을 제거하고 용량을 작게 만드는 압축 작업 실행
- ES2015+ 문법으로 작성한 코드를 구형 브라우저에서도 인식할 수 있도록 ES5 코드로 변환하는 작업 실행

이런 추가 작업은 해당 작업에 필요한 설정을 모은 파일을 생성해 관리하는 것이 좋다. 웹팩에서는 프로젝트 루트 디렉터리에 webpack.config.js라는 이름의 설정 파일을 저장한 후 이를 자동으로 인식해서 빌드 작업을 실행할 수 있다. RxJS 설정과 함께 이러한 작업을 한꺼번에 할 수 있다면 호환성 걱정 없이 RxJS 프로그래밍하는 데 좋다.

예를 들어 [코드 1-5]와 같은 RxJS 기반의 index.js를 작성하고 저장해보자.

코드 1-5 RxJS 기반의 index.js

```
const { range } = require('rxjs');
const { filter, map, scan } = require('rxjs/operators');

range(0, 10).pipe(
    filter(x => x % 2 === 0),
    map(x => x + x),
    scan((acc, x) => acc + x, 0)
).subscribe(x => console.log(x));
```

이제 인터넷 익스플로러 9처럼 ES2015+를 지원하지 않는 브라우저에서 코드를 인식할 수 있
도록 ES5로 변환한 후, 자바스크립트의 용량을 줄여주는 UglifyJS까지 실행한다고 생각해보
자. webpack.config.js의 구성은 다음과 같다.

코드 1-6 webpack.config.js 구성

```
// webpack.config.js
const path = require('path');
const UglifyJSPlugin = require('uglifyjs-webpack-plugin');

module.exports = {
    // 시작점
    entry: './index.js',

    // 번들링 결과 파일
    output: {
        filename: 'bundle.js',
        path: path.resolve(__dirname)
    },

    // 결과 파일의 용량을 줄여주는 Uglify 활성화
    plugins: [
        new UglifyJSPlugin(),
    ],
    module: {
        rules: [
            {
```

```
// 파일 확장명이 js인 파일에 ES2015+로 코드 변환 실행
test: /\.js$/,

// node_modules에 있는 모듈들은 코드 변환 제외
exclude: /node_modules/,
use: {
    // ES2015+ 문법을 ES5로 바꾸는 바벨(babel)로 코드 변환
    loader: 'babel-loader',
    options: {
        // modules 변수를 false로 설정하면 웹팩이 모듈 관련 처리를 실행
        presets: [
            ['env', {
                modules: false
            }]
        ]
    }
}
}
]
}
};
```

프로젝트 루트 디렉터리에 [코드 1-6]을 webpack.config.js라는 파일로 저장하고, 이 설정에서 사용하는 모듈들을 --save-dev 옵션으로 설치하자.

```
# package.json 파일 생성
$ npm init -y

# 필요한 모듈들 설치
$ npm install --save rxjs
$ npm install --save-dev webpack webpack-cli babel-loader babel-core babel-preset-env uglifyjs-webpack-plugin
```

webpack.config.js에서 시작점이 되는 파일을 entry 항목에, 결과물이 되는 파일을 output 항목에 입력했으므로 파라미터 없이 웹팩을 실행해도 이 설정 파일에 따라 번들링을 실행한다. 만약 웹팩을 전역 범위에 설치하지 않은 사용자라면 package.json의 scripts 항목에 [코드 1-7]을 추가하면 npm run build라는 명령어만 이용해 웹팩으로 번들링할 수 있다.

코드 1-7 전역 범위에 설치하지 않은 웹팩 번들링 설정

```
...
"scripts": {
    "build": "webpack",
    "test": "echo \"Error: no test specified\" && exit 1"
},
...
```

모든 설정이 완료되었다면 커맨드 라인에서 npm run build 명령을 실행하자. bundle.js 파일이 생성된다.

1.4.3 이 책의 예제 코드 실행하기

1.3에서 다룬 Node.js와 Git 설치가 완료되었다면 Git으로 예제를 다운로드해서 Node.js로 실행할 수 있다. 윈도우라면 명령 프롬프트나 파워셸, 맥이나 리눅스라면 터미널을 열어서 다음 명령을 한 줄씩 입력한 후 실행해보자.

```
# 예제 코드 다운로드
$ git clone https://github.com/rxjskr/book-examples

# 다운로드한 디렉터리로 이동
$ cd <주소>

# 의존성 설치
$ npm install

# 예제 실행
$ node <예제 파일 이름>
```

각 예제 대부분은 'node 〈예제 파일 이름〉'으로 실행하면 결과를 확인할 수 있다. 만약 하위 디렉터리에 package.json 파일이 있다면 작은 프로젝트 형태의 예제이므로 npm install 명령을 실행한 뒤 npm start 명령을 실행하면 결과를 확인할 수 있다.

그림 1-1 예제 코드 실행 화면

1.5 마치며

지금까지 리액티브 프로그래밍과 RxJS의 특징을 다루고 RxJS를 처음 시작할 때 필요한 개발 환경을 소개했다.

리액티브 프로그래밍은 데이터 스트림과 변화를 전달할 수 있는 비동기 프로그래밍 패러다임 으로 엑셀과 같은 스프레드시트처럼 특정 값이 바뀌면 이 변화를 감지하고 반응한다. RxJS는 ReactiveX의 자바스크립트 라이브러리로 ReactiveX 공식 홈페이지에는 데이터 변화에 반응 할 수 있는 옵저버 패턴을 따르는 비동기 프로그래밍 API로 소개한다. 이는 리액티브 프로그래 밍 특징에 잘 맞는 형태다. 또한 ReactiveX는 리액티브 프로그래밍의 특징과 함수형 프로그래 밍의 특징이 모두 있다는 점을 기억해두자.

참고로 ReactiveX를 좀 더 자세하게 알고 싶다면 'Reactive Extensions'를 참고하자. RxJS 4를 좀 더 살펴보고 싶다면 'The Reactive Extensions for JavaScript (RxJS)'이라는 GitHub 리퍼지터리[18]를, RxJS 6을 좀 더 살펴보고 싶다면 'ReactiveX'라는 GitHub 리퍼지 터리[19]를 참고하자. 이 책은 RxJS 6을 주로 다룰 것이며, 이를 위해 Node.js 환경과 브라우저 에서 어떻게 RxJS를 실행할 수 있는지 단계별로 설명할 것이다.

....

18 https://github.com/Reactive-Extensions/RxJS
19 https://github.com/ReactiveX/rxjs

1장의 내용으로 RxJS가 확 와닿기는 어렵겠지만 핵심 키워드만이라도 기억하고 개발 환경을 갖춰보았다면 절반은 공부한 셈이다. 이제 RxJS 프로그래밍을 함께 살펴보자.

## CHAPTER 2

RxJS의 기본 개념

이 장에서는 RxJS의 기본 개념을 소개한다. RxJS를 이해하는 데 필요한 배경 지식과 공식 문서에서 소개하는 RxJS의 개념을 구체적으로 살펴볼 것이다.

2.1 배경 지식

RxJS의 기본 개념을 소개하기 전 필요한 것은 기본 개념의 바탕을 이루는 배경 지식이다. 이절에서는 옵저버 패턴, 명령형 프로그래밍과 함수평 프로그래밍 패러다임, 순수 함수의 핵심을 설명한다.

2.1.1 옵저버 패턴

ReactiveX 공식 문서[1]에는 Rx의 개념이 옵저버 패턴^{Observer Pattern}을 확장했다고 소개한다. 아마 자바스크립트 개발자라면 옵저버 패턴을 들어본 적이 있을 것이다. 이 장에서는 공식 문서의 내용을 바탕으로 옵저버 패턴을 살펴보고, 그 이후에 ReactvieX의 옵저버블 타입이 옵저버 패턴에서 무엇을 더 확장한 것인지 알아보겠다.

---

1 http://reactivex.io/intro.html

옵저버 패턴의 기본 개념은 관찰하는 역할의 옵저버 객체들을 서브젝트라는 객체에 등록한 후, 서브젝트 객체의 상태 변경이 일어나면 여기에 의존성 있는 옵저버들의 메서드를 호출해서 알리는 것이다. 이를 확인하기 위해 위키백과[2]에서 소개하는 옵저버 패턴의 UML 다이어그램을 살펴보자.

그림 2-1 옵저버 패턴의 UML 다이어그램

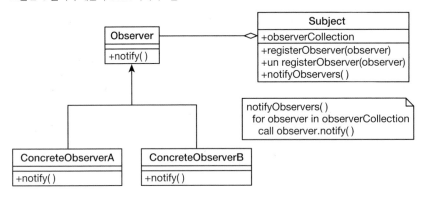

그림의 Subject는 Observer를 등록register하거나 해제unregister할 수 있다. 그리고 등록한 Subject에 어떤 변화가 일어나면 notifyObservers를 호출하여 등록된 옵저버들의 notify를 호출해 이벤트 발생을 알릴 수 있다.

2.1.2 자바스크립트 옵저버 패턴 예제

자바스크립트 개발자라면 addEventListener[3] 및 removeEventListener[4] 메서드로 이벤트를 전파하는 방식에 익숙할 것이라고 생각한다. 즉, 특정 이벤트를 관찰할 옵저버(리스너 Listeners)를 등록한 후 해당 이벤트가 발생했을 때 알려준다는 것이다. [코드 2-1]은 옵저버 패턴을 적용한 자바스크립트 클릭 이벤트 코드 예다.

....

2 https://ko.wikipedia.org/wiki/옵저버_패턴

3 https://developer.mozilla.org/ko/docs/Web/API/EventTarget/addEventListener

4 https://developer.mozilla.org/ko/docs/Web/API/EventTarget/removeEventListener

코드 2-1 자바스크립트의 옵저버 패턴 예

```javascript
function func1() {
    console.log('target click #1');
};
function func2() {
    console.log('target click #2');
}

document.querySelector('#target').addEventListener('click', func1);
document.querySelector('#target').addEventListener('click', func2);
```

실행 결과는 다음과 같다.

```
target click #1
target click #2
```

#target 엘리먼트에서 클릭 이벤트가 발생했을 때 호출하는 리스너인 콜백 함수 func1과 func2를 정의했다. #target을 클릭하면 콜백 함수 각각을 호출해 'target click #1'과 'target click #2' 두 가지 메시지 모두 로그에 출력한다. 즉, func1과 func2가 옵저버로 등록되어 #target의 클릭 이벤트를 관찰하다가 이벤트가 발생하면 리스너가 호출되는 것이다. 이렇게 콜백 함수가 동작하는 상황을 "옵저버가 이벤트를 구독subscription한다"라고 한다.

구독을 해제unsubscription하려면 다음 코드처럼 removeEventListener 메서드를 호출하면 된다. 콜백 함수 하나를 해제하는 코드는 다음과 같다.

```javascript
document.querySelector('#target').removeEventListener('click', func1);
```

앞 코드로 메서드를 호출한 후 #target 엘리먼트를 클릭하면 'target click #2' 메시지만 출력한다.

콜백 함수 모두를 해제하는 코드는 다음과 같다.

```javascript
document.querySelector('#target').removeEventListener('click');
```

이렇게 메서드를 호출하면 #target 엘리먼트를 클릭해도 어떤 콜백 함수든 호출되지 않는다.

2.1.3 함수형 프로그래밍과 순수 함수

명령형 프로그래밍은 코드의 흐름에 따라서 조건문 반복문 등으로 분기하고 각각의 흐름대로 차례차례 코드를 작성하는 방식이다. 자바스크립트는 멀티 패러다임 언어라 명령형 프로그래밍과 함수형 프로그래밍을 모두 지원하지만, 많은 개발자가 명령형 프로그래밍에 익숙하다고 생각한다. 명령형 방식에 익숙한 자바스크립트 개발자라면 코루틴 기반의 co 라이브러리나 이를 추상화한 async/await 방식이 여러 값들을 비동기 처리할 때 좀 더 편할 것이다.

하지만 RxJS는 비동기로 처리하는 여러 값을 명령형 프로그래밍^{Imperative Programming}이 아닌 함수형 프로그래밍^{Functional Programming} 패러다임으로 다룬다.

함수형 프로그래밍의 주요 특징 중 하나는 함수를 값으로 취급하는 1급^{First-class}이라는 특성이다. 함수를 인자로 사용하거나 함수 자체를 리턴하거나 함수를 변수에 할당할 수 있다. 이 때문에 함수의 합성이 가능하고, 여러 함수를 미리 합성한 후 필요한 시점에 해당 함수를 호출할 수 있다. 자바스크립트는 함수를 값으로 취급하는 특성이 있는 프로그래밍 언어이므로 필자는 이러한 점이 RxJS와 잘 맞는다고 생각한다.

보통 함수형 프로그래밍에서 다루는 함수는 수학적인 정의의 함수처럼 주어진 값(입력 데이터)에 따른 고정된 결과(출력 데이터)를 계산하려는 것이다. 입출력 동작이나 외부 변수 참조처럼 수학적 정의의 함수 동작과 상관없는 부수 효과^{side effect}가 없다. 그래서 함수형 프로그래밍에서 다루는 함수는 입력 데이터에 관한 출력 데이터가 항상 같아야 한다. 이러한 특성 때문에 함수형 프로그래밍의 함수는 다른 프로그래밍의 함수와 구분하려고 순수 함수^{Pure Function}라고도 한다. 순수 함수는 함수의 결과가 항상 보장되므로 잘 사용하면 값을 안전하게 관리하고 디버깅하기 쉽다.

2.2 옵저버블

ReactiveX 공식 문서(주석 1 참고) 마지막에는 옵저버블 타입^{Observable Type}에 GoF의 옵저버 패턴^{The Gang of Four's Observer pattern}에 없는 두 가지 의미^{semantics}가 추가되었다고 설명한다. 하나는 더 이상 데이터가 없음을 알리는 onCompleted 메서드(RxJS에서는 complete 함수)고, 다른 하나는 에러가 발생했음을 알리는 onError 메서드(RxJS에서는 error 함수)다. 즉, 옵저버 패턴을 기반으로 방금 소개한 두 가지 개념을 추가한 것이 옵저버블이다.

두 가지 개념은 이터러블 타입[Iterable Type]도 소개한다. 이터러블이 forEach 연산자를 반복 실행한 후 완료되는 것이 onCompleted, 반복 실행하는 동안 이터러블에서 에러가 발생했을 때를 onError로 표현한다.

이는 뒤에서 소개할 이터러블/이터레이터[Iterable/Iterator] 요소를 옵저버블/옵저버[Observable/Observer]로 뒤집어놓은 것이다. 참고로 브라이언 베크먼[Brian Beckman]과 에릭 마이어[Erik Meijer]가 Rx에 관해 이야기하는 영상[5]에서 이 개념을 더 자세히 소개하니 관심이 있는 분은 참고하기 바란다.

지금부터는 RxJS의 핵심 구성 요소인 옵저버블, 구독, 연산자, 서브젝트, 스케줄러 등을 소개하고 해당 개념을 구현한 예제 코드를 살펴보겠다. 먼저 RxJS의 핵심 중 핵심이라고 할 수 있는 옵저버블을 소개한다.

RxJS는 옵저버 패턴을 적용한 옵저버블[Observable]이라는 객체를 중심으로 동작한다. 옵저버블은 특정 객체를 관찰하는 옵저버[Observer]에게 여러 이벤트나 값[value]을 보내는 역할을 한다. 좀 더 구체적으로 설명하면 옵저버블 객체 안에서 여러 개의 값이나 이벤트를 취급하고, 옵저버의 함수를 호출해 필요한 값이나 이벤트를 보내는 방식이다.

RxJS 공식 문서의 옵저버블 설명[6]에 따르면 하나의 값이나 이벤트를 다루는 싱글[Single], 여러 개의 값이나 이벤트를 다루는 멀티플[Multiple], 데이터를 받을지 결정하는 풀[Pull], 데이터를 보낼지 결정하는 푸시[Push]라는 네 가지 개념이 있다. 그리고 아래에 함수(싱글, 풀), 프로미스(싱글, 푸시), 이터레이터[Iterator](멀티풀, 풀), 옵저버블(멀티풀, 푸시)의 개념을 구분한다. 이를 정리한 것이 [표 2-1]이다.

표 2-1 함수, 프로미스, 이터레이터, 옵저버블의 개념

	싱글	멀티플
풀(Pull)	함수(Function)	이터레이터(Iterator)
푸시(Push)	프로미스(Promise)	옵저버블(Observable)

옵저버블은 '멀티플'과 '푸시'가 겹치는 영역에 있다. 앞 설명처럼 여러 개 값을 보낼지 결정하는 개념이라는 것을 확인할 수 있다.

5 https://youtu.be/looJcaeboBY
6 http://reactivex.io/rxjs/manual/overview.html#observable

또한 옵저버블은 데이터를 만드는 생산자와 데이터를 사용하는 소비자의 관계로도 설명할 수 있다. [표 2-1]에 있는 함수, 이터레이터, 프로미스, 옵저버블은 값을 만들어내는 생산자 역할을 한다. 이를 가져다 사용하는 입장인 function.call, iterator.next, promise.then, 옵저버블과 연결된 옵저버는 소비자 입장이다. 보통 풀 방식의 함수나 이터레이터는 데이터를 소비 (처리)하는 역할이다. 따라서 데이터를 소비하는 쪽이 능동적으로 데이터를 호출하고 데이터를 생산하는 쪽은 데이터를 소비하는 쪽의 영향을 받는다.

하지만 옵저버블이 속해 있는 푸시 방식은 데이터를 생산하는 생산자가 주체다. 즉, 이벤트나 값 같은 데이터를 생산하는 쪽에서 준비가 되면 데이터를 소비하는 소비자에게 알려주는 방식이다. 그래서 프로미스든 옵저버블이든 생산자가 능동적으로 데이터를 생산하면 알림을 받을 수 있는 콜백이 있다.

프로미스는 객체를 생성하는 시점에, 옵저버블은 RxJS의 subscribe라는 함수를 호출하여 값이나 이벤트를 소비할 수 있는 시점에 실행되어 데이터를 생산한다. 그리고 생산한 데이터는 옵저버에 있는 콜백을 이용해 받을 수 있다. 이는 데이터를 소비하는 쪽에서 데이터를 생산하는 쪽을 제어할 수 없다는 뜻이기도 하다.

예를 들어 값을 취급하면서 풀 방식인 함수는 함수 선언만으로는 아무런 일도 하지 않는다. 소비자 쪽에서 함수를 호출해야 값을 생산하는 동작을 실행하고 데이터를 받을 수 있다. 푸시 방식의 프로미스는 객체 생성과 동시에 값을 생산하는 동작을 실행한다는 점에서는 다르다. 또한 데이터를 전달받기 위해 then이라는 함수에서 사용하는 첫 번째 인자인 onFulfilled 콜백 함수도 데이터 생산이 끝나야만 호출되어 값을 발행할 수 있다. 만약 에러 때문에 데이터를 생산하지 못하는 상황이라면 에러를 보내고 이 또한 then이라는 함수에 두 번째 인자로 사용하는 onRejected 콜백 함수를 이용해 전달받을 수 있다.[7]

반면 멀티풀/풀 조합의 이터레이터는 next 함수를 호출할 때마다 값을 발행하는 동작을 실행할 뿐이므로 데이터를 소비하는 쪽이 능동적인 입장이 된다. 여러 데이터를 푸시 방식으로 다루는 옵저버블은 그저 데이터 생산자가 능동적으로 값을 푸시해 옵저버를 호출한다. 이를 구독한 옵저버의 함수들은 값이 준비되었을 때 수동적으로 호출되어 받을 뿐이다. ES2015+의 제너레이터Generator는 이터레이터이기도 한데, 함수 구조지만 원하는 시점에 next 함수를 호출해 중간에 동작을 멈췄다 다시 동작할 수 있다.

....

7 https://developer.mozilla.org/ko/docs/Web/JavaScript/Reference/Global_Objects/Promise/then

이는 next 함수를 호출하여 소비하는 소비자가 능동적인 입장의 풀 방식이다. 공식 문서에도 [표 2-2]와 같은 형태로 정리되어 있다.

표 2-2 생산자와 소비자의 관계

	생산자(Producer)	소비자(Consumer)
풀(Pull)	수동(Passive): 데이터를 요청할 때 생성	능동(Active): 데이터 요청 시점을 결정
푸시(Push)	능동(Active): 페이스(pace)에 맞춰 데이터 생성	수동(Passive): 데이터를 전달받을 때 반응

2.2.1 옵저버블의 라이프사이클

RxJS 공식 문서[8]에서는 옵저버블의 라이프사이클을 다음과 같이 설명한다.

1 옵저버블 생성(Creating Observables)
2 옵저버블 구독(Subscribing to Observables)
3 옵저버블 실행(Executing the Observable)
4 옵저버블 구독 해제(Disposing Observables)

시작은 옵저버블의 생성이다. 보통 require('rxjs')에서 불러온 Observable 클래스의 정적 함수 Observable.create로 직접 옵저버블을 생성한다. 그런데 Observable 클래스의 정적 함수가 아닌 require('rxjs')에서 불러올 수 있는 함수 중 range나 of로도 필요한 옵저버블을 쉽게 생성할 수 있다. 이 방식은 추상화된 형태로 옵저버블을 사용한다는 장점이 있다. 또한 이렇게 생성된 옵저버블 인스턴스에 Observable.prototype으로 연결된 pipe 함수에 다양한 연산자를 인자로 사용해서 새로운 옵저버블 인스턴스를 생성할 수 있다.

구독과 실행은 데이터를 전달할 콜백을 제공해 함수를 호출(구독)한 후 옵저버블에서 발행하는 값을 사용하는 것으로 설명할 수 있다. subscribe 함수를 이용한다. 함수를 여러 번 호출해도 해당 함수가 각각 독립적으로 동작한다는 특징이 있다. 예를 들어 2.1.2에서 살펴본 [코드 2-1]은 addEventListener 메서드를 호출해서 함수가 등록된 이후로 이벤트가 발생했을 때 등록된 함수로 멀티캐스팅했다. 즉, 옵저버가 구독하는 이벤트에 이벤트가 발생하면 모든 옵저버가 같은 결과를 전달받도록 여러 옵저버에 멀티캐스팅했다는 뜻이다.

....

8 http://reactivex.io/rxjs/manual/overview.html#anatomy-of-an-observable. 버전 5 기준의 문서지만, 라이프사이클 개념은 버전 6에서도 유효하다고 생각하여 인용한다. 코드 설명은 버전 6과 비교했을 때 조금 다를 수도 있다.

그러나 지금 소개하는 [코드 2-1]의 옵저버블은 subscribe라는 함수를 여러 번 호출해도 마치 함수 호출을 처음 하는 것처럼 새로 함수 실행이 시작되는 것을 확인할 수 있다.

코드 2-2 옵저버블을 구독해 실행하는 자바스크립트 이벤트 처리

```
const { Observable } = require('rxjs');

const observableCreated$ = Observable.create(function(observer) {
    for (let i = 1; i <= 10; i++) {
        setTimeout(function() {
            observer.next(i);
            if (i === 10) {
                observer.complete();
            }
        }, 300 * i);
    }
});

observableCreated$.subscribe(
    function next(item) {
        console.log(`observerA: ${item}`);
    },
    function error(err) {
        console.log(`observerA: ${err}`);
    },
    function complete() {
        console.log('observerA: complete');
    }
);
setTimeout(function() {
    observableCreated$.subscribe(
        function next(item) {
            console.log(`observerB: ${item}`);
        },
        function error(err) {
            console.log(`observerB: ${err}`);
        },
        function complete() {
            console.log('observerB: complete');
        }
    );
}, 1350);
```

setTimeout 함수를 이용해 일정 간격으로 값을 발행하는 옵저버블이 있고 해당 옵저버블을 observerA란 이름으로 먼저 구독한 후, 1350ms 후에 observerB란 이름으로 같은 옵저버블을 구독한다. observerA와 observerB가 같은 값을 발행하지 않고 observerB를 구독한 시점부터는 1부터 새로운 값을 발행한다.

[코드 2–2]는 같은 값을 발행할 수 있도록 멀티캐스팅하지 않는 상황이다. 즉, 뒤늦게 구독해도 클릭 이벤트가 발생하면 같은 내용을 전달받아야 하는데 그렇지 않다. RxJS의 옵저버블은 멀티캐스팅이 안 될 때와 될 때를 모두 지원한다. 참고로 멀티캐스팅 관련해서는 뒤에 나오는 서브젝트에서 간단히 소개하고 이후 11장에서 더 구체적으로 설명할 것이다.

구독 해제는 쉽게 말해 옵저버블의 구독을 해제하는 것이다. 예외 상황이 있긴 하지만 옵저버블에서 발행하는 값을 더 받지 않는다. unsubscribe 함수를 사용해 구독 해제를 알리거나 구독 해제 후 해야 할 처리를 정의한다.

참고로 명령형 프로그래밍에 익숙하다면 RxJS를 사용할 때 주의할 점이 있다. 각 연산자에 넘겨준 함수에 return이나 break를 설정한다고 옵저버블의 동작이 중단되지 않는다는 것이다. RxJS에서 실행되는 함수에서 return이나 break를 사용하면 해당 함수 안에서만 실행을 중단한다. 해당 옵저버블 구독을 중단한다는 의미는 아니다. 따라서 구독 해제를 원한다면 앞으로 소개할 RxJS에서 제공하는 풍부한 연산자 중 적절한 연산자를 선택해 구독을 해제하거나 명시적으로 unsubscirbe 함수를 호출해서 구독을 해제해야 한다.

2.2.2 옵저버블 생성하고 실행하기

[코드 2–3]은 Observable.create라는 함수를 호출해 옵저버블을 생성하고, 옵저버블 인스턴스에 있는 subscribe 함수를 호출해 옵저버블을 구독하고 실행하는 예다.

코드 2-3 옵저버블의 생성과 실행

```
const { Observable } = require('rxjs');

const observableCreated$ = Observable.create(function(observer) {
    console.log('BEGIN Observable');
    observer.next(1);
    observer.next(2);
```

```
        observer.complete();
        console.log('END Observable');
    });

    observableCreated$.subscribe(
        function next(item) { console.log(item); },
        function error(e) { },
        function complete() { console.log('complete'); }
    );
```

실행 결과는 다음과 같다.

```
BEGIN Observable
1
2
complete
END Observable
```

subscribe 함수의 호출 부분을 주석 처리하면(호출하지 않으면) 아무 일도 하지 않는다. 즉, 생성한 옵저버블은 옵저버에게 값을 전달하는 함수가 있지만 subscribe 함수가 호출되어야 옵저버블과 옵저버를 연결해 실행한다. 옵저버의 구성 요소와 옵저버블과 옵저버의 관계를 표현하면 [그림 2-2]와 같다.

> **TIP** 프로미스는 값 하나를 푸시 방식으로 취급하고 RxJS의 옵저버블처럼 함수 합성(예: then 메서드)을 지원한다. [코드 2-3]처럼 next 함수로 여러 개의 값을 푸시 방식으로 다루는 함수형 프로그래밍은 RxJS의 방식이다. 함수 합성(RxJS의 연산자 이용)은 2.4.2에서 다루겠다.

그림 2-2 옵저버블과 옵저버의 관계

즉, 옵저버블 객체 생성 자체는 아무 일도 하지 않고 어떤 일을 해야 할지에 관한 정보만 있고, subscribe 함수를 호출해야 옵저버블이 옵저버에 데이터를 전달하며 동작을 실행한다. 옵저버 객체는 next, error, complete라는 세 가지 함수로 구성되어 있고, subscribe 함수에는 next, error, complete 함수 순서로 옵저버의 구성 요소나 콜백 함수들을 객체로 감싼 옵저버 객체를 전달할 수 있다.

[코드 2-4]는 next와 complete 함수의 역할을 설명한다.

코드 2-4 next와 complete 함수

```
Observable.create(function(observer) {
    console.log('BEGIN Observable');
    observer.next(1);
    observer.next(2);
    observer.complete();
    observer.next(3);
    console.log('END Observable');
}).subscribe(
    function next(item) { console.log(item); },
    function error(e) { },
    function complete() { console.log('complete'); }
);
```

실행 결과는 다음과 같다.

```
BEGIN Observable
1
2
complete
END Observable
```

옵저버블 객체에서 subscribe 함수를 호출하면 옵저버블이 옵저버의 complete나 error 함수를 호출할 때까지 next 함수로 값을 발행한다. [코드 2-4]에서는 observer.next(3)까지 호출할 수 있지만 next(3)을 호출하기 전 옵저버의 complete 함수를 호출했으므로 subscribe 함수 안에 있는 next 함수에 값 3은 발행되지 않는다.

2.2.3 구독 객체 관리하기

옵저버는 앞에서 언급한 next, error, complete라는 세 가지 함수로 구성된 객체다. 옵저버 블은 각 연산자를 거쳐 subscribe 함수 안 옵저버로 값을 전달한다. 즉, subscribe 안 함수 각 각을 사용해 옵저버 객체를 생성하고 이 옵저버 객체로 함수 각각을 호출해 값을 발행한다.

구독을 멈추게 하는 함수는 unsubscribe다. subscribe가 리턴하는 객체는 Subscription 클 래스의 타입이다. Subscription 타입은 unsubscribe 함수를 호출해야 구독을 멈추게 할 수 있다. unsubscribe 함수를 호출하면 특정 시점에 호출해야 하는 옵저버블 내부의 함수를 호 출하며, 해당 함수 안에서는 관련 자원을 구독 해제한다.

[코드 2-5]는 RxJS 공식 문서의 '옵저버블 실행 끝내기^{Disposing Observable Executions}[9]'의 예제를 버전 6에 맞게 수정한 코드다. setInterval 메서드로 1초마다 'hi'라는 문자열을 보내고 옵저버블을 구독을 해제하는 용도로 unsubscribe 함수를 리턴한다.

코드 2-5 옵저버블 안 unsubscribe 함수 이용

```
const { Observable } = require('rxjs');

const observableCreated$ = Observable.create(function subscribe(observer) {
    // intervalID 자원 추적
    const intervalID = setInterval(function() {
        observer.next('hi');
    }, 1000);

    // intervalID 자원을 해제하고 재배치하는 방법을 제공
    return function unsubscribe() {
        clearInterval(intervalID);
    };
});
```

옵저버블을 생성할 때는 리턴 함수로 unsubscribe를 제공한다. 그리고 이 함수를 호출했을 때는 clearInterval(intervalID) 메서드를 호출해서 1초마다 'hi'를 보내는 동작을 중단한다. 만약 create 함수 안에서 메모리나 자원을 사용하면서 이를 해제하는 unsubscribe 함수를 리 턴하지 않으면 옵저버블이 자원을 제대로 해제할 수 없다. 이러면 Subscription의 구독을 해

---

9 http://reactivex.io/rxjs/manual/overview.html#disposing-observable-executions

제하려고 unsubscribe 함수를 호출하거나, 내부에서 complete 함수나 error 함수를 호출한다. 특히 error 함수를 호출할 때 자원 해제가 이루어지지 않는다. 공식적으로 제공하는 생성 함수는 이런 문제가 없도록 설계했을 것이다. 하지만 별도의 사용자 정의 연산자를 구현해서 사용한다면 자원 해제 관련 부분을 신경 써야 한다.

[코드 2-6]는 RxJS 공식 문서 '구독Subscription[10]' 부분에 있는 옵저버블 구독 해제 예를 버전 6으로 변환한 것이다. 처음 등장하는 interval 함수가 리턴하는 옵저버블 인스턴스는 인자로 설정한 숫자의 시간(ms 단위)마다 0부터 1씩 증가하는 정숫값을 계속 발행한다. 즉, interval 함수는 이러한 역할을 하는 옵저버블 인스턴스를 생성하는 함수다.

코드 2-6 옵저버블 구독 해제

```
const { interval } = require('rxjs');
const observable = interval(1000);

// 옵저버와 함께 subscribe 함수를 호출해 옵저버블 실행
const subscription = observable.subscribe(function(x) {
    console.log(x));
});

// unsubscribe 함수로 구독 해제(바로 해제됨)
subscription.unsubscribe();
```

구독하자마자 unsubscribe 함수를 호출하므로 화면에 아무것도 출력되지 않는다. interval 함수는 비동기 방식으로 동작하는데, 자바스크립트에서는 동기 방식의 동작이 끝난 후 큐에 있는 비동기 작업을 실행하기 때문이다. 즉, 동기 방식에서 unsubscirbe 함수로 구독을 해제해서 1초마다 하는 작업을 큐에서 제거한다. 따라서 이후에 아무 일도 일어나지 않는다.

옵저버블의 subscribe 함수를 호출해 리턴한 subscription 변수는 Subscription 클래스의 인스턴스다. 이 클래스는 unsubscribe 함수 외에 add와 remove 함수를 제공한다. add 함수는 Subscription 객체를 추가할 수 있고, remove 함수는 이미 추가된 Subscription 객체를 제거할 수 있다. Subscription 객체 하나에 여러 Subscription 객체가 추가되었다면, 해당 Subscription 객체의 unsubscribe 함수를 호출하면 추가된 모든 Subscription 객체의 구독

---

10 http://reactivex.io/rxjs/manual/overview.html#subscription

을 해제할 수 있다. 이러한 개념은 [코드 2-7]에서 확인할 수 있다. 역시 RxJS 공식 문서 '구독'
에 있는 예제를 버전 6으로 수정했다.

코드 2-7 여러 개 Subscription 객체의 구독을 모두 해제

```
const { interval } = require('rxjs');
const observable1 = interval(400);
const observable2 = interval(300);

const subscription = observable1.subscribe(function(x) {
    console.log('first: ' + x));
});

const childSubscription = observable2.subscribe(function(x) {
    console.log('second: ' + x));
});

subscription.add(childSubscription);

setTimeout(function() {
    // Subscription 객체와 하위에 있는 자식 Subscription 객체의 구독을 취소
    subscription.unsubscribe();
}, 1000);
```

[코드 2-7]에서는 400ms, 300ms마다 값을 발행하는 2개 옵저버블의 subscribe 함수를 호
출하여 구독한다. 처음 구독한 결과는 subscription 변수에 할당하고, 그 다음 구독하는 결과
는 childSubscription 변수에 할당한다. subscription.add로 childSubscription 객체를 추
가했고, unsubscribe 함수를 호출해서 모든 Subscription 인스턴스의 구독을 해제했다. add
나 remove 함수를 사용할 때는 해당 Subscription 객체가 어떤 Subscription 객체까지 영
향을 주는지 항상 주의해서 사용해야 한다.

2.3 서브젝트

서브젝트Subject는 멀티캐스팅을 지원하는 객체다. 멀티캐스팅을 지원한다는 것은 여러 옵저버
가 이벤트 변경이나 값 전달을 관찰하도록 옵저버블을 구독한 후, 실제 이벤트 변경이나 값 전

달이 발생했을 때 이를 알린다는 뜻이다. 구독 중인 모든 옵저버가 호출되어 같은 값을 전달받는다는 뜻이다. 즉, subscribe 함수로 여러 옵저버를 등록한 후 next 함수로 발행하는 값을 여러 옵저버에 전달할 수 있다.

서브젝트는 옵저버블이면서 옵저버 역할도 한다. 즉, 옵저버블이므로 여러 옵저버가 옵저버블을 구독할 수 있고, 옵저버이기도 하므로 next, error, complete 함수를 호출해 같은 결과를 전달받을 수 있다.

[코드 2-8]은 RxJS 공식 문서 '서브젝트[11]'에 있는 기본 동작을 살펴볼 수 있는 예다. 역시 버전 6 기준으로 변경했다.

코드 2-8 서브젝트 동작의 예

```
const { Subject } = require('rxjs');

const subject = new Subject();

subject.subscribe({
    next: function(v) {
        console.log('observerA: ' + v)
    }
});

subject.subscribe({
    next: function(v) {
        console.log('observerB: ' + v)
    }
});

subject.next(1);
subject.next(2);
```

서브젝트는 옵저버블의 속성이 있으므로 subscribe 함수를 두 번 호출했고, next 함수를 바로 호출할 때마다 해당 서브젝트를 구독하는 옵저버들은 같은 결과를 전달받을 수 있다. 즉, subject 변수는 값을 보내주고 알려주는 형태의 옵저버블이자 옵저버고, observerA와 B는 이를 구독하는 옵저버다. 이런 멀티캐스팅 방식은 EventEmitter와 비슷하다고도 볼 수 있다.

---

11 http://reactivex.io/rxjs/manual/overview.html#subject

만약 [코드 2-8]에서 subject.complete를 호출하고 다시 next 함수를 호출하면 어떻게 될까? 구독을 완료한 옵저버가 되므로 서브젝트는 더 이상 값을 발행하지 않는다.

```
subject.complete();
subject.next(3); // 값 발행 안 됨
```

rxjs에 속한 Subject를 상속받는 것으로 BehaviorSubject, ReplaySubject, AsyncSubject가 있다. 이는 11장에서 자세히 다루도록 하겠다.

2.4 연산자

RxJS의 연산자Operator는 기본적으로 함수 형태다. 즉 map이나 filter와 같은 여러 값을 취급할 수 있는 연산자를 제공한다. 연산자의 일부는 개발자가 작성한 함수를 인자로 사용해 동작하는 것도 있다. 예를 들어 map 연산자는 값을 어떻게 변환할지 정하는 함수를 인자로 사용하고, filter 연산자는 조건을 확인해 true와 false를 리턴하는 함수를 인자로 사용한다.

연산자를 사용하려면 옵저버블을 생성해야 한다. 따라서 옵저버블을 생성하는 함수나 이미 생성된 옵저버블 인스턴스에서 pipe 함수로 값을 다룰 연산자들이 필요하다. 예를 들어 Observable.create는 옵저버블을 생성하는 일반적인 생성 함수다. rxjs에서 불러온 생성 함수로는 1개의 값만 발행하는 옵저버블을 생성하는 of, 특정 범위의 값을 순서대로 발행하는 옵저버블을 생성하는 range 등이 있다.

[코드 2-9]는 생성 함수인 interval과 파이퍼블 연산자인 filter를 각각 rxjs와 rxjs/operators에서 불러와서 pipe 함수 안에서 사용한다.

코드 2-9 생성 함수와 파이퍼블 연산자를 함께 사용

```
const { interval } = require('rxjs');
const { filter } = require('rxjs/operators');

let divisor = 2;
setInterval(function() {
```

```
        divisor = (divisor + 1) % 10;
    }, 500);

    interval(700).pipe(
        filter(function(value) {
            return value % divisor == 0;
        })
    ).subscribe((value) => console.log(value));
```

참고로 RxJS의 연산자는 앞서 소개한 순수 함수 형태다. 단, 인자로 사용하는 함수가 순수 함수가 아니라면 이 연산자의 동작은 순수 함수가 아니다.

예를 들어 [코드 2-9]의 divisor는 var로 선언했으므로 이 변수가 선언된 함수 안까지 유효 범위다. 옵저버블이 divisor를 참조할 때는 유효 범위 안에서 옵저버블 이외의 다른 함수 등에서 수정할 수 있다. [코드 2-9]라면 같은 유효 범위 안에 있는 setInterval 함수로도 수정할 수 있는 것이다. 여기에서는 setInterval 함수로 0.5초마다 divisor 값이 바뀌도록 했다.

또한 [코드 2-9]에는 0부터 1씩 증가하는 값을 인자로 사용해 주어진 간격마다 값을 출력하는 interval 함수가 있다. 이때 0.5초마다 divisor의 값을 바꾸는 것과 시차를 두려고 인자로 0.7초를 설정했다. 그런 다음 filter 연산자로 divisor로 나눠 0이 되는 값만 출력하도록 구현해보았다.

이때 filter 연산자에서 사용하는 함수는 부수 효과가 있는 함수다. filter 연산자에서 사용하는 function(value) { return value % divisor == 0; }의 결과는 다른 외부 요인 때문에 결과가 달라질 수 있다. filter 연산자에 있는 값이 true인 것만 선별할 때 divisor 값은 외부 참조할 수 있어 값이 바뀔 수 있기 때문이다. 따라서 불변 타입인 const 키워드로 선언해 값을 바꿀 수 없는 기본 타입을 참조하거나, 연산자에서 사용하는 함수 안이라는 유효 범위를 갖는 변수를 사용해야 안전하다.

2.4.1 RxJS 5와 6의 연산자 차이

RxJS 5의 공식 문서에서는 옵저버블을 생성해서 출발점이 될 수 있는 정적 연산자와 생성된 옵저버블 인스턴스에서 호출할 수 있는 인스턴스 연산자를 나누었다. RxJS 6에서는 이런 개념이 사라졌다. 따라서 정적 연산자처럼 옵저버블을 생성하는 함수를 정의해야 한다.

ReactiveX 공식 문서에서는 이러한 함수를 연산자 카테고리 중 하나인 생성 연산자로 분류하지만 RxJS에서는 두 가지 이유 때문에 생성 함수^{Creation Function}이라고 한다. 첫 번째는 옵저버블을 생성하는 함수가 패키지 상 rxjs/operator나 rxjs/operators에 있지 않기 때문이다.

두 번째는 버전 6 마이그레이션 문서의 'Observable classes[12]'에 근거를 둔다. 기존 버전 5에서 각 옵저버블의 클래스로 제공하던 것들을 버전 6에서는 from, of와 같은 함수로 제공한다고 설명한다. 표를 살펴봐도 연산자를 'v6 creation function'라고 분류했다.

2.4.2 파이퍼블 연산자

파이퍼블 연산자^{Pipeable Operator}는 생성 함수로 만들어진 옵저버블 인스턴스를 pipe 함수 안에서 다룰 수 있는 연산자다. 〈옵저버블 인스턴스〉.pipe(연산자1(), 연산자2(), ...) 형태로 연산자를 연결해서 호출할 수 있다. 이렇게 연결한 파이퍼블 연산자는 각 연산자를 거치며 새로운 옵저버블 인스턴스를 리턴한다. pipe 함수 호출 후 리턴하는 결과도 각 연산자로 감싼 새로운 옵저버블 인스턴스다.

따라서 '〈옵저버블 인스턴스〉.(연산자1(), 연산자2())'처럼 나열해서 사용할 수도 있지만, '〈옵저버블 인스턴스〉.pipe(연산자1()).pipe(연산자2())'처럼 pipe 함수 뒤에 다시 pipe 함수를 연결해서 사용해도 동일하게 동작한다. 왜냐하면 옵저버블 인스턴스는 pipe 함수를 호출할 수 있고, pipe 함수는 인자로 사용한 연산자를 적용한 결과의 옵저버블 인스턴스를 리턴하기 때문이다. 곧 설명할 lift 함수는 어떻게 이런 동작을 할 수 있는지 이해하는 데 도움이 될 것이다.

기본적으로 파이퍼블 연산자는 rxjs/operators(s가 뒤에 붙어 있으니 rxjs/operator와 혼동하지 않기 바란다) 아래에서 불러올 수 있다. 그리고 range 같은 생성 함수는 rxjs 아래 있다. 단, 예외가 있다. Observable.create는 rxjs에서 Observable 클래스를 불러온 후 정적 메서드 형태로 호출하는 연산자다. 대표적인 연산자로는 map이나 filter가 있다. 2.4.2에서 자세히 소개할 것이다.

[코드 2-10]은 [코드 2-9]에 이어 생성 함수와 파이퍼블 연산자를 함께 사용하는 다른 예다.

----

12 https://github.com/ReactiveX/rxjs/blob/master/docs_app/content/guide/v6/migration.md#observable-classes

코드 2-10 생성 함수와 파이퍼블 연산자를 연결해 사용하기

```
const { range } = require('rxjs');
const { filter, map } = require('rxjs/operators');

range(1, 10).pipe(
    filter(function(value) {
        return value % divisor == 0;
    }),
    map(function(value) {
        return value + 1;
    })
);
```

먼저 range 함수가 옵저버블을 생성한다. 그리고 pipe 함수로 filter라는 연산자 뒤에 map이라는 연산자를 연결해서 리턴한다. filter 연산자가 새로운 옵저버블 인스턴스를 만든 후, map이라는 파이퍼블 연산자를 연결하여 호출할 수 있도록 하기 때문이다.

참고로 파이퍼블 연산자를 연결해 새로운 옵저버블 인스턴스를 생성할 수 있는 이유는 파이퍼블 연산자 각각의 구현을 보면 알 수 있다. 대표적으로 filter 연산자의 구현[13]을 살펴보면 Observable.js에 있는 lift 함수를 사용한다. lift 함수 구현[14]을 살펴보자.

코드 2-11 lift 함수의 구현 부분

```
lift(operator) {
    const observable = new Observable();
    observable.source = this;
    observable.operator = operator;
    return observable;
}
```

lift 함수는 기존 옵저버블에 영향을 주지 않는다. 기존 옵저버블은 this로 새로운 옵저버블의 source로 설정한다. 그리고 source를 감싸는 연산자를 지정(observable.operator = operator)해 나중에 구독할 때 어떤 연산자를 실행할지 알 수 있도록 했다. 새로운 옵저버블

---

13 http://reactivex.io/rxjs/file/es6/operators/filter.js.html
14 http://reactivex.io/rxjs/file/es6/Observable.js.html

은 연산자를 호출할 때마다 리턴(return observable)된다. 즉, 기존 옵저버블을 감싸서 새로운 옵저버블 한 단계 끌어 올려주는lift 역할을 한다.

[코드 2-12]는 Observable.js에 있는 subscribe 함수의 구현 일부다. 연산자가 있는지를 판단한 후 연산자가 있으면 연산자에 해당하는 동작을 실행한다.

코드 2-12 subscribe 함수의 연산자 동작 실행 부분

```
const sink = toSubscriber(observerOrNext, error, complete);

if (operator) {
    operator.call(sink, this.source);
}
else {
    sink.add(this._trySubscribe(sink));
}
```

연산자가 없을 때는 _trySubscribe에서 subscribe 함수에 위치해있는 최종 옵저버(this._subscribe(sink))에 결과를 전달한다.

코드 2-13 _trySubscribe 함수 구현 부분

```
_trySubscribe(sink) {
    try {
        return this._subscribe(sink);
    }
    catch(err) {
        sink.syncErrorThrown = true;
        sink.syncErrorValue = err;
        sink.error(err);
    }
}
```

앞으로 연산자를 연결할 때 연산자를 호출하는 옵저버블은 소스 옵저버블source observable이라고 할 것이다.[15]

----

15 lift 함수에서 기존 옵저버블인 this를 observable.source에 넣기 때문이다. 예를 들어 range(1, 10).pipe(filter(function(value) { return value % 2 == 0 }), map(function(value) { return value + 1 }))에서 filter 연산자의 소스 옵저버블은 range(1, 10)이 리턴하는 옵저버블 인스턴스다. map 연산자의 소스 옵저버블은 filter 연산자까지 생성한 range와 filter가 연결된 옵저버블이다.

2.4.3 배열과 비교해 본 옵저버블 연산자 예제

옵저버블 객체는 여러 값을 다룰 수 있는 함수형 연산자를 제공한다. Array#extras나 로대시^{Lodash}에서 여러 값을 처리하는 데 제공하는 함수형 프로그래밍의 연산자와 비슷하다. 여기서 모든 것을 다룰 수는 없겠지만 몇 가지 예를 소개하겠다.

[코드 2-14]는 옵저버블 생성 예제에 map이라는 변환 연산자를 적용한 것이다.

코드 2-14 옵저버블을 생성하고 변환 연산자 적용

```
const { Observable } = require('rxjs');
const { map } = require('rxjs/operators');

const observableCreated$ = Observable.create(function(observer) {
    observer.next(1);
    observer.next(2);
    observer.complete();
});

observableCreated$.pipe(
    map(function(value) {
        return value * 2;
    )}
).subscribe(function next(item) {
    console.log(item);
});
```

실행 결과는 다음과 같다.

```
2
4
```

[코드 2-14]에서 다음처럼 map 연산자를 추가해 실행하면 array.map처럼 각각의 값을 변환하는 것을 확인할 수 있다.

```
console.log([1, 2].map(function(value) {
    return value * 2;
}));
```

실행 결과는 다음과 같다.

```
[2, 4]
```

배열과 옵저버블에서 map 연산자를 사용하는 데 큰 차이가 없어 보인다. 하지만 옵저버블은 실제 각각의 값 처리는 구독하는 시점에 하지만 배열은 연산자를 호출할 때마다 새로운 배열을 만들므로 옵저버블이 성능상 장점이 있다. [코드 2-14]에 추가할 수 있는 다음 코드는 이를 확인할 수 있는 예다.

```
console.log([1, 2]
    .map(function(value) {
        return value * 2;
    })
    .map(function(value) {
        return value + 1;
    })
    .map(function(value) {
        return value * 3;
    })
);
```

실행 결과는 다음과 같다.

```
[9, 15]
```

map 연산자를 한 번 호출할 때마다 같은 크기의 새로운 배열을 생성한다. 즉, map 연산자 수에 비례해 배열을 3번 생성한다. 이는 메모리 공간을 차지해 가비지 컬렉터에서 제거해야 하는 문제가 있다. 배열을 생성하는 시간 비용도 발생한다.

[코드 2-15]는 옵저버블에서 map 연산자를 여러 번 호출하는 예다.

코드 2-15 옵저버블에서 map 연산자를 여러 번 호출

```
const { Observable } = require('rxjs');
const { map, toArray } = require('rxjs/operators');

const observableCreated$ = Observable.create(function(observer) {
```

```
        console.log('Observable BEGIN');
        const arr = [1, 2];
        for (let i = 0; i < arr.length; i++) {
            console.log(`current array: arr[${i}]`);
            observer.next(arr[i]);
        }
        console.log('BEFORE complete');
        observer.complete();
        console.log("'bservable END');
});

function logAndGet(original, value) {
    console.log(`original: ${original}, map value: ${value}`);
    return value;
}

observableCreated$.pipe(
    map(function(value) {
        return logAndGet(value, value * 2);
    }),
    map(function(value) {
        return logAndGet(value, value + 1);
    }),
    map(function(value) {
        return logAndGet(value, value * 3);
    }),
    toArray()
).subscribe(function(arr) { console.log(arr); });
```

실행 결과는 다음과 같다.

```
Observable BEGIN
current array: arr[0]
original: 1, map value: 2
original: 2, map value: 3
original: 3, map value: 9
current array: arr[1]
original: 2, map value: 4
original: 4, map value: 5
original: 5, map value: 15
BEFORE complete
[ 9, 15 ]
Observable END
```

map 연산자로 값을 감쌀 때마다 새로운 옵저버블 객체만 생성한다. 새로 생성한 옵저버블은 구독할 때까지 실행되지 않으므로 배열이 생성될 때처럼 실제 연산자가 동작하지 않는다.

[코드 2-15]에서는 첫 옵저버블이 함수 안에 시작점이 되는 첫 배열이 있다. 하지만 map 연산자를 호출할 때마다 해당 동작을 담은 새로운 옵저버블만 생성될 뿐 연산자는 배열을 사용하지 않는다. 마지막 연산자인 toArray는 값 각각을 배열에 담아 complete 함수를 호출할 때 해당 배열을 next 함수에서 사용한다. 이 동작은 구독할 때까지 일어나지 않는다.

결국 [코드 2-15]의 결과는 옵저버블 구독을 하기 전까진 아무 동작도 일어나지 않다가, 구독하면 Observable BEGIN부터 Observable END까지의 모든 동작이 한 번에 실행된다. [코드 2-16]은 이러한 결과가 어떤 방식으로 동작할지 약식 코드를 만든 것이다.

코드 2-16 [코드 2-15]의 동작 방식 설명

```
// subscribe 호출 시 toArray에서 필요한 array 생성
const array = [];

// observableCreated 안 for문에서 observer.next(arr[i])를 호출할 때
const aInput = arr[i];

// observableCreated 안 함수에서 사용하는 시작 옵저버
observerA.next(aInput);
const bInput = aInput * 2;
observerB.next(bInput);
const cInput = bInput + 1;
observerC.next(cInput);
const dInput = cInput * 3;
observerD.next(dInput);
array.put(dInput);

// observableCreated 안에서 observer.complete를 호출할 때, toArray()에서 실행되는 동작
// subscribe 안에 있는 마지막 옵저버이기도 하다.
observerE.next(array);
```

옵저버블의 동작 방식은 지연 실행Lazy evaluation이 가능하다는 장점이 있다. 배열은 map 연산자를 호출하는 순간 새로운 배열이 나오도록 동작이 바로 실행된다. 옵저버블은 구독하는 시점까지 실행을 미룰 수 있어서 지연 실행할 수 있다. 이는 함수 호출과 비슷하다. 함수는 어떤 일을

할지만 정의하고 선언한다고 해당 함수가 동작하지는 않는다. function1( ) { }처럼 선언하면 실행되지 않지만, function1( );처럼 function1을 호출하면 그때는 함수가 실행된다. 단, 함수는 리턴 값이 1개이지만 옵저버블은 error나 complete 함수를 호출할 때까지는 next 함수로 여러 개 값을 보낼 수 있다는 차이가 있다.

참고로 RxJS 공식 문서에서는 'RxJS를 이벤트를 위한 로대시로 생각Think of RxJS as Lodash for events'해보라고 설명한다. 로대시에서도 함수를 미리 합성한 후 마지막에 value라는 함수[16]를 호출하면 연산자를 여러 번 감싸도 배열은 한 번만 생성하도록 사용할 수 있다. 여기서는 배열만 비교해놓아서 로대시와 큰 차이가 없다고 느낄 수 있지만 RxJS는 이러한 방식을 배열뿐 아니라 이벤트나 비동기 연산에도 적용할 수 있는 특징이 있다.

2.4.4 순수 함수와 연산자의 관계

함수의 부수 효과는 외부 참조뿐만 아니라 함수 안에서 입출력 동작으로 가져온 값을 이용하는 것처럼 외부의 영향을 받아 결과가 달라진다면 나타날 수 있다. 심지어 결과에 영향을 주지 않더라도 함수의 역할과 상관없는 모든 동작을 부수 효과라고 보는 시각도 있다.

이럴 때 순수 함수를 잘 사용하면 장점이 있다. 하지만 현실적으로 소프트웨어를 개발할 때 입출력과 같은 부수 효과 없이 프로그래밍하기 어려우므로 순수 함수로만 개발할 수는 없다. RxJS에서 연산자는 컬렉션collections을 다루는 함수형 프로그래밍 스타일의 순수 함수다. 따라서 순수 함수로 소개된 RxJS의 연산자를 다룰 때는 연산자에서 사용하는 함수도 순수 함수로 하여 함수형 프로그래밍의 장점을 살리되 부수 효과가 일어나는 지점을 잘 지정해 부수 효과의 순서를 잘 관리한다면 좀 더 효율적인 프로그래밍을 할 수 있다.

RxJS에서 연산자를 순수 함수로 소개한 이유는 해당 연산자가 호출된 옵저버블 객체만 입력으로 삼아 새로운 옵저버블을 만들어 다른 외부 요소의 영향을 받지 않기 때문이다. 2.4.3에서 소개한 배열의 map 연산자도 기존 배열에서 다른 외부 변수를 참조하지 않고 새로운 배열을 만든다. 옵저버블의 연산자도 기존 옵저버블 외에 다른 영향 없이 새로운 옵저버블을 생성한다.

---

16 https://lodash.com/docs/4.17.4#prototype-value

하지만 배열이나 옵저버블 모두 map 연산자에 순수 함수를 인자로 사용하지 않으면 어떻게
될까? 연산자에서 사용하는 함수가 외부 변수를 참조하고 해당 변숫값이 예측할 수 없도록 바
뀐다. 결과도 매번 달라질 수 있어 예측이 어렵다. map 연산자 자체가 순수 함수여도 그 안에
서 호출하는 함수가 순수 함수가 아니므로 순수 함수의 장점을 살릴 수 없는 것이다.

그렇다면 부수 효과는 어떻게 관리할까? 부수 효과를 유발할 수 있는 연산자는 8장에서 tap 연
산자로 자세히 소개하겠다.

2.5 스케줄러

스케줄러^{Scheduler}는 옵저버가 옵저버블을 구독할 때 어떤 순서로 어떻게(동기/비동기 등) 실행
할지 실행 컨텍스트를 관리하는 역할의 자료구조^{Data Structure}다.

스케줄러도 rxjs에서 불러올 수 있다. 단일 스레드인 자바스크립트에서는 비동기 방식으
로 setTimeout, setInterval 함수 또는 마이크로 큐를 이용해 실행하는 asapScheduler,
asyncScheduler가 있다. 동기 방식으로는 트램폴린^{Trampoline} 방식으로 큐^{Queue}를 사용하는
queueScheduler가 있다. queueScheduler는 재귀 방식으로 구현했다면 콜 스택^{call stack}을
사용하지 않고 큐를 이용해 반복적으로 해제^{dequeue}하는 방식을 지원한다. 따라서 재귀 호출에
서 발생할 수 있는 스택 오버플로를 방지할 수 있다.

일부 연산자는 스케줄러를 인자로 사용할 때도 있고, observeOn과 subscribeOn 연산자로
스케줄러를 지정할 수 있다. 13장에서 자세히 다룰 것이다.

2.6 마블 다이어그램

ReactiveX 공식 문서[17]에는 옵저버블의 연산자를 설명하는 마블 다이어그램^{Marble Diagram}이라는
그림을 제공한다. RxJS Marbles[18]에서도 확인할 수 있다.

17 http://reactivex.io/documentation/observable.html

18 http://rxmarbles.com/

마블 다이어그램은 연산자를 쉽게 이해하는 데 도움이 주고, 개발자가 생각하는 흐름을 그림으로 도식화하는 데 유용하다. [그림 2-3]은 next 함수에서 발행하는 숫자 값을 10배로 바꿔주는 multiplyByTen 연산자의 마블 다이어그램이다.

그림 2-3 마블 다이어그램 예

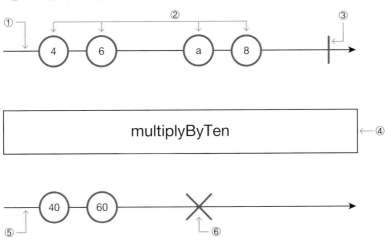

마블 다이어그램을 설명하면 다음과 같다.

1 왼쪽에서 오른쪽으로 향하는 가로 줄은 시간에 따라 next 함수에서 발행하는 값들을 표시한다. 입력(input) 옵저버블이라고도 한다.

2 동그란 모양이고 그 안에 실제 값이 표시되어 있다. 이렇게 가로줄이 하나의 옵저버블이다.

3 제일 마지막에 있는 수직선(|)은 구독 완료(complete 함수 호출)를 의미한다.

4 가운데 이름이 있는 박스는 연산자를 가리킨다.

5 가운데 연산자 아래 있는 옵저버블은 연산자를 이용해서 생성한 옵저버블이다. 출력(output) 옵저버블이라고도 한다. 각 값들은 색깔이나 숫자로 구분해서 어떤 입력값으로 어떤 발행 값을 만들었는지 구분할 수 있게 했다. 동그라미, 세모, 네모를 사용해서 값을 구분하기도 한다.

6 X 표시는 에러가 발생해 옵저버블 실행을 종료했음을 뜻한다.

2.7 프로미스와 함께 본 옵저버 콜백 및 에러 처리

옵저버블의 개념을 생각하고 프로미스를 떠올린 자바스크립트 개발자도 있을 것이라 생각한다. 프로미스도 then이라는 함수를 사용하면 RxJS의 map 연산자처럼 함수를 사용해 변환할수 있다. 또한 프로미스는 값이나 에러를 콜백 함수에 전달할 수 있다. 프로미스에 익숙한 자바스크립트 개발자가 RxJS 에러 처리 방식을 이해할 수 있도록 프로미스와 RxJS의 에러 처리 방식을 함께 살펴보자.

[코드 2-17]은 정상적인 프로미스의 값 처리를 보여주는 예다.

코드 2-17 정상적인 프로미스의 값 처리 방식

```
const promise = new Promise(function(resolve, reject) {
    resolve(1)
});
promise.then(function(value) {
    console.log(value));
};
```

프로미스 생성자에서 사용하는 함수에 resolve의 1이라는 값을 인자로 설정하는 방식으로 값1을 전달할 수 있다. [코드 2-18]은 프로미스의 에러 처리를 보여주는 예다.

코드 2-18 프로미스의 에러 처리 방식

```
const promise = new Promise(function(resolve, reject) {
    reject(new Error('error'));
});
promise.then(
    function(value) {
        console.log(value);
    },
    function(error) {
        console.error(error);
    }
);
```

두 번째 인자인 reject는 에러를 처리하므로 값을 전달하면 에러가 발생한다.

프로미스는 1개의 값을 취급하므로 resolve든 reject든 둘 중 하나를 먼저 사용하면 then 함수로 둘 중 하나의 결과를 받을 수 있다. [코드 2-17]에서 then 함수를 이용해 resolve로 전달한 값은 첫 번째 인자에 해당하는 함수다. [코드 2-18]에서 reject로 에러를 전달한 것은 두 번째 인자에 해당하는 함수다.

RxJS는 옵저버블에서 여러 개 값을 취급한다. 따라서 옵저버에 있는 프로미스에서 resolve 함수로 값을 전달하듯 next 함수로 값을 전달할 수 있고, 프로미스의 reject 함수처럼 옵저버에 있는 error 함수로 에러를 전달할 수 있다. 에러를 전달하면 해당 옵저버블은 구독을 종료한다.

에러 없이 실행되면 complete 함수를 호출해 구독을 종료한다. [코드 2-19]는 그 예다.

코드 2-19 옵저버블을 이용한 값 전달과 에러 처리

```javascript
const { Observable } = require('rxjs');

const observableCreated$ = Observable.create(function(observer) {
    try {
        observer.next(1);
        observer.next(2);
        throw("throw err test");
    } catch (err) {
        observer.error(err);
    } finally {
        observer.complete();
    }
});

observableCreated$.subscribe(
    function next(item) { console.log(item); },
    function error(err) { console.log('error: ' + err) },
    function complete() { console.log('complete') }
);
```

옵저버블은 옵저버로 값 1과 2를 전달한 후 에러를 발생시키고 catch문을 이용해 옵저버에 있는 error 함수로 에러를 전달한다. 만약 에러가 발생하지 않았다면 complete 함수로 완료됨을 알 수 있다. 에러가 나서 finally 안의 코드가 실행되면 complete 함수는 호출된다. 하지만 이미 error 함수를 호출했으면 해당 옵저버블의 구독이 종료되었으므로 따로 complete 함수에 해당하는 콜백을 호출하지는 않는다.

에러 처리까지 RxJS 옵저버에 있는 세 가지 콜백 함수를 모두 살펴봤다. 다음처럼 정리할 수 있다.

- **next**: 다음에 전달할 값 또는 이벤트를 발행한다.
- **error**: 에러나 예외가 발생하면 이를 전달받는다. 구독(subscription) 종료
- **complete**: 정상적으로 옵저버블 구독을 완료하면 호출한다. 구독(subscription) 종료

이렇게 RxJS는 옵저버블에 있는 세 가지 콜백 함수를 이용해 동작한다. 여러 개의 값을 next 함수로 발행하다가 에러가 발생해 error 함수를 호출하거나 정상 종료로 complete 함수를 호출하면 구독을 종료한다. 이러한 함수가 있는 옵저버 객체와 옵저버블 객체를 어떻게 연결 및 관리하는지는 2.1.1의 옵저버 패턴을 다시 참고하기 바란다.

2.8 함수형 리액티브 프로그래밍이 받는 오해

함수형 리액티브 프로그래밍Functional Reactive Programming, FRP은 1997년에 코날 엘리엇Conal Elliott이 처음 사용한 용어다. 그간 ReactiveX는 함수형 프로그래밍과 리액티브 프로그래밍의 특징이 같이 있어 FRP로 오해를 받았었다. 그러나 ReactiveX 공식 문서[19]에서 Rx는 FRP가 아니라고 밝혔다. Rx에 리액티브 프로그래밍과 함수형 프로그래밍의 특징이 있기는 하다. 하지만 단순히 함수형 프로그래밍과 리액티브 프로그래밍의 특징만으로 FRP로 취급할 수 없다고 말한다.

실제 FRP라고 하려면 시간에 따라 연속으로 변한다change continuously over time는 특징이 있어야 한다. 그런데 Rx는 불연속적Discrete이다. 즉, FRP를 처음 정의했을 때 기준에 Rx는 부합하지 않으므로 Rx를 FRP라고 할 수 없다.

필자는 함수형 프로그래밍과 리액티브 프로그래밍의 특징이 조화를 잘 이루면서 Rx 같은 라이브러리가 해결하지 못하는 부분을 잘 해결하는 것이 FRP라고 생각한다. 따라서 용도에 따라 FRP를 공부할 필요가 있다고 생각한다.

예를 들어 동시에 일어난 사건들이 있을 때 Rx 같은 라이브러리에서는 옵저버가 등록된 순서에 따라 동작이 달라진다. 이 때문에 시간을 엄격하게 지켜 동작이 실행되지 않는다. 사실 동시

---

19 http://reactivex.io/intro.html

에 일어나야 하는 일들이 실제 동시에 일어나는 것이 아니라, 등록된 옵저버를 차례로 실행하는 것뿐이다.

이러한 시간과 관련된 부분을 FRP에서는 좀 더 효율적인 방식으로 해결한다. 이 책은 RxJS를 다루는 책이므로 시간 관련 효율적인 처리 방식에 관한 부분은 초기 FRP를 제안한 코날 엘리엇 GitHub 페이지[20]나 『함수형 반응형 프로그래밍』(한빛미디어, 2017)을 참고하기 바란다.

2.9 마치며

이 장에서는 RxJS에 관한 전반적인 내용을 소개했다. 옵저버와 옵저버블이 연결되어 옵저버 패턴으로 여러 개의 값을 취급할 수 있고, map 연산자처럼 함수를 인자로 사용해 특정 동작을 실행하는 연산자를 사용할 수 있다는 것을 소개했다. 멀티캐스팅은 서브젝트를 사용하며, 구독하는 여러 옵저버로 멀티캐스팅하려고 여러 옵저버를 구독할 수 있는 옵저버블의 특성과 옵저버들에게 값을 전달할 수 있는 옵저버의 특징이 함께 있다는 것도 소개했다.

RxJS는 함수형 프로그래밍의 특징이 있다. 함수형 프로그래밍은 함수를 값으로 취급하고 함수 자체에 부수 효과가 없는 순수 함수 개념이 있다는 것을 살펴봤다. 이러한 특징 때문에 실행 컨텍스트를 관리하는 스케줄러가 있으며 이를 통해 비동기 처리를 할 수 있다는 것도 소개했다. 이러한 개념을 종합하면 RxJS는 옵저버블과 옵저버로 구성된 옵저버 패턴과 스케줄러가 결합해 다양한 연산자를 사용할 수 있는 함수형 프로그래밍 라이브러리라고 할 수 있다.

RxJS의 연산자를 이해하려면 마블 다이어그램을 참고하는 것이 좋다. 이후 장에서 각종 연산자를 소개할 때는 마블 다이어그램을 함께 소개할 것이다. 다음 장부터 생성 함수, 연산자, 서브젝트, 스케줄러 등 RxJS의 주요 구성 요소를 자세히 소개할 것이다.

---

20 https://github.com/conal/talk-2015-essence-and-origins-of-frp

## CHAPTER 3

생성 함수

이 장에서는 생성creation 함수를 다룬다. RxJS에서 제공하는 여러 생성 함수를 호출하면 목적에
맞는 옵저버블을 생성할 수 있다. 따라서 옵저버블을 구독하거나 다른 함수나 연산자를 덧붙이
기 전의 출발점이기도 하다. 먼저 기본 생성 함수인 create 함수를 살펴보고 함수나 연산자 호
출로 옵저버블을 생성할 수 있는 다른 생성 함수를 소개한다.

3.1 create 함수

create 함수는 옵저버블이 어떤 작업을 할지 정의해 생성한다. Observable 클래스[1]에 속해
있는 기본 함수이기도 하다. 마블 다이어그램은 [그림 3-1]과 같다.

그림 3-1 create 함수의 마블 다이어그램

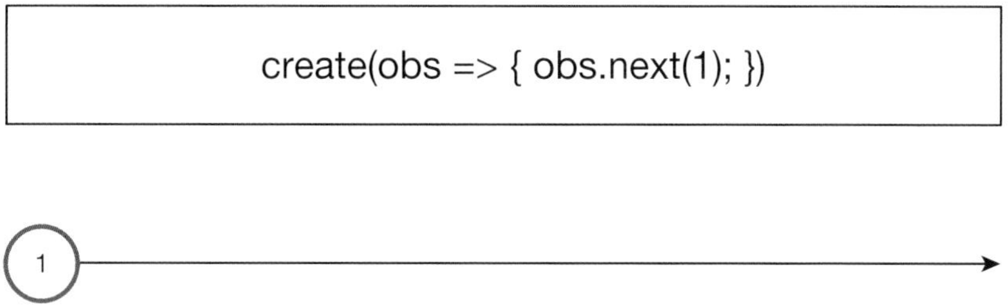

create(obs => { obs.next(1); })

1

---

1 https://rxjs-dev.firebaseapp.com/api/index/class/Observable#create

마블 다이어그램에서 obs => { obs.next(1) };은 함수에 해당하며 obs는 이벤트를 전달받을 옵저버를 뜻한다. 따라서 obs.next(1)은 1이란 값을 옵저버에게 전달하라는 의미다.

함수 원형은 다음과 같다.

```
static create: Function
```

Observable 생성자를 호출하여 새로운 콜드 옵저버블을 작성한다. 인자로 사용하는 3개 함수인 next, error, complete를 호출할 수 있다. 3개 함수는 옵저버블을 구독할 때 호출하며, 옵저버로 전달되는 값을 구독하는 쪽 각각의 함수를 이용해 발행할 수 있다.

[코드 3-1]은 create 함수로 옵저버블을 생성하는 예다.

코드 3-1 create 함수로 옵저버블 생성

```javascript
const { Observable } = require('rxjs');

const observable1to10$ = Observable.create(function(observer) {
    console.log('[observable1to10] BEGIN subscribe function');

    for (let value = 1; value <= 10; value++) {
        observer.next(value);
    }

    observer.complete();

    // 실행되지 않음
    observer.next(11);
    observer.error(new Error('error'));
    observer.complete();

    console.log('[observable1to10] END subscribe function');

    return function() {
        console.log('observable1to10 unsubscribed');
    }
});

observable1to10$.subscribe(
    function next(value) {
```

```
                console.log(`next value: ${value}`);
        },
        function error(err) {
            console.error(`error`, err.message);
        },
        function complete() {
            console.log('complete!');
        }
    );
```

TIP 이 절에서는 처음 생성 함수를 소개하므로 subscribe 함수를 구현할 때 next, error, complete라는 함수 이름을 직접 지정해 코드를 이해하기 쉽게 했다. 다음부터는 subscribe 함수를 구현할 때 화살표 함수(=>)를 사용할 것이니 참고하기 바란다.

실행 결과는 다음과 같다.

```
[observable1to10] BEGIN subscribe function
next value: 1
next value: 2
next value: 3
next value: 4
next value: 5
next value: 6
next value: 7
next value: 8
next value: 9
next value: 10
complete!
[observable1to10] END subscribe function
observable1to10 unsubscribed
```

먼저 Observable.create로 옵저버블을 생성해 observable1to10$라는 상수에 담았다. 그리고 subscribe 함수를 호출했다. observable1to10$를 구독하는 시점부터 create 함수에 있는 next, error, complete 함수를 호출해 실행할 수 있다. observer.next(value)에 값을 전달할 때마다 subscribe 함수 안에 있는 next(value)를 호출해 실행하며 for문 실행이 끝나 observer.complete 함수를 실행하면 subscribe 함수 안에 있는 complete 함수를 호출해 실행한다.

중요한 점은 observer.complete 다음에 있는 observer.next(11), observer.error(new Error('error')), observer.complete는 실행되지 않는다는 점이다. 이미 앞에서 observer.complete를 실행한 상황에서 구독이 끝난(subscribe 함수를 호출할 수 없는) 상태이기 때문이다.

구독을 해제할 때는 onSubscription에서 리턴한 TeardownLogic 함수를 호출한다. 구독을 완료한 후 호출되며 내부에서 생성한 자원을 해제해야 할 때 사용한다. [코드 3-5]에서는 구독을 해제한다는 메시지를 출력하는 용도로만 사용했다. 그런데 실행 결과를 보면 console.log('[observable1to10] END subscribe function')는 실행된다. 즉, complete 함수를 실행했더라도 onSubscription 함수는 계속 실행됨을 확인할 수 있다. 그러므로 onSubscription 함수를 구현할 때는 구독을 모두 완료한 후 불필요한 동작이 일어나지 않도록 주의해야 한다.

[코드 3-2]는 [코드 3-1]에서 에러 발생을 확인하려고 try-catch문을 사용한 예다. 에러가 발생했을 때 observer 객체로 에러 발생을 확인한다.

코드 3-2 에러 발생을 확인할 수 있는 create 함수 사용

```
const { Observable } = require('rxjs');

const observable1to10$ = Observable.create(observer => {
    try {
        console.log('[observable1to10] BEGIN subscribe function');
        for (let value = 1; value <= 10; value++) {
            observer.next(value);
            consloe.log(`observer.next(${value})`); // 오타
        }
    } catch(e) {
        observer.error(e);
    }
    // observer.complete();
    console.log('[observable1to10] END subscribe function');

    return () => {
        console.log('observable1to10 unsubscribed');
    }
});
```

```
observable1to10$.subscribe(
    value => console.log(`next value: ${value}`),
    err => console.error(`error`, err.message),
    () => console.log('complete!')
);
```

실행 결과는 다음과 같다.

```
[observable1to10] BEGIN subscribe function
next value: 1
error consloe is not defined
[observable1to10] END subscribe function
observable1to10 unsubscribed
```

observer.next(value) 다음 줄에 해당 값을 호출했다는 메시지를 남기려고 console.log를 사용하려다가 실수로 consloe라는 오타가 났다. 그럼 catch문으로 이동해 subscribe 함수 안 error 함수를 호출해 실행하는 observer.error(e)로 에러가 발생했다는 사실을 알린다. 실제로 'error'라는 글자와 함께 에러 메시지가 출력되는 것을 확인할 수 있다.

또한 [코드 3-2]에서는 일부러 observer.complete를 주석 처리했다. 이는 observer.error 를 실행하면 구독을 해제하는 TeardownLogic 함수를 실행할 수 있음을 확인하려는 목적이다. try-catch문으로 observer.error(e)를 실행해 에러를 정상적으로 확인하면 observer. complete를 실행하지 않아도 구독을 해제할 수 있다. 에러가 발생했을 때라도 자원 해제 등의 작업을 해 프로그램을 최적화하는 데 도움을 준다.

그럼 try-catch문 없이 에러가 발생하면 어떤 상황이 벌어질까? [코드 3-3]을 살펴보자.

코드 3-3 try-catch문 없이 에러가 발생하는 create 함수

```
const { Observable } = require('rxjs');

const observable1to10$ = Observable.create(observer => {
    console.log("[observable1to10] BEGIN subscribe function");
    for (let value = 1; value <= 10; value++) {
        observer.next(value);
        consloe.log(`observer.next(${value})`); // 오타
    }
    observer.complete();
```

```
        console.log("[observable1to10] END subscribe function");
        return () => {
            console.log('observable1to10 unsubscribed');
        }
    });

    observable1to10$.subscribe(
        function next(value) {
            console.log(`next value: ${value}`);
        },
        function error(err) {
            console.error(`error`, err.message);
        },
        function complete() {
            console.log('complete!');
        }
    );
```

실행 결과는 다음과 같다.

```
[observable1to10] BEGIN subscribe function
next value: 1
error consloe is not defined
```

이때도 subscribe 함수의 error 함수를 호출해 "error consloe is not defined"라는 에러 메시지를 출력한다. 이는 RxJS의 좋은 기능이다.

3.2 of 함수

of 함수는 나열된 인자를 순서대로 발행하도록 옵저버블을 생성한다. 간단히 몇 개의 값을 발행해야 할 때는 create 함수 대신 of 함수를 사용하면 편리하다.

TIP ReactiveX 공식 문서[2]에서는 just라는 연산자로 소개한다. RxJS 4까지는 just로 사용하다가 RxJS 5에서 이름을 변경[3]했기 때문이다.

2 http://reactivex.io/documentation/operators/just.html
3 https://github.com/ReactiveX/rxjs/blob/master/MIGRATION.md

마블 다이어그림은 [그림 3-2]와 같다.

그림 3-2 of 함수의 마블 다이어그램

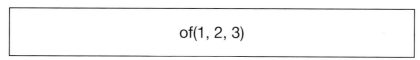

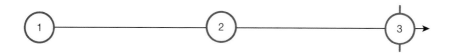

함수에 넣은 값인 1, 2, 3이 순서대로 발행된다는 것을 쉽게 알 수 있다. 함수 원형은 다음과
같다.

```
of<T>(...args: Array<T | SchedulerLike>): Observable<T>
```

args에는 next 함수로 발행할 값을 설정한다. 실제 값을 발행할 때는 나열된 인자를 배열로 변
환해 순서대로 발행한다. SchedulerLike에는 next 함수로 값을 발행한다는 사실을 알리는 스
케줄러를 넣는다.

그럼 of 함수로 값을 발행하는 예인 [코드 3-4]를 살펴보자.

코드 3-4 of 함수로 값을 발행하는 옵저버블 생성

```
const { of } = require('rxjs');

of(1, 2, 'a', 'b', 3, 4, ['array1', 'array2']).subscribe(
    x => console.log(`next ${x}`),
    err => console.error(err.message),
    () => console.log('completed')
);
```

실행 결과는 다음과 같다.

```
next 1
next 2
```

```
next a
next b
next 3
next 4
next array1,array2
completed
```

of 함수의 인자를 확인하면 숫자, 문자, 배열 등 여러 가지 데이터 타입을 나열했고 인자 순서대로 값을 그대로 발행한다. next 함수로 값을 다 발행하고 구독 해지 함수를 실행하면 'complete'라는 메시지를 출력한다.

3.2.1 of 함수를 이용하는 비동기 스케줄러

이번에는 asapScheduler라는 스케줄러[4]를 of 함수에 적용해 비동기 처리를 하는 스케줄러를 구현해보겠다. 이 예제를 살펴보면 of 함수를 어떻게 활용하는지 좀 더 이해하기 좋을 것이다.

of 함수는 제일 마지막 인자의 데이터 타입이 RxJS의 Scheduler 타입이면 해당 스케줄러를 옵저버블에 적용할 수 있다. 따라서 이 예제는 [코드 3-5]의 마지막 인자로 asapScheduler를 추가해 of 함수가 비동기로 동작한다는 점을 확인하겠다.

코드 3-5 of 함수를 이용하는 비동기 스케줄러

```
const { of, asapScheduler } = require('rxjs');
console.log('BEFORE call subscribe()');

of(1, 2, 'a', 'b', 3, 4, ['array1', 'array2'], asapScheduler).subscribe(
    x => console.log(`next ${x}`),
    err => console.error(err.message),
    () => console.log('completed')
);

console.log('AFTER call subscribe()');
```

실행 결과는 다음과 같다.

---

4 스케줄러의 개념은 3부에서 설명할 것이므로 지금은 비동기 처리를 지원하는 AsapScheduler가 있다는 것만 알아두자.

```
BEFORE call subscribe()
AFTER call subscribe()
next 1
next 2
next a
next b
next 3
next 4
next array1,array2
completed
```

subscribe 함수의 호출 시점은 'BEFORE call subscribe()'와 'AFTER call subscribe()' 메시지 사이로 설정했지만, 실행 결과를 살펴보면 next 함수 실행을 비동기 처리해 'AFTER call subscribe()'를 출력한 후 옵저버블 구독 부분을 실행하는 것을 확인할 수 있다.

3.3 from 함수와 fromEvent 함수

이 절에서는 from 함수와 이벤트를 처리하는 from 함수라고 할 수 있는 fromEvent 함수를 살펴본다. 두 함수 모두 구독할 수 있는 데이터 타입의 객체를 옵저버블로 변환한다.

3.3.1 from 함수

from 함수는 옵저버블로 변환할 수 있을 만한 객체들을 옵저버블로 변환해준다. from 함수에서 지원하는 데이터 타입의 객체는 다음과 같다.

1 옵저버블(Observable)
2 배열(Array)
3 프로미스(Promises)
4 이터러블(Iterable)
5 문자열(string)
6 배열 유사 타입(ArrayLike)[5]

---

5 배열은 아니지만 숫자(Number) 타입의 length 속성이 있는 객체를 말한다.

이외의 다른 데이터 타입 객체는 옵저버블을 생성하지 못하고 TypeError를 발생시킨다.

앞에서 소개한 데이터 타입은 대체로 여러 개 값을 얻을 수 있거나 프로미스처럼 값은 하나지만 비동기 방식으로 콜백 함수를 사용할 수 있는 객체다. 문자열은 각 문자를 값으로 발행하도록 옵저버블을 생성한다. 마블 다이어그램은 [그림 3-3]과 같다.

그림 3-3 from 함수의 마블 다이어그램

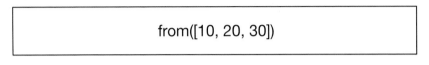

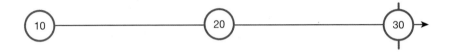

10, 20, 30을 담은 배열 객체의 각 요소를 차례로 출력하는 것을 확인할 수 있다.

함수 원형은 다음과 같다.

```
from<T>(input: ObservableInput<T>, scheduler?: SchedulerLike): Observable<T>
```

input에는 방금 설명한 여섯 가지 데이터 타입의 객체를 넣는다. scheduler?에는 값을 발행한다는 사실을 알리는 SchedulerLike 인터페이스 타입의 스케줄러를 넣는다.

[코드 3-6]은 from 함수로 1~4를 포함하는 배열 각 요소의 값을 발행한다.

코드 3-6 배열 각 요소의 값 발행

```
const { from } = require('rxjs');

from([1, 2, 3, 4]).subscribe(
    x => console.log(`next: ${x}`),
    null,
    () => console.log('completed')
);
```

실행 결과는 다음과 같다.

```
next: 1
next: 2
next: 3
next: 4
completed
```

간단한 배열을 옵저버블로 변환해 값을 구독한 후 발행하므로 자세하게 설명하지 않아도 쉽게 이해할 것이다. 배열은 자바스크립트에서 흔하게 사용하는 자료구조이며 옵저버블처럼 여러 값을 취급한다는 특징이 있다. 또한 from 함수 실행을 정상적으로 완료하면 구독 해제 함수가 실행되어 'complete' 메시지를 실행한다는 점도 확인할 수 있다.

[코드 3-7]은 from 함수로 이터러블, 그중에서도 특별한 형태인 제너레이터를 사용해 값을 발행하는 예다. 제너레이터는 ES2015+에서 새로 추가된 개념으로 함수 안 임의의 장소에서 처리를 중단하거나 재개할 수 있는 기능을 제공한다. 제너레이터 함수 안에 정의한 로직으로 이터러블 객체를 순회하며 값을 하나씩 가져올 때 yield를 만나면 값을 전달하고 그다음 단계를 실행하는 방식으로 동작한다. 자세한 사항은 부록 A.10을 참고하기 바란다.

코드 3-7 이터러블 값을 발행

```
const { from } = require('rxjs');

function* forLoopGen(start, end, increment) {
    for(let x = start; x <= end; x += increment) {
        yield x;
    }
}

from(forLoopGen(1, 15, 2)).subscribe(
    x => console.log(`next: ${x}`),
    null,
    () => console.log('completed')
);
```

실행 결과는 다음과 같다.

```
next: 1
```

```
next: 3
next: 5
next: 7
next: 9
next: 11
next: 13
next: 15
completed
```

먼저 start, end, increment라는 파라미터를 설정해 반복 실행하는 forLoopGen라는 제너
레이터 함수를 정의했다. 그리고 이 함수를 from 함수에서 사용할 때는 1, 15, 2라는 인자를
설정해 구독했다. 이제 해당 옵저버블 생성해 구독하는 시점에 제너레이터 함수의 로직이 실행
되며 yield에서 전달하는 값을 옵저버블에서 발행한다. 따라서 1부터 15까지 2씩 증가하는 값
을 발행하고 제너레이터 함수 실행을 완료하면 구독 해제 함수의 메시지인 'complete'를 출력
하며 구독을 완료 및 해지한다.

제너레이터를 사용했을 때 장점은 제너레이터 함수를 정의할 때 기존의 명령형 프로그래밍 코
드를 적용할 수 있다는 것이다. 또한 제너레이터 함수를 실행하는 동안 지정한 로컬 변수에 상
태 값을 저장할 수 있기도 하다. 즉, [코드 3-7]처럼 for문을 실행해 얻은 x라는 상태 값으로
다음 동작을 실행할 수 있다.

[코드 3-8]은 from 함수로 옵저버블을 생성해 문자열의 각 문자를 값으로 발행한다.

코드 3-8 문자열의 각 문자를 값으로 발행

```
const { from } = require('rxjs');

from("Hello").subscribe(
    x => console.log(`next: ${x}`),
    null,
    () => console.log('completed')
);
```

실행 결과는 다음과 같다.

```
next: H
next: e
next: l
```

```
next: l
next: o
completed
```

문자열도 문자 하나씩 나눈 후 옵저버블에서 값을 발행함을 확인할 수 있다. 각각의 글자를 다루는 등의 특별한 문자열 처리가 필요하다면 앞으로 소개할 다른 함수나 연산자와 함께 여러 가지 형태의 문자열 연산을 할 수 있을 것이다.

[코드 3-9]는 from 함수로 프로미스의 값을 발행하는 예제다. 프로미스는 앞에 소개한 객체들과 달리 1개의 값만을 취급하며, 비동기로 동작해 콜백 함수로 값이나 에러를 전달받을 수 있다. 즉, 옵저버블과 공통부분도 있다고 할 수 있다.

코드 3-9 from 함수로 프로미스의 값을 발행

```
const { from } = require('rxjs');

from(new Promise((resolve, reject) => {
    console.log('promise1 function begin');
    setTimeout(() => resolve('promise1 resolve'), 700);
    console.log('promise1 function end');
})
).subscribe(
    x => console.log(`[1] next: ${x}`),
    err => console.error(`[1] error.message: ${err.message}`),
    () => console.log('[1] completed')
);

from(new Promise((resolve, reject) => {
    console.log('promise2 function begin');
    setTimeout(() => reject(new Error('promise2 reject')), 1200);
    console.log("promise2 function end");
})
).subscribe(
    x => console.log(`[2] next: ${x}`),
    err => console.error(`[2] error.message: ${err.message}`),
    () => console.log('[2] completed')
);
```

실행 결과는 다음과 같다.

```
promise1 function begin
promise1 function end
promise2 function begin
promise2 function end
[1] next: promise1 resolve
[1] completed
[2] error.message: promise2 reject
```

[코드 3-9]에서는 프로미스의 두 가지 특징을 확인하려고 promise1과 promise2로 표기하는 from 함수 2개를 구현했다. 첫 번째 프로미스(promise1) 객체는 정상적으로 동작하여 resolve 함수로 값을 전달했고, 두 번째 프로미스(promise2) 객체는 reject 함수로 에러 발생을 전달했다.

두 프로미스 객체 모두가 옵저버블을 생성하는 시점에 인자로 사용하는 함수를 실행한다. 따라서 'promise1 function begin'과 'promise2 function begin'이라는 메시지를 출력한다. 또한 인자로 사용하는 함수 실행 시간을 700ms와 1200ms로 차이를 두었다. 첫 번째 동작이 완료된 후에는 next 함수를 실행해 resolve 함수에서 전달한 값 하나를 발행해 출력([1] next: promise1 resolve)하며, 정상적으로 실행되었으니 구독 해제 함수를 호출해 'complete'라는 메시지를 출력한다. 두 번째 동작은 에러가 발생했으므로 옵저버블의 에러 콜백 함수인 reject를 호출해 실행한다. 이때 주목해야 할 점은 구독 해제 함수를 실행하지 않는다는 것이다. 즉, 프로미스의 에러 처리나 값 발행은 옵저버블에서 지원하는 동작으로 변환된다.

> **NOTE_ from 함수의 스케줄러 사용**
>
> from 함수는 두 번째 인자로 스케줄러를 사용할 수 있다. of 함수는 여러 개의 인자를 설정할 수 있고, 각각의 값을 그대로 발행하며, 마지막 인자를 스케줄러로 사용한다. 따라서 마지막 인자가 스케줄러인지 검사한다. 하지만 from은 첫 번째 인자를 변환하고 정확히 두 번째 인자만 스케줄러로 사용하기 때문에 두 번째 인자에 스케줄러를 사용해야 스케줄러를 사용할 수 있다. 즉, from 함수는 두 번째 인자에 asapScheduler를 사용하면 비동기로 동작할 수 있다. 단, 발행할 여러 개 값을 of 함수의 인자로 나열하여 사용한다면 두 번째 인자가 스케줄러가 아니면 에러가 발생할 수 있음에 주의해야 한다.

3.3.2 fromEvent 함수

fromEvent 함수는 Node.js의 옵저버 패턴 구현인 EventEmitter 클래스의 객체와 조합하거나, 브라우저에서 발생하는 이벤트를 옵저버블로 바꿀 때 사용한다. 이벤트가 발생한 후 이를 일련의 스트림으로 바꿔 사용할 때 더 유용하다. 나중에 많은 함수나 연산자를 다루다 보면 fromEvent 함수의 유용함을 알 것이다. fromEvent 함수의 마블 다이어그램은 [그림 3-4]와 같다.

그림 3-4 fromEvent 함수의 마블 다이어그램

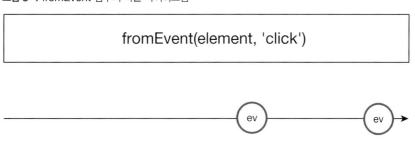

어떤 엘리먼트에 설정된 이벤트(마블 다이어그램에서는 클릭 이벤트)를 인자로 사용해 해당 이벤트를 차례로 발행한다는 사실을 알 수 있다. 함수 원형은 다음과 같다.

```
fromEvent<T>(target: FromEventTarget<T>,
    eventName: string,
    options?: EventListenerOptions | ((...args: any[]) => T),
    resultSelector?: ((...args: any[]) => T)
): Observable<T>
```

target에는 DOM의 EventTarget 인터페이스, Node.js의 EventEmitter 객체, jQuery의 이벤트 객체, NodeList나 HTMLCollection 객체 등을 넣어 이벤트 핸들러와 연결한다. eventName에는 target에 설정한 값이 발행하는 이벤트 이름을 넣는다. options?에는 addEventListener에 전달할 옵션을 넣으며, resultSelector?에는 값을 발행한 이후에 실행해야 할 함수를 넣는다. 이벤트 핸들러를 인자로 사용해 값 하나를 리턴해야 한다.

[코드 3-10]은 fromEvent 함수로 이벤트를 옵저버블로 구독한 후 이벤트 객체를 사용해 값을 발행하는 예제다. 전체 예제 중 fromEvent 함수를 사용하는 부분만 선택해 소개한다.

```javascript
const { fromEvent } = rxjs;

fromEvent(document.querySelector('#btn1'), 'click').subscribe(
    event => {
        const pTag = document.createElement('p');
        pTag.appendChild(
            document.createTextNode(`event.target.id ${event.target.id} clicked`)
        );
        document.querySelector('#nextResult').appendChild(pTag);
    },
    err => {
        const pTag = document.createElement('p');
        pTag.appendChild(
            document.createTextNode(`error: ${err.message}`)
        );
        document.querySelector('#errorResult').appendChild(pTag);
    },
    () => {
        const pTag = document.createElement('p');
        pTag.appendChild(
            document.createTextNode('completed')
        );
        document.querySelector('#completeResult').appendChild(pTag);
    }
);
```

클릭 이벤트가 발생한 버튼의 id 속성값을 알려주는 p 엘리먼트를 새로 생성해서 id 속성값이 nextResult인 엘리먼트에 클릭 이벤트 실행 결과를 전달한다. 참고로 에러가 발생하는 상황이나 구독을 완료했을 때 실행하는 코드를 확인할 수 있다. 그런데 [코드 3-10]에서 발생하는 클릭 이벤트는 다른 함수, 연산자, 자바스크립트 함수로 이벤트 실행 종료를 명시하지 않으면 구독 해제 함수를 호출해 'complete' 메시지를 출력하지 않는다. 또한 에러가 발생할 때까지 에러 처리 함수도 호출하지 않는다. 이러한 점은 주의해야 한다.

이 장에서는 함수의 특징을 설명하는 데 집중하므로 fromEvent 함수의 이벤트 실행을 종료한 이후 상황은 다른 함수나 연산자를 설명할 때 다룰 것이다.

3.4 defer 함수

defer는 팩토리 함수로 옵저버블(또는 옵저버블로 변환할 수 있는 객체)을 생성한 후, 구독하는 시점에 팩토리 함수를 호출해 이미 생성한 옵저버블을 리턴받아 구독한다. from 함수를 사용하면 프로미스를 생성해 바로 동작시킨다. 하지만 defer 함수를 사용하면 옵저버블을 구독하는 시점에 프로미스를 생성할 수 있으므로 동작 시점을 옵저버블의 구독 시점으로 맞출 수 있다.

> **NOTE_ 팩토리 함수**
>
> 팩토리 함수는 옵저버블로 변환할 수 있는 객체를 옵저버블로 생성한 후 리턴한다. defer 함수는 subscribeToResult라는 함수를 사용해 from 함수에서 언급한 데이터 타입을 팩토리 함수에서 리턴해도 알아서 옵저버블로 바꿔서 구독한다. 예를 들어 defer 함수를 사용해 팩토리 함수에서 프로미스를 생성한다면 from 함수를 사용할 필요 없이 바로 프로미스를 생성해 리턴한다.

defer 함수의 마블 다이어그램은 [그림 3-5]와 같다.

그림 3-5 defer 함수의 마블 다이어그램

of 함수를 사용했으므로 기본적으로는 a, b, c라는 값을 순서대로 발행할 것이다. 단, 화살표 함수로 표현한 팩토리 함수 안에서 of 함수를 사용하므로 팩토리 함수가 of 함수의 구독 시점을 조절한다. 함수 원형은 다음과 같다.

```
defer<T>(observableFactory: () => SubscribableOrPromise<T> | void): Observable<T>
```

observableFactory에 프로미스를 리턴하거나 옵저버블을 생성할 수 있는 팩토리 함수를 설정한다는 점을 알 수 있다.

[코드 3-11]는 [코드 3-9]의 from 함수를 defer로 바꾸고, 팩토리 함수(프로미스 앞에 화살표 함수 () =>를 추가)를 이용해 인자로 사용하는 프로미스를 리턴하는 예다.[6]

코드 3-11 팩토리 함수로 프로미스를 리턴하는 defer 함수

```
const { defer } = require('rxjs');

const source1$ = defer(() => new Promise((resolve, reject) => {
    console.log('promise1 function begin');
    setTimeout(() => resolve('promise1 resolve'), 700);
    console.log('promise1 function end');
}));
console.log('source1$ created');

const source2$ = defer(() => new Promise((resolve, reject) => {
    console.log('promise2 function begin');
    setTimeout(() => reject(new Error('promise2 reject')), 1200);
    console.log('promise2 function end');
}));
console.log('source2$ created');
console.log('before source1$.subscribe()');

source1$.subscribe(
    x => console.log(`[1] next: ${x}`),
    err => console.error(`[1] error.message: ${err.message}`),
    () => console.log('[1] completed')
);
console.log('after source1$.subscribe()');
console.log('before source2$.subscribe()');

source2$.subscribe(
    x => console.log(`[2] next: ${x}`),
    err => console.error(`[2] error.message: ${err.message}`),
    () => console.log('[2] completed')
);
console.log('after source2$.subscribe()');
```

---

6 defer 함수에 프로미스를 사용할 때는 프로미스가 포함된 팩토리 함수를 사용해 구독해야 한다.

실행 결과는 다음과 같다.

```
source1$ created
source2$ created
before source1$.subscribe()
promise1 function begin
promise1 function end
after source1$.subscribe()
before source2$.subscribe()
promise2 function begin
promise2 function end
after source2$.subscribe()
[1] next: promise1 resolve
[1] completed
[2] error.message: promise2 reject
```

각 defer 함수 구현 사이에는 console.log('source1$ created'), console.log('source2$ created'), console.log('after source1$.subscribe()')를 넣고 메시지를 확인하게 했다. 즉, 세 가지 메시지 사이에 어떤 메시지가 출력되느냐로 프로미스 생성 후의 프로미스 안 함수 실행 시점을 알 수 있다.

프로미스는 팩토리 함수 안에 있으므로 단순히 옵저버블을 생성한다고 프로미스까지 생성하는 건 아니다. 그렇지만 source1$을 구독하면 프로미스가 생성되고 프로미스 안에 있는 함수가 실행('promise1 function~' 메시지 출력)됨을 알 수 있다. 이는 두 번째 옵저버블인 source2$도 마찬가지다. 결과적으로 700ms, 1200ms 후 [코드 3-9]처럼 결과가 출력되는 것을 확인할 수 있다.

> **NOTE_ 프로미스 실행 시점에 따른 from 및 defer 함수 선택**
>
> 보통 create 함수로 생성한 옵저버블은 인자로 사용하는 함수가 구독 시점에 동작한다. 그런데 프로미스는 객체 생성 시점에 안에 있는 함수가 실행된다는 특징이 있다. 따라서 프로미스를 사용할 때는 이런 차이를 구분해 from 및 defer 함수를 선택해야 한다. 함수를 선택하는 기준은 다음과 같다.
>
> - from 함수는 프로미스 안 구현 부분이 언제 실행되든 상관없을 때 사용하고, defer 함수는 옵저버블을 구독하는 시점에 프로미스를 생성하여 프로미스 안 구현 부분이 실행되어야 할 때 사용한다.
> - from 함수는 이미 실행 중이거나 완료한 프로미스를 옵저버블로 만들 때 적합하고 defer 함수는 프로미스 실행 시점(프로미스 객체 생성 시점)이 구독하는 시점이어야 할 때 적합하다.

3.5 range 함수

range는 일정한 범위를 지정한 후 해당 범위 안 있는 숫자를 값으로 발행하는 옵저버블을 생성한다. 이는 create 함수 안에 for문을 이용해 1씩 증가하는 숫자를 발행하는 것과 비슷하다. 앞으로 반복 실행해서 값을 발행하는 상황이라면 다른 함수 혹은 연산자와 함께 range 함수를 조합하면서 사용해 리액티브 프로그래밍에 익숙해지도록 하자. range 함수의 마블 다이어그램은 [그림 3-6]과 같다.

그림 3-6 range 함수의 마블 다이어그램

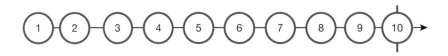

인자로 시작 숫자를 1, 발행해야 하는 숫자 개수로 10을 설정해 1~10 사이의 모든 숫자를 값으로 발행했다. 직관적이므로 이해하기 쉬울 것이다. 함수 원형은 다음과 같다.

```
range(
    start: number = 0,
    count: number = 0,
    scheduler?: SchedulerLike
): Observable<number>
```

start와 count는 값을 발행하기 시작하는 숫자와 발행해야 하는 숫자 개수를 각각 지정한다. scheduler?는 알림을 제어하는 스케줄러를 넣는다. [코드 3-12]는 range 함수를 사용하는 예다.

코드 3-12 range 함수 사용 예

```
const { range } = require('rxjs');

range(1, 5).subscribe(
```

```
    x => console.log(`range(1, 5) next: ${x}`),
    err => console.error(`error.message: ${err.message}`),
    () => console.log('completed')
);

range(2, 5).subscribe(
    x => console.log(`range(2, 5) next: ${x}`),
    err => console.error(`error.message: ${err.message}`),
    () => console.log('completed')
);
```

실행 결과는 다음과 같다.

```
range(1, 5) next: 1
range(1, 5) next: 2
range(1, 5) next: 3
range(1, 5) next: 4
range(1, 5) next: 5
completed
range(2, 5) next: 2
range(2, 5) next: 3
range(2, 5) next: 4
range(2, 5) next: 5
range(2, 5) next: 6
completed
```

첫 번째 인자는 처음 값을 발행하는 숫자고, 마지막 인자는 연속해서 값을 발행해야 하는 숫자 개수다. 따라서 range 함수로 만든 옵저버블은 각각 1부터 5 그리고, 2부터 6까지 5개의 숫자를 값으로 발행한다.

3.6 시간 함수

자바스크립트에서는 setTimeout, setImmediate, setInterval처럼 시간을 제어하는 함수를 제공한다. 그리고 RxJS는 이 함수를 옵저버블 형태로 추상화한 함수들이 몇 가지 있다. 이 절에서 이러한 시간과 관련된 함수를 두 가지를 소개하겠다.

3.6.1 interval 함수

interval 함수는 실행 시간 사이의 간격을 의미하는 숫자 값(ms 단위)을 사용해 특정 시간마다 값을 발행한다. 이때 첫 값을 발행하기 전에도 숫자 값만큼 시간 간격을 둔다는 점을 꼭 기억하자. interval 함수의 마블 다이어그램은 [그림 3-7]과 같다.

그림 3-7 interval 함수의 마블 다이어그램

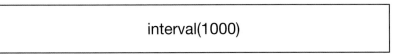

인자로 1000ms(1초)를 설정했고 시간 표시줄에 있는 0~5라는 값 사이의 간격이 일정한 것을 확인할 수 있다. 함수 원형은 다음과 같다.

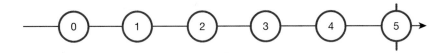

```
interval(period: 0 = 0, scheduler: SchedulerLike = async): Observable<number>
```

period에는 여러분이 예상하는 것처럼 시간 간격을 의미하는 숫자를 넣는다. scheduler는 시간 개념을 나타내는 값을 발행함을 알리는 비동기 스케줄러를 넣는다.

[코드 3-13]은 interval 함수를 사용하는 예다. [그림 3-7]의 마블 다이어그램을 그대로 구현했다.

코드 3-13 interval 함수 사용

```
const { interval } = require('rxjs');
interval(1000).subscribe(x => console.log(x));
```

실행 결과는 다음과 같다.

```
0
1
```

```
2
3
4
...
```

책에서 표현할 수는 없지만 [코드 3-13]을 실행해보면 구독 후 바로 값이 발행되지 않고, 인자로 설정한 시간 간격만큼 기다린 후 0부터 1씩 증가한 값을 연속으로 발행한다. 발행한 숫자 값은 주기적으로 발행되는 순서를 숫자로 표현했을 뿐이므로 순서를 의미할 수 있는 다른 값으로 대체해도 된다. 구체적인 방법은 5장에서 소개하는 변환 연산자에서 다룰 것이다.

interval 함수는 끊임없이 값을 발행하는 함수다. 따라서 값 발행을 멈추려면 명시적으로 구독을 해제하거나, 어디까지 값을 발행할지 지정하는 연산자가 필요하다. 이러한 연산자의 사용 방법은 4장에서 소개하는 필터링 연산자에서 설명한다.

3.6.2 timer 함수

원래 ReactiveX의 timer 함수는 지정한 시간이 지난 후 1개의 값을 발행한 후 값 발행을 완료한다. 따라서 원칙적으로는 하나의 인자를 사용한다. 그런데 RxJS의 timer 함수는 두 번째 인자도 사용할 수 있게 구현되어 있다. [그림 3-8] 마블 다이어그램을 보면서 이를 확인해보자.

그림 3-8 timer 함수의 마블 다이어그램

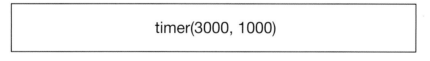

처음엔 첫 번째 인자로 설정한 3,000만큼의 시간을 기다린 후 0이란 값을 발행한다. 그 후 두 번째 인자로 설정한 시간 간격만큼 1씩 증가하는 값을 발행한다. 두 번째 인자가 없다면 3,000만큼의 시간 간격을 두고 0이라는 값을 하나 발행할 뿐이다. 함수 원형은 다음과 같다.

```
timer(
    dueTime: number | Date = 0,
    periodOrScheduler?: number | SchedulerLike,
    scheduler?: SchedulerLike
): Observable<number>
```

dueTime는 숫자나 날짯값을 사용해 어느 정도의 시간 간격만큼 기다릴지를 설정한다. periodOrScheduler?는 첫 번째 값을 발행한 후 어느 정도의 시간 간격만큼 값을 발행할지를 설정하는 숫자 값을 넣는다. scheduler?는 시간 개념을 나타내는 값을 발행함을 알리는 스케줄러를 넣는다.

[코드 3-14]와 [코드 3-15]는 첫 번째 인자만 설정했을 때와 두 번째 인자까지 설정했을 때를 나눠 timer 함수를 사용하는 예다.

코드 3-14 첫 번째 인자만 설정한 timer 함수 예

```
const { timer } = require('rxjs');

timer(1000).subscribe(
    x => console.log(`timer(1000) next: ${x}`),
    err => console.error(`error.message: ${err.message}`),
    () => console.log('completed')
);
```

실행 결과는 다음과 같다.

```
0
completed
```

1000ms(1초)만큼 값 발행을 기다린 후 0이라는 값을 발행했다.

코드 3-15 두 번째 인자까지 설정한 timer 함수 예

```
const { timer } = require('rxjs');

timer(1000, 500).subscribe(
    x => console.log(`timer(1000, 500) next: ${x}`),
    err => console.error(`error.message: ${err.message}`),
```

```
      () => console.log('completed')
  );
```

실행 결과는 다음과 같다.

```
0
1
2
3
4
...
```

1000ms(1초)만큼 값 발행을 기다려 0을 발행한 후 500ms(0.5초)마다 1씩 증가한 값을 발
행한다.

3.7 아무 값도 발행하지 않는 생성 함수

이 절은 아무 값도 발행하지 않는 옵저버블을 생성하는 함수를 소개한다. 단순하게 생각하면
굳이 필요한 함수인가라고 생각할 수도 있다. 하지만 이후 배울 다양한 연산자들과 결합해서
사용했을 때는 큰 가치가 있다. 소개할 내용은 값 발행을 진행하다가 갑자기 끝내는 상황, 어떤
값도 발행하지 않는 상황, 일부러 에러를 발생시키는 상황이다. 앞으로 소개할 연산자에 사용[7]
할 것인데, 해당 장의 코드가 이해하기 어렵다면 이 절을 다시 참고하기 바란다.

3.7.1 empty 함수

empty 함수는 어떤 값을 발행하지 않고 complete 함수만 호출한다. 이 함수만 사용하지는
않고 다른 함수나 연산자와 조합해서 complete 함수를 호출해야 할 때 사용된다. 즉, 값을 발
행하다가 중간에 멈춰야 하는 상황이 있을 때 사용하면 된다. empty 함수의 마블 다이어그램
은 [그림 3-9]와 같다.

---

7 5장에서 설명하는 변환 연산자 중 mergeMap(flatMap)이나 concatMap 연산자를 사용할 때 이 절에서 설명하는 함수를 사용한다.

그림 3-9 empty 함수의 마블 다이어그램

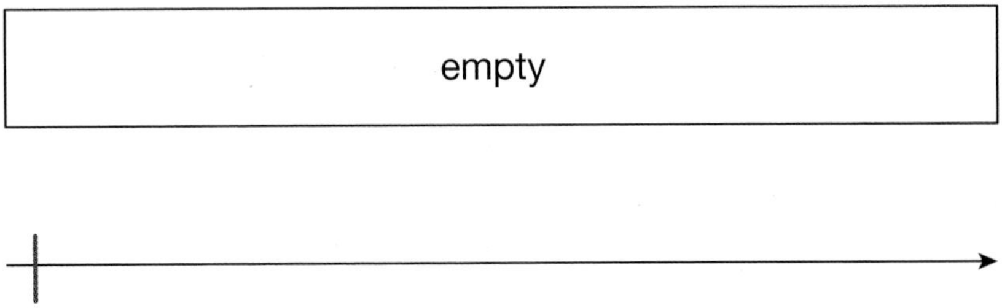

시간 표시줄을 살펴보면 값 발행 시작 시점부터 파이프(|)가 표시되어 있다. 즉, 해당 함수를 실행하면 즉시 값 발행을 중단한다는 것을 알 수 있다. 함수 원형은 다음과 같다.

```
empty(scheduler?: SchedulerLike)
```

값 발행과 관계된 아무 파라미터 없이 구독 완료 알림을 제어하는 스케줄러인 scheduler?만 있음을 확인할 수 있다. [코드 3-16]은 empty 함수를 사용하는 예제다.

코드 3-16 empty 함수 사용 예

```
const { empty } = require('rxjs');

empty().subscribe(
    x => console.log(`empty() next: ${x}`),
    err => console.error(`error.message: ${err.message}`),
    () => console.log('completed')
);
```

실행 결과는 다음과 같다.

```
completed
```

subscribe 함수에 3개 콜백 함수를 정의했지만, 실행되는 건 complete 함수 하나뿐인 것을 확인할 수 있다.

참고로 RxJS 6부터는 empty 함수를 상수인 EMPTY로도 제공한다. const { EMPTY } = require('rxjs');로 불러온 후 EMPTY.subscribe로 호출해도 동작한다.

3.7.2 NEVER 상수

NEVER는 어떤 값을 발행하지 않게 하는 상수 옵저버블이다. RxJS 5까지는 함수 형태로 제공했지만, 6부터는 상수 형태로만 제공한다. 필자의 생각에는 하는 역할이 고정되었으니 불필요하게 함수를 호출하기보다 하나 만들어 놓고 상수로 가져다 쓰는 것이 좋다고 판단해서 바꾼 것이 아닐까 추측한다. 자세한 특징은 [그림 3-10] 마블 다이어그램을 보고 설명하겠다.

그림 3-10 NEVER 상수의 마블 다이어그램

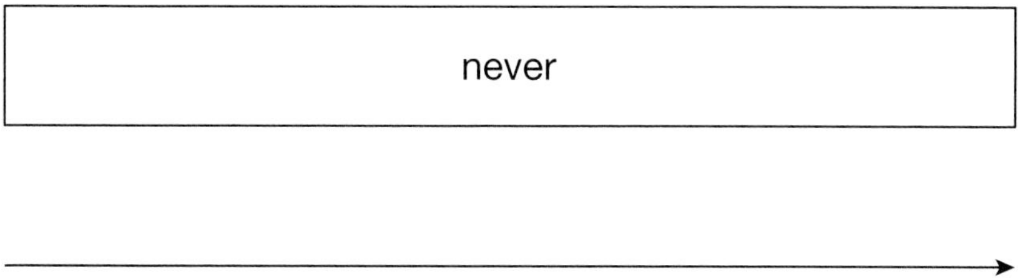

어떠한 파라미터도 없고 시간 표시줄에 파이프 표시도 없다. 즉, complete나 error 함수도 없는 정말 아무 것도 하지 않는 상수다. 상수 원형은 다음과 같다.

```
const NEVER: any;
```

다른 함수 원형에는 있었던 scheduler 함수도 없다. [코드 3-17]은 NEVER 상수를 사용한 예다.

코드 3-17 NEVER 상수 사용 예

```
const { NEVER } = require('rxjs');
console.log('before subscribe()');

NEVER.subscribe(
    x => console.log(`NEVER next: ${x}`),
    err => console.error(`error.message: ${err.message}`),
    () => console.log('completed')
);
console.log('after subscribe()');
```

실행 결과는 다음과 같다.

```
before subscribe()
after subscribe()
```

해당 옵저버블은 구독할 때 사용하는 함수를 실행하지도 않는 등 하는 일이 아무것도 없다. 즉, 아무것도 하지 않고 그냥 옵저버블을 생성할 필요가 있을 때 사용한다고 생각하면 된다. 아무것도 하지 않는 함수이므로 실행 결과가 없다. 그래서 구독했음을 확인하려고 console.log로 구독 시점 앞뒤로 메시지를 출력하게 했다.

3.7.3 throwError 함수

throwError 함수는 옵저버블로 값을 발행하다가 특정 에러를 발생시키고 종료해야 하는 상황을 옵저버블 안에 포함시킬 때 사용한다. 즉, 에러를 인자로 사용해 subscribe 함수 안의 error 함수만 실행하고 옵저버블의 구독을 완료한다. 마블 다이어그램은 [그림 3-11]과 같다.

그림 3-11 throwError 함수의 마블 다이어그램

```
throw(e)
```

시간 표시줄을 살펴보면 바로 에러를 나타내는 X가 표시되었음을 확인할 수 있다.

함수 원형은 다음과 같다. 참고로 원형은 throw로 표기되어 있지만, 자바스크립트 예약어와 겹쳐서 throwError로 사용해야 함에 주의해야 한다.

```
throw(error: any, scheduler?: SchedulerLike): Observable<never>
```

error에는 실제로 알릴 에러를 넣는다. 어떤 데이터 타입을 사용하든 상관없으나 주로 자바스크립트의 표준 내장 객체인 Error를 넣는다. scheduler?에는 에러 발생 알림을 제어하는 스케줄러를 넣는다.

[코드 3-18]은 throw 함수를 사용하는 예다.

코드 3-18 throw 함수 사용 예

```
const { throwError } = require('rxjs');

throwError(new Error('throw error')).subscribe(
    x => console.log(`throw(err) next: ${x}`),
    err => console.error(`throw(err) error.message: ${err.message}`),
    () => console.log('completed')
);
```

실행 결과는 다음과 같다.

```
throw(err) error.message: throw error
```

error 함수를 실행해 throw 함수에서 전달받은 에러 메시지('throw error')를 출력한다.

RxJS의 연산자

RxJS는 앞서 소개한 옵저버블과 옵저버의 연결로 동작한다. 그리고 다양한 상황에서 연결을 도우려고 '연산자(operator)'라는 함수를 제공한다. 2부에서는 RxJS의 핵심이라고 할 수 있는 연산자를 소개한다. 연산자 카테고리별로 자주 사용하는 것을 선별해 마블 다이어그램과 예제를 살펴볼 것이다.

Part II

RxJS의 연산자

## CHAPTER 4

필터링 연산자

필터링^{filtering} 연산자는 옵저버블에서 값을 발행할 때 조건을 정한다. 다음과 같은 작업을 할 수 있다.

- 조건에 해당하지 않으면 값을 발행하지 않도록 할 수 있다.
- 값을 발행하는 도중에도 일정 조건에 해당하지 않으면 값 발행을 멈출 수 있다.
- 더 발행할 값이 없으면 complete 함수를 호출할 수도 있다.
- 원하는 조건일 때 complete 함수를 호출할 수도 있다. 특정 조건을 명시했을 때 구독 중인 옵저버블을 해제하는 코드 없이 연산자로만 옵저버블을 관리할 수도 있다.
- 불필요한 연산을 실행하지 않도록 막을 수 있다.

RxJS를 사용하면서 발행하는 모든 값을 다 사용할 때는 드물다. 따라서 필터링 연산자를 이용해 값 발행을 적절히 제어해야 한다.

4.1 filter 연산자

filter 연산자는 소스 옵저버블에서 값을 발행할 때 참인지 거짓인지를 리턴하는 predicate 함수라는 파라미터가 있다. 그리고 조건을 만족(true)할 때만 해당 값을 발행하도록 한다. 마블 다이어그램은 [그림 4-1]과 같다.

그림 4-1 filter 연산자의 마블 다이어그램

연산자의 원형은 다음과 같다.

```
filter<T>(
    predicate: (value: T, index: number) => boolean,
    thisArg?: any
): MonoTypeOperatorFunction<T>
```

predicate는 옵저버블이 생성한 값을 평가하는 함수다 true를 리턴하면 값을 발행하고 false 면 값을 발행하지 않는다. index는 0부터 구독 이후 발행한 i번째 값을 나타낸다. thisArg는 predicate 함수를 사용할 때 this로 제공하는 값이다. MonoTypeOperatorFunction⟨T⟩는 filter가 적용된 옵저버블을 리턴하는 함수로, pipe 함수에서 이 함수를 호출함으로써 옵저버 블 인스턴스를 얻는다. 이 절에서 소개하는 대부분의 연산자 원형에 있으며, 이후에는 설명하 지 않겠다.

[코드 4-1]은 숫자 1~5 중 filter 연산자로 짝수만 발행하는 예다.

코드 4-1 filter 연산자로 짝수만 발행

```
const { range } = require('rxjs');
const { filter } = require('rxjs/operators');

range(1, 5).pipe(filter(x => x % 2 === 0))
    .subscribe(x => console.log(`result: ${x}`));
```

실행 결과는 다음과 같다.

```
result: 2
result: 4
```

filter 연산자 안에 소스 옵저버블에서 발행하는 값이 짝수라는 조건을 설정한 predicate 함수 (x => x % 2 === 0)를 인자로 사용한다. subscribe 함수를 호출하면 range 함수에 설정한 1~5라는 값을 predicate 함수에 전달해서 조건을 만족하는 2, 4만 next 함수로 전달해 값을 발행한다.

4.2 first 연산자

first는 값 1개만 발행하고 더 값을 발행하지 않는(complete 함수를 호출하는) 연산자다. 이벤트 기반의 프로그램에서 첫 이벤트만 받고 구독을 종료해야 할 때나, 옵저버블 스트림 특정 부분에서 처음 1개의 값만 필요할 때 사용한다. 마블 다이어그램은 [그림 4-2]와 같다.

그림 4-2 first 연산자의 마블 다이어그램

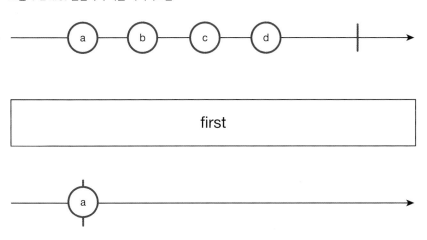

연산자의 원형은 다음과 같다.

```
first<T>(
    predicate?: (value: T, index: number, source: Observable<T>) => boolean,
    defaultValue?: T
): MonoTypeOperatorFunction<T>
```

first 연산자도 filter처럼 predicate 함수가 있다. 이때 함수 안에 설정한 조건을 만족하지 않으면 filter 연산자처럼 값을 발행하지 않다가 조건을 만족했을 때의 값 하나만 발행하고 complete 함수를 호출한다.

만약 predicate 함수 안 조건을 만족하지 않는다면 소스 옵저버블을 계속 구독만 하다가 complete나 error 함수를 호출할 때 같이 종료한다. defaultValue?는 소스 옵저버블에 유효한 값이 없을 때 발행하는 기본값을 설정한다.

[코드 4-2]는 조건이 없는 first 연산자를 사용한 예다.

코드 4-2 조건이 없는 first 연산자 사용

```
const { range } = require('rxjs');
const { first } = require('rxjs/operators');

range(1, 10).pipe(first())
    .subscribe(x => console.log(`result: ${x}`));
```

실행 결과는 다음과 같다.

```
result: 1
```

predicate 함수를 인자로 사용하지 않는 기본 동작은 첫 값만 다음 스트림에 발행한다. 따라서 1만 발행한 후 바로 complete 함수를 호출하고 실행을 종료한다.

[코드 4-3]은 predicate 함수를 인자로 사용하는 예다. 3 이상의 값을 발행하는 조건(x => x >= 3)을 설정했다.

코드 4-3 조건이 있는 first 연산자 사용

```
const { range } = require('rxjs');
const { first } = require('rxjs/operators');

range(1, 10).pipe(first(x => x >= 3))
    .subscribe(x => console.log(`result: ${x}`));
```

실행 결과는 다음과 같다.

```
result: 3
```

[코드 4-3]은 3 이상인 조건을 만족할 때만 값을 발행한다. range 함수는 옵저버블을 구독해 값을 순서대로 발행하다가 complete 함수로 옵저버블을 완료하면 발행을 중단하고 종료한다.

그런데 first 연산자를 사용하면 처음 조건을 만족하는 3만 전달해 발행하고 complete을 호출한다. 즉, filter 연산자처럼 모든 발행 값을 대상으로 조건이 맞는지 검사하지만, 소스 옵저버블의 모든 값을 발행하는 것이 아니다. 연산자에 해당하는 첫 값만 발행하면 구독을 중단하는 형태다.

4.3 last 연산자

last 연산자는 마지막 값 1개만 발행하는 연산자다. 옵저버블 내부에 next 함수로 전달한 값을 저장하다가 complete 함수를 호출할 때 마지막에 저장한 값을 발행한다. 여러 개의 값을 모아서 1개의 값을 만들 때나 complete 함수를 호출하기 직전의 값을 알아야 할 때 사용한다.

주의할 점은 interval 함수처럼 complete 함수를 호출하지 않는 소스 옵저버블을 사용할 때다. 영원히 값을 발행하지 않고 소스 옵저버블만 계속 동작하는 무한 루프에 빠진다. 따라서 complete 함수를 확실히 호출할 수 있는 옵저버블을 소스 옵저버블로 사용해야 한다. 마블 다이어그램은 [그림 4-3]과 같다.

그림 4-3 last 연산자의 마블 다이어그램

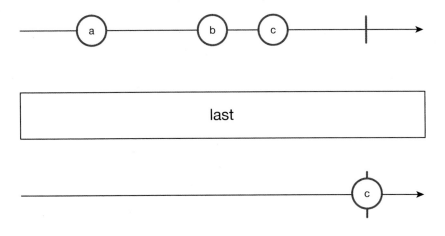

연산자의 원형은 다음과 같다.

```
last<T>(
    predicate?: (value: T, index: number, source: Observable<T>) => boolean,
    defaultValue?: T
): MonoTypeOperatorFunction<T>
```

last 연산자 역시 predicate 함수를 사용할 수 있다. predicate 함수의 조건에 맞는 값이 발행될 때마다 옵저버블 객체 내부에 최신 값을 업데이트하다가 complete 함수를 호출하면 해당 시점의 최신 값을 발행한다. 만약 조건에 해당하는 값이 하나도 없다면 아무것도 발행하지 않고 완료한다. defaultValue?는 predicate 함수의 조건이 맞지 않아 값이 전달되지 않았을 때 발행하는 기본값을 설정한다.

[코드 4-4]는 조건을 두지 않고 숫자 1~10의 마지막 값을 발행하는 예다.

코드 4-4 조건이 없는 last 연산자 사용

```
const { range } = require('rxjs');
const { last } = require('rxjs/operators');

range(1, 10).pipe(last())
    .subscribe(x => console.log(`result: ${x}`));
```

실행 결과는 다음과 같다.

```
result: 10
```

아무 인자(조건)가 없는 last 연산자를 사용한다. 따라서 complete 함수를 호출할 때까지 발행하는 1부터 10이라는 값을 업데이트했다가 complete 함수를 호출한 시점의 마지막 값인 10을 발행한다. 다음은 조건을 둔 last 연산자의 사용 예다.

코드 4-5 조건이 있는 last 연산자 사용

```
const { range } = require('rxjs');
const { last } = require('rxjs/operators');

range(1, 10).pipe(last(x => x <= 3))
    .subscribe(x => console.log(`result: ${x}`));
```

실행 결과는 다음과 같다.

```
result: 3
```

first 함수에서 살펴봤던 [코드 4-3]과 비슷하다. 이번엔 3 이하의 값이라는 조건이 있는 predicate 함수를 인자로 사용한다. 즉, 1부터 3까지는 조건을 만족하므로 옵저버블 내부에 있는 last 값이 1 → 2 → 3 순서로 바뀐다. 이후에는 조건을 만족하지 않으므로 마지막 값인 3을 발행한다.

4.4 명시적으로 구독 해제하지 않도록 돕는 연산자

이 절에서 소개할 필터링 연산자들은 명시적인 구독 해제(unsubscribe)를 하지 않도록 도움을 준다.

옵저버 패턴은 구독과 구독 해제를 할 수 있는데, RxJS에서는 unsubscribe 함수를 명시적으로 호출해 구독을 해제해야 한다. 그런데 이 방법은 옵저버블을 구독하는 곳(subscribe 함수를 호출하는 곳)과 구독 해제하는 곳(unsubscribe 함수를 호출하는 곳)이 나뉘어 있어 옵저버블의 전체 사이클을 관리하기 어렵다. 예를 들어 unsubscribe 함수를 호출하는 코드가 subscribe 함수를 호출하는 코드와 멀리 떨어져 여기저기 흩어져 있다고 생각해보자. 구독한 옵저버블이 연산자와 상관없이 구독 해제된다면 디버깅할 때 어디서 unsubscribe 함수를 호출하는지 찾아봐야 하는 번거로움이 있다.

그러나 이 절에서 소개하는 연산자를 사용하면 특정 개수만큼만 옵저버블을 구독하고 실행을 종료하거나, 특정 조건을 만족하는 값을 발행할 때만 구독하다가 해당 조건을 만족하지 않을 때 구독 해제할 수 있다. 반대로 특정 조건을 만족하기 전까지 값을 발행하다가 조건을 만족하면 complete 함수를 호출해 구독 완료할 수 있도록 만들 수도 있다.

이렇게 complete 함수를 호출하는 시점을 제어할 수 있는 연산자에는 take라는 접두어가 붙는다.

4.4.1 take 연산자

take 연산자는 [그림 4-4] 마블 다이어그램처럼 소스 옵저버블에서 정해진 개수만큼 구독하고 구독을 해제한다.

그림 4-4 take 연산자의 마블 다이어그램

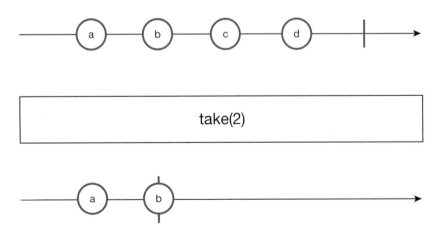

연산자의 원형은 다음과 같다.

```
take<T>(count: number): MonoTypeOperatorFunction<T>
```

count는 next 함수에서 발행하는 값 중 최댓값이다.

take 연산자는 interval 함수처럼 무한 반복 실행할 수 있는 연산자와 같이 사용하면 유용하다. 예를 들어 1초마다 숫자를 5회만 반복해서 발행하는 작업을 하고 싶다면 interval(1000). pipe(take(5))를 사용하면 된다.

코드 4-6 1초마다 숫자를 5회만 반복해서 발행

```
const { interval } = require('rxjs');
const { take } = require('rxjs/operators');

interval(1000).pipe(take(5))
    .subscribe(x => console.log(`result: ${x}`));
```

실행 결과는 다음과 같다.

```
result: 0
result: 1
result: 2
result: 3
result: 4
```

interval 함수는 3장에서 소개한 것처럼 첫 1초부터 0을 발행해 1씩 증가한 값을 1초마다 발행한다. 그런데 take(5) 덕분에 소스 옵저버블인 interval 함수에서 발행하는 첫 5개 값만 발행하고 complete 함수를 호출하며 프로그램 실행을 종료한다. 만약 구독 해제를 하지 않았다면 interval 함수는 계속 동작했을 것이다. 5개 값을 발행하고 complete 함수를 호출하면 소스 옵저버블인 interval 함수도 1초마다 함수를 호출하는 동작을 중단한다.

4.4.2 takeUntil 연산자

take는 정해진 값을 처음 몇 개만 순서대로 발행한다는 제약을 두는 연산자다. 만약 특정 이벤트가 발생할 때까지 옵저버블을 구독해야 한다면 takeUntil 연산자가 유용하다. 마블 다이어그램은 [그림 4-5]와 같다.

그림 4-5 takeUntil 연산자의 마블 다이어그램

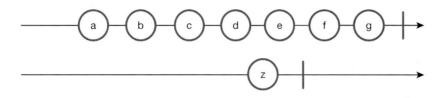

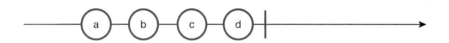

연산자의 원형은 다음과 같다.

```
takeUntil<T>(notifier: Observable<any>): MonoTypeOperatorFunction<T>
```

특정 이벤트가 발생했을 때 콜백 함수를 등록하여 어떤 옵저버블의 구독을 해제한다고 생각해보자. 앞에서 말한 것처럼 subscribe 함수와 unsubscribe 함수를 나눠서 작성하는 일이 발생한다. 이때 unsubscribe 함수를 호출할 때 발생하는 이벤트를 옵저버블로 만들어서 notifier를 사용하면 takeUntil 연산자가 있는 옵저버블을 구독할 때 notifier를 같이 구독한다. notifier가 처음 값을 발행하는 순간 takeUntil 연산자에 설정된 옵저버블과 notifier의 구독을 중단한다.

[코드 4-7]은 div 엘리먼트의 id 속성값으로 displayArea를 갖는 영역에 1~100초까지 시간을 업데이트하는 예다.

코드 4-7 조건이 있는 takeUntil 연산자 사용

```
<div id="displayArea">
    0secs
</div>
```

```
<button id="stop_btn" type="button">Stop</button>
<script src="https://unpkg.com/rxjs/bundles/rxjs.umd.min.js"></script>
<script>
    const { interval, fromEvent } = rxjs;
    const { take, takeUntil } = rxjs.operators;
    interval(1000).pipe(
        take(100),
        takeUntil(fromEvent(document.querySelector('#stop_btn'), 'click')
    )).subscribe(
        x => document.querySelector('#displayArea').innerHTML = `${x+1}secs`
    );
</script>
```

stop_btn이라는 id 속성값이 있는 버튼을 클릭하면 구독을 해제하고 더 이상 시간을 업데이트
하지 않는다. 100초가 지나면 take(100) 때문에 해당 옵저버블의 구독을 해제하므로 stop_
btn을 클릭해도 아무 일이 일어나지 않는다.

4.4.3 takeWhile 연산자

takeWhile 연산자는 옵저버블이 아니라 filter 연산자처럼 특정 조건을 갖는 predicate 함수
라는 파라미터가 있다. 마블 다이어그램은 [그림 4-6]과 같다.

그림 4-6 takeWile 연산자의 마블 다이어그램

연산자의 원형은 다음과 같다.

```
takeWhile<T>(
    predicate: (value: T, index: number) => boolean
): MonoTypeOperatorFunction<T>
```

소스 옵저버블에서 발행하는 값을 predicate 함수의 인자로 사용해 조건을 만족하는 동안 (takeWhile에 while이 붙은 이유) 값을 발행하고, 조건을 만족하지 않으면 부모 옵저버블에서 더 값을 발행하지 않도록 구독을 해제한다.

[코드 4-8]은 filter 연산자와 takeWhile 연산자로 조건을 설정해 값을 발행하는 예다.

코드 4-8 takeWhile 연산자의 사용 예

```
const { interval } = require('rxjs');
const { filter, takeWhile } = require('rxjs/operators');

interval(300).pipe(
    filter(x => x >= 7 || x % 2 === 0),
    takeWhile(x => x <= 10)
).subscribe(x => console.log(x));
```

실행 결과는 다음과 같다.

```
0
2
4
6
7
8
9
10
```

filter 연산자로 300ms마다 7 이상이 되기 전까지 짝수(0, 2, 4, 6)만 발행(x => x >= 7 || x % 2 === 0)한다. 그리고 takeWhile 연산자로 7 이상 10까지 1씩 순서대로 값을 발행(x => x <= 10)한다.

interval 함수는 소스 옵저버블이므로 값을 무한으로 발행한다. 이는 take 연산자로 일정 개수만 값을 발행하고 중지할 수 있지만 여러 가지 조건을 조합해서 값을 발행하게 만들기는 모호하기 때문이다.

그래서 0~6까지 짝수를 발행하는 것은 filter 연산자로, 7부터 10까지 1씩 증가하는 값을 발행하는 것은 takeWhile 연산자를 이용했다. 발행하는 값의 조건이 일정하지 않을 때 특정 조건에 맞는 값만 발행하는 이 방법은 꽤 유용하다.

4.4.4 takeLast 연산자

takeLast 연산자는 [그림 4-7] 마블 다이어그램처럼 마지막에 발행한 값을 기준으로 인자로 설정한 수(0보다 크거나 같은 정수)만큼 값을 발행한다.

last 연산자처럼 마지막에 발행한 최신 값을 알려고 complete 함수를 호출한다. 그리고 버전에 따라 구현이 달라질 가능성은 있지만 필자가 확인한 구현에서는 값 발행 순서에 따라 옵저버블 내부에 배열을 만들고 값 각각의 인덱스를 모듈러 연산으로 계산한 후 이를 저장한다.

그림 4-7 takeLast 연산자의 마블 다이어그램

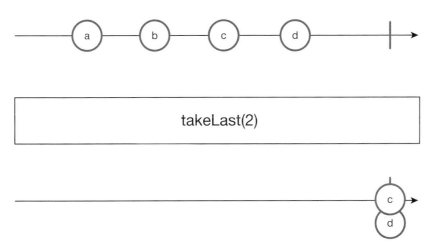

연산자의 원형은 다음과 같다.

```
takeLast<T>(count: number): MonoTypeOperatorFunction<T>
```

숫자 타입의 count에 마지막에 발행한 값을 기준으로 최대 발행할 값 수를 설정한다.

takeLast 연산자를 좀 더 이해하고자 해당 연산자의 구현인 [코드 4-9][1]를 살펴보겠다. 링 형태로 순환([그림 4-8] 참고)하며 가장 최근에 발행한 값부터 인자로 설정한 인덱스(n이라 하자) 수 만큼 앞에 발행한 값을 저장한다. 이후 complete 함수를 호출하면 가장 최근에 발행한 값 기준으로 앞의 n개만큼 순서대로 발행한다.

코드 4-9 takeLast 연산자 구현 중 일부분

```
_next(value) {
    const ring = this.ring;
    const total = this.total;
    const count = this.count++;
    if (ring.length < total) {
        ring.push(value);
    }
    else {
        const index = count % total;
        ring[index] = value;
    }
}
```

[코드 4-10]은 [코드 4-8] takeWhile 연산자 예를 변경한 것이다. takeLast 연산자를 이용해 마지막 발행 값 기준으로 4개 값을 출력하도록 응용했다.

코드 4-10 takeLast 연산자로 4개 값을 발행

```
const { interval } = require('rxjs');
const { filter, takeWhile, takeLast } = require('rxjs/operators');

interval(300).pipe(
    filter(x => x >= 7 || x % 2 === 0),
```

---

1 http://reactivex.io/rxjs/file/es6/operators/takeLast.js.html

```
        takeWhile(x => x <= 10),
        takeLast(4)
).subscribe(x => console.log(x));
```

실행 결과는 다음과 같다.

```
7
8
9
10
```

interval(300)이 첫 옵저버블이므로 300ms * 7이라는 시간만큼 아무런 출력 결과가 없다가 takeWhile 연산자를 이용해 7부터 10까지 4개의 숫자를 300ms마다 발행한 후 complete 함수를 호출한다.

그 이후 takeLast(4)를 실행하면 소스 옵저버블에서 complete 함수를 호출한 이후이므로 가장 마지막 발행한 값의 기준은 아는 상태다. 따라서 링 형태로 저장한 가장 최근 발행 값인 7, 8, 9, 10을 순서대로 발행하고 다시 complete 함수를 호출해 구독을 종료한다.

참고로 takeLast ring 안에 값이 저장되는 순서는 다음과 같다.

takeWhile 연산자를 이용해 발행하는 값 [0, 2, 4, 6, 7, 8, 9, 10]
takeLast(4)로 만든 배열에 들어가는 최댓값 개수 4
0 [0]
2 [0, 2]
4 [0, 2, 4]
6 [0, 2, 4, 6]
7 [7, 2, 4, 6]
8 [7, 8, 4, 6]
9 [7, 8, 9, 6]
10 [7, 8, 9, 10]

이를 표현하면 [그림 4-8]과 같다.

그림 4-8 takeLast(4)일 때 링에 값을 저장하는 순서

takeLast(4) – [0, 2, 4, 6, 7, 8, 9, 10] 스트림

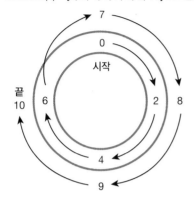

앞 배열의 시작점과 마지막을 연결하면 고리 형태가 돼서 링 형태의 순환 구조라고 하는 것이다. [코드 4-10]은 가장 최근 발행한 값 4개의 인덱스가 0부터 시작하지만, 0이 아닌 다른 인덱스 값부터 시작할 수도 있다. 즉, 내부에서 가장 마지막에 저장한 인덱스의 다음 인덱스를 모듈러 연산으로 계산해서 출발점으로 정하고 n개 값을 순서대로 발행한다.

4.5 필요 없는 값을 발행하지 않는 연산자

옵저버블을 구독하다 보면 특정 조건을 만족하는 값을 발행할 필요 없이 버려야 할 때도 있다. 이때는 skip으로 시작하는 연산자를 사용해서 값을 발행하지 않을 수 있다. 예를 들어 어떤 버튼을 세 번 클릭한 후 네 번째 클릭했을 때 어떤 처리를 하고 싶다고 가정해보자. fromEvent 함수로 해당 버튼의 이벤트 옵저버블을 만들고 skip(3)을 적용하면 처음 버튼을 세 번 클릭했을 때는 값을 발행하지 않고 네 번째 클릭했을 때부터 발행하도록 할 수 있다. 이 연산자도 위의 take 연산자처럼 뒤에 Until, While이 붙는 연산자가 있다.

4.5.1 skip 연산자

skip은 [그림 4-9] 마블 다이어그램처럼 소스 옵저버블에서 발행하는 값을 인자로 설정한 개수만큼 건너뛰고 그다음 값부터 발행하는 연산자다. take 연산자처럼 0 이상의 정수를 인자로

설정하는 건 같다. 그런데 take 연산자가 해당 개수만큼 값을 발행하다 complete 함수를 호출한다면 skip은 해당 개수만큼 값들을 건너뛰다가 그다음부터 값을 발행한 후 complete 함수를 호출한다는 차이가 있다.

그림 4-9 skip 연산자의 마블 다이어그램

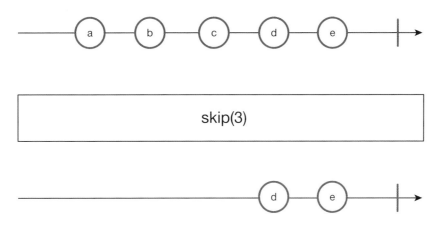

연산자의 원형은 다음과 같다.

```
skip<T>(count: number): MonoTypeOperatorFunction<T>
```

숫자 타입의 count를 사용하는 것은 takeLast 연산자와 같지만 건너뛸 값 개수를 설정한다는 점은 다르다. [코드 4-11]은 take 연산자와 skip 연산자를 같이 사용한 예다.

코드 4-11 take 연산자와 skip 연산자를 조합한 예

```
const { interval } = require('rxjs');
const { skip, take } = require('rxjs/operators');

interval(300).pipe(
    skip(3),
    take(2)
).subscribe(x => console.log(x));
```

실행 결과는 다음과 같다.

```
3
4
```

interval(300)에서 발행하는 처음 3개 값인 0, 1, 2는 건너뛰고, 그 이후는 take(2)로 3, 4라는 2개의 값만 발행한다. 만약 skip(3) 뒤에 아무 연산자도 없다면 interval 함수는 무한으로 값을 발행하므로 300ms마다 3부터 1씩 증가한 값을 계속 발행할 것이다.

4.5.2 skipUntil 연산자

skipUntil 연산자는 takeUntil 연산자처럼 옵저버블을 인자로 사용한다. 하지만 takeUntil 연산자와는 반대로 인자로 사용한 옵저버블의 값 발행을 시작할 때까지 소스 옵저버블에서 발행하는 값을 건너뛴다. 마블 다이어그램은 [그림 4-10]과 같다.

그림 4-10 skipUntil 연산자의 마블 다이어그램

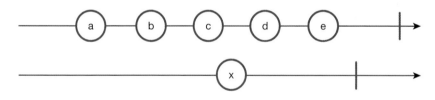

연산자의 원형은 다음과 같다.

```
skipUntil<T>(notifier: Observable<any>): MonoTypeOperatorFunction<T>
```

notifier는 소스 옵저버블에서 발행한 값 중 별도로 결괏값을 발행할 두 번째 옵저버블을 설정한다. 즉, 해당 연산자에서는 두 번째 옵저버블을 이용해 결괏값을 발행한다.

[코드 4-12]는 interval 함수로 소스 옵저버블을 만들어 값 발행 간격을 300ms로 지정하고 skipUntil 연산자에서 사용하는 interval 옵저버블은 해당 시간의 5배만큼으로 값 발행 간격을 지정한 예다.

코드 4-12 skipUntil 연산자로 인자의 옵저버블 값만 발행

```
const { interval } = require('rxjs');
const { skipUntil, take } = require('rxjs/operators');
const sourceIntervalTime = 300;
interval(sourceIntervalTime).pipe(
    skipUntil(interval(sourceIntervalTime * 5)),
    take(3)
).subscribe(x => console.log(x));
```

실행 결과는 다음과 같다.

```
4
5
6
```

0, 1, 2, 3까지 네 번 값을 건너뛰고 다섯 번째 값인 4부터 값을 발행한다. 그리고 take(3)으로 무한히 값을 발행하는 것을 막았다. 따라서 4부터 3개 값인 4, 5, 6을 발행한 것을 확인할 수 있다.

그런데 skipUntil 연산자 안에 인자로 사용한 옵저버블인 interval(sourceIntervalTime * 5)를 먼저 구독하는지, 소스 옵저버블(.interval(sourceIntervalTime))을 먼저 구독하는지 헷갈릴 수 있다.

결론부터 말하면 interval(sourceIntervalTime * 5) 옵저버블을 소스 옵저버블보다 먼저 구독한다. 그 이유는 skipUntil 연산자의 구현 코드[2]에서 확인할 수 있다.

---

2 http://reactivex.io/rxjs/file/es6/operators/skipUntil.js.html

```
class SkipUntilOperator {
    // ...생략....
    call(subscriber, source) {
        return source.subscribe(new SkipUntilSubscriber(subscriber, this.notifier));
    }
}

class SkipUntilSubscriber extends OuterSubscriber {
    constructor(destination, notifier) {
        super(destination);
        this.hasValue = false;
        this.isInnerStopped = false;
        this.add(subscribeToResult(this, notifier));
    }
    // ...생략....
}
```

skipUntil 연산자로 옵저버블을 구독할 때는 call 메서드를 호출한다. 그리고 소스 옵저버블을 구독하는 source.subscribe를 호출하려면 new 키워드를 이용해 인자로 설정한 SkipUntilSubscriber 인스턴스를 생성해야 한다.

그런데 ES2015+의 클래스는 new 키워드로 인스턴스를 생성할 때 클래스의 생성자인 constructor 키워드를 이용하며 생성자는 subscribeToResult(this, notifier)로 notifier를 구독한다. 즉, 생성자로 인스턴스를 생성하면서 notifier를 구독한 후 call 메서드 안 source. subscribe를 이용해 소스 옵저버블을 구독하므로 notifier를 소스 옵저버블보다 먼저 구독하는 것이다.

참고로 소스 옵저버블을 먼저 구독하면 interval(sourceIntervalTime * 5)의 첫 번째 값인 4를 발행하지 못할 것이다. take(3) 때문에 0, 1, 2라는 값만 발행하고 구독을 완료할 것이기 때문이다. 하지만 interval(sourceIntervalTime * 5)를 먼저 구독하면 소스 옵저버블의 5배에 해당하는 시간을 먼저 구독해 값 발행을 기다린 후 interval(sourceIntervalTime)의 다섯 번째 값인 4를 첫 번째 값으로 발행한다.

4.5.3 skipWhile 연산자

skipWhile 연산자의 동작은 [그림 4-11] 마블 다이어그램처럼 predicate 함수가 조건을 만족할 때 값 발행을 건너뛴다. 조건을 만족하지 않는 순간부터는 조건과 상관없이 계속 값을 발행한다.

그림 4-11 skipWhile 연산자의 마블 다이어그램

연산자의 원형은 다음과 같다.

```
skipWhile<T>(
    predicate: (value: T, index: number) => boolean
): MonoTypeOperatorFunction<T>
```

조건을 설정하는 predicate 함수를 사용해 값 발행을 건너뛸지 확인하는 것 이외에는 특별한 점은 없다.

[코드 4-14]는 300ms 이후 값을 차례로 발행하는 소스 옵저버블에서 4 미만의 값 발행을 건너뛴 후 3개 값을 발행하는 예다.

코드 4-14 skipWhile 연산자를 이용한 4 이상의 값 3개 발행

```
const { interval } = require('rxjs');
const { skipWhile, take } = require('rxjs/operators');
```

```
interval(300).pipe(
    skipWhile(x => x < 4),
    take(3)
).subscribe(x => console.log(x));
```

실행 결과는 다음과 같다.

```
4
5
6
```

300ms마다 0부터 1씩 증가하는 값을 발행하는 interval 소스 옵저버블 안에 skipWhile 연산자를 위치시켰다. 조건은 마블 다이어그램처럼 4보다 작을 때다. 즉, 4보다 작은 0부터 3까지는 계속 건너뛰다가 조건을 처음으로 만족하지 않는 4부터 계속 발행하는 것을 알 수 있다. 역시 take(3)을 이용해 4부터 3개 값인 4, 5, 6을 발행했다.

4.6 값 발행 후 일정 시간을 기다리는 연산자

이 절에서는 debounce로 시작하는 연산자들을 소개한다. 다음과 같은 특징이 있다.

- 소스 옵저버블의 값을 바로 발행하지 않고 일정 시간을 기다린다.
- 일정 시간 동안 소스 옵저버블에서 새 값을 발행하지 않으면 조건에 따라 특정 값을 발행한다.
- 일정 시간 동안 새 값을 발행하면 다시 일정 시간 동안 발행하는 값이 없는지 기다린다.
- 조건을 만족할 때는 값 발행을 건너뛰다가 처음으로 조건을 만족하지 않는 순간부터 계속 값을 발행한다.

빠른 비동기 요청에서 오는 응답이나 이벤트(빠른 속도의 키보드 타이핑이나 마우스 클릭) 중일정 시간 안에 발생한 것만 처리할 때 유용하다.

4.6.1 debounce 연산자

debounce 연산자는 선택자 함수로 소스 옵저버블에서 발행하는 값을 인자로 사용한다. 그리고 해당 선택자 함수에서 리턴하는 옵저버블이나 프로미스는 소스 옵저버블에서 발행한 다음 값을 전달받지 않으면 값을 발행한다. 선택자 함수는 소스 옵저버블에서 어떤 값을 전달받느냐에 따라 그에 상응하는 옵저버블이나 프로미스를 리턴할 수 있다. 마블 다이어그램은 [그림 4-12]와 같다.

그림 4-12 debounce 연산자의 마블 다이어그램

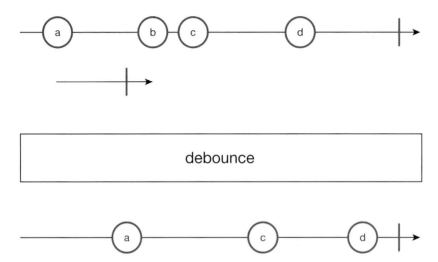

연산자의 원형은 다음과 같다.

```
debounce<T>(
    durationSelector: (value: T) => SubscribableOrPromise<any>
): MonoTypeOperatorFunction<T>
```

durationSelector는 옵저버블 또는 프로미스가 전달받는 각 소스 옵저버블 값의 발행을 얼마나 대기시킬지 설정하는 타임아웃을 계산하는 함수다.

[코드 4-15]는 소스 옵저버블의 값 발행 간격이 400ms고 debounce 연산자의 인자로 선택자 함수를 사용해 값을 발행하는 예다. 선택자 함수는 소스 옵저버블에서 발행되는 값이 짝수면 소스 옵저버블보다 긴 시간을, 홀수면 더 짧은 시간을 기다리는 옵저버블을 리턴한다.

```javascript
const { interval } = require('rxjs');
const { take, debounce, tap } = require('rxjs/operators');
const sourceInterval = 400;

interval(sourceInterval).pipe(
    take(4),
    debounce(srcVal => interval(
        srcVal % 2 === 0 ? sourceInterval * 1.2 : sourceInterval * 0.8
    ).pipe(
        tap(innerVal => console.log(
            `sourceInterval value: ${srcVal},
            innerInterval value: ${innerVal}`
        ))
    ))
).subscribe(x => console.log(`result: ${x}`));
```

실행 결과는 다음과 같다.

```
sourceInterval value: 1, innerInterval value: 0
result: 1
result: 3
```

tap은 소스 옵저버블의 값을 전달받아서 무언가 처리하는 유틸리티 연산자로 예제에서는 로그 용도로 사용했다. 실제로 선택자 함수에서 리턴하는 옵저버블에서 값을 발행해야만 tap 연산자를 호출할 수 있다. 참고로 tap 연산자는 옵저버블에서 발행하는 값에 부수 효과가 발생했을 때 이를 해결하는 처리를 설정할 수 있다. 8.1에서 자세히 설명하겠다.

소스 옵저버블은 take(4) 때문에 0, 1, 2, 3이라는 4개 값을 발행하지만 실제로 debounce 연산자를 거치면 홀수에 해당하는 1, 3만 발행한다. 이는 선택자 함수에서 홀숫값을 리턴하는 옵저버블의 발행 속도를 소스 옵저버블보다 더 빠르게 설정했기 때문이다.

소스 옵저버블에서 0을 발행할 때는 짝숫값이라 소스 옵저버블보다 느리게(1.2배) 동작하여 값을 발행하지 않는다. 하지만 1이란 값을 발행할 때는 로그를 출력했다. 이는 소스 옵저버블에서 다음 값(2)을 발행하기 전 해당 옵저버블의 구독을 완료하고 next 함수로 1이라는 값을 발행한다는 사실을 확인하려고 넣은 것이다.

소스 옵저버블에서 3을 발행할 때는 로그를 출력하지 않는다. 이는 소스 옵저버블이 3을 발행한 후 take(4) 때문에 complete 함수를 호출하기 때문이다. debounce 연산자는 complete 함수가 호출되면 더 기다릴 필요 없이 값을 발행한다([코드 4-16] _complete 부분 참고). 따라서 로그를 출력하지 않고 바로 3을 발행하는 것이다. 즉, 소스 옵저버블에서 complete 함수를 호출하면 선택자 함수에서 리턴해 구독 중인 가장 최근 옵저버블이나 프로미스를 구독 해제한다. 그리고 complete 함수 호출 직전 소스 옵저버블 값을 발행한다.

실제로 debounce 연산자의 구현 코드[3]를 보면 소스 옵저버블에서 전달한 값(value)과 선택자 함수에서 리턴한 객체(duration)를 인자로 사용하는 _tryNext 함수가 있다. 값을 this.value에 저장하고 값이 있음을 표시(this.hasValue = true)한다. 그리고 duration을 구독하면서 값을 발행하거나 구독 완료돼서 notifyNext 함수나 notifyComplete 함수를 호출하면 emitValue 함수를 호출한다. 값(this.hasValue)이 있으면 값(this.value)을 발행한다.

코드 4-16 debounce 연산자의 구현 중 일부분

```
_next(value) {
    try {
        const result = this.durationSelector.call(this, value);
        if (result) {
            this._tryNext(value, result);
        }
    }
    catch (err) {
        this.destination.error(err);
    }
}

_complete() {
    this.emitValue();
    this.destination.complete();
}

_tryNext(value, duration) {
    let subscription = this.durationSubscription;
    this.value = value;
    this.hasValue = true;
    if (subscription) {
```

---

3 http://reactivex.io/rxjs/file/es6/operators/debounce.js.html

```
            subscription.unsubscribe();
            this.remove(subscription);
        }
        subscription = subscribeToResult(this, duration);
        if (!subscription.closed) {
            this.add(this.durationSubscription = subscription);
        }
    }
}

notifyNext(outerValue, innerValue, outerIndex, innerIndex, innerSub) {
    this.emitValue();
}

notifyComplete() {
    this.emitValue();
}

emitValue() {
    if (this.hasValue) {
        const value = this.value;
        const subscription = this.durationSubscription;
        if (subscription) {
            this.durationSubscription = null;
            subscription.unsubscribe();
            this.remove(subscription);
        }
        this.value = null;
        this.hasValue = false;
        super._next(value);
    }
}
```

emitValue 함수는 소스 옵저버블에서 최근에 저장한 값(this.hasValue)이 있으면 선택자 함수에서 리턴하여 구독한 durationSubscription의 구독을 중단하고 구독 리스트에서도 제거한다. 그리고 값을 초기화한 후 저장했던 소스 옵저버블의 값을 발행한다. 따라서 선택자 함수에서 리턴한 옵저버블이 최초 한 번만 next나 complete 함수를 호출해도 해당 옵저버블의 구독을 중지하고 저장하던 값을 발행함을 알 수 있다.

4.6.2 debounceTime 연산자

debounceTime은 값 발행을 기다리는 일정 시간을 인자로 설정한 후 해당 시간 안에 소스 옵저버블에서 발행한 다음 값을 전달받지 않으면 최근 값을 그대로 발행하는 연산자다. 시간을 ms 단위의 인자로 설정한다. 마블 다이어그램은 [그림 4-13]과 같다.

그림 **4-13** debounceTime 연산자의 마블 다이어그램

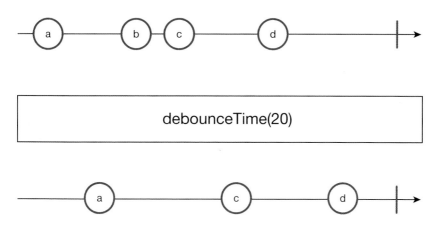

마블 다이어그램을 보면 20ms라는 시간을 설정해 값을 발행한다. 소스 옵저버블의 시간 표시줄을 보면 a와 b, c와 d의 발행 간격은 길지만 b와 c의 발행 간격은 상대적으로 짧다. 따라서 debounceTime 연산자는 소스 옵저버블의 a를 20ms 후에 값으로 발행한 후 소스 옵저버블에서 20ms가 지나기 전에 발행한 b는 무시하고 다시 20ms 간격을 기다린 후에 발행한 다음 값을 전달받지 않으므로 c 값을 발행한다. d는 c를 발행한 후 20ms가 지나기 전에 전달받았지만 소스 옵저버블 구독이 완료되었으므로 바로 발행한다. 연산자의 원형은 다음과 같다.

```
debounceTime<T>(
    dueTime: number,
    scheduler: SchedulerLike = async
): MonoTypeOperatorFunction<T>
```

dueTime은 최근 값을 발행하기 전 값 발행을 얼마나 대기시킬지 설정하는 타임아웃을 계산하는 함수다. scheduler는 각 값의 발행 대기 시간을 관리하는 스케줄러다.

[코드 4-17]은 debounceTime 연산자에 인자로 설정한 값이 소스 옵저버블에서 발행하는 시간보다 짧은 것과 긴 것을 구독하는 예다.

코드 4-17 debounce 연산자로 발행 간격에 따라 값 발행

```
const { interval } = require('rxjs');
const { take, debounceTime } = require('rxjs/operators');

interval(400).pipe(take(4), debounceTime(300))
    .subscribe(x => console.log(
        `- interval(400).pipe(take(4),debounceTime(300)) next: ${x}`
    )
);

interval(400).pipe(take(4), debounceTime(500))
    .subscribe(x => console.log(
        `-- interval(400).pipe(take(4),debounceTime(500)) next: ${x}`
    )
);
```

실행 결과는 다음과 같다.

```
- interval(400).pipe(take(4),debounceTime(300)) next: 0
- interval(400).pipe(take(4),debounceTime(300)) next: 1
- interval(400).pipe(take(4),debounceTime(300)) next: 2
- interval(400).pipe(take(4),debounceTime(300)) next: 3
-- interval(400).pipe(take(4),debounceTime(500)) next: 3
```

결과를 한 눈에 비교하려고 발행 간격이 짧은 것은 하이픈(-) 1개, 발행 간격이 긴 것은 하이픈 2개로 표시했다. 소스 옵저버블보다 값 발행 간격이 짧으면 소스 옵저버블의 모든 값을 발행한다. 하지만 소스 옵저버블보다 발행 간격이 길면 마지막 1개만 값으로 발행한다. 발행 간격이 소스 옵저버블보다 길면 debounce 연산자에서와 마찬가지로 complete 함수 호출 직전의 마지막 값은 이후에 다음 값이 없으므로 complete 함수 호출과 동시에 무조건 발행되기 때문이다.

4.7 중복 값을 발행하지 않는 연산자

RxJS로 스트림에서 발행하는 값을 전달받다 보면 전체 스트림 중 중복 값을 더 전달받고 싶지 않을 때가 있다. 혹은 연속된 같은 값들은 처음에 값 하나만 발행해서 중복 발행을 피하고 싶을 때도 있다. 이 절에서는 전체 스트림에서 중복된 값을 허용하지 않는 distinct 연산자를 소개한다. 또한 바로 전에 발행한 값과 같은 값은 발행하지 않고 직전 값과 다른 값이 나올 때만 발행하는 distinctUntilChanged 연산자도 소개하겠다.

4.7.1 distinct 연산자

distinct 연산자는 내부에서 자체 구현한 Set 자료구조[4]로 이미 발행된 값을 중복 없이 저장했다가 같은 값을 전달받으면 발행하지 않는다.

해당 자료구조는 배열 형태며 해당 배열의 indexOf[5] 함수를 사용하여 얻은 index 값이 −1과 다른지 검사하여 값의 유무를 확인한다. 이때 사용되는 indexOf 함수는 엄격한 동등성 비교 (===)[6]를 사용하여 배열의 각 요소를 비교한다. 즉, 발행하려는 값을 이미 발행한 값과 비교해 타입과 값이 모두 같다면 값을 발행하지 않는다. 마블 다이어그램은 [그림 4-14]와 같다.

그림 4-14 distinct 연산자의 마블 다이어그램

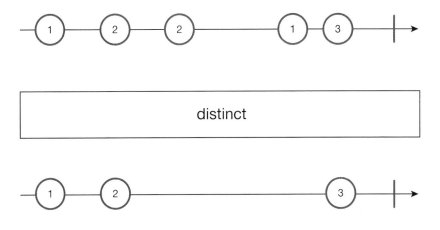

---

4 http://reactivex.io/rxjs/file/es6/util/Set.js.html

5 https://developer.mozilla.org/ko/docs/Web/JavaScript/Reference/Global_Objects/Array/indexOf

6 https://developer.mozilla.org/ko/docs/Web/JavaScript/Equality_comparisons_and_sameness

연산자의 원형은 다음과 같다.

```
distinct<T, K>(
    keySelector?: (value: T) => K,
    flushes?: Observable<any>
): MonoTypeOperatorFunction<T>
```

keySelector?와 flushes가 무엇인지는 지금부터 더 자세하게 설명할 것이므로 여기에서는 생략하겠다. [코드 4-18]은 distinct 연산자로 중복 값을 발행하지 않는 예다.

코드 4-18 distinct 연산자로 중복 값을 발행하지 않는 예

```
const { of } = require('rxjs');
const { distinct } = require('rxjs/operators');

of(1, 6, 7, 7, 2, 5, 5, 2, 6).pipe(distinct()).subscribe(x => console.log(x));
```

실행 결과는 다음과 같다.

```
1
6
7
2
5
```

중복 값 7, 2, 5를 두 번 발행하지 않고 한 번만 발행했다. 이는 각각의 값을 최초 발행할 때 자체 자료구조인 Set에 저장했기 때문이다.

keySelector 함수를 이용한 객체 타입 값의 중복 확인

앞서 설명한 예는 숫자 타입 값을 다뤘다. 그럼 객체 타입 값을 발행하면 어떻게 될까? [코드 4-19]는 id와 value를 속성값으로 갖는 객체를 연속해서 발행하는 옵저버블이 있고, distinct 연산자를 이용해 map 연산자로 value에 해당하는 값만 발행하는 예다.

```
const { of } = require('rxjs')
const { distinct, map } = require('rxjs/operators');

of(
    { id: 1, value: 20 },
    { id: 2, value: 40 },
    { id: 3, value: 70 },
    { id: 1, value: 20 },
    { id: 2, value: 40 },
    { id: 3, value: 70 }
).pipe(distinct(), map(x => x.value)).subscribe(x => console.log(x));
```

실행 결과는 다음과 같다.

```
20
40
70
20
40
70
```

그런데 실행 결과를 확인해보면 중복 값을 발행했다. 객체 타입은 동등성을 검사할 때 객체의 참조 값이 같은지를 기준으로 삼기 때문이다. 즉, { id: 1, value: 20 }을 각각 새로 생성했다면 동등성을 검사했을 때 다른 값으로 판단한다(타입과 안의 값이 같아도 false를 리턴한다).

이럴 때는 객체 각각을 식별할 수 있는 키 값을 지정해서 문제를 해결할 수 있다. [코드 4-19]에서는 id다. 단, 키 값도 동등성을 검사하므로 키에 해당하는 값이 기본 타입이거나 객체여도 참조 값이 같아야 한다. [코드 4-19]의 id는 기본 타입이므로 값을 지정하면 같은 객체를 구분할 수 있다. 단, distinct 연산자는 비교 함수 지정을 제공하지 않고 Set에 값을 넣어서만 검사하므로 키 값으로 지정된 값을 동등성 비교할 뿐 좀 더 섬세한 비교를 하기는 어렵다.

따라서 [코드 4-19]는 다음처럼 바꿀 수 있다. distinct 연산자에 키 값을 찾는 함수 obj => obj.id를 인자로 사용한다.

```
const { of } = require('rxjs');
const { distinct, map } = require('rxjs/operators');

of(
    { id: 1, value: 20 },
    { id: 2, value: 40 },
    { id: 3, value: 70 },
    { id: 1, value: 20 },
    { id: 2, value: 40 },
    { id: 3, value: 70 }
).pipe(distinct(obj => obj.id), map(x => x.value)).subscribe(x => console.log(x));
```

실행 결과는 다음과 같다.

```
20
40
70
```

첫 번째 인자로 keySelector 함수(obj => obj.id)를 사용한다. 소스 옵저버블에서 발행하는 값을 인자로 사용해서 비교하는 기준인 key 값을 리턴한다. keySelector 함수를 제공한 distinct 연산자에서는 리턴 값을 기준으로 동등성 검사를 한다. 따라서 id 값이 같은 객체는 중복 값을 발행하지 않는다.

중복 값 검사를 초기화하는 flush

distinct 연산자는 두 번째 인자로 옵저버블을 사용하는 flush를 제공한다. distinct 연산자를 사용하는 옵저버블을 구독할 때 같이 구독하며 값을 발행할 때마다 소스 옵저버블에서 중복 값을 검사하는 Set 자료구조를 초기화한다. 즉, flush 옵저버블이 값을 발행하면 이때부터 새롭게 중복 값을 검사하고, 다시 flush 옵저버블이 값을 발행하면 또다시 새롭게 중복 값을 검사한다. [코드 4-21]을 살펴보자.

코드 4-21 flush 옵저버블 사용 예

```
const { interval } = require('rxjs');
const { take, map, distinct } = require('rxjs/operators');
```

```
interval(200).pipe(
    take(25),
    map(x => ({ original: x,value: x % 5 })),
    distinct(x => x.value, interval(2100))
).subscribe(x => console.log(JSON.stringify(x)));
```

실행 결과는 다음과 같다.

```
{ "original": 0, "value": 0 }
{ "original": 1, "value": 1 }
{ "original": 2, "value": 2 }
{ "original": 3, "value": 3 }
{ "original": 4, "value": 4 }
{ "original": 10, "value": 0 }
{ "original": 11, "value": 1 }
{ "original": 12, "value": 2 }
{ "original": 13, "value": 3 }
{ "original": 14, "value": 4 }
{ "original": 20, "value": 0 }
{ "original": 21, "value": 1 }
{ "original": 22, "value": 2 }
{ "original": 23, "value": 3 }
{ "original": 24, "value": 4 }
```

200ms마다 값을 발행하는 소스 옵저버블은 객체로 바꿔줄 때 original에 원래 값을 담았다. 그리고 나머지 연산자를 사용해 value에 중복 값 검사의 기준이 될 0, 1, 2, 3, 4를 반복해서 발행하도록 했다. 또한 flush 옵저버블은 2초를 조금 넘는 시간(2100ms)마다 값을 발행한다. 첫 1초는 값을 발행하고, 두 번째 1초는 distinct 연산자에서 중복 값을 검사하므로 값을 발행하지 않는다.

그런데 2100ms 시점(flush 옵저버블과 소스 옵저버블을 완전히 동시에 구독하는 것이 아니므로 200ms보다 작은 100ms 정도의 시간 차이를 두었다)에는 flush 옵저버블에서 값을 발행하면서 중복 값을 검사하는 Set을 초기화한다. 따라서 그다음으로 발행하는 객체는 이미 발행된 value가 0인 객체라도 발행한다.

앞 실행 결과를 살펴보자. original 값이 5~9에 해당하는 1초 구간은 flush 옵저버블이 값을 발행하기 전이므로 distinct 연산자에서 중복 값을 검사해 값을 발행하지 않는다. 그러나 2초가 지난 후에 발행하는 original 값 11~14에 해당하는 구간은 이미 발행한 것과 중복인 value 값이라도 flush 옵저버블의 Set 초기화 때문에 값을 발행한다.

그리고 original 15~19에 해당하는 구간은 중복 값 검사 때문에 값을 발행하지 않다가 flush 옵저버블에서 두 번째로 값을 발행(구독 후 4200ms가 지난 시점)하면 original 20~24에 해당하는 구간에 있는 값을 발행한다.

4.7.2 distinctUntilChanged 연산자

distinctUntilChanged는 같은 값이 연속으로 있는지를 검사하는 연산자다. 연속해서 중복 값이 있다면 최초 값 1개만 발행하며 그 이외는 정상적으로 발행한다. 단, 연속해서 중복 값이 있는 것이 아니라면 중복 값 발행을 허용한다.

기본적으로 distinctUntilChanged 연산자가 이전 값과 값을 비교할 때는 엄격하게 동등성 (===)을 비교한다. 이 연산자는 보통 연속해서 발생하는 같은 정보를 처음 한 번만 처리하고자 할 때 이용한다. 마블 다이어그램은 [그림 4-15]와 같다.

그림 4-15 distinctUntilChanged 연산자의 마블 다이어그램

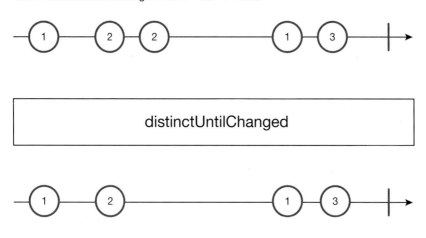

연산자의 원형은 다음과 같다.

```
distinctUntilChanged<T, K>(
    compare?: (x: K, y: K) => boolean,
    keySelector?: (x: T) => K
): MonoTypeOperatorFunction<T>
```

compare 함수와 keySelector? 함수 역시 뒤에서 더 자세히 설명할 것이므로 여기에서는 설명을 생략하겠다. [코드 4-22]는 [코드 4-18]에서 distinct 연산자를 distinctUntilChanged 연산자로 바꾼 것이다.

코드 4-22 distinctUntilChanged 연산자의 사용 예

```
const { of } = require('rxjs');
const { distinctUntilChanged } = require('rxjs/operators');

of(1, 6, 7, 7, 2, 5, 5, 2, 6).pipe(distinctUntilChanged())
    .subscribe(x => console.log(x));
```

실행 결과는 다음과 같다.

```
1
6
7
2
5
2
6
```

6이라는 값을 중복해 발행한 것을 확인할 수 있다. 6이 연속해서 있는 것이 아니므로 중복 값을 발행할 수 있는 것이다.

compare 함수로 값 비교

distinctUntilChanged 연산자의 첫 번째 인자는 keySelector가 아닌 compare 함수다. 같은 값인지 어떻게 비교할지 정하는 비교 함수를 인자로 사용할 수 있다.

[코드 4-23]은 compare 함수로 키 값 a와 b의 값이 같을 때(=== 사용) 객체의 값이 같다고 검사한다.

```
const { of } = require('rxjs');
const { distinctUntilChanged } = require('rxjs/operators');

of(
    { a: 1, b: 20 },
    { a: 1, b: 20 },
    { a: 2, b: 40 },
    { a: 3, b: 70 },
    { a: 3, b: 70 },
    { a: 2, b: 40 }
).pipe(distinctUntilChanged((o1, o2) => o1.a === o2.a && o1.b === o2.b))
    .subscribe(x => console.log(JSON.stringify(x)));
```

실행 결과는 다음과 같다.

```
{ "a": 1, "b": 20 }
{ "a": 2, "b": 40 }
{ "a": 3, "b": 70 }
{ "a": 2, "b": 40 }
```

a와 b의 값이 같고, 연속해서 위치했다면 값을 발행하지 않는다. { "a": 2, "b": 40 }은 연속된 중복 값이 아니므로 발행했다.

keySelector 함수로 값 비교

distinctUntilChanged 연산자의 두 번째 인자로 keySelector 함수를 사용할 수 있다. 키 값으로 발행할 값을 비교한다. 보통 compare 함수 없이 keySelector 함수를 사용하면 동등성 (===)을 기준으로 값을 비교한다. [코드 4-24]는 그 예다.

코드 4-24 compare 함수 없이 keySelector 함수 사용

```
const { of } = require('rxjs');
const { distinctUntilChanged } = require('rxjs/operators');

of(
    { a: 1, b: 20 },
    { a: 1, b: 20 },
```

```
    { a: 2, b: 40 },
    { a: 3, b: 70 },
    { a: 3, b: 70 },
    { a: 2, b: 40 }
).pipe(distinctUntilChanged(null, x => x.a))
    .subscribe(x => console.log(JSON.stringify(x)));
```

실행 결과는 다음과 같다.

```
{ "a": 1, "b": 20 }
{ "a": 2, "b": 40 }
{ "a": 3, "b": 70 }
{ "a": 2, "b": 40 }
```

[코드 4-23]에서 keySelector 함수를 사용하도록 바꾼 것이다. a 값과 b 값이 같은 객체를 발행하므로 [코드 4-23]의 결과와 같다. 다음으로 keySelector와 compare 함수를 함께 사용해보자. [코드 4-25]는 objKey라는 키 값으로 [코드 4-24]와 같은 객체를 다룬다. keySelector 함수로는 objKey 키 값의 객체를 불러오고 compare 함수로 동등성을 검사한다. a와 b의 값이 같으면서 연속해서 등장하는 객체는 발행하지 않도록 한 것이다.

코드 4-25 keySelector와 compare 함수를 함께 사용한 예

```
const { of } = require('rxjs');
const { distinctUntilChanged } = require('rxjs/operators');

of(
    { objKey: { a: 1, b: 20 } },
    { objKey: { a: 1, b: 20 } },
    { objKey: { a: 2, b: 40 } },
    { objKey: { a: 3, b: 70 } },
    { objKey: { a: 3, b: 70 } },
    { objKey: { a: 2, b: 40 } }
).pipe(distinctUntilChanged(
    (o1, o2) => o1.a === o2.a && o1.b === o2.b, // compare 함수
    x => x.objKey // keySelector 함수
)).subscribe(x => console.log(JSON.stringify(x)));
```

실행 결과는 다음과 같다.

```
{ "objKey": { "a": 1, "b": 20 } }
{ "objKey": { "a": 2, "b": 40 } }
{ "objKey": { "a": 3, "b": 70 } }
{ "objKey": { "a": 2, "b": 40 } }
```

keySelector 함수로 비교할 대상인 값을 선택하고 이를 compare 함수에 적용해 연속적으로 같은 값을 검사하는 것을 알 수 있다.

4.8 샘플링 연산자

스트림에서 발행하는 값 중 모든 값이 필요하지 않고 일부 샘플만 있어도 충분할 때가 있다. 불필요하게 모든 값을 발행하는 것은 자원 낭비다. 적절한 시점에 값들을 대표할 수 있는 표본samples만 발행하도록 하는 연산자가 이 절에서 소개할 sample과 sampleTime 연산자다.

4.8.1 sample 연산자

sample은 notifier라는 옵저버블을 인자로 사용해 notifier 옵저버블에서 값을 발행할 때마다 소스 옵저버블의 가장 최근 값을 발행한다.

연산자의 원형은 다음과 같다.

```
sample<T>(notifier: Observable<any>): MonoTypeOperatorFunction<T>
```

notifier에서 complete 함수를 호출해도 소스 옵저버블의 가장 최근 값은 발행한다. 단, 이후에는 소스 옵저버블에서 값을 발행해도 해당 값을 발행하지 않으니 주의해야 한다. 그리고 마블 다이어그램에서 볼 수 있듯 sample 연산자로 값을 발행한 후 소스 옵저버블에서 다음 값을 발행하기 전 notifier에서 또 값을 발행해도 최근 값을 중복해서 발행하지 않는다.

마블 다이어그램은 [그림 4-16]과 같다.

그림 4-16 sample 연산자의 마블 다이어그램

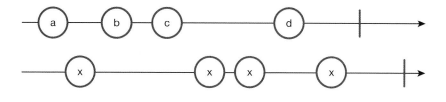

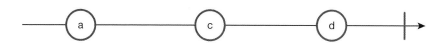

[코드 4-26]은 소스 옵저버블에서 값을 발행해도 notifier 옵저버블에서 다음 값을 발행할 때까지 해당 값을 발행하지 않는 예다.

코드 4-26 sample 연산자의 사용 예

```
const { interval, timer } = require('rxjs');
const { sample, take } = require('rxjs/operators');
// source: 0(200ms),......,3(800ms),...., 6(1400ms), ...., 9(2000ms)
// sample:      0(300ms)        1(900ms)        2(1500ms)        3(2100ms)
const sampleSize = 3;
const sourceInterval = 200;
const sampleDelay = 100;

interval(sourceInterval) // 200ms
    .pipe(sample(timer(
        sourceInterval + sampleDelay, // 300m
        sourceInterval * sampleSize)  // 600ms
    ), take(4))
    .subscribe(result => console.log(result));
```

실행 결과는 다음과 같다.

```
0
3
6
9
```

맨 앞 주석에서 설명했듯 source 옵저버블은 200ms마다 값을 발행한다. 그런데 sample 연산자의 notifier 옵저버블은 timer 함수를 사용해 100ms 정도의 차이를 두고 600ms 간격 (200ms * 3)마다 값을 발행하도록 했다.

sample 연산자의 첫 번째 인자는 소스 옵저버블의 발행 간격인 sourceInterval에서 100ms 만큼 뒤에서 먼저 발행하도록 sampleDelay를 더했다. 두 번째 인자는 소스 옵저버블의 발행 간격에 sampleSize를 곱해서 600ms 간격마다 값을 발행하도록 했다. 따라서 소스 옵저버블에서 첫 값인 0을 발행한 지 300ms 후에 sample 연산자가 0 값을 발행하며, 이후 600ms마다 3, 6, 9 총 4개 값을 발행한다.

4.8.2 sampleTime 연산자

sampleTime은 ms 단위의 발행 간격을 인자로 설정한 후 해당 발행 간격 사이에 있는 소스 옵저버블의 최근 값을 확인해 발행하는 연산자다. 연속해서 발생하는 이벤트 중 일정 간격으로 가장 최근 것 하나만 뽑아 처리할 때 유용하다.

연산자의 원형은 다음과 같다.

```
sampleTime<T>(
    period: number,
    scheduler: SchedulerLike = async
): MonoTypeOperatorFunction<T>
```

sampleTime 연산자의 첫 번째 파라미터인 period는 일정 발행 간격을 설정하는 것이다. scheduler는 sampleTime 연산자의 실행 시점을 관리하는 데 사용하는 스케줄러다.

마블 다이어그램은 [그림 4-17]과 같다.

그림 4-17 sampleTime 연산자의 마블 다이어그램

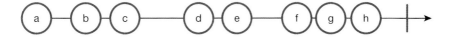

[코드 4-27]에서는 timer 함수로 소스 옵저버블을 만든 후 처음 간격과 이후 간격을 다르게 설정했다.

코드 4-27 sampleTime 연산자의 사용 예

```
const { timer } = require('rxjs');
const { sampleTime, take } = require('rxjs/operators');
// source: 0(300ms)  1(700ms)  2(1100ms)  3(1500ms)  4(1900ms)  5(2300ms)
// sample:             800ms              1600ms              2400ms
const sourcePoint = 300;
const sourceDelay = 400;
const sampleCount = 2;
const samplePeriod = sourceDelay * sampleCount; // 800ms

timer(sourcePoint, sourceDelay) // 300ms, 400ms
    .pipe(
        sampleTime(samplePeriod), // 800ms
        take(3)
    )
    .subscribe(result => console.log(result));
```

실행 결과는 다음과 같다.

```
1
3
5
```

소스 옵저버블의 발행 간격과 100ms 차이가 있는 sourceDelay에서 samplePoint 값만큼 곱한 발행 간격을 sampleTime의 period에 해당하는 인자로 사용했다. 따라서 주석처럼 800ms마다 소스 옵저버블의 최근 값(짝수 번째 값)을 발행하므로 실행 결과가 1, 3, 5가 되는 것을 확인할 수 있다.

## CHAPTER 5

변환 연산자

변환Transformation 연산자는 옵저버블의 값을 다른 값으로 바꾸는 옵저버블을 만든다. 변환 연산자에서 인자로 사용하는 함수는 소스 옵저버블의 값을 어떻게 변환할지 설정하며, 연산자는 이 함수를 활용해 요구 사항에 맞는 값을 발행하는 옵저버블을 리턴한다.

이 장의 예제와 마블 다이어그램으로 어떻게 옵저버블을 변환하는지, 그리고 소스 옵저버블이 발행하는 값을 어떻게 바꾸는지 살펴보도록 하자.

5.1 map 연산자

map 연산자는 project라는 선택자 함수를 인자로 사용해 옵저버블에서 발행하는 값에 적용한다. 그리고 함수가 리턴하는 결과를 발행하는 옵저버블로 바꾼다. 즉, map 연산자를 사용한 옵저버블이 발행하는 값 각각은 소스 옵저버블에서 발행한 값 각각에 project 함수를 적용한 결과다.

마블 다이어그램은 [그림 5-1]과 같다.

그림 5-1 map 연산자의 마블 다이어그램

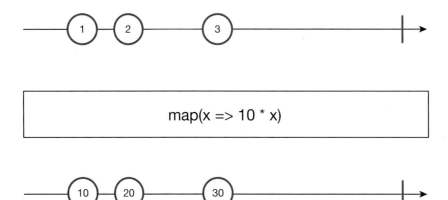

1, 2, 3을 차례로 발행하는 옵저버블에 x => x * 10이라는 project 함수를 사용하는 map 연산자를 사용했다. 따라서 소스 옵저버블의 값에 10을 곱한 10, 20, 30을 발행하는 옵저버블로 변환되었다. 연산자의 원형은 다음과 같다.

```
map<T, R>(
    project: (value: T, index: number) => R,
    thisArg?: any
): OperatorFunction<T, R>
```

map은 기본적으로 여러 개 값을 다룰 수 있는 함수형 연산자다. 따라서 Array#extras나 로대시 라이브러리에도 있다. 단, Array#extras에 있는 map 연산자는 project 함수를 실행한 결과를 배열로 리턴하므로 map 연산자를 호출한 순간 배열의 모든 요소를 순회하여 새 배열을 만든다. 하지만 RxJS의 map 연산자는 소스 옵저버블을 map 연산자로 동작하는 새 옵저버블로 바꾸고, 이를 구독할 때 각각의 값을 발행한다. thisArg?는 project 함수에서 어떤 것을 정의할 때 사용한다. OperatorFunction<T, R>은 대부분 방금 설명한 파라미터의 동작에 맞게 발행한 값을 옵저버블 형태로 리턴한다. 이 절에서 소개하는 대부분의 연산자 원형에 있으며, 이후에는 설명하지 않겠다.

[코드 5-1]은 RxJS의 옵저버블, [코드 5-2]는 배열을 다루는 map 연산자의 사용 예다. 실행 결과는 같지만 동작이 다름을 확인할 수 있다.

코드 5-1 옵저버블을 사용한 map 연산자

```
const { from } = require('rxjs');
const { map } = require('rxjs/operators');

const source$ = from([1, 2, 3, 4, 5]);
const resultSource$ = source$.pipe(
    map(x => x + 1),
    map(x => x * 2)
);

resultSource$.subscribe(x => console.log(x));
```

코드 5-2 배열을 사용한 map 연산자

```
const sourceArray = [1, 2, 3, 4, 5];
const resultArray = sourceArray.map(x => x + 1).map(x => x * 2);

for (let i = 0; i < resultArray.length; i++) {
    console.log(resultArray[i]);
}
```

모두 실행 결과는 다음과 같다.

```
4
6
8
10
12
```

[코드 5-2]를 수정해 아주 많은 요소가 있는 배열로 만든 후 map 연산자를 실행하면 모든 요소를 확인해야 최종 새 배열을 만든다. 따라서 실행 결과를 확인하는 시간도 오래 걸린다. 하지만 [코드 5-1]은 map 연산자를 실행할 때마다 새 옵저버블의 값 각각을 바로 발행하므로 실행 결과를 더 빨리 확인할 수 있다.

만약 배열을 이용할 때 요소 각각을 바로 발행하게 하려면 [코드 5-3]처럼 map 연산자 대신 별도의 함수를 정의한다. 그리고 함수를 중첩 사용한 후 for문으로 요소 각각을 바로 출력하도록 해야 한다(실행 결과는 [코드 5-1]과 같다).

코드 5-3 배열 요소 각각을 바로 출력하기

```
const sourceArray = [1, 2, 3, 4, 5];
const func1 = x => x + 1;
const func2 = x => x * 2;

for (let i = 0; i < sourceArray.length; i++) {
    console.log(func2(func1(sourceArray[i])));
}
```

새 배열을 만들 때까지 기다리지 않고, 배열 각 요소를 for문으로 순회하며 바로 출력해 결과를 확인할 수 있다. 그러나 이는 절차지향적인 방법이다. 함수형 프로그래밍으로 풀어본다면 [코드 5-1]처럼 옵저버블을 이용할 수 있다.

한편 [코드 5-3]은 기본 타입^{primitive type}을 대상으로 사칙 연산(x + 1, x * 2)한 후 같은 기본 타입으로 리턴하는 예다. 그런데 map 연산자는 다른 타입이나 객체를 리턴할 수도 있다. [코드 5-4]는 해당 값이 짝수인지 홀수인지 표시하는 객체로 바꿔주는 예다.

코드 5-4 발행한 값이 짝수인지 홀수인지 확인

```
const { range } = require('rxjs');
const { map } = require('rxjs/operators');

const source$ = range(0, 5).pipe(map(x => ({ x, isEven: x % 2 === 0 })));
source$.subscribe(result =>
    console.log(`${result.x}은(는) ${result.isEven ? "짝수" : "홀수"} 입니다.`)
);
```

실행 결과는 다음과 같다.

```
0은(는) 짝수입니다.
1은(는) 홀수입니다.
2은(는) 짝수입니다.
3은(는) 홀수입니다.
4은(는) 짝수입니다.
```

5.2 pluck 연산자

pluck은 map 연산자처럼 동작하지만, 소스 옵저버블에서 객체를 리턴할 때 해당 객체의 속성 Property을 기준으로 변환하는 연산자다. 마블 다이어그램은 [그림 5-2]와 같다.

그림 5-2 pluck 연산자의 마블 다이어그램

연산자의 원형은 다음과 같다.

```
pluck<T, R>(...properties: string[]): OperatorFunction<T, R>
```

...properties는 객체의 속성이 중첩될 때 중첩된 속성의 이름을 순서대로 나열해 사용할 수 있는 파라미터다.

[코드 5-5]는 [코드 5-4]에 pluck 연산자를 사용한 예다. 중첩된 속성을 찾지 않아 연산자의 인자가 1개뿐이다.

코드 5-5 pluck 연산자 사용 예

```
const { range } = require('rxjs');
const { map, pluck } = require('rxjs/operators');

const source$ = range(0, 5).pipe(map(x => ({ x, isEven: x % 2 === 0 })));
source$.pipe(pluck('isEven')).subscribe(isEven =>
```

```
    console.log(`${isEven ? "짝수" : "홀수"} 입니다.`)
);

source$.pipe(pluck('x')).subscribe(x => console.log(`${x} 입니다.`));
```

실행 결과는 다음과 같다.

```
홀수입니다.
짝수입니다.
홀수입니다.
짝수입니다.
0입니다.
1입니다.
2입니다.
3입니다.
4입니다.
```

pluck 연산자는 소스 옵저버블에서 발행한 값을 저장하는 객체에서 꺼내고 싶은 속성 이름을 문자열로 전달받는다. 따라서 [코드 5-5]는 isEven과 x 값을 pluck 연산자로 구독했을 때 결과다.

[코드 5-5]를 map 연산자로 바꾼다면 map(result => result.x)나 map(result => result.isEven)처럼 사용해야 한다. 하지만 pluck 연산자를 사용하면 result => result.〈속성 이름〉을 반복 작성하지 않아도 되므로 좀 더 간결하게 연산자를 사용할 수 있다.

[코드 5-6]은 [코드 5-5]의 예제를 조금 수정해서 isEven이란 속성을 numberProperty라는 이름의 속성 아래에 중첩하는 예다.

코드 5-6 중첩 속성이 있는 객체에 pluck 연산자 사용

```
const { range } = require('rxjs');
const { map, pluck } = require('rxjs/operators');

const source$ = range(0, 5).pipe(map(x =>
    ({ x, numberProperty: {
        isEven: x % 2 === 0,
    }})));

source$.pipe(pluck('numberProperty', 'isEven'))
    .subscribe(isEven => console.log(`${isEven ? "짝수" : "홀수"}입니다.`));
```

실행 결과는 다음과 같다.

```
홀수입니다.
짝수입니다.
홀수입니다.
짝수입니다.
```

자바스크립트 객체를 다루다 보면 중첩 형태의 객체를 다뤄야 할 때가 많다. 이때 값 각각이 있는지 없는지 확인하려고 중첩된 if문을 사용하거나, &&, ||와 같은 논리 연산자를 사용해 처리한다. pluck 연산자의 인자로 여러 값을 나열하면 좀 더 손쉽게 값을 변환할 수 있다. 만약 해당 속성 이름에 속하는 값이 없다면(중첩 구조를 찾다 중간에 속성 이름이 없거나 처음부터 속성 이름이 없을 때 모두) undefined를 발행한다.

5.3 mergeMap 연산자

mergeMap은 ReactiveX 공식 문서나 RxJS 4에서는 flatMap이라고 한다. RxJS 5나 6에서는 mergeMap이라고 하는 연산자다. Observable 인스턴스를 리턴하는 project 함수를 인자로 사용해 여기서 리턴된 인스턴스를 구독하는 map 연산자라고 할 수 있다.

사실 map 연산자도 Observable 객체를 리턴할 수 있다. 하지만 map 연산자는 Observable 객체 자체를 발행하는 방식으로 동작한다. 그러나 mergeMap 연산자를 사용하면 project 함수에서 리턴하는 Observable 객체를 구독해 값을 각각 발행할 수 있다.

연산자의 원형은 다음과 같다.

```
mergeMap<T, I, R>(
    project: (value: T, index: number) => ObservableInput<I>,
    resultSelector?: ((
        outerValue: T, innerValue: I,
        outerIndex: number, innerIndex: number) => R
    ) | number,
    concurrent: number = Number.POSITIVE_INFINITY
): OperatorFunction<T, I | R>
```

project 함수는 Observable 클래스의 소스 옵저버블을 리턴한다. resultSelector?는 연산자 원형에 있는 타입을 설정하는 역할을 한다. 하지만 'RxJS v5.x to v6 업데이트 가이드[1]'에 따르면 버전 6부터 사용을 권장하지 않으며, 버전 7부터 삭제될 예정이다. concurrent는 동시에 구독 중인 최대 옵저버블 수를 설정한다.

마블 다이어그램은 [그림 5-3]과 같다.

그림 5-3 mergeMap 연산자의 마블 다이어그램

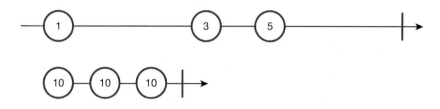

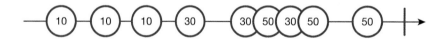

mergeMap 연산자 예를 사용하기 전 [코드 5-7]을 살펴보자. 연산자를 사용하다 보면 발행한 값을 전달받아서 다른 옵저버블을 구독하고 싶을 때가 있다. 그래서 [코드 5-7]은 timer 함수를 사용해 값 발행 간격이 다른 무작위 요청을 배열에 넣고 배열 요소 순서로 요청해 응답이 온 순서대로 출력한다.

코드 5-7 subscribe 함수를 중첩 사용해 배열 요소의 값을 발행

```
const { timer, range } = require('rxjs');
const { map } = require('rxjs/operators');

const requests = [
```

1 https://github.com/ReactiveX/rxjs/blob/master/docs_app/content/guide/v6/migration.md

```
    timer(Math.floor(Math.random() * 2000)).pipe(map(value => "req1")),
    timer(Math.floor(Math.random() * 1000)).pipe(map(value => "req2")),
    timer(Math.floor(Math.random() * 1500)).pipe(map(value => "req3"))
];

range(0, 3).subscribe(x =>
    requests[x].subscribe(req => console.log(`response from ${req}`))
);
```

timer 함수에 랜덤 값을 설정했으므로 배열 각 항목의 응답 순서가 실행할 때마다 다르다. 또한 subscribe 함수를 중첩해서 사용(이중 구독)하므로 코드를 이해하기 어려울 수 있다. 그렇다고 map 연산자를 사용해 project 함수 안에서 Observable 객체를 구독하면, 발행된 값 각각을 map 연산자의 project 함수가 리턴해야 하므로 구현이 복잡하다. 따라서 옵저버블 자체를 리턴할 때 이를 구독해서 발행하는 mergeMap 연산자가 필요한 것이다.

실행 결과는 다음과 같다. 요청에 관한 응답을 req2, req1, req3 순서로 발행했다(무작위므로 매번 순서가 다를 수 있다).

```
response from req2
response from req1
response from req3
```

[코드 5-8]은 [코드 5-7]에서 이중 구독하는 requests 옵저버블을 mergeMap의 project 함수에서 리턴하도록 바꾸고, 실행 결과를 발행하는 옵저버블로 만든 예다.

코드 5-8 mergeMap 연산자로 리턴한 옵저버블을 구독해 값 발행

```
const { timer, range } = require('rxjs');
const { map, mergeMap } = require('rxjs/operators');

const requests = [
    timer(Math.floor(Math.random() * 2000)).pipe(map(value => "req1")),
    timer(Math.floor(Math.random() * 1000)).pipe(map(value => "req2")),
    timer(Math.floor(Math.random() * 1500)).pipe(map(value => "req3"))
];

range(0, 3).pipe(mergeMap(x => requests[x]))
    .subscribe(req => console.log(`response from ${req}`));
```

이렇게 하면 이중으로 구독할 필요가 없다. range 함수를 이용한 이중 구독을 mergeMap 연산자로 해결하는 예는 구구단처럼 중첩 숫자 범위의 반복문을 출력하는 것으로도 설명할 수 있다. 그런데도 시간 차이가 있는 요청을 예로 든 이유는 뒤에서 소개할 concatMap 연산자와 비교하기 위함이다. 그리고 네트워크 입출력 처리처럼 응답 시간 차이가 발생하는 환경에서 리액티브 프로그래밍을 소개하려는 목적도 있다.

실행 결과는 다음과 같다. 요청에 관한 응답을 req3, req2, req1 순서로 발행했다(무작위이므로 매번 순서가 다를 수 있다).

```
response from req3
response from req2
response from req1
```

5.3.1 mergeMap 연산자에 사용하는 배열, 프로미스, 이터러블

mergeMap 연산자 project 함수에서 리턴할 수 있는 것은 옵저버블만이 아니다. ReactiveX 공식 문서 flatMap[2]에서는 project 함수에서 리턴하는 옵저버블을 전달받아서 다시 값을 발행한다고 설명한다.

그런데 RxJS는 여러 개 요소가 있는 배열이나 이터러블, 비동기 동작을 위한 프로미스도 project 함수에서 리턴할 수 있다. mergeMap 연산자는 project 함수에서 리턴하는 객체를 구독할 때 subscribeToResult라는 함수를 사용한다. 객체의 타입을 검사해 적절한 동작으로 바꿔주므로 가능하다. 만약 허용되지 않는 타입의 객체로 판별한다면 옵저버블의 error 함수를 호출하며 구독을 완료한다. 자세한 내용은 subscribeToResult 함수의 구현 코드[3]를 참고하기 바란다.

mergeMap 연산자에 배열이나 유사 배열 사용

mergeMap의 project 함수가 배열을 리턴하면 배열의 길이(length)만큼 순회하며 next 함수로 값을 발행한 후 complete 함수를 호출한다. 엄밀히 말하면 subscribeToResult 함수에

---

2 http://reactivex.io/documentation/ko/operators/flatmap.html
3 http://reactivex.io/rxjs/file/es6/util/subscribeToResult.js.html

서 배열인지 확인할 때 엄격하게 배열을 확인하는 것은 아니다. 내부에 만든 isArrayLike[4]를 이용해 length 속성이 Number 타입인 배열과 비슷한 형태의 객체면 배열처럼 다뤄 요소를 순회하면서 구독한다. [코드 5-9]은 방금 설명을 구현한 예다.

코드 5-9 mergeMap 연산자에 배열 사용

```
const { range } = require('rxjs');
const { mergeMap } = require('rxjs/operators');

range(0, 3).pipe(mergeMap(x => [x + 1, x + 2, x + 3, x + 4]))
    .subscribe(value => console.log(`current value: ${value}`));
```

실행 결과는 다음과 같다.

```
current value: 1
current value: 2
current value: 3
current value: 4
current value: 2
current value: 3
current value: 4
current value: 5
current value: 3
current value: 4
current value: 5
current value: 6
```

range 함수에서 발행하는 각각의 값 0, 1, 2, 3에 1~4를 각각 더한 배열을 리턴한다. 따라서 순서대로 리턴하는 배열을 나열하면, [1, 2, 3, 4], [2, 3, 4, 5], [3, 4, 5, 6]이다. 배열이라 비동기로 순서가 바뀌지 않고 값을 발행한다. 따라서 앞 실행 결과는 배열 순서대로 1, 2, 3, 4, 2, 3, 4, 5, 3, 4, 5, 6 순서로 값을 발행했다.

한편 [코드 5-10]처럼 배열과 비슷한 객체도 배열처럼 취급해 리턴할 수 있다. 실용적이진 않지만 알아두길 바란다. 참고로 실행 결과는 [코드 5-9]와 같다.

---

4 http://reactivex.io/rxjs/file/es6/util/isArrayLike.js.html

```
const { range } = require('rxjs');
const { mergeMap } = require('rxjs/operators');

range(0, 3).pipe(mergeMap(x => {
    const nextArrayLike = {
        length: 4,
        0: x + 1,
        1: x + 2,
        2: x + 3,
        3: x + 4
    };
    console.log(`typeof nextArrayLike: ${typeof nextArrayLike}`);
    return nextArrayLike;
})).subscribe(value => console.log(`current value: ${value}`));
```

mergeMap 연산에 프로미스 사용

mergeMap 연산자의 project 함수에 프로미스를 적용해보자. project 함수에서 프로미스를 생성하여 리턴하고, 해당 프로미스는 생성 시점에 setTimeout 함수로 비동기로 동작하도록 했다.

[코드 5-11]은 mergeMap 연산자의 project 함수로 값을 전달할 프로미스를 생성한다. 그리고 setTimeout 함수로 2초 미만의 무작위 값을 넣는다. 따라서 [코드 5-7] 실행 결과처럼 순서가 매번 다를 수 있고, 값을 발행하는 시간에도 차이가 생길 수 있다.

코드 5-11 mergeMap 연산자의 프로미스의 생성과 사용 예

```
const { range } = require('rxjs');
const { mergeMap } = require('rxjs/operators');

range(0, 3).pipe(mergeMap(x =>
    new Promise(resolve => setTimeout(() => resolve(`req${x + 1}`),
    Math.floor(Math.random() * 2000)))
).subscribe(req => console.log(`response from ${req}`));
```

실행 결과는 다음과 같다. 요청에 관한 응답을 req3, req1, req2 순서로 발행했다.

```
response from req3
response from req1
response from req2
```

자바스크립트의 프로미스를 그대로 사용할 수 있으므로 별도로 옵저버블로 변환해줄 필요가
없다. 배열도 마찬가지다.

mergeMap 연산자에 이터러블 사용

배열도 @@iterator 메서드가 구현된 내장 이터러블로 분류한다. 하지만 subscribeToResult
함수에서 타입을 검사할 때 배열(또는 유사 배열)과 이터러블 검사 중 isArrayLike을 먼저 검
사한다. 따라서 배열(또는 유사배열)이 아닌 이터러블로 분류한 객체도 project 함수에서 다
룰 수 있다. 이때 이터러블에서 이터레이터를 가져와서 next 함수를 호출해 구독한다. [코드
5-12]는 그 예다.

코드 5-12 mergeMap 연산자에 이터러블 사용 예

```
const { range } = require('rxjs');
const { mergeMap } = require('rxjs/operators');

range(0, 3).pipe(mergeMap(x => {
    const nextMap = new Map();
    nextMap.set("original", x);
    nextMap.set("plusOne", x + 1);
    return nextMap;
})).subscribe(entry => {
    const [key, value] = entry;
    console.log(`key is ${key}, value is ${value}`);
});
```

실행 결과는 다음과 같다.

```
key is original, value is 0
key is plusOne, value is 1
key is original, value is 1
key is plusOne, value is 2
key is original, value is 2
key is plusOne, value is 3
```

[코드 5-12]은 배열이 아닌 내장 이터러블 객체 중 하나인 Map 클래스의 객체를 사용해 2개의 키를 넣어 리턴한다. 소스 옵저버블에서 발행한 값은 original 키에, 거기에 1을 더한 값은 plusOne 키에 넣었다.

Map 객체는 map[Symbol.iterator]가 리턴하는 함수를 호출해서 이터레이터를 리턴받을 수 있다. 이터레이터는 next 함수를 호출할 때마다 길이가 2개인 배열을 리턴한다. 첫 번째 인덱스 값은 키(key)고, 두 번째 인덱스 값은 값(value)이다. 즉, [key, value] 형태의 배열을 리턴하는 이터레이터를 얻을 수 있다는 뜻이다. [key, value]가 더 없으면 done을 true로 리턴한다. mergeMap 연산자의 project 함수에서 배열(isArrayLike 포함) 타입을 제외한 이터러블 객체를 리턴하면 이터레이터를 불러와 next 함수를 계속 호출한다. 그리고 옵저버의 next 함수로 계속 값을 발행한다. done이 true면 complete 함수를 호출한다.

실행 결과를 보면 mergeMap 연산자에 있는 project 함수에서 매번 리턴하는 Map 객체의 키와 값을 각각 출력하는 것을 확인할 수 있다. 이터러블 객체를 순회하는 자세한 과정은 MDN 문서[5]의 iterable protocol과 iterator protocol을 참고하길 바란다.

참고로 제너레이터나 직접 만든 이터러블 모두 이터러블이면 [코드 5-12]처럼 mergeMap 연산자의 project 함수에서 이터러블을 리턴한 후 이터레이터를 순회하며 구독할 수 있다.

5.3.2 mergeMap 연산자의 최대 동시 요청 수 정하기

지금까지 소개한 mergeMap 연산자 예는 소스 옵저버블에서 발행한 값을 함수에 전달하면 바로 함수에서 리턴하는 옵저버블을 구독하는 방식이었다. 따라서 소스 옵저버블에서 발행한 값을 빠르게 함수에 전달하더라도 새롭게 리턴하는 옵저버블을 바로 또 구독하므로 한 번에 너무 많은 옵저버블을 구독할 가능성이 있었다.

여기서 소개할 mergeMap 연산자 예는 concurrent라는 인자가 있다. 이를 사용하면 동시에 최대 구독할 수 있는 옵저버블 수를 제한할 수 있다. 소스 옵저버블에서 발행한 값을 빠른 속도로 전달하더라도 mergeMap 연산자에서 구독 완료하지 않은 옵저버블 수가 concurrent 개수만큼이라면 해당 값을 연산자 내부에 구현해 놓은 버퍼(배열)에 잠시 저장해둔다.

---

5 https://developer.mozilla.org/ko/docs/Web/JavaScript/Reference/Iteration_protocols

옵저버블 중 하나라도 구독을 해제한다면 버퍼에 저장한 순서대로 값을 하나씩 꺼내서 project 함수에서 새 옵저버블을 만들어 구독한다. 이 방식으로 최대 concurrent 수만큼 옵저버블 동시 구독을 유지할 수 있다. 서버와 통신할 때라면 한 번에 너무 많은 요청을 하지 않으면서 최대 효율을 낼 수 있는 만큼 동시성을 유지할 수 있는 것이다. [코드 5-13]로 살펴보도록 하자.

코드 5-13 최대 동시 요청 수 정하기

```
const { range } = require('rxjs');
const { mergeMap } = require('rxjs/operators');
const fetch = require('node-fetch');

const colors = [
    'blue', 'red', 'black', 'yellow', 'green',
    'brown', 'gray', 'purple', 'gold', 'white'
];
const concurrent = 5;
const maxDelayInSecs = 6;
console.time('request_color');

range(0, colors.length).pipe(mergeMap(colorIndex => {
    const currentDelay = parseInt(Math.random() * maxDelayInSecs, 10);
    console.log(
        `[Request Color]: ${colors[colorIndex]}, currentDelay: ${currentDelay}`
    );
    return fetch(
        `https://httpbin.org/delay/${currentDelay}?color_name=${colors[colorIndex]}`
    ).then(res => res.json());
}, concurrent)
).subscribe(response =>
    console.log(
        `<Response> args: ${JSON.stringify(response.args)}, url: ${response.url}`
    ),
    console.error,
    () => {
        console.log('complete');
        console.timeEnd("request_color");
    }
);
```

npm으로 node-fetch라는 라이브러리를 추가해서 사용한다. 그리고 Node.js에서 프로미스로 HTTP 요청을 비동기로 할 수 있도록 했다. 요청할 URL은 httpbin.org/delay/{delay}[6]다. 초 단위로 {dalay} 부분에 숫자를 지정하면 해당 시간만큼 대기하다 쿼리 문자열로 전달한 인자들과 함께 응답을 보낸다.

다음으로 colors 배열에 있는 값을 mergeMap 연산자로 하나씩 서버에 요청한다. 이때 한 번에 동시에 요청할 수 concurrent를 colors 배열 크기보다 작은 5로 지정했다. 동시에 진행 중인 요청마다 시간차를 두어 먼저 처리를 끝내는 것이 있으면 다음 요청을 처리한다. 이를 보여주려고 maxDelayInSecs는 최대 6초를 넘지 않도록 무작위 값을 설정했다.

참고로 [Request Color]와 〈Response〉의 괄호를 다른 종류로 묶어 구분한 이유는 요청과 응답을 쉽게 결과에서 구분하려는 것이다. 전체 처리 시간도 보여주려고 console.time과 console.timeEnd도 사용했다.

실행 결과는 다음과 같다. 시간은 무작위로 설정되므로 매번 다르게 나올 수 있음을 기억하기 바란다.

```
# 첫 응답 후 다음 요청(red 완료 후 brown 요청)〉
[Request Color]: blue, currentDelay: 3
[Request Color]: red, currentDelay: 1
[Request Color]: black, currentDelay: 1
[Request Color]: yellow, currentDelay: 2
[Request Color]: green, currentDelay: 2
<Response> args: {"color_name":"red"},
    url: https://httpbin.org/delay/1?color_name=red
[Request Color]: brown, currentDelay: 0

# black 완료 후 gray 요청
<Response> args: {"color_name":"black"},
    url: https://httpbin.org/delay/1?color_name=black
[Request Color]: gray, currentDelay: 2

# 같은 패턴 반복
<Response> args: {"color_name":"brown"},
    url: https://httpbin.org/delay/0?color_name=brown
[Request Color]: purple, currentDelay: 3
<Response> args: {"color_name":"yellow"},
```

----

6 http://httpbin.org/#/Dynamic_data/get_delay__delay_

```
       url: https://httpbin.org/delay/2?color_name=yellow
[Request Color]: gold, currentDelay: 0

# 마지막 white 요청 후 나머지 응답
<Response> args: {"color_name":"green"},
    url: https://httpbin.org/delay/2?color_name=green
[Request Color]: white, currentDelay: 0
<Response> args: {"color_name":"gold"},
    url: https://httpbin.org/delay/0?color_name=gold
<Response> args: {"color_name":"white"},
    url: https://httpbin.org/delay/0?color_name=white
<Response> args: {"color_name":"blue"},
    url: https://httpbin.org/delay/3?color_name=blue
<Response> args: {"color_name":"gray"},
    url: https://httpbin.org/delay/2?color_name=gray
<Response> args: {"color_name":"purple"},
    url: https://httpbin.org/delay/3?color_name=purple
complete
request_color: 6763.659ms
```

실행 결과를 보면 처음에 각각 3, 1, 1, 2, 2(blue, red, black, yellow, green)초 걸리는 요청을 먼저 처리한다. 그리고 시간이 제일 짧고(1초) 가장 먼저 요청한 red에 응답한다.

다음으로는 대기 중인 brown에 관한 요청을 처리하고, black에 관한 응답을 전달받은 후 바로 다음 순서인 gray에 관한 요청을 처리하는 것을 알 수 있다. 이렇게 5개 요청을 모두 처리해야 나머지 5개를 요청하는 방식이 아니라 5개 중 요청 하나라도 먼저 처리하면 다음 처리할 것을 요청해서 항상 최대 5개 요청을 유지한다. 이렇게 차례로 white까지 모든 요청을 마치고, 아직 응답을 받지 않은 gold부터 purple까지 남은 응답을 받아 처리하면 완료한다.

실무에서 대량의 네트워크 요청을 처리할 때는 네트워크 상태나 요청 값에 따라 응답 시간이 다를 수 있다. 이때 요청 수 제한 없이 무작정 많은 연결을 한 번에 만들면 효율이 낮다. 그렇다고 요청 하나의 처리를 완료하고 다음 요청을 처리하면 너무 느리다. 따라서 서버에서 한 번에 최대 어느 정도의 요청을 동시에 유지하면 효율이 높을지 측정한 후 적정선을 찾아야 한다. 즉, mergeMap 연산자에 적정한 concurrent 값을 설정해 사용해야 한다는 뜻이다.

참고로 지금까지 살펴본 mergeMap 연산자는 5.5에서 소개할 concatMap과의 차이점을 살펴본 후에 좀 더 명확하게 이해할 수 있다. mergeMap 연산자는 리턴하는 순서대로 옵저버블을 구독하고 응답은 먼저 전달받는 것부터 처리한다.

하지만 concatMap 연산자는 리턴하는 순서대로 옵저버블을 구독하고 먼저 구독한 옵저버블에서 complete 함수를 호출해야만 그다음 순서로 리턴한 옵저버블을 구독한다는 차이가 있기 때문이다.

5.4 switchMap 연산자

switchMap은 RxJS 4에서 flatMapLatest라는 이름의 연산자였다. 기본 동작은 mergeMap 연산자와 같지만 다른 점이 있다. mergeMap 연산자는 project 함수에서 리턴한 옵저버블을 구독하는 중 소스 옵저버블에서 발행한 값이 있다면 새로 구독하는 옵저버블을 구독한다. 이미 구독하던 옵저버블과 새로 구독하는 옵저버블 모두 함께 동작한다.

하지만 switchMap 연산자는 project 함수에서 새 옵저버블을 리턴해 구독하기 전 기존 연산자로 구독하여 완료되지 않은 옵저버블이 있다면 해당 옵저버블의 구독을 해제하고 새 옵저버블을 구독한다. 마블 다이어그램은 [그림 5-4]와 같다.

그림 5-4 switchMap 연산자의 마블 다이어그램

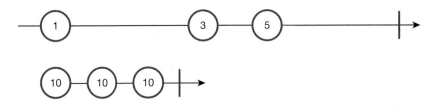

마블 다이어그램을 보면 project 함수에서 리턴하는 옵저버블의 값 발행 간격이 소스 옵저버블의 1과 3 간격보다는 짧지만, 3과 5보다는 길다. mergeMap 연산자라면 '30, 30, 30'과 '50, 50, 50'을 엇갈려 발행한다. 하지만 switchMap 연산자는 세 번째 30을 발행하기 전 소스 옵저버블에서 5를 먼저 발행해 3을 30으로 변환한 옵저버블의 값 발행을 취소한다. 따라서 세 번째 30은 발행하지 않고 50부터 발행한다.

연산자의 원형은 다음과 같다.

```
switchMap<T, I, R>(
    project: (value: T, index: number) => ObservableInput<I>,
    resultSelector?: (
        outerValue: T, innerValue: I,
        outerIndex: number,
        innerIndex: number
    ) => R
): OperatorFunction<T, I | R>
```

project 함수는 Observable 클래스의 소스 옵저버블을 리턴한다. resultSelector?는 연산자 원형에 있는 타입을 설정하는 역할을 한다. 하지만 앞서 설명한 것처럼 resultSelctor는 버전 6부터 사용을 권장하지 않고 버전 7부터 삭제될 예정이니 참고하기 바란다.

[코드 5-14]은 switchMap 연산자로 600ms 간격, 5회로 값 발행을 제한한 소스 옵저버블을 250ms 간격, 3회로 값 발행을 제한하도록 변경해 리턴하는 예다.

코드 5-14 switchMap 연산자로 옵저버블 변경

```
const { interval } = require('rxjs');
const { take, switchMap, map } = require('rxjs/operators');

interval(600).pipe(
    take(5),
    switchMap(x => interval(250).pipe(map(y => ({x, y})), take(3)))
).subscribe(result => console.log(`next x: ${result.x}, y: ${result.y}`));
```

실행 결과는 다음과 같다.

```
next x: 0, y: 0
```

```
next x: 0, y: 1
next x: 1, y: 0
next x: 1, y: 1
next x: 2, y: 0
next x: 2, y: 1
next x: 3, y: 0
next x: 3, y: 1
next x: 4, y: 0
next x: 4, y: 1
next x: 4, y: 2
```

소스 옵저버블의 값인 x가 0부터 3일 때는 y의 값 0과 1이라는 값 2개만 발행하고, 마지막 x가 4일 때만 y의 값 0~2 모두를 발행한다. 즉, switchMap 연산자의 project 함수에서 take(3)을 적용한 옵저버블을 리턴하면 500ms 동안 250ms 간격으로 두 번만 값을 발행한다. 그리고 600ms 이후 소스 옵저버블에서 새 옵저버블을 구독하므로 기존에 구독 중인 값은 기존 구독을 해제하고 750ms 차례의 값은 발행할 수 없다. 그러나 소스 옵저버블의 마지막 값인 4를 발행할 때는 그다음 구독할 옵저버블이 없으므로 0~2라는 y 값을 모두 발행한다.

5.5 concatMap 연산자

concatMap은 mergeMap 연산자와 비슷하지만 project 함수에서 리턴하는 옵저버블을 구독한 후 값 발행을 완료해야 다음 옵저버블을 구독하는 연산자다.

소스 옵저버블에서 next 함수로 전달하는 값은 project 함수에서 리턴하는 옵저버블이다. 이 옵저버블 구독하는 것은 mergeMap 연산자와 같지만, 구독 완료 후 다음 옵저버블을 순서대로 구독한다는 것은 차이점이다. 즉, 이미 구독 중인 옵저버블의 값 발행을 완료하기 전에 다른 옵저버블에서 발행하는 값은 버퍼에 오는 순서대로 잠시 저장해둔다. 그리고 구독 중인 옵저버블의 값 발행을 완료하면 버퍼에서 저장한 값을 꺼내서 project 함수로 다음 옵저버블을 구독하는 일을 반복한다. 이러한 방식으로 값 발행의 순서를 보장한다. 마블 다이어그램은 [그림 5-5]와 같다.

그림 5-5 concatMap 연산자의 마블 다이어그램

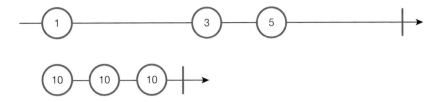

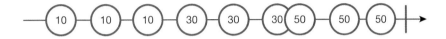

연산자의 원형은 다음과 같다.

```
public concatMap(
    project: function(value: T, ?index: number): ObservableInput,
    resultSelector: function(
        outerValue: T, innerValue: I, outerIndex: number, innerIndex: number
    ): any
): Observable
```

project 함수는 Observable 클래스의 소스 옵저버블을 리턴한다. resultSelector는 연산자 원형에 있는 타입을 설정한다. concatMap 연산자의 구현 코드[7]를 보면 concatMap은 mergeMap 연산자의 concurrent 값을 1로 설정한 동작을 추상화한 연산자다. 즉, 최대 구독할 수 있는 옵저버블 수가 1이라는 뜻이다.

코드 5-15 concatMap의 구현 코드 일부분

```
export function concatMap(project, resultSelector) {
    return mergeMap(project, resultSelector, 1);
}
```

---

7 http://reactivex.io/rxjs/file/es6/operators/concatMap.js.html

[코드 5-16]은 concatMap 연산자를 사용했을 때 값 발행 순서를 보장하는 예다. 서로 다른 시간으로 동작하지만 값 발행 순서가 정해진 것을 확인할 수 있다.

코드 5-16 concatMap 연산자로 값 발행 순서를 보장

```
const { timer, interval, range } = require('rxjs');
const { map, take, concatMap } = require('rxjs/operators');

const requests = [
    timer(2000).pipe(map(value => 'req1')),
    timer(1000).pipe(map(value => 'req2')),
    timer(1500).pipe(map(value => 'req3'))
];

interval(1000).pipe(take(5))
    .subscribe(x => console.log(`${x + 1} secs`));

range(0, 3).pipe(concatMap(x => requests[x]))
    .subscribe(req => console.log(`response from ${req}`));
```

실행 결과는 다음과 같다.

```
1 secs
response from req1
2 secs
response from req2
3 secs
4 secs
response from req3
5 secs
```

실행 결과를 보면 전체 실행 시간이 총 4.5초(2000ms + 1000ms + 1500ms)가 소요된 것을 알 수 있다.

동기 환경에서는 mergeMap이나 concatMap 연산자나 동작은 같다. 왜냐하면 기존 구독하는 옵저버블이 동기 방식으로 실행되므로 그 다음에 next 함수가 발행하는 값을 순서대로 처리할 수 있기 때문이다.

그러나 interval 함수 같은 비동기 옵저버블이나 언제 이벤트가 발생할지 모르는 fromEvent 함수를 사용한다고 생각해보자. 클릭 이벤트를 처리하거나, 비동기로 값을 전달해 완료되지 않

고 진행하는 옵저버블 구독이 있으면 이후 전달하는 값들은 버퍼에 계속 저장될 수 있다. 즉, 기존 구독을 완료해야 다음 값에 관한 project 함수를 호출하여 구독한다.

따라서 next 함수로 소스 옵저버블이 값을 발행하는 속도가 이미 구독 중인 옵저버블의 값을 발행하는 속도보다 빠르면 그에 비례해 버퍼가 차 그만큼 메모리가 필요하다는 점을 주의해야 한다.

[코드 5-17]은 concatMap 연산자로 비동기 처리할 때 어떤 순서로 코드가 동작하는지 확인 하는 예다. [코드 5-16]에서 처음 구독하는 옵저버블이 무엇인지 확인하려고 조합 연산자와 유틸리티 연산자에서 소개할 startWith 연산자와 tap 연산자를 사용했다.

코드 5-17 비동기 처리의 코드 동작 순서

```
const { timer, interval, range } = require('rxjs');
const { startWith, tap, skip, map, take, concatMap } = require('rxjs/operators');
const FIRST_VALUE = -1;
const requests = [
    timer(2000).pipe(
        startWith(FIRST_VALUE),
        tap(x => x === FIRST_VALUE && console.log('req1 subscribed')),
        skip(1),
        map(value => 'req1')
    ),
    timer(1000).pipe(
        startWith(FIRST_VALUE),
        tap(x => x === FIRST_VALUE && console.log('req2 subscribed')),
        skip(1),
        map(value => 'req2')
    ),
    timer(1500).pipe(
        startWith(FIRST_VALUE),
        tap(x => x === FIRST_VALUE && console.log('req3 subscribed')),
        skip(1),
        map(value => 'req3')
    )
];

interval(1000).pipe(take(5))
    .subscribe(x => console.log(`${x + 1} secs`));

range(0, 3).pipe(
```

```
    tap(x => console.log(`range next ${x}`)),
    concatMap(x =>
        console.log(`begin concatMap project function ${x}`) || requests[x]
    )
).subscribe(req => console.log(`response from ${req}`));
```

실행 결과는 다음과 같다.

```
range next 0
begin concatMap project function 0
req1 subscribed
range next 1
range next 2
1 secs
2 secs
response from req1
begin concatMap project function 1
req2 subscribed
3 secs
response from req2
begin concatMap project function 2
req3 subscribed
4 secs
response from req3
5 secs
```

startWith 연산자로 구독할 때의 첫 값을 발행하도록 하고 tap 연산자로 로그를 출력해서 처음 구독하는 때를 확인할 수 있다. startWith 연산자의 FIRST_VALUE는 구독 확인용일 뿐발행할 필요가 없는 더미 값이다. 따라서 실제 필요한 timer 함수에서 발행하는 값부터 발행(FIRST_VALUE 건너뛰기)하려고 skip(1)을 사용했다.

이와 달리 소스 옵저버블인 range 함수에서 사용한 tap 연산자는 concatMap 연산자의 소스옵저버블이 언제 다음 값을 발행하는지 확인하려는 목적이다. 마지막으로 project 함수를 언제 호출하는지 알려고 논리 연산자인 ||를 이용해 req[x]를 리턴하기 전에 로그를 출력한다.

실행 결과를 보면 일단 소스 옵저버블에서 첫 번째 값을 발행하자마자 project 함수가 호출되며 req1을 구독한다. 그리고 나머지 값들인 1과 2가 소스 옵저버블에서 발행되는 것을 확인할 수 있다. 그러나 이 1과 2에 관한 project 함수는 아직 호출하지 않는다. 일정 시간이 지나

req1의 timer 함수가 값 발행을 완료했을 때 1에 관한 project 함수를 호출하고 req2를 구독한다.

req1을 발행한 후 패턴은 같다. 소스 옵저버블의 나머지 값 1, 2는 바로 발행하지만 이 값을 전달받아 project 함수를 호출하는 시점은 앞 옵저버블의 구독을 완료한 이후다. 이는 timer 함수를 이용해 비동기로 동작 중인 옵저버블의 구독이 완료된 후에 이미 발행해 버퍼에 저장한 값 1, 2를 순서대로 꺼내서 project 함수를 호출하기 때문이다. mergeMap 연산자의 concurrent 부분에서 설명한 것처럼 비동기 환경에서 나중에 project 함수를 호출하려고 concatMap 연산자의 소스 옵저버블이 발행하는 값을 버퍼에 저장하는 원리다.

단, cocurrent 값이 1이므로 해당 값이 없거나 더 큰 mergeMap보다는 메모리에 저장해야 할 값의 수가 많음을 주의하기 바란다.

5.6 scan 연산자

이 절에서는 몇 가지 예제와 함께 scan 연산자를 살펴볼 것이다. 그리고 scan 연산자를 사용할 때의 주의 사항도 살펴보겠다.

scan 연산자는 함수형 연산자로 유명한 reduce와 비슷하다. 단, reduce 연산자가 최종 누적된 값 1개만 발행한다면 scan 연산자는 next 함수로 값을 발행할 때마다 호출해 중간에 누적된 값을 매번 발행한다는 차이점이 있다. 참고로 RxJS의 reduce 연산자는 최종 누적된 값을 1개만 발행하므로 소스 옵저버블에서 complete 함수를 호출해야 값을 발행한다. 연산자의 원형은 다음과 같다.

```
scan<T, R>(
    accumulator: (acc: R, value: T, index: number) => R,
    seed?: T | R
): OperatorFunction<T, R>
```

값 누적을 어떻게 할지 설정하는 함수를 누적자 함수(accumulator)라고 한다. 그리고 처음 발행하는 값부터 누적하려면 초깃값(seed?)이 필요하다.

마블 다이어그램은 [그림 5-6]과 같다.

그림 5-6 scan 연산자의 마블 다이어그램

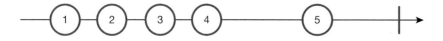

$$scan((x, y) => x + y)$$

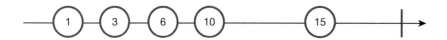

첫 번째로 발행하는 값은 그냥 건너뛰고, 이후 발행하는 새로운 값을 계속 누적시켜 다음 새 값을 발행한다. 누적하는 방법은 객체 추가, 기본 숫자 타입의 사칙 연산 등 다양하다.

다음부터 초깃값이 없거나 있는 scan 연산자 예를 차례로 다루도록 하겠다. 그리고 초깃값을 다룰 때 주의해야 할 점에서도 살펴볼 것이다.

5.6.1 초깃값이 없는 scan 연산자 예

[코드 5-18]은 초깃값이 초깃값이 없는 scan 연산자 예다.

코드 5-18 초깃값이 없는 scan 연산자 예

```
const { range } = require('rxjs');
const { scan } = require('rxjs/operators');

range(0, 3).pipe(
    scan((accumulation, currentValue) => {
        console.log(`accumulation ${accumulation}, currentValue ${currentValue}`);
        return accumulation + currentValue;
    })
).subscribe(result => console.log(`result ${result}`));
```

실행 결과는 다음과 같다.

```
result 0
accumulation 0, currentValue 1
result 1
accumulation 1, currentValue 2
result 3
```

[코드 5-18]의 scan 연산자에는 인자로 누적자 함수 1개만 있다(초깃값은 보통 두 번째 인자로 사용한다). 또한 scan 연산자 안의 누적자 함수를 호출할 때마다 로그를 출력한다. [그림 5-6] 마블 다이어그램처럼 처음 발행하는 값은 누적자 함수를 거치지 않고 바로 발행하며, 이후부터 누적자 함수로 더한 값을 누적 변수(accumulation)에 계속 저장한다.

5.6.2 초깃값이 있는 scan 연산자 예

[코드 5-19]는 두 번째 인자인 초깃값 0을 설정한 예다.

코드 5-19 scan 연산자의 초깃값을 0으로 설정한 예

```
const { range } = require('rxjs');
const { scan } = require('rxjs/operators');

range(0, 3).pipe(
    scan((accumulation, currentValue) => {
        console.log(`accumulation ${accumulation}, currentValue ${currentValue}`);
        return accumulation + currentValue;
    }, 0)
).subscribe(result => console.log(`result ${result}`));
```

실행 결과는 다음과 같다.

```
accumulation 0, currentValue 0
result 0
accumulation 0, currentValue 1
result 1
accumulation 1, currentValue 2
result 3
```

초깃값이 기본 타입의 값^{Primitive values}이면 변경할 수 없는 값^{Immutable value}이다. 다시 구독할 때 초 깃값이 변한다는 점을 우려할 필요가 없다. 그런데 초깃값을 참조 타입으로 설정하면 어디서 든 변경할 수 있는 값이므로 초깃값이 변할 수 있다는 점에 주의해야 한다. 이러한 타입의 예로 Object가 있다.

[코드 5-20]은 초깃값으로 객체를 재구독했을 때 발생할 수 있는 문제를 알 수 있는 피보나치 수열 예다. 엄밀히 말해 초깃값은 a: 0, b: 1이어야 한다. 하지만 scan 연산자에서 a: 1, b: 0 을 초깃값으로 설정해야 처음 발행하는 a 값이 0으로 설정된다. 따라서 초깃값을 a: 1, b:0으 로 설정했다. 연산자의 이해를 도우려는 설정임을 참고하기 바란다.

코드 5-20 초깃값으로 객체를 사용해 재구독하는 피보나치 수열 예

```
const { interval } = require('rxjs');
const { take, scan, pluck } = require('rxjs/operators');
const n = 7;

const source$ = interval(500).pipe(
    take(n),
    scan((accumulation, currentValue) => {
        const tempA = accumulation.a;
        accumulation.a = accumulation.b;
        accumulation.b = tempA + accumulation.b;
        return accumulation;
    }, { a: 1, b: 0 }),
    pluck('a')
);

source$.subscribe(result => console.log(`result1 ${result}`));
setTimeout(() =>
    source$.subscribe(result =>
        console.log(`result2 ${result}`)
    ), 3100
);
```

실행 결과는 다음과 같다.

```
result1 0
result1 1
result1 1
```

```
result1 2
result1 3
result1 5
result1 8
result2 13
result2 21
result2 34
result2 55
result2 89
result2 144
result2 233
```

두 번째 구독하는 result2 옵저버블은 쉽게 구분하려고 첫 번째 옵저버블의 구독을 완료한 후 구독하도록 3100ms 이후에 result2를 구독하도록 했다.

실행 결과에서는 두 번째 옵저버블을 구독했을 때 0이 아닌 13부터 발행하는 문제가 있다. 첫 번째 옵저버블 구독을 완료한 후 바로 두 번째 옵저버블을 구독한다는 사실을 알면 어색하지 않다고 생각할 수도 있다. 하지만 구독할 때마다 이전 옵저버블에 영향을 받아 첫 구독하는 값이 매번 달라진다면 이는 여러 옵저버블이 같은 객체를 참조하여 부수 효과를 유발할 수 있다. 함수형 프로그래밍의 장점을 살릴 수 없고, 결과를 예측하기 어렵게 만든다. 따라서 의도한 대로 옵저버블을 언제 어떻게 구독해도 지정된 초깃값이 의도한 대로 사용하도록 바꿔야 문제가 발생하지 않는다.

scan 연산자는 내부 옵저버블 안에 초깃값을 저장한 후 내부 옵저버블을 다시 구독할 때 활용한다. [코드 5-19]의 문제는 옵저버블의 초깃값으로 어디서든 내부 값 변경이 가능한 객체를 지정했다는 것이다. 연산자의 누적자 함수 안에서 객체 내부의 값을 변경하면 재구독할 때 내부가 변경된 객체에 접근하므로 문제가 발생한다. 하지만 누적자 함수 안에서 구독할 때마다 초깃값을 새로 생성하면 문제를 해결할 수 있다.

[코드 5-21]은 객체를 리턴하는 팩토리 함수로 초깃값을 만들고 누적자 함수에서 전달하는 값이 함수인지 아닌지로 초깃값을 구분한다. 매번 리턴하는 값은 구독할 때마다 팩토리 함수로 생성해 구분한 객체가 된다. 초깃값 자체는 팩토리 함수로 구독할 때마다 새로 생성할 수 있다.

```
const { interval } = require('rxjs');
const { take, scan, pluck } = require('rxjs/operators');
const n = 7;

const source$ = interval(500).pipe(
    take(n),
    scan((accumulation, currentValue) => {
        let localAccumulation = accumulation;
        if (typeof localAccumulation === 'function') {
            localAccumulation = localAccumulation();
        }
        const tempA = localAccumulation.a;
        localAccumulation.a = localAccumulation.b;
        localAccumulation.b = tempA + localAccumulation.b;
        return localAccumulation;
    }, () => ({ a: 1, b: 0 })),
    pluck('a')
);
source$.subscribe(result => console.log(`result1 ${result}`));
setTimeout(() =>
    source$.subscribe(result =>
        console.log(`result2 ${result}`)
    ), 3100
);
```

실행 결과는 다음과 같다.

```
result1 0
result1 1
result1 1
result1 2
result1 3
result1 5
result1 8
result2 0
result2 1
result2 1
result2 2
result2 3
result2 5
result2 8
```

구독하는 각 옵저버블의 첫 발행 값이 0부터 시작됨을 알 수 있다. 중간에 옵저버블을 구독해도 0부터 시작해서 별개로 실행되는 것을 확인할 수 있다. 누적자 함수는 localAccumulation를 사용해 전달받는 accumulation이 객체면 그대로 참조하고, 처음 시작하는 팩토리 함수면 이를 호출해서 리턴하는 새 객체를 전달받는다.

한편 [코드 5–21]은 옵저버블을 구독할 때마다 초깃값을 새로 생성해서 초깃값 관련 문제를 해결한다. 그런데 이후 누적자 함수의 accumulation에서 전달받는 객체는 매번 구독할 때만 다른 객체를 생성할 뿐 구독하는 중에 누적자 함수에서 리턴하는 객체는 같다. 따라서 해당 객체를 구독하는 중 수정하면 누적자 객체의 값이 의도와 다르게 수정되는 부수 효과 발생 우려가 있다.

이러한 문제를 좀 더 안전하게 해결하려면 [코드 5–22]처럼 매번 새 객체를 생성해 누적자 함수에서 리턴하면 된다. 초깃값을 확인할 필요 없이 매번 새 값을 리턴한다는 점에서 변경 가능한 객체를 재사용하지 않는 장점이 있다. 하지만 새 객체를 누적자 함수 호출 때마다 매번 생성해야 한다는 단점이 있다.

코드 5-22 새 객체를 매번 생성해 누적자 함수에서 리턴하는 예

```
const { interval } = require('rxjs');
const { take, scan, pluck } = require('rxjs/operators');
const n = 7;

const source$ = interval(500).pipe(
    take(n),
    scan((accumulation, currentValue) => ({
        a: accumulation.b,
        b: accumulation.a + accumulation.b
    }), { a: 1, b: 0 }),
    pluck('a')
);
source$.subscribe(result => console.log(`result1 ${result}`));
setTimeout(() =>
    source$.subscribe(result =>
        console.log(`result2 ${result}`)
    ), 3100
);
```

accumulation을 조작할 필요가 없으므로 특정 값을 저장할 임시 변수가 필요 없이 화살표 함수를 더 간결하게 사용할 수 있다는 장점도 있다. 하지만 그만큼 객체를 생성하는 데 자원을 할당해야 한다는 사실을 주의해 사용하기 바란다.

5.6.3 누적자 함수의 index 제공

지금까지 누적자 함수의 2개 파라미터까지 소개했다. 그런데 사실 선택해서 사용할 수 있는 세 번째 파라미터인 index가 있다. 만약 현재 누적자 함수에서 소스 옵저버블의 몇 번째 발행한 값을 전달하는지 알아야 한다면 누적자 함수 세 번째 파라미터로 index를 추가하고 로그를 출력하면 된다.

초깃값이 없으면 소스 옵저버블이 발행하는 첫 번째 값에 누적자 함수를 호출하지 않는다. 따라서 두 번째 값에 누적자 함수를 호출할 때 index 값이 1이 된다. 초깃값이 있으면 첫 번째 값부터 누적자 함수를 호출하므로 index 값은 0이라는 점에 주의해야 한다. index는 기존 예에 바로 적용해 확인할 수 있으므로 예제는 생략하겠다.

5.7 partition 연산자

partition 연산자는 filter 연산자처럼 predicate 함수를 호출하면 2개의 옵저버블을 배열로 리턴한다.

배열의 첫 번째 요소는 predicate 함수의 조건을 만족하는 filter 연산자를 적용한 옵저버블이다. 두 번째 요소는 predicate 함수의 조건을 만족하지 않는 filter 연산자를 적용한 옵저버블이다.

기존 filter 연산자가 소스 옵저버블을 감싸 1개의 옵저버블을 리턴한다면, partition 연산자는 같은 소스 옵저버블을 둔 서로 반대되는 조건의 filter연산자를 적용한 2개의 옵저버블을 배열로 리턴한다. 마블 다이어그램은 [그림 5-7]과 같다.

그림 5-7 partition 연산자의 마블 다이어그램

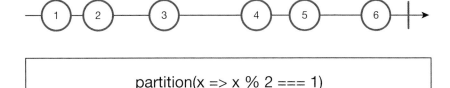

연산자의 원형은 다음과 같다.

```
partition<T>(
    predicate: value: T, index: number) => boolean,
    thisArg?: any
): UnaryFunction<Observable<T>, [Observable<T>, Observable<T>]>
```

project 함수는 이 절의 시작에서 설명했고 thisArg?는 predicate 함수에서 리턴하는 값을 확인한다. UnaryFunction〈Observable〈T〉, [Observable〈T〉, Observable〈T〉]〉는 앞에서 소개한 2개의 옵저버블을 배열로 리턴한다.

partition 연산자는 옵저버블 하나만 리턴하는 연산자와 달리 연산자 사용 후 바로 다른 연산자를 붙이거나 구독할 수 없다. 배열에서 각 옵저버블을 꺼내 별도로 처리해주어야 한다. 좀 더 정확히 말하면 2개의 옵저버블 배열을 발행(emit)하는 옵저버블을 리턴하는 것이 아니라 배열 자체를 리턴한다.

[코드 5-23]은 이벤트 당첨 여부를 표시하는 예에 partition 연산자로 소스 옵저버블을 독립적으로 두었다.

코드 5-23 partition 연산자로 소스 옵저버블을 독립적으로 두는 예

```
const { interval } = require('rxjs');
const { partition, take, map } = require('rxjs/operators');

const [winSource$, loseSource$] = interval(500).pipe(
    partition(x => Math.random() < 0.7)
);

winSource$.pipe(
    map(x => `당첨!! (${x})`),
    take(10)
).subscribe(result => console.log(result));

loseSource$.pipe(
    map(x => `꽝!! (${x})`),
    take(10)
).subscribe(result => console.log(result));
```

실행 결과는 다음과 같다. Math.random 함수를 사용하므로 결과가 다를 수 있다.

```
당첨!! (0)
당첨!! (1)
당첨!! (2)
당첨!! (4)
꽝!! (5)
당첨!! (8)
꽝!! (8)
당첨!! (9)
꽝!! (9)
당첨!! (10)
꽝!! (10)
당첨!! (11)
당첨!! (12)
꽝!! (12)
당첨!! (13)
꽝!! (14)
꽝!! (18)
꽝!! (27)
꽝!! (28)
꽝!! (29)
```

첫 번째 줄에 배열 요소를 변수 각각에 할당하는 '비구조화 할당destructuring assignment[8]'을 사용했다. 오른쪽 배열에 있는 값을 왼쪽 배열의 요소로 포함한 변수 각각에 순서대로 할당할 수 있다.

실제 이벤트는 당첨 확률이 낮지만 [코드 5-23]에서는 당첨되었다는 사실로 기분을 좋게 하고 자 winSource$ 옵저버블은 300ms마다 70% 확률로 당첨을 표시하는 옵저버블로 설정했다. loseSource$ 옵저버블은 반대로 300ms마다 30% 확률로 꽝을 표시되는 옵저버블로 설정했 다. 이후 각각 10개씩 값을 발행하면 옵저버블 구독을 완료하도록 take(10)을 사용했으며, 당 첨이나 꽝을 표시한 후 interval 함수가 발행하는 값을 표시하도록 했다.

두 옵저버블의 소스 옵저버블이 다르므로 300ms마다 조건을 만족하는지 검사하지만 당첨!!을 더 자주 출력한다. winSource$ 옵저버블은 0을 포함하고 1을 제외한 사이의 값을 무작위로 생성하는 Math.random이 0.7보다 작을 때 값을 발행한다. 따라서 조건을 만족하는 값의 범 위가 70%다. loseSource$는 반대이므로 0.7보다 크거나 같아야 한다. 이는 30%로 범위가 적 다.

300ms마다 값을 발행하는 winSource$ 옵저버블은 값을 발행한 후 14번(0부터 세면 13은 14번째) 만에 10개의 결과를 표시하고 구독을 완료했다. loseSource$ 옵저버블은 값을 발행 한 후 30번(0부터 세면 29는 30번째)만에 10개의 결과를 표시하고 구독을 완료했다. 참고로 소스 옵저버블은 같은 동작을 하는 interval(300)이지만 별개로 구독하므로 괄호에 같은 값이 보이기도 한다.

5.8 groupBy 연산자

groupBy 연산자는 소스 옵저버블에서 발행하는 값을 특정 기준을 정해 같은 그룹에 속해 있 는 값들을 각각의 옵저버블로 묶어서 발행한다. 이때 그룹을 묶는 기준을 '키'라고 하며, 각 값 에서 키 값을 만드는 함수를 keySelector라고 한다. 같은 그룹에 속한(키 값이 같은) 값들을 발행하는 옵저버블은 groupedObservable이라고 하며 각 groupedObservable마다 적절 한 연산자를 결합해서 사용할 수 있다.

---

8 https://developer.mozilla.org/ko/docs/Web/JavaScript/Reference/Operators/Destructuring_assignment

또한 groupedObservable에서 키 값을 알 수 있고, 연산자를 결합할 때 키 값이 필요하면 사용할 수 있다. [그림 5-8] 마블 다이어그램의 옵저버블은 소스 옵저버블에서 i => i % 2라는 keySelector로 true와 false 2개의 그룹을 만든다. 각 그룹에 해당하는 값은 값과 같은 그룹에 속한 옵저버블에서 발행하는 것을 확인할 수 있다.

그림 5-8 groupBy 연산자의 마블 다이어그램

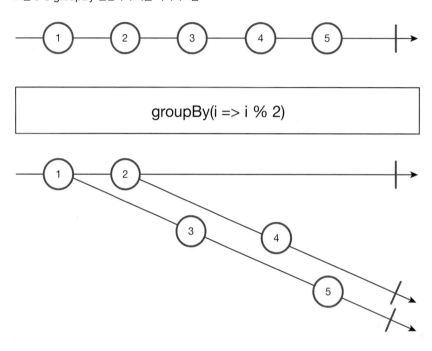

연산자의 원형은 다음과 같다.

```
groupBy<T, K, R>(
    keySelector: (value: T) => K,
    elementSelector?: ((value: T) => R) | void,
    durationSelector?: (grouped: GroupedObservable<K, R>) => Observable<any>,
    subjectSelector?: () => Subject<R>
): OperatorFunction<T, GroupedObservable<K, R>>
```

지금부터 파라미터 별로 각각의 의미를 자세하게 설명할 것이다.

5.8.1 keySelector 함수

[코드 5–24]는 [코드 5–23]의 predicate 함수를 groupBy 연산자에 있는 첫 번째 파라미터인 keySelector 함수로 바꾼 예다.

코드 5-24 groupBy 연산자로 당첨과 꽝을 출력하는 예

```
const { interval } = require('rxjs');
const { take, groupBy, mergeMap, map } = require('rxjs/operators');

// 1. keySelector 사용
interval(500).pipe(
    take(10),
    groupBy(x =>
        Math.random() < 0.7),
        mergeMap(
            groupedObservable =>
                groupedObservable.key === true
                    ? groupedObservable.pipe(map(x => `당첨!! (${x})`))
                    : groupedObservable.pipe(map(x => `꽝!! (${x})`))
        )
    )
).subscribe(result => console.log(result));
```

실행 결과는 다음과 같다. Math.random 함수를 사용하므로 결과가 다를 수 있다.

```
꽝!! (0)
꽝!! (1)
꽝!! (2)
당첨!! (3)
꽝!! (4)
당첨!! (5)
당첨!! (6)
꽝!! (7)
당첨!! (8)
당첨!! (9)
```

keySelector 함수는 만들기에 따라서 여러 개 키를 생성해 여러 그룹을 만들 수 있다. 하지만 [코드 5–24]에서는 [코드 5–23]을 바꿔서 keySelector 함수의 조건을 만족하거나 만족하지 않을 때를 키 값으로 삼는다.

키에 해당하는 옵저버블이 없어 만들어서 값을 발행하는 인스턴스를 groupedObservable 라고 하겠다. 이 옵저버블 인스턴스는 내부 this.key에 키를 저장한다. 키가 true에 해당하는 그룹의 옵저버블은 당첨으로 결과를 출력하며, 그렇지 않으면(키 값이 false) 꽝으로 결과를 출력한다. 이 옵저버블을 mergeMap 연산자로 구독하면 500ms 단위로 10번 당첨 또는 꽝이 화면에 출력되는 것을 확인할 수 있다.

참고로 mergeMap 연산자는 partition 연산자와 달리 소스 옵저버블이 같다. 따라서 어떤 글자를 출력하든 괄호 뒤의 값은 500ms마다 0~9를 순서대로 발행하는 것을 확인할 수 있다.

5.8.2 elementSelector 함수

두 번째 파라미터인 elementSelector는 keySelector 함수로 생성한 groupedObservable 인스턴스에 전달하는 값을 바꿔준다. 즉, map 연산자에 인자로 사용하는 함수처럼 소스 옵저버블에서 전달하는 값을 바꿔서 리턴한 후 키에 해당하는 groupedObservable로 값을 발행한다. [코드 5-25]는 [코드 5-24]에 인자로 elementSelector 함수를 추가한 예다.

코드 5-25 elementSelector 함수를 추가한 예

```
const { interval } = require('rxjs');
const { take, groupBy, mergeMap, map } = require('rxjs/operators');

// 2. keySelector, elementSelector 사용
interval(500).pipe(
    take(10),
    groupBy(
        x => Math.random() < 0.7,
        x => `${x}-${x % 2 === 0 ? '짝수' : '홀수'}`
    ),
    mergeMap(
        groupedObservable =>
            groupedObservable.key === true
                ? groupedObservable.pipe(map(x => `당첨!! (${x})`))
                : groupedObservable.pipe(map(x => `꽝!! (${x})`))
    )
).subscribe(result => console.log(result));
```

실행 결과는 다음과 같다. Math.random 함수를 사용하므로 결과가 다를 수 있다.

```
당첨!! (0-짝수)
당첨!! (1-홀수)
당첨!! (2-짝수)
당첨!! (3-홀수)
꽝!! (4-짝수)
꽝!! (5-홀수)
당첨!! (6-짝수)
당첨!! (7-홀수)
꽝!! (8-짝수)
꽝!! (9-홀수)
```

elementSelector 함수는 해당 값이 짝수인지 홀수인지 검사한 후 이를 나타내는 문자열을 추가해 리턴한다. 그럼 groupedObservable은 map 연산자를 이용해 바꿔서 발행하는 x 값을 소스 옵저버블에서 전달한 0~9가 아니라, elementSelector 함수로 변환한 짝수 및 홀수 정보를 추가한 문자열로 발행한다. 참고로 keySelector 함수는 elementSelector 함수에서 리턴하는 값이 아닌 소스 옵저버블에서 발행하는 값을 기준으로 삼는다. elementSelector 함수에서 리턴하는 값은 groupedObservable에 전달하려는 용도의 값(element)이다.

5.8.3 durationSelector 함수

groupBy 연산자의 세 번째 파라미터는 durationSelector 함수다. groupedObservable을 사용하는 함수며 여기서 리턴하는 옵저버블은 키에 해당하는 새 groupedObservable을 발행할 때 함께 구독한다.

여기서 어떤 값이든 발행하는 시점에 키와 groupedObservable의 매핑을 끊고 complete 함수를 호출해 groupedObservable의 구독을 완료한다. 이때 durationSelector 함수에서 리턴한 옵저버블의 구독도 완료한다.

이후 같은 키에 해당하는 값을 소스 옵저버블에서 발행하면 키에 관한 매핑이 없으므로 durationSelector 함수에서 리턴하는 옵저버블을 새로 매핑해 구독한다.

durationSelector 함수를 사용한 예를 살펴보기 전 [코드 5-25]에서 reduce 연산자를 추가한 [코드 5-26]을 살펴보자.

```javascript
const { interval } = require('rxjs');
const { take, groupBy, mergeMap, map, reduce } = require('rxjs/operators');

// 3. keySelector, elementSelector, reduce 사용
interval(500).pipe(
    take(10),
    groupBy(
        x => Math.random() < 0.7,
        x => `${x}-${x % 2 === 0 ? '짝수' : '홀수'}`
    ),
    mergeMap(
        groupedObservable =>
            groupedObservable.key === true
                ? groupedObservable.pipe(
                    map(x => `당첨!! (${x})`),
                    reduce((acc, curr) => [...acc, curr], [])
                )
                : groupedObservable.pipe(
                    map(x => `꽝!! (${x})`),
                    reduce((acc, curr) => [...acc, curr], [])
                )
    )
).subscribe(result => console.log(result));
```

reduce 연산자는 7장 수학 연산자에서 소개할 예정이지만, durationSelector 함수의 사용을 이해하는 데 도움이 되므로 먼저 소개한다. scan 연산자와 동작이 비슷하지만 소스 옵저버블의 값을 계속 누적하다가 complete 함수를 호출하는 시점에 누적한 최종 값 하나만 발행한다는 점이 다르다. 실행 결과는 다음과 같다. Math.random 함수를 사용하므로 결과가 다를 수 있다.

```
[ '당첨!! (0-짝수)',
  '당첨!! (1-홀수)',
  '당첨!! (2-짝수)',
  '당첨!! (3-홀수)',
  '당첨!! (4-짝수)',
  '당첨!! (5-홀수)',
  '당첨!! (6-짝수)',
  '당첨!! (8-짝수)' ]
[ '꽝!! (7-홀수)', '꽝!! (9-홀수)' ]
```

500ms 간격으로 10번 값을 발행하는 시간인 5초를 기다려야 최종 결과를 확인할 수 있다. mergeMap 연산자에서 옵저버블을 구독할 때 배열로 모든 값을 누적하는 reduce 연산자를 사용했다. 따라서 당첨은 당첨끼리 모아 배열 하나를 만들고, 꽝은 꽝대로 모아 배열 하나를 만든다.

durationSelector 함수 사용을 설명하기 전에 reduce 연산자를 사용하는 예를 설명한 이유는 각 groupedObservable에 complete 함수를 호출하면 배열을 바로 발행하므로 durationSelector 함수를 사용했을 때의 결과를 확인하기 쉬워서다. 그럼 [코드 5-26]을 기반으로 durationSelector 함수를 사용하는 [코드 5-27]을 살펴보자.

코드 5-27 durationSelector 함수를 사용하는 예

```
const { interval } = require('rxjs');
const { take, groupBy, tap, mergeMap, map, reduce } = require('rxjs/operators');

// 4. keySelector, elementSelector, durationSelector, reduce 사용
interval(500).pipe(
    take(10),
    groupBy(
        x => Math.random() < 0.7,
        x => `${x}-${x % 2 === 0 ? '짝수' : '홀수'}`, // x => x % 2 === 0
        groupedObservable =>
            groupedObservable.key === true
                ? interval(600).pipe(
                    tap(x => console.log(`당첨 duration ${x}`))
                )
                : interval(2000).pipe(
                    tap(x => console.log(`꽝 duration ${x}`))
                )
    ),
    mergeMap(
        groupedObservable =>
        groupedObservable.key === true
            ? groupedObservable.pipe(
                map(x => `당첨!! (${x})`),
                reduce((acc, curr) => [...acc, curr], [])
            )
            : groupedObservable.pipe(
                map(x => `꽝!! (${x})`),
                reduce((acc, curr) => [...acc, curr], [])
```

```
      )
    )
  ).subscribe(result => console.log(result));
```

[코드 5-27]에서 durationSelector 함수는 당첨 결과를 600ms 간격으로, 꽝인 결과를 2000ms 간격으로 매핑을 끊도록 옵저버블을 리턴한다. 단, 해당 옵저버블에서 값을 잘 발행했다는 것을 확인하려고 tap 연산자를 사용했다. 이는 소스 옵저버블에서 발행하는 값을 전달받아서 로그를 남기는 등의 동작을 할 수 있다(8장에서 더 자세히 설명한다). 여기에서도 로그를 출력하려고 사용했다. 실행 결과는 다음과 같다. Math.random 함수를 사용하므로 결과가 다를 수 있다.

```
당첨 duration 0
[ '당첨!! (0-짝수)', '당첨!! (1-홀수)' ]
당첨 duration 0
[ '당첨!! (2-짝수)', '당첨!! (3-홀수)' ]
당첨 duration 0
[ '당첨!! (5-홀수)', '당첨!! (6-짝수)' ]
꽝 duration 0
[ '꽝!! (4-짝수)' ]
당첨 duration 0
[ '당첨!! (7-홀수)', '당첨!! (8-짝수)' ]
[ '꽝!! (9-홀수)' ]
```

각 durationSelector 함수에서 리턴한 옵저버블이 값을 발행할 때마다 duration이 있는 로그를 출력한다. 해당 옵저버블의 값도 같이 출력하며 매번 0임을 알 수 있다. interval 함수인데도 매번 값이 0인 이유는 매번 옵저버블을 새로 구독하기 때문이다.

durationSelector 함수에서 당첨은 600ms 후에, 꽝은 2000ms 후에 값을 발행하는 옵저버블을 리턴한다. 그 이유는 각각 시차를 둬서 동작 원리를 확인하기 위함이다. 즉, 600ms마다 당첨 결과를 묶어서 출력하고 2000ms마다 꽝인 결과를 한 번 묶어서 출력하면 이후 같은 그룹인 groupedObservable을 새로 생성해 구독하므로 이전에 모은 값은 누적되지 않는다.

예를 들어 앞 결과에서 첫 600ms가 지났을 때는 당첨에 해당하는 값이 0과 1인데, 600ms가 더 지났을 때는 처음에 발행한 0과 1은 없고 이후에 발행하는 2와 3이 섞여 있음을 알 수 있다. 필자는 durationSelector 함수가 각 groupObservable을 일정 주기마다 새로 그룹으로 묶어 구독해야 할 때 사용하는 기능이라고 생각한다.

5.8.4 subjectSelector 함수

groupBy 연산자의 구현 코드[9]에 있는 네 번째 파라미터는 subjectSelector 함수이다. 실제로는 3부 11장에서 설명할 멀티캐스팅을 위한 서브젝트 개념을 이해해야 하니 여기에서는 [코드 5-28]로 살펴보기만 하자.

코드 5-28 subjectSelector 함수의 사용 예

```
const { interval, BehaviorSubject } = require('rxjs');
const { take, groupBy, tap, mergeMap, map, reduce } = require('rxjs/operators');

// 5. keySelector, elementSelector, durationSelector,
// subjectSelector(BehaviorSubject), reduce 사용
interval(500).pipe(
    take(10),
    groupBy(
        x => Math.random() < 0.7,
        x => `${x}-${x % 2 === 0 ? '짝수' : '홀수'}`, // x => x % 2 === 0
        groupedObservable =>
            groupedObservable.key === true
                ? interval(600).pipe(
                    tap(x => console.log(`당첨 duration ${x}`))
                )
                : interval(2000).pipe(
                    tap(x => console.log(`꽝 duration ${x}`))
                ),
        ()) => new BehaviorSubject('GROUP START')
    ),
    mergeMap(
        groupedObservable =>
            groupedObservable.key === true
                ? groupedObservable.pipe(
                    map(x => `당첨!! (${x})`),
                    reduce((acc, curr) => [...acc, curr], [])
                )
                : groupedObservable.pipe(
                    map(x => `꽝!! (${x})`),
                    reduce((acc, curr) => [...acc, curr], [])
                )
    )
).subscribe(result => console.log(result));
```

---

9 http://reactivex.io/rxjs/file/es6/operators/groupBy.js.html

실행 결과는 다음과 같다. Math.random 함수를 사용하므로 결과가 다를 수 있다.

```
당첨 duration 0
[ '당첨!! (GROUP START)', '당첨!! (0-짝수)', '당첨!! (1-홀수)' ]
당첨 duration 0
[ '당첨!! (GROUP START)', '당첨!! (2-짝수)' ]
당첨 duration 0
[ '당첨!! (GROUP START)', '당첨!! (4-짝수)', '당첨!! (5-홀수)' ]
꽝 duration 0
[ '꽝!! (GROUP START)', '꽝!! (3-홀수)' ]
당첨 duration 0
[ '당첨!! (GROUP START)', '당첨!! (6-짝수)', '당첨!! (7-홀수)' ]
[ '당첨!! (GROUP START)', '당첨!! (8-짝수)', '당첨!! (9-홀수)' ]
```

subjectSelector는 RxJS에서 제공하는 서브젝트 타입의 인스턴스를 리턴할 수 있는 함수다. [코드 5-28]에서는 GROUP START라는 값을 생성자에게 전달받는 BehaviorSubject의 객체를 생성하도록 했다. BehaviorSubject는 초깃값을 인자로 사용할 수 있다.

groupBy 연산자는 groupedObservable을 구독할 때 매핑하는 서브젝트도 같이 구독하며, 이 서브젝트에서 발행하는 값을 groupedObservable로 전달한다. 이때 BehaviorSubject는 최초 옵저버블 구독 시점에 초깃값을 발행하므로 당첨이든 꽝이든 초깃값으로 GROUP START를 무조건 발행한다. 실행 결과의 모든 배열마다 GROUP START를 처음에 포함한 것을 확인할 수 있다.

보통 멀티캐스팅을 지원하는 기본 타입인 Subject 객체를 생성해 groupedObservable과 연결한다. 여기서는 subjectSelector 함수에서 리턴하는 Subject 객체와 연결하는 특징이 있음을 알아두기 바란다.

5.8.5 groupObservable 첫 생성 시 최초 발행 값을 전달하는 시점

앞에서 keySelector 함수로 계산한 키에 해당하는 값을 발행할 소스 옵저버블이 존재하지 않을 때 옵저버블의 값을 전달한다고 했다. 이때 소스 옵저버블에서 발행하는 값(또는 elementSelector 함수 때문에 바뀐 값)을 언제 해당 옵저버블로 전달하는지 의문일 수 있다. 왜냐하면 최초로 해당 옵저버블의 값을 전달받아서 구독하기 전에 값을 발행하면 이 값을 전달받을 수 없기 때문이다.

하지만 최초 키에 해당하는 옵저버블은 처리를 완료한 후 소스 옵저버블의 값을 전달한다. 따라서 처음 옵저버블이 발행한 값을 전달받아 이를 처리하는 단계에서 구독한다면 그룹에 해당하는 옵저버블을 구독하기 전 값을 전달받는 일은 발생하지 않는다. 이는 groupBy 연산자의 구현 코드에서도 확인할 수 있다. [코드 5-29]는 구현 코드의 일부를 소개한다.

코드 5-29 groupBy 연산자의 구현 코드 일부

```
// 생략..
if (!groups) {
    groups = this.groups = typeof key === 'string' ? new FastMap() : new Map();
}
let group = groups.get(key);

// 생략..

if (!group) {
    group = this.subjectSelector ? this.subjectSelector() : new Subject();
    groups.set(key, group);
    const groupedObservable = new GroupedObservable(key, group, this);
    this.destination.next(groupedObservable);
    // 생략..
}

if (!group.closed) {
    group.next(element);
}
```

일부 코드를 생략하긴 했지만, key 값에 해당하는 group(Subject로 값을 전달하는데 필요, 멀티캐스팅 있는 뒤에서 자세히 다룸)이 없으면 Map에 해당하는 groups에 key에 매핑하고 (set 메서드) this.destination.next를 이용해 값을 전달한다.

next 함수를 호출하면 groupedObservable을 전달받아 mergeMap 연산자 등으로 구독해서 다음 처리까지 끝난다. 그런 이후 group.next(element)를 호출하면 이미 구독한 groupedObservable에서 element 값을 전달받아 처리할 수 있다.

groupBy 연산자는 4개의 파라미터를 지원할 정도로 선택자 함수가 다양하다. 하지만 본질은 keySelector 함수로 같은 키에 해당하는 값을 묶은 후 groupedObservable을 만들어 구독해 값을 발행하는 것이다. 여기에 elementSelector 함수를 사용하면 groupedObservable

에 전달하는 값을 바꿀 수 있다(groupedObservable에 map 연산자를 사용해 값을 바꿀 수도 있다).

그 밖에 durationSelector나 subjectSelector 함수는 groupBy 연산자를 굉장히 섬세하게 사용할만한 특수 상황이 아니라면 큰 역할을 하기 어렵다고 생각한다. 그러므로 마블 다이어그램으로 groupBy 연산자가 하려는 바를 정확하게 이해하고 keySelector 함수를 이용해서 groupedObservable을 적절히 구독하고 응용하는 정도까지만 이해하는 데 중점을 두도록 하자.

5.9 buffer 연산자

buffer는 소스 옵저버블에서 발행하는 값을 순서대로 일정 기준으로 묶어서 하나의 배열로 발행하는 연산자다. 묶을 기준에 해당하는 시점에 배열을 만들어 발행하는 값들을 해당 배열에 쌓아둔 후, 일정 조건을 충족했을 때 쌓아둔 배열을 발행하고 다시 새로 배열에 쌓고 발행하는 일을 반복한다. 마블 다이어그램은 [그림 5-9]와 같다.

그림 5-9 buffer 연산자의 마블 다이어그램

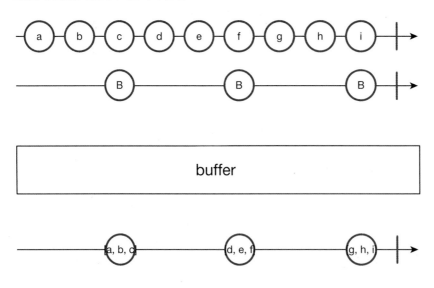

연산자의 원형은 다음과 같다.

```
buffer<T>(closingNotifier: Observable<any>): OperatorFunction<T, T[]>
```

closingNotifier라는 옵저버블을 구독한 후 closingNotifier에서 값을 발행할 때까지 소스 옵저버블에서 발행하는 값들을 배열에 순서대로 값을 쌓아둔다. closingNotifier에서 값을 발행할 때 그동안 값을 쌓아둔 배열을 발행하고 이후 소스 옵저버블에서 발행되는 값은 아무것도 없는 새로운 배열에 다시 누적한다.

이후에 closingNotifier에서 값을 발행할 때도 동일한 패턴으로 동작한다. 마치 groupBy 연산자 durationSelector의 옵저버블처럼 묶어준 것을 끊는 것이 closingNotifier의 역할이다. 이 연산자는 옵저버블 스트림에서 발행하는 값을 묶어서 적정한 때 처리할 때 유용하다.

[코드 5-30]은 '안녕하세요. RxJS 테스트 입니다'라는 메시지를 90ms 간격으로 한 글자씩 출력한 후 buffer 연산자로 500ms마다 묶어서 배열로 출력하는 예다.

코드 5-30 메시지를 묶어 배열로 출력

```
const { interval } = require('rxjs');
const { take, map, buffer } = require('rxjs/operators');
const message = '안녕하세요. RxJS 테스트 입니다';

interval(90).pipe(
    take(message.length),
    map(x => {
        const character = message.charAt(x);
        console.log(character);
        return character;
    }),
    buffer(interval(500))
).subscribe(x => console.log(`buffer: [${x}]`));
```

실행 결과는 다음과 같다.

```
안
녕
하
```

```
세
요
buffer: [안,녕,하,세,요]
.

R
x
J
buffer: [., ,R,x,J]
S

테
스
트
buffer: [S, ,테,스,트]

입
니
다
```

90ms 간격으로 발행하는 글자를 500ms마다 묶으니 대략 5글자 정도로 묶이는 것을 확인할 수 있다.

단, interval(90)과 interval(500)을 구독한 시점이 같지 않으므로 독자 여러분의 개발 환경에 따라 묶는 글자 수는 차이가 있다. 마지막 ' 입니다'는 take 연산자로 다음 500ms가 지나기 전 complete 함수를 호출하므로 버퍼에 저장하지 못한 것을 확인할 수 있다.

이렇게 소스 옵저버블에 complete 함수를 호출하면 소스 옵저버블의 값을 누적해 버퍼에 저장한 값을 발행하지 않는다. 즉, 소스 옵저버블에서 complete 함수를 호출했다고 버퍼에 저장한 값을 발행하지는 않으니 주의하자. 하지만 5.10에서 소개할 bufferCount 연산자나 이 책에서는 소개하지 않지만 일정 시간마다 버퍼에 저장한 값을 묶어 발행하는 bufferTime 연산자는 소스 옵저버블에서 complete 함수를 호출한 후 버퍼에 저장한 값이 있다면 발행한다. buffer 연산자의 구현[10]을 보면 complete를 함수를 호출할 때 버퍼를 발행하는 코드가 없다.

---

10 http://reactivex.io/rxjs/file/es6/operators/buffer.js.html

5.10 bufferCount 연산자

buffer 연산자는 일정 개수만큼 값을 묶는데 유용하지 않았다. 값 각각을 옵저버블 스트림으로 전달할 때 이를 일정 개수만큼 묶은 후 서버에 한 번의 요청을 하는 상황이 있을 것이다. 혹은 묶은 값을 풀어서 처리(벌크)해야 한다면 지금 소개할 bufferCount 연산자를 사용하는 것이 좋다. 마블 다이어그램은 [그림 5-10]과 같다.

그림 5-10 bufferCount 연산자의 마블 다이어그램

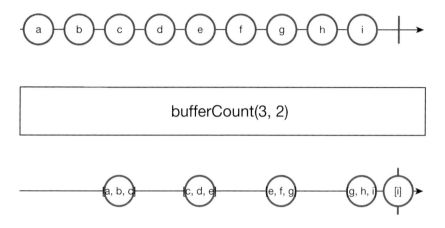

마블 다이어그램에서는 buffer(3, 2)를 예로 들었는데 이는 3개씩 값을 묶어 2칸 시프트 이동한다는 뜻이다. 앞에 [a, b, c] 3개를 묶고 2칸을 시프트 이동하니 그 다음 발행할 버퍼의 첫 번째 값은 마지막 c 값과 중복해서 [c, d, e] 이렇게 3개다. 그리고 마지막 2칸을 시프트 이동하면 i 한 개만 남으므로 구독 완료 후 [i]를 발행하는 것을 확인할 수 있다. bufferCount 연산자는 buffer 연산자와 달리 소스 옵저버블에서 complete 함수를 호출해도 버퍼에 저장한 값이 있으면 발행하는 특성이 있기 때문이다.

연산자의 원형은 다음과 같다.

```
bufferCount<T>(
    bufferSize: number,
    startBufferEvery: number = null
): OperatorFunction<T, T[]>
```

bufferSize와 startBufferEvery라는 파라미터 2개를 확인할 수 있다. 첫 번째 bufferSize 는 몇 개 값을 버퍼에 저장해 묶을지 정하는 정숫값을 설정한다. 두 번째 startBufferEvery 는 버퍼 크기만큼 값을 저장한 후 얼마나 시프트 이동해서 값을 자를 것인지 설정한다. 만약 startBufferEvery가 없다면 중복 값 없이 버퍼 크기 수만큼 시프트 이동해 여러 값을 묶는다.

이제 [코드 5-30]을 수정한 [코드 5-31]을 보면서 bufferCount 연산자가 기존 특정 수의 값 을 정확하게 묶기 어려웠던 문제를 어떻게 해결했는지 살펴보자.

코드 5-31 특정 수의 값을 정확하게 묶는 bufferCount 연산자

```
const { interval } = require('rxjs');
const { take, map, bufferCount } = require('rxjs/operators');
const message = '안녕하세요. RxJS 테스트 입니다';

interval(90).pipe(
    take(message.length),
    map(x => {
        const character = message.charAt(x);
        console.log(character);
        return character;
    }),
    bufferCount(5)
).subscribe(x => console.log(`buffer: [${x}]`));
```

실행 결과는 다음과 같다.

```
안
녕
하
세
요
buffer: [안,녕,하,세,요]
.

# 중간 생략

입
니
다
buffer: [ ,입,니,다]
```

bufferCount(5)를 적용하여 다섯 글자씩 묶었으며 소스 옵저버블에서 complete 함수를 호출한 후 버퍼에 저장한 값이 5개가 안 되어도 버퍼에 저장한 값을 발행하는 것을 알 수 있다.

5.10.1 startBufferEvery 파라미터

[코드 5-31]은 bufferSize 파라미터만 사용해 값을 5개씩 묶고 5칸씩 시프트 이동하는 기본 동작이다. 즉, startBufferEvery 파라미터가 없을 때는 bufferSize만큼 startBufferEvery가 이동한다.

[코드 5-32]는 startBufferEvery 값으로 1을 적용해서 한 문장에 찾으려는 단어 수만큼 묶는다. 그리고 한 칸씩 시프트 이동하며 찾는 단어가 있으면 해당 단어를 찾았다고 출력하는 예다. 발음하기 어려운 문장으로 널리 알려진 공장장이란 단어를 포함하고 반복 단어 targetWord(공장장)가 있으면 찾아 출력한다.

코드 5-32 찾으려는 단어 수만큼 묶고 한 칸씩 시프트 이동

```
const { from } = require('rxjs');
const { bufferCount, filter, map } = require('rxjs/operators');
const message = '간장공장장은강공장장이고공공장공장장은장공장장이다';
const targetWord = '공장장';

from(message).pipe(
    bufferCount(targetWord.length, 1),
    filter(buffer => buffer.length === targetWord.length),
    map(buffer => {
        const bufferedWord = buffer.join('');
        console.log(`buffer: ${bufferedWord}`);
        return bufferedWord;
    }),
    filter(word => word === targetWord)
).subscribe(word => console.log(`${word} 발견!`));
```

실행 결과는 다음과 같다.

```
buffer: 간장공
buffer: 장공장
buffer: 공장공
```

```
buffer: 장공장
buffer: 공장장
공장장 발견!
buffer: 장장은
buffer: 장은강
buffer: 은강공
buffer: 강공장
buffer: 공장장
공장장 발견!
buffer: 장장이
buffer: 장이고
buffer: 이고공
buffer: 고공공
buffer: 공공장
buffer: 공장공
buffer: 장공장
buffer: 공장장
공장장 발견!
buffer: 장장은
buffer: 장은장
buffer: 은장공
buffer: 장공장
buffer: 공장장
공장장 발견!
buffer: 장장이
buffer: 장이다
```

우선 from 함수를 이용해서 message를 한 글자씩 나눠 발행하도록 했고 그 후 bufferCount 연산자를 이용해 찾는 글자 수(targetWord.length)만큼 묶어 1칸씩 시프트 이동하도록 했다. 그리고 우리가 찾을 글자는 targetWord.length와 같아야 하므로 filter 연산자로 글자 수가 다른 것은 처리하지 않도록 했다.

이렇게 묶인 배열을 join(' ') 연산자를 이용해 문자열로 만든 후 map 연산자로 변환한다. 이때 변환한 값이 무엇인지 확인하려고 해당 버퍼 값을 로그로 출력하도록 했다.

[코드 5-32]에서는 세 글자씩 묶어 찾고자 하는 단어 공장장이 있으면 공장장 발견!을 출력하도록 했다. 따라서 세 글자씩 묶고 한 칸을 시프트 이동한 것과 공장장 단어를 총 4번 반복 출력했을 때마다 공장장 발견!을 출력하는 것을 확인할 수 있다.

그림 5-11 bufferCount 연산자로 1칸씩 시프트 이동하는 사이즈 3 슬라이딩 윈도우

간장공|장공장장은강공장장이고공공장공장장은장공장장이다

간|장공장|공장장은강공장장이고공공장공장장은장공장장이다

⋮

간장공장|공장장|은강공장장이고공공장공장장은장공장장이다

⋮

간장공공장장장은강공장장이고공공장공장장은장공장|장이다|

bufferCount 연산자로 설정한 버퍼 크기와 숫자만큼의 칸을 시프트 이동할 수 있는 패턴은 [그림 5-11] 슬라이딩 윈도우를 구현할 때도 유용하다.

슬라이딩 윈도우는 일정 크기의 윈도우를 만들어 특정 수만큼 움직이며 검색할 수 있는 알고리즘이다. 전체 영역에서 특정 구간의 가장 큰 값이나 가장 작은 값 또는 특정 조건을 만족하는 영역을 찾을 때 등에 사용할 수 있다.

5.11 window 연산자

window 연산자는 RxJS 공식 문서[11]에 소개한 것처럼 buffer 연산자의 배열 대신 중첩 옵저버블Nested Observable로 값을 발행하는 연산자다. groupBy 연산자에서 특정 그룹의 옵저버블을 발행하는 것과 비슷한 패턴이다.

연산자의 원형은 다음과 같다.

```
window<T>(windowBoundaries: Observable<any>): OperatorFunction<T, Observable<T>>
```

windowBoundaries는 묶은 단위의 값을 발행하는 옵저버블이다.

마블 다이어그램은 [그림 5-12]와 같다.

---

11 http://reactivex.io/rxjs/class/es6/Observable.js~Observable.html#instance-method-window

그림 5-12 window 연산자의 마블 다이어그램

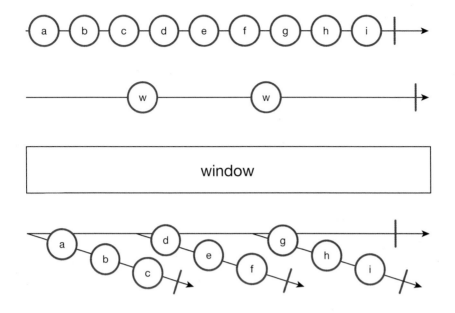

window 연산자는 인자로 사용하는 연산자에서 값을 발행할 때까지 배열에 모아두는 buffer 연산자와 달리 인자로 사용하는 옵저버블에서 그때그때 값을 발행한다. 따라서 소스 옵저버블의 구독을 완료하기 전에도 발행한 값을 전달받을 방법이 있다. 인자로 사용하는 새 옵저버블은 소스 옵저버블의 구독을 완료할 때까지 값을 발행할 수 있는 옵저버블이기 때문이다.

이는 모든 값을 처리해야 결과를 얻을 수 있는 배열의 특성과 모든 값을 다 처리하기 전 일단 구독한 후 값을 발행해야 하는 옵저버블의 차이점이 반영된 것이다. 즉, [그림 5-12] 마블 다이어그램처럼 인자로 사용하는 옵저버블에서 값을 발행하면 이후 소스 옵저버블에서 발행하는 값을 전달받는 옵저버블을 만들 수 있다. 소스 옵저버블의 구독을 완료할 때까지 좀 더 빨리 발행되는 값을 전달받을 수 있다.

[코드 5-33]은 [코드 5-30]의 buffer 연산자를 window 연산자로 바꾼 예다.

코드 5-33 window 연산자의 사용 예

```
const { interval } = require('rxjs');
const {
    take, map, window, concatMap, filter, scan, last
```

```
} = require('rxjs/operators');
const message = '안녕하세요. RxJS 테스트 입니다';

interval(90).pipe(
    take(message.length),
    map(x => {
        const character = message.charAt(x);
        console.log(character);
        return character;
    }),
    window(interval(500)),
    concatMap(windowObservable => {
        console.log(`windowObservable 넘어옴`);
        return windowObservable.pipe(
            filter(x => x != ' '),
            take(3),
            scan((accString, current) => accString + current, ''),
            last()
        );
    })
).subscribe(string => console.log(`결과:${string}`));
```

실행 결과는 다음과 같다.

```
windowObservable 전달받음
안
녕
하
결과:안녕하
세
요
windowObservable 전달받음
.

R
x
결과:.Rx
J
windowObservable 전달받음
S

테
스
```

```
결과:S테스
트

windowObservable 전달받음
입
니
다
결과:입니다
```

window 연산자에서 발행하는 windowObservable 인자를 사용할 때마다 로그를 출력하고 여기서 공백을 제외한 딱 3글자만 발행하도록 filter, take, scan, last 연산자를 조합해 concatMap 연산자로 리턴했다. scan과 last는 나중에 다룰 reduce라는 연산자로 추상화할 수 있다. 하지만 아직 설명하지 않았으므로 scan과 last의 조합을 사용했다.

window 연산자의 인자로 사용하는 옵저버블(interval(500))에서 값을 발행하기도 전에 windowObservable 인자의 옵저버블에서 발행한 값이 먼저 전달된다. 여기서 소스 옵저버블에서 발행하는 값을 전달받는다. 다음으로 take(3), scan, last 연산자를 이용해 세 번째 글자를 발행한 후 구독을 완료하므로 첫 세 글자인 '안녕하'를 먼저 발행한다.

그리고 소스 옵저버블에서 2개의 문자를 전달받은지 500ms가 지나면 window 연산자에서 인자로 사용하는 옵저버블에서 값을 발행하는 시점이 된다. 따라서 windowObservable의 값을 새로 전달받는다. 이때 concatMap 연산자는 이미 값을 전달받은 옵저버블의 구독을 완료 처리했으므로 소스 옵저버블 구독을 완료할 때까지 새 옵저버블을 구독하는 패턴을 반복 실행한다.

window 연산자를 활용하면 인자로 사용하는 옵저버블에서 값을 발행할 때까지 기다릴 필요 없이 바로 바로 소스 옵저버블에서 값을 전달받을 수 있고 원하는 결과가 일찍 나오면 take 같은 연산자를 이용해서 값 발행을 중지할 수도 있다. 그리고 windowObservable을 먼저 제공하므로 소스 옵저버블의 구독을 완료할 때까지 값을 다 전달받아볼 수 있다는 장점도 있다.

5.12 windowCount 연산자

windowCount는 window 연산자와 동작은 같지만 배열 대신 중첩된 옵저버블을 사용하는 연산자다. 마블 다이어그램은 [그림 5-13]과 같다.

그림 5-13 windowCount 연산자의 마블 다이어그램

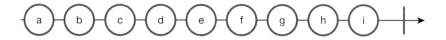

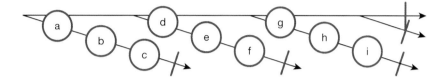

연산자의 원형은 다음과 같다.

```
windowCount<T>(windowSize: number,
               startWindowEvery: number = 0): OperatorFunction<T, Observable<T>>
```

첫 번째 windowSize는 설정된 숫자만큼 중첩한 옵저버블 각각의 값을 발행하며, 두 번째 startWindowEvery는 설정한 값만큼 건너뛰며 중첩 옵저버블 각각의 값을 발행한다.

[코드 5-34]는 기존 [코드 5-33]을 windowCount 연산자를 사용하도록 바꾼 예다.

코드 5-34 windowCount 연산자의 사용 예

```
const { interval } = require('rxjs');
const {
    take, map, windowCount, concatMap, filter, scan, last
} = require('rxjs/operators');
const message = '안녕하세요. RxJS 테스트 입니다';

interval(90).pipe(
    take(message.length),
    map(x => {
        const character = message.charAt(x);
        console.log(character);
```

```
            return character;
        }),
        windowCount(5),
        concatMap(windowObservable => {
            console.log(`windowObservable 넘어옴`);
            return windowObservable.pipe(
                filter(x => x != ' '),
                take(3),
                scan((accString, current) => accString + current, ''),
                last()
            );
        })
    ).subscribe(string => console.log(`결과:${string}`));
```

window 연산자나 buffer 연산자에 interval 함수를 사용하면 개발 환경에 따라서 5개 혹은 6개 글자를 나눈다. 매번 조금씩 다르게 구간이 나뉘는 것이다. 그러나 bufferCount나 windowCount처럼 Count가 붙은 연산자는 정확한 개수 단위로 구간을 나눈다. 따라서 windowCount(5)를 적용하면 각 중첩 옵저버블에서 발행하는 값이 정확히 5개인 것을 보장한다.

실행 결과는 [코드 5-33]의 실행 결과와 똑같다. [코드 5-33]에서는 windowObservable을 전달할 때 정확하게 5개 글자를 나누지 못할 수도 있다. 하지만 [코드 5-34]에서는 windowObservable 전달받음 사이에 5개 글자를 정확하게 발행하는 것을 확인할 수 있다.

이는 windowCount(5)를 적용했기 때문이다. 5개 글자 안에서 공백을 제외한 3개의 글자가 있으면 바로 결과를 출력하는 것은 window 연산자와 같다.

5.12.1 windowCount 연산자에서 windowObservable의 값 발행

windowCount 연산자의 두 번째 파라미터인 startWindowEvery는 bufferCount 연산자의 startBufferEvery 파라미터처럼 해당 값만큼 시프트 이동하는 용도다. startWindowEvery 파라미터를 생략하면 첫 번째 파라미터로 사용하는 windowSize와 같은 숫자를 설정해서 값을 건너뛴다.

startWindowEvery 파라미터를 사용하면 소스 옵저버블에서 값을 발행할 때 인자로 설정한 수만큼 새 windowObservable을 발행한다. windowObservable 각각은 발행한 시점부터 소스 옵저버블에서 windowSize 수만큼의 값을 전달받고 구독을 완료한다.

그러므로 startWindowEvery 파라미터를 사용한다면 뒤에 발행하는 windowObservable 옵저버블에서는 windowSize보다 값을 적게 발행하고 완료하는 옵저버블이 있다. 또한 마지막에 빈 옵저버블^{Empty Observable}을 만들 수도 있으니 알아둬야 한다.

[코드 5-35]는 [코드 5-32]를 수정해 windowCount 연산자와 startWindowEvery 파라미터를 사용한 예다.

코드 5-35 windowCount 연산자에 startWindowEvery 파라미터를 사용한 예

```
const { interval } = require('rxjs');
const {
    take, map, windowCount, mergeMap, defaultIfEmpty, scan, last, filter
} = require('rxjs/operators');
const message = '간장공장공장장은강공장장이고공공장공장장은창공공장장이다';
const targetWord = '공장장';

interval(10).pipe(
    take(message.length),
    map(charIndex => {
        const character = message.charAt(charIndex);
        console.log(`${character}`);
        return character;
    }),
    windowCount(targetWord.length, 1),
    mergeMap(windowObservable => {
        console.log(`windowObservable 넘어옴`);
        return windowObservable.pipe(
            defaultIfEmpty({empty: true}),
            scan(
                (accString, current) =>
                    current.empty ? current : accString + current, ''
            ),
            last()
        );
    }),
    filter(word => {
        if (typeof word === 'string') {
```

```
            console.log(`현재단어: ${word}`);
            return word === targetWord;
        }
        return false;
    })
).subscribe(word => console.log(`${word} 발견!`));
```

window 연산자와 달리 mergeMap 연산자를 사용했다. 한 칸씩 시프트 이동하며 새로운
windowObservable을 발행한다. bufferCount 연산자에서 startWindowEvery 값을 지정
했을 때처럼 같은 값이 겹친다. concatMap을 사용하면 같은 값을 소스 옵저버블에서 발행할
때 여러 windowObservable처럼 값을 전달받을 수 없어 mergeMap 연산자를 사용했다.

한 칸씩 움직이다 보면 마지막 옵저버블은 빈 옵저버블이 될 수 있다. last 연산자는 아무것도
발행하지 않고 완료하는 빈 옵저버블이 있으며 마지막 값이 없으므로 에러를 발생시킨다. 따라
서 9장 조건 연산자에서 설명할 defaultIfEmpty 연산자를 추가해 소스 옵저버블이 빈 옵저버
블이면 값을 발행할 수 있도록 했고 filter 연산자에서 필요 없는 값을 거르게 했다.

실행 결과는 다음과 같다.

```
windowObservable 전달받음
간
windowObservable 전달받음
장
windowObservable 전달받음
공
현재단어: 간장공

... 중간 생략 ...

windowObservable 전달받음
이
현재단어: 장장이
windowObservable 전달받음
다
현재단어: 장이다
windowObservable 전달받음
현재단어: 이다
현재단어: 다
```

실행 결과에서는 소스 옵저버블에서 한 글자씩 값을 발행할 때마다 windowObservable을 전달하는 것을 확인할 수 있다. 또한 windowObservable에 3개의 값을 전달하면 해당 옵저 버블의 구독을 완료하는 것도 확인할 수 있다.

그러나 마지막 2개 옵저버블은 각각 2개 글자, 1개 글자의 단어를 발행한다. 이는 제일 마지막 '이다'에서 '이'를 발행할 때의 windowObservable과 '다'를 발행할 때의 옵저버블 때문이다. 그리고 한 칸 더 시프트 이동하면 emptyObservable은 defaultIfEmpty 연산자의 인자에서 제공하는 값을 발행한 후 scan 연산자에서 문자열이 아닌 상태로 건너뛴다. 따라서 '현재 단어' 로 출력하지 않고 filter 연산자의 조건을 만족하지 않는 형태로 값을 발행하지 않는 것을 확인 할 수 있다. 이러한 과정을 [그림 5-14]로 더 자세히 표현해보았다.

그림 5-14 windowCount(3, 1)를 사용해 1개 값을 발행하는 window 옵저버블로 값을 각각 3개씩 발행

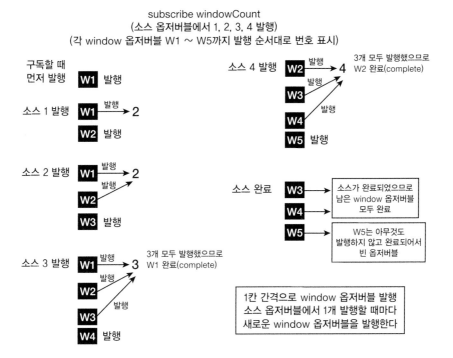

[그림 5-14]를 살펴보면 windowCount 연산자를 사용한 옵저버블은 구독 즉시 새 window 옵저버블을 발행한다. 이를 그림에서 순서대로 표기하려고 'W1'이라고 하겠다. 그리고 소스 옵 저버블에서 값 1을 발행하면 두 번째 인자는 1이므로 소스 옵저버블에서 값 1개를 발행하면 새

로운 window 옵저버블 'W2'를 발행해야 한다. 이미 발행한 W1은 아직 값 3개를 모두 발행하지 않았으므로 소스 옵저버블에서 발행된 값 1을 발행한다.

한편 소스 옵저버블에서 값을 반복해서 발행할 때마다 구독 완료하지 않은 window 옵저버블에서는 최대 3개까지 값을 발행하고 즉시 구독 완료하는 패턴을 반복 실행한다. 그리고 소스 옵저버블에서 마지막 값을 발행한 후 구독 완료 처리를 하면 남은 window 옵저버블의 구독을 모두 완료한다. 따라서 마지막 남은 window 옵저버블인 'W3', 'W4', 'W5'는 3개 미만의 값을 발행하고 완료하는 패턴이 적용된다.

마지막으로 window 옵저버블의 크기와 시프트 이동하는 간격에 따라 마지막에 빈 옵저버블이 만들어질 가능성이 있다. 따라서 빈 옵저버블을 사용하면 에러가 발생하는 last 연산자 등을 함께 사용할 때 주의해야 한다.

## CHAPTER 6

조합 연산자

조합 연산자^{Combination Operator}는 여러 개 옵저버블을 옵저버블 하나로 합하는 연산자다. 이미 선언한 옵저버블이 있다면 이를 재사용할 수 있고, 각 옵저버블을 따로 구독해 분산되는 콜백을 옵저버블 하나에서 관리할 수 있도록 모으기도 한다. 합하는 방법이나 합한 옵저버블에서 값을 발행하는 시점이나 순서에 따라 사용해야 할 연산자가 다르다. 이 장에서는 조합 연산자 중 꼭 알아야 한다고 생각하는 몇 가지를 소개하겠다.

6.1 merge 연산자

merge 연산자는 변환 연산자에서 소개한 mergeMap 연산자와 비슷하다. 다른 점이 있다면 조합 연산자이므로 하나의 합한 옵저버블을 만든다는 것이다. 즉, 기존 옵저버블이 발행하는 값을 변환하는 것이 아니다. 여러 옵저버블을 인자로 사용해 옵저버블 하나로 만들고, mergeMap 연산자가 project 함수에서 리턴하는 옵저버블을 각각 함께 구독하는 것처럼 인자로 나열된 각각의 옵저버블을 함께 구독한다.

merge 연산자로 합한 옵저버블은 각 옵저버블에서 먼저 발행된 값부터 발행한다. 따라서 인자로 나열된 순서와 상관없이 여러 옵저버블 중 먼저 값을 발행한 것을 한 곳에서 발행할 때 적절한 연산자다. 마블 다이어그램은 [그림 6-1]과 같다.

그림 6-1 merge 연산자의 마블 다이어그램

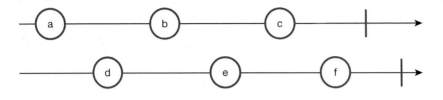

연산자의 원형은 다음과 같다.

```
merge<T, R>(
    ...observables: Array<ObservableInput<any> | SchedulerLike | number>
): OperatorFunction<T, R>
```

observables은 배열, 스케줄러, 숫자 타입을 사용한다.

코드 6-1 merge 연산자 사용 예

```
const { timer, merge } = require('rxjs');
const { map } = require('rxjs/operators');

const req1$ = timer(Math.floor(Math.random() * 2000)).pipe(map(value => 'req1'));
const req2$ = timer(Math.floor(Math.random() * 1000)).pipe(map(value => 'req2'));
const req3$ = timer(Math.floor(Math.random() * 1500)).pipe(map(value => 'req3'));

merge(req1$, req2$, req3$).subscribe(req => console.log(`response from ${req}`));
```

실행 결과는 다음과 같다. Math.random 함수를 사용했으므로 순서가 매번 다르다는 점을 기억해두자.

```
response from req2
response from req1
response from req3
```

mergeMap 연산자 [코드 5-8]에서 소개했던 예를 merge 연산자를 사용하도록 바꿨다. mergeMap 연산자와 달리 옵저버블을 인자로 나열할 수 있다. 동시에 옵저버블을 구독해 먼저 발행한 값부터 발행하는 것을 보여준다. 무작위로 시간을 조정했으므로 응답 순서는 매번 다르다.

6.1.1 동시에 구독하는 옵저버블 수를 정하는 방법

merge 연산자는 동시(concurrently, 엄밀히 동시는 아니지만 함께 구독)에 구독하는 옵저버블 수를 정할 수 있다. 옵저버블만 인자로 나열할 때는 무한한 수를 동시에 구독한다. 옵저버블을 나열하고 다음 인자(concurrent)에 숫자 타입(number)의 값을 설정하면 해당 수만큼 동시에 구독한다.

merge 연산자에 인자로 나열된 옵저버블은 concurrent 값에 설정한 수만큼 순서대로 동시에 구독한다. 동시 구독할 수 있는 옵저버블이 최대 동시 구독 개수인 concurrent에 도달하면, 나머지 옵저버블은 인자로 나열된 순서대로 배열에 저장한다. 그리고 동시에 구독 중인 옵저버블 중 하나의 구독을 완료할 때마다 배열에서 저장한 순서대로 다음 옵저버블을 구독한다.

그럼 [코드 6-2]로 병렬 실행하는 옵저버블 수가 정해져 있을 때의 여러 가지 상황을 살펴보겠다. 살펴볼 것은 다음과 같다.

- 옵저버블을 어떻게 동시에 구독하는가?
- 나머지 옵저버블을 어떻게 배열에 저장하는가?
- 각 옵저버블의 구독을 완료하면 어떻게 배열에서 꺼내서 구독하는가?
- 동시에 구독 중인 옵저버블들에서 값을 어떤 순서로 발행하는가?

코드 6-2 동시에 구독하는 옵저버블 예

```
const { timer, merge } = require('rxjs');
const { map, take } = require('rxjs/operators');
```

```
const req1$ = timer(0, 200).pipe(map(value => `req1: ${value}`), take(6));
const req2$ = timer(0, 500).pipe(map(value => `req2: ${value}`), take(11));
const req3$ = timer(0, 300).pipe(map(value => `req3: ${value}`), take(7));
const req4$ = timer(0, 500).pipe(map(value => `req4: ${value}`), take(9));
const req5$ = timer(0, 100).pipe(map(value => `req5: ${value}`), take(8));
const req6$ = timer(0, 700).pipe(map(value => `req6: ${value}`), take(4));
const concurrent = 2;

merge(req1$, req2$, req3$, req4$, req5$, req6$, concurrent)
```

실행 결과는 다음과 같다. 설명을 쉽게 하려고 실제 실행 결과에는 없는 구분선을 추가했다.

```
------------------------ req1(*), req2(*)
response from req1: 0
response from req2: 0
response from req1: 1
response from req1: 2
response from req2: 1
response from req1: 3
response from req1: 4
response from req2: 2
response from req1: 5
------------------------ req3(*), req2
response from req3: 0
response from req3: 1
response from req2: 3
response from req3: 2
response from req3: 3
response from req2: 4
response from req3: 4
response from req2: 5
response from req3: 5
response from req3: 6
------------------------ req4(*), req2
response from req4: 0
response from req2: 6
response from req4: 1
response from req2: 7
response from req4: 2
response from req2: 8
response from req4: 3
response from req2: 9
response from req4: 4
```

```
response from req2: 10
----------------------- req4, req5(*)
response from req5: 0
response from req5: 1
response from req5: 2
response from req5: 3
response from req4: 5
response from req5: 4
response from req5: 5
response from req5: 6
response from req5: 7
----------------------- req4, req6(*)
response from req6: 0
response from req4: 6
response from req4: 7
response from req6: 1
response from req4: 8
----------------------- req6
response from req6: 2
response from req6: 3
```

req1\$부터 req6\$까지 6개 옵저버블은 timer 함수의 첫 번째 인자를 0ms로 설정해 처음 구독을 하자마자 0을 출력하도록 했다. 두 번째 인자는 각 옵저버블마다 값 발행 시간을 다르게 하고 take 연산자로 각각의 옵저버블 구독을 완료하는 시간에 차이가 있도록 했다. 즉, 상대적으로 req2\$를 같이 구독하는 옵저버블보다 늦게 구독을 완료하게 했고, req2\$의 구독을 완료한 후에는 req4\$를 구독한다. req4\$ 구독은 마지막 req6\$를 제외하고는 다른 옵저버블보다 늦게 완료하게 했다.

6개 옵저버블을 합할 때는 마지막에 concurrent 값을 2로 설정해서 2개만 병렬로 실행하도록 했다. 또한 책에 표시한 실행 결과에는 설명을 돕고자 결과 사이에 구분선을 추가했다. 각 구분선에는 다음에 구독하는 2개의 옵저버블을 표시했고, 새로 구독을 시작하는 것은 '(*)'로 표시해두었다. [그림 6-2]는 각 옵저버블을 구독하는 총 시간, 시간이 지나면서 동시에 구독하는 옵저버블과 큐의 상태가 어떤지 보여준다.

그림 6-2 [코드 6-2]의 큐와 병렬 구독(2개)

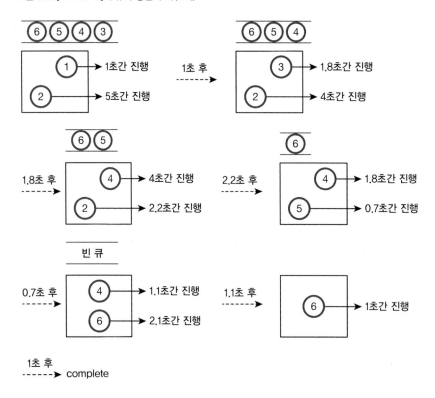

timer 함수의 첫 번째 인자가 0이라 첫 번째 값을 바로 발행하므로 take 연산자의 인자에서 1을 뺀 값과 timer 함수의 두 번째 인자의 곱으로 총 구독 시간을 계산할 수 있다. concurrent 값이 2므로 처음 2개의 인자는 구독하고 나머지 4개는 순서대로 큐에 저장한다. 그리고 옵저버블 1개를 구독 완료할 때마다 큐에서 1개씩 순서대로 옵저버블을 꺼내 구독하는 방식으로 최대 2개의 옵저버블을 동시 구독한다. 옵저버블 각각을 구독하는 총 시간은 다음과 같다.

req1$: 1초 (200ms * (6 − 1) = 1000ms)

req2$: 5초 (500ms * (11 − 1) = 5000ms)

req3$: 1.8초 (300ms * (7 − 1) = 1800ms)

req4$: 4초 (500ms * (9 − 1) = 4000ms)

req5$: 0.7초 (100ms * (8 − 1) = 700ms)

req6$: 2.1초 (700ms * (4 − 1) = 2100ms)

6.2 concat 연산자

concat 연산자는 merge 연산자와 달리 옵저버블의 구독 순서를 보장한다. 연산자 내부에서는 merge 연산자를 이용하며 동시에 구독할 수 있는 concurrent 값을 1로 설정한다. 따라서 동시에 하나의 옵저버블만 구독할 수 있다. 즉, merge 연산자의 concurrent 값이 1인 연산자로 동시에 구독할 수 있는 옵저버블의 최대 개수가 1인 것이다.

첫 번째 인자로 있는 옵저버블을 먼저 구독하고 그 뒤에 오는 옵저버블은 순서대로 배열에 저장한다. 단, 옵저버블 구독을 완료하면 배열에 저장한 순서대로 1개씩만 꺼내서 구독한다. 따라서 각 옵저버블을 순서대로 구독 완료해야 다음 옵저버블을 구독할 수 있다.

한편 동시성을 보장할 수 없으므로 모든 옵저버블 구독을 완료할 시간은 각 옵저버블이 완료될 때까지 걸리는 시간의 합이다. 따라서 옵저버블 구독 순서는 확실하게 보장할 수 있다. 마블 다이어그램은 [그림 6-3]과 같다.

그림 6-3 concat 연산자의 마블 다이어그램

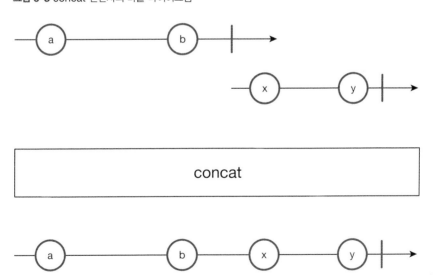

연산자의 원형은 다음과 같다.

```
concat<T, R>(
    ...observables: Array<ObservableInput<any> | SchedulerLike>
): OperatorFunction<T, R>
```

observables은 배열(Arry), 스케줄러 타입을 사용한다. [코드 6-3]은 concat 연산자를 사용하는 예다.

코드 6-3 concat 연산자 사용 예

```
const { timer, concat } = require('rxjs');
const { map } = require('rxjs/operators');

const req1$ = timer(Math.floor(Math.random() * 2000)).pipe(map(value => 'req1'));
const req2$ = timer(Math.floor(Math.random() * 1000)).pipe(map(value => 'req2'));
const req3$ = timer(Math.floor(Math.random() * 1500)).pipe(map(value => 'req3'));

concat(req1$, req2$, req3$).subscribe(req => console.log(`response from ${req}`));

/* 앞 코드는 다음 코드와 동일하게 동작한다.
merge(req1$, req2$, req3$, 1).subscribe(req => console.log(`response from ${req}`));
*/
```

실행 결과는 다음과 같다.

```
response from req1
response from req2
response from req3
```

옵저버블 각각의 구독 시간은 무작위지만 req1$의 구독을 완료해야 req2$를 구독하며, 이 옵저버블의 구독을 완료해야 req3$를 구독한다. 아래 주석으로 처리한 merge 연산자에 concurrent 값을 1로 설정했을 때와 같은 동작을 한다.

6.3 forkJoin 함수

concat 연산자는 옵저버블의 구독 순서를 보장하지만 각 옵저버블을 동시에 구독할 수 없으므로 동시성을 보장하지 못한다. 그런데 연산자는 아니지만 동시성을 보장하면서 순서를 보장할 수도 있는 forkJoin 함수가 있다(RxJS 5까지는 연산자였지만 RxJS 6부터 함수로 취급한다). forkJoin 함수는 RxJS에 있는 특별한 연산자로 Promise.all과 비슷하게 동작한다.

Promise.all은 인자로 나열된 각 프로미스의 결과 값을 인자 각각의 나열된 순서에 맞게 배열에 저장하여 리턴한다. 그러나 옵저버블은 여러 개 값을 다루므로 옵저버블 각각에서 발행한 값 중 무엇을 각 배열에 저장할지 기준이 있어야 한다. forkJoin 함수에서는 각 옵저버블이 마지막에 발행한 값을 배열에 저장한다.

merge 연산자처럼 모든 옵저버블을 동시에 구독한 후 완료되면, 옵저버블을 나열한 순서대로 배열에 각 옵저버블에서 가장 마지막에 발행한 값을 저장했다가 해당 배열을 발행한다. 즉, 반드시 모든 옵저버블의 구독을 완료해야 구독을 완료할 수 있는 옵저버블을 만든다. 무한으로 실행되는 옵저버블이 하나라도 있으면 구독을 완료할 수 없어 계속 기다려야 한다.

함수 원형은 다음과 같다.

```
forkJoin<T>(
    ...sources: Array<ObservableInput<T> | ObservableInput<T>[] | Function>
): Observable<T[]>
```

sources는 배열이나 연산자에 직접 사용하는 파라미터다. 사용하는 옵저버블 수를 뜻한다.

forkJoin 함수는 merge 연산자처럼 바로 값을 발행하는 결과를 받아볼 순 없다. 하지만 동시에 실행하므로 concat 연산자보다 전체 옵저버블의 구독 완료 시간은 줄어들 수도 있다.

[코드 6-4]는 이를 보여주는 예다.

코드 6-4 forkJoin 함수의 사용 예

```
const { timer, forkJoin } = require('rxjs');
const { take, map } = require('rxjs/operators');

const req1$ = timer(0, 2000).pipe(take(2), map(value => `req1 result: ${value}`));
```

```
const req2$ = timer(0, 1000).pipe(take(2), map(value => `req2 result: ${value}`));
const req3$ = timer(0, 1500).pipe(take(2), map(value => `req3 result: ${value}`));
console.time('forkJoin example time');

forkJoin(req1$, req2$, req3$).subscribe(result => {
    console.timeEnd('forkJoin example time');
    console.log(`== forkJoin req1$, req2$, req3$ result == `);
    console.log(`result: ${result}`);
    console.log(`result is array: ${Array.isArray(result)}`);
    Array.isArray(result) && console.log(`result length: ${result.length}`);
});
```

실행 결과는 다음과 같다.

```
forkJoin example time: 2007.722ms
== forkJoin req1$, req2$, req3$ result ==
result: req1 result: 1,req2 result: 1,req3 result: 1
result is array: true
result length: 3
```

옵저버블 3개는 timer 함수와 take(2)로 처음에는 값을 바로 발행하며, 다음은 일정 시간이 흐른 후 값을 발행하고 구독을 완료한다. [코드 6-4]에서는 forkJoin 함수로 생성한 옵저버블을 구독한 후 완료까지 얼마나 걸리는지 알아보려고 Node.js의 console.time과 consoleT. timeEnd를 사용했다.

매번 실행 결과는 조금씩 다르지만 약 2초를 살짝 넘는 시간 동안 구독한다. 각 옵저버블 중 가장 구독하는 데 오래 걸리는 것이 req1$ 옵저버블로 2초가 소요된다. 즉, 3개의 옵저버블을 병렬 실행했으므로 2초 후에 결과를 받을 수 있는 것이다.

먼저 결과를 출력하고 Array.isArray로 결과가 배열인지 확인한 후, 배열이라면 그 다음 줄에 length를 출력하도록 했다. 실행 결과는 배열로 출력하며, 옵저버블 개수와 같은 3개 결과가 있다. 각 값의 마지막 발행 값인 1을 출력하는 것을 확인할 수 있다.

[그림 6-4]는 [코드 6-4] forkJoin 함수의 동작 순서를 나타낸다.

그림 6-4 [코드 6 - 4] forkJoin 함수의 동작 순서

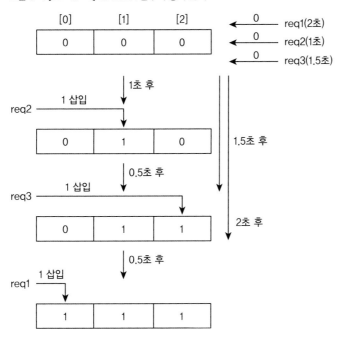

옵저버블이 3개이므로 길이(length)가 3인 배열을 준비했다. 각 옵저버블에서 값을 발행하면 해당 순서의 배열을 찾아 값을 업데이트한다. 모든 옵저버블 구독을 완료하면 마지막으로 업데이트한 배열을 발행한다.

그런데 forkJoin 함수는 옵저버블 구독을 모두 완료할 때까지 기다려야 하고, concat 연산자는 동시에 옵저버블을 실행할 수 없다. 이때 req1~req3를 merge 연산자로 실행했을 때 옵저버블 실행 순서가 req2 → req1 → req3이라고 생각해보자. 처음 구독 완료된 옵저버블 req2의 마지막 결과를 forkJoin 함수로 저장하다가 req1 옵저버블의 구독을 완료했을 때 req3 옵저버블을 구독하기 전 req1, req2를 발행해야 할 상황이 발생할 수 있다.

이런 상황이라면 RxJS에서 따로 제공하는 연산자가 없다. 그러므로 사용자 정의^custom 연산자를 따로 만들어야 한다. 자세한 내용은 19장에서 소개하겠다.

6.4 combineLatest 연산자

combineLatest 연산자는 forkJoin 함수와 비슷하다. 단, 옵저버블 구독을 완료하기 전이라도 각 옵저버블의 가장 최신 값을 합해서 바로 발행한다.

forkJoin 함수는 값을 바로 발행하지 않고 내부 배열에 값을 업데이트하다가 모든 옵저버블의 구독이 완료되었을 때 마지막 배열만 리턴한다. 하지만 combineLatest 연산자는 배열 각각의 요소가 바뀔 때마다 최신으로 바뀐 배열을 매번 발행한다. 즉, forkJoin 함수처럼 옵저버블 내부에서 각 옵저버블의 가장 최근 값을 저장하는 동작은 같다. 하지만 complete 함수를 호출하기 전이라도 각 옵저버블의 모든 값을 하나로 합해서 발행한다는 차이가 있다. 즉, 구독을 완료하기 전 각각의 옵저버블이 값을 발행할 때마다 최신 값을 발행할 수 있다. 마블 다이어그램은 [그림 6-5]와 같다.

그림 6-5 combineLatest 연산자의 마블 다이어그램

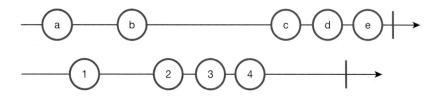

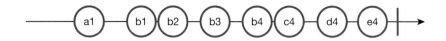

연산자의 원형은 다음과 같다.

```
combineLatest<T, R>(
    ...observables: Array<ObservableInput<any>
        | Array<ObservableInput<any>> | ((...values: Array<any>) => R)>
): OperatorFunction<T, R>
```

observables은 옵저버블을 담은 배열, 배열 안 값을 사용한다.

combineLatest 연산자도 함수를 인자로 사용할 수 있다. forkJoin 함수처럼 이 함수를 project 함수라고 한다. [코드 6-5]는 combineLatest 연산자를 사용하는 예다.

코드 6-5 combineLatest 연산자의 사용 예

```
const { timer, combineLatest } = require('rxjs');
const { take } = require('rxjs/operators');

const req1$ = timer(0, 400).pipe(take(6));
const req2$ = timer(0, 300).pipe(take(10));
const req3$ = timer(0, 500).pipe(take(7));

combineLatest(req1$, req2$, req3$).subscribe(result => console.log(result));
```

실행 결과는 다음과 같다.

```
[ 0, 0, 0 ]
[ 0, 1, 0 ]
[ 1, 1, 0 ]
[ 1, 1, 1 ]
[ 1, 2, 1 ]
[ 2, 2, 1 ]
[ 2, 3, 1 ]
[ 2, 3, 2 ]
[ 3, 3, 2 ]
[ 3, 4, 2 ]
[ 3, 5, 2 ]
[ 3, 5, 3 ]
[ 4, 5, 3 ]
[ 4, 6, 3 ]
[ 5, 6, 3 ]
[ 5, 6, 4 ]
[ 5, 7, 4 ]
[ 5, 8, 4 ]
[ 5, 8, 5 ]
[ 5, 9, 5 ]
[ 5, 9, 6 ]
```

옵저버블 각각은 6개, 10개, 7개 값을 발행한다. 처음 값은 바로 발행하도록 timer 함수의 첫 번째 값을 모두 0으로 설정했다. 실행 결과를 보면 기본적으로 forkJoin 함수처럼 마지막 인자에 함수가 없으면 배열을 발행한다. 하지만 이름에서도 알 수 있듯 최신 값을 조합^{combine}한다는 점은 다르다.

최신 값을 조합하려면 옵저버블 각각에서 발행한 최신 값이 다 모여야 한다. 따라서 처음 발행하는 값 각각이 모두 모인 0일 때 첫 실행 결과를 출력한다. 이후 옵저버블 3개 중 하나라도 최신 값을 발행하면 바로 합해서 실행 결과를 출력한다.

[코드 6-6]은 [코드 6-5]를 수정해 project 함수를 인자로 사용한 예다.

코드 6-6 project 함수를 인자로 사용한 예

```
const { timer, combineLatest } = require('rxjs');
const { take } = require('rxjs/operators');

const req1$ = timer(0, 400).pipe(take(6));
const req2$ = timer(0, 300).pipe(take(10));
const req3$ = timer(0, 500).pipe(take(7));

combineLatest(req1$, req2$, req3$, (a, b, c) => `${a}, ${b}, ${c}`)
    .subscribe(result => console.log(result));
```

실행 결과는 다음과 같다.

```
0, 0, 0
0, 1, 0
1, 1, 0
1, 1, 1
1, 2, 1
2, 2, 1
2, 3, 1
2, 3, 2
3, 3, 2
3, 4, 2
3, 5, 2
3, 5, 3
4, 5, 3
4, 6, 3
```

```
5, 6, 3
5, 6, 4
5, 7, 4
5, 8, 4
5, 8, 5
5, 9, 5
5, 9, 6
```

이번에는 project 함수에 넣은 인자를 문자열로 바꿔 출력하도록 했다. 따라서 해당 함수를 통과한 문자열 각각을 출력하는 것을 확인할 수 있다. 즉, 옵저버블 각각에서 값을 발행할 때마다 조합해 순서대로 project 함수의 인자로 사용하고, project 함수가 리턴하는 결과를 바로 발행한다.

옵저버블 내부에는 각 최신 값이 있는 배열을 project 함수의 인자로 사용해 호출할 수 있다.

6.5 zip 연산자

zip 연산자는 각 옵저버블을 동시에 구독한 후 발행하는 값 각각을 버퍼에 저장한다. 그리고 같은 순서에 해당하는 값이 모두 준비되었을 때 합한 값을 발행한다. 각 옵저버블에서 값을 발행하는 순서에 맞게 짝을 맞춰 발행한다는 것이 항상 최신의 값만을 합치는 combineLatest와 다르다.

즉, [코드 6-5]는 처음에 0, 0, 0을 그대로 발행하지만, 두 번째 옵저버블에서 1을 먼저 발행해도 0, 1, 0을 먼저 발행하지 않고 각각 두 번째 발행하는 1이 모인 1, 1, 1이 되었을 때 합한 값을 발행한다.

각 옵저버블의 값 발행 속도가 다르면 값 발행이 빠른 옵저버블의 값을 메모리에 미리 저장해 두어야 한다. 따라서 속도에 따라 메모리 이슈가 발생할 수 있다는 점에 주의해야 한다. 마블 다이어그램은 [그림 6-6]과 같다.

그림 6-6 zip 연산자의 마블 다이어그램

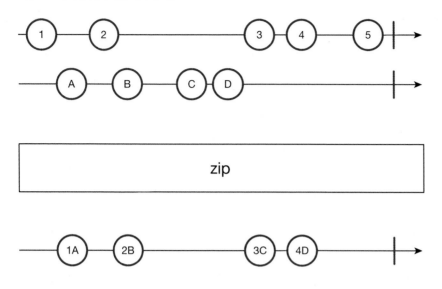

연산자의 원형은 다음과 같다.

```
zip<T, R>(
    ...observables: Array<ObservableInput<any> | ((...values: Array<any>) => R)>
): OperatorFunction<T, R>
```

observables은 옵저버블을 담은 배열, 배열 안 값을 사용한다.

zip 연산자는 인자로 사용하는 여러 개 옵저버블을 구독하고 각 옵저버블에서 발행하는 값들을 합하는 연산을 실행한다. 내부 구현을 살펴보면 인자로 나열한 각 옵저버블을 매핑하는 배열이 있고, 배열 각각에 옵저버블이 발행하는 값을 저장한다. 그리고 이 각 배열을 순회할 이터레이터가 있다.

각 옵저버블에서 하나라도 값을 발행할 때마다 해당 이터레이터에 다음 값이 있는지 확인한다. 만약 모든 이터레이터에 다음 순회할 값이 있으면 이터레이터 각각의 다음 값을 가져온 후 하나로 합해서 발행한다. 즉, 각 옵저버블에서 같은 순서로 발행된 값들만 모두 준비되면 하나로 합쳐서 발행한다. 이를 [그림 6-7]로 설명할 수 있다.

그림 6-7 zip 연산자 흐름

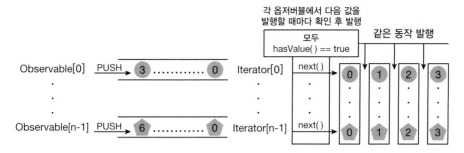

각 옵저버블에서 가장 적은 개수의 값을 발행하는 Observable[0](4개)
가장 많은 개수의 값을 발행하는 것은 Observable[n-1](7개)로 가정

기본적으로 각 값을 배열로 합해서 발행한다. 그러나 combineLatest 연산자처럼 마지막 인자에 함수가 있으면 이를 합하는 project 함수를 이용해 원하는 형태로 합할 수 있다.

[코드 6-7]은 어떤 과일을 착즙하는 상황을 만든 예다. 각 과일의 이름을 발행하는 옵저버블과 과일 수를 발행하는 옵저버블 2개를 zip 연산자로 합했다. 참고로 zip 연산자는 합할 때 마지막 인자가 함수가 아니면 배열을 기본 사용한다고 설명했다. 따라서 이를 사용하는 예보다는 마지막 인자로 함수를 사용해 어떻게 옵저버블을 합하는지를 설명하겠다.

코드 6-7 과일 착즙하기

```
const { of, zip } = require('rxjs');
const fruits$ = of('오랜지', '바나나', '키위');

const numbers$ = of(5, 3, 2, 10, 11);
zip(fruits$, numbers$, (fruit, number) => `${fruit} ${number}개`)
    .subscribe(combination => console.log(`${combination} 착즙`));
```

실행 결과는 다음과 같다.

```
오랜지 5개 착즙
바나나 3개 착즙
키위 2개 착즙
```

각각 순서 짝을 맞춰 fruits$와 numbers$를 합해 발행한다. 예를 들어 fruits$의 첫 번째 발행 값인 오렌지와 numbers$의 첫 번째 발행 값인 5를 짝으로 이뤄 발행하는 것이다.

또한 일부러 옵저버블 2개의 값 발행 개수를 다르게 했다. 이는 짝이 맞는 개수까지만 합해서 값을 발행하고 구독을 완료한다는 사실을 알려주려는 것이다.

6.6 startWith 연산자

startWith 연산자는 구독하는 어떤 옵저버블이 특정 값을 발행하기 전 미리 나열한 인자를 발행하는 역할을 한다. 단, 나열된 값을 그대로 발행하기만 한다. 예를 들어 옵저버블을 넣었다면 옵저버블 자체를 먼저 발행할 뿐 해당 옵저버블을 구독하지 않는다.

만약 어떤 옵저버블을 구독하기 전 특정 옵저버블을 먼저 구독하고 완료했다고 가정해보자. 해당 옵저버블에서 발행하는 값을 전달받기 원한다면 앞서 소개한 concat 연산자로 먼저 구독하려는 옵저버블을 좀 더 앞에 위치한 인자로 사용해야 한다. 이때 startWith 연산자는 미리 값을 발행하는 역할을 할 뿐이다. 마블 다이어그램은 [그림 6-8]과 같다.

그림 6-8 startWith 연산자의 마블 다이어그램

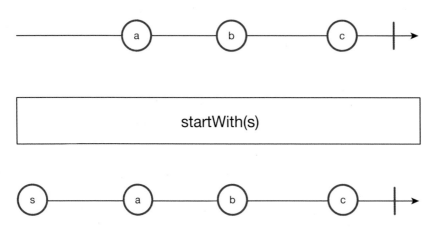

연산자의 원형은 다음과 같다.

```
startWith<T>(...array: Array<T ¦ SchedulerLike>): MonoTypeOperatorFunction<T>
```

...array는 배열을 사용한다. [코드 6-8]은 startWith 연산자를 사용하는 예다.

코드 6-8 startWith 연산자의 사용 예

```
const { interval } = require('rxjs');
const { take, startWith } = require('rxjs/operators');

interval(1000).pipe(
    take(5),
    startWith('대기 중.. 구독됨.. Waiting... subscribed.')
).subscribe(value => console.log(value));
```

실행 결과는 다음과 같다.

```
대기 중.. 구독됨.. Waiting... subscribed.
0
1
2
3
4
```

1초마다 0부터 4까지 5개 값을 발행하는 옵저버블에 startWith 연산자를 사용했다. interval 함수는 구독 후 일정 시간이 지날 때까지는 값을 발행하지 않으므로 startWith 연산자를 사용해 옵저버블을 미리 구독한다는 문구를 출력한다. 이후에는 예상대로 1초마다 0부터 4까지 5개의 값을 출력하고 구독을 종료하는 것을 확인할 수 있다.

6.6.1 startWith 연산자로 여러 개 연속 값을 먼저 발행하기

[코드 6-9]는 startWith(1, 2, 3)처럼 여러 개 인자로 startWith 연산자를 사용했을 때와 그렇지 않을 때를 비교하는 예다.

```
const { range } = require('rxjs');
const { startWith, scan } = require('rxjs/operators');

range(4, 3).pipe(
    startWith(1, 2, 3),
    scan((x, y) => x + y)
).subscribe(sum => console.log(`range(4, 3).startWith(1, 2, 3) sum: ${sum}`));

range(4, 3).pipe(
    scan((x, y) => x + y)
).subscribe(sum => console.log(`range(4, 3) sum: ${sum}`));
```

실행 결과는 다음과 같다.

```
range(4, 3).startWith(1, 2, 3) sum: 1
range(4, 3).startWith(1, 2, 3) sum: 3
range(4, 3).startWith(1, 2, 3) sum: 6
range(4, 3).startWith(1, 2, 3) sum: 10
range(4, 3).startWith(1, 2, 3) sum: 15
range(4, 3).startWith(1, 2, 3) sum: 21
range(4, 3) sum: 4
range(4, 3) sum: 9
range(4, 3) sum: 15
```

변환 연산자에서 소개한 scan을 함께 사용한 이유는 각 단계에 더한 값을 보여주려는 것이다. 첫 번째 값은 그대로 발행한다. 그리고 다음 발행하는 값을 그 전에 있던 값에 더해서 발행한다. 즉, 누적한 값에 다음 발행하는 값을 더해서 발행하는 것이다.

startWith(1, 2, 3)을 사용하면 1, 2, 3을 먼저 발행한 후 1, 3, 6 순서로 값을 발행한다. 그러나 range(4, 3)만 사용할 때 4부터 연속한 3개 값은 4, 5, 6을 발행해 4, 9, 15를 발행한다. 참고로 range 함수에서 두 번째 인자는 마지막 값이 아니라 count이므로 이를 혼동하지 않기 바란다. 따라서 startWith(1, 2, 3)은 소스 옵저버블의 값을 발행하기 전 1, 2, 3을 순서대로 발행한다는 사실을 알 수 있다.

## CHAPTER 7

수학 및 결합 연산자

RxJS 공식 문서에 수학 및 결합^{Mathematical and aggregate} 기능을 한다고 소개한 연산자[1]는 count, max, min, reduce가 있다. 이 네 가지 연산자들의 공통점은 수학 개념을 기반으로 만들었다는 것, 결합^{aggregate} 속성이 있다는 것이다. 또한 소스 옵저버블에서 complete 함수를 호출해야 결과를 next 함수로 발행할 수 있다는 특징도 있다.

reduce 연산자는 이미 소개한 scan 연산자와 역할이 비슷해서 scan에서 소개한 개념을 중심으로 어떻게 결합 연산자로 사용하는지 소개할 것이다. max 및 min은 reduce 연산자를 응용한 측면도 있고 count까지 고려하면 이름과 마블 다이어그램만 봐도 쉽게 이해할 수 있는 개념일 것이다. 이번 장에서는 reduce, max, min, count 순서로 소개한다.

7.1 reduce 연산자

reduce 연산자는 누적자 함수(accumulator)를 이용해 소스 옵저버블에서 발행한 값을 누적한다. 그리고 소스 옵저버블에서 complete 함수를 호출하면 지금까지 누적한 결과를 next 함수로 발행하고 완료한다. 즉, scan 연산자와 같은 원리로 동작하지만 scan 연산자와 달리 소스 옵저버블에서 값을 발행할 때마다 매번 누적한 결과를 리턴하는 것이 아니다. 값을 계속 누

---

[1] http://reactivex.io/rxjs/manual/overview.html#mathematical-and-aggregate-operators

적만 하고 발행하지 않다가 complete 함수를 호출할 때 딱 한 번만 누적 결과를 발행한다. scan 연산자와 마찬가지로 초깃값(seed)을 인자로 사용해 지정할 수도 있다. 마블 다이어그램은 [그림 7-1]과 같다.

그림 7-1 reduce 연산자의 마블 다이어그램

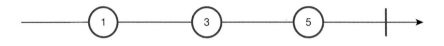

연산자의 원형은 다음과 같다.

```
reduce<T, R>(
    accumulator: (acc: R, value: T, index?: number) => R,
    seed?: R
): OperatorFunction<T, R>
```

reduce 연산자는 함수형 연산자를 지원하는 프로그래밍 언어나 라이브러리에도 있으며 여러 개 값을 하나의 누적된 결과로 만들어주는 원리도 같다. 또한 scan 연산자처럼 초깃값이 있을 때와 없을 때를 구분해야 한다.

초깃값을 객체로 전달하면 scan 연산자 내부에서는 옵저버블에서 객체를 다룬다. 초깃값을 잘못 사용하면 여러 곳에서 같은 옵저버블을 구독해서 부수 효과가 나타날 우려가 있다. 이때는 초깃값을 팩토리 함수 형태로 제공하거나 누적자 함수에서 매번 새로운 객체를 리턴하는 방식으로 문제 발생을 피할 수 있음을 참고하기 바란다(5.6에서 설명한 바 있다).

이제 초깃값이 없을 때와 있을 때의 상황을 예제로 살펴보겠다.

7.1.1 초깃값이 없음

초깃값이 없으면 scan 연산자와 마찬가지로 처음 발행하는 값을 초깃값으로 삼아 누적자 함수를 적용하지 않는다. 두 번째 발행하는 값을 처음 발행하는 값에 누적하도록 동작한다. 만약 소스 옵저버블에서 1개의 값만 발행하고 complete 함수를 호출하면 이 값만 발행하고 옵저버블 구독을 완료한다.

[코드 7-1]은 값 하나만 발행하는 옵저버블에서 초깃값 없이 reduce 연산자를 적용한 예다.

코드 7-1 초깃값 없이 reduce 연산자를 사용하는 예

```
const { of } = require('rxjs');
const { reduce } = require('rxjs/operators');

of(0).pipe(reduce((acc, curr) => acc + curr)).subscribe(x => console.log(x));
```

0이란 값 1개만 발행하는 옵저버블에서 초깃값 없이 reduce 연산자를 추가해 옵저버블을 구독했다. 구독할 때는 값을 출력하며, 누적자 함수는 [그림 7-1] 마블 다이어그램처럼 기존 누적값에서 현재 값을 더하도록 했다.

실행 결과는 다음과 같다.

```
0
```

2개 이상 값을 전달받지 못하므로 누적자 함수를 호출할 수 없다. 따라서 0 그대로 발행한다.

[코드 7-2]는 누적자 함수는 같고 range 함수로 1부터 1씩 증가해서 4개의 값이 발행되도록 했다. 소스 옵저버블에서 발행한 여러 개의 값을 전달하는 것이다.

코드 7-2 reduce 연산자와 range 함수로 4개 값을 발행하는 예

```
const { range } = require('rxjs');
const { reduce } = require('rxjs/operators');

range(1, 4).pipe(reduce((acc, curr) => acc + curr)).subscribe(x => console.log(x));
```

실행 결과는 다음과 같다.

```
10
```

누적자 함수의 첫 번째 인자는 지금까지 누적한 값이고 두 번째 인자는 현재 값이다. 따라서 1부터 4까지 더한 10(1 + 2 + 3 + 4 = 10)을 발행한다.

[코드 7-2]에서 누적자 함수((acc, curr) => acc + curr)를 호출해 값을 누적하는 과정은 다음과 같다.

1 소스 옵저버블 1 → 누적값 = 1 저장
2 소스 옵저버블 2 → 누적자 함수 호출(acc = 1, curr = 2). 1 + 2 = 3 계산 후, 누적값 = 3
3 소스 옵저버블 3 → 누적자 함수 호출(acc = 3, curr = 3). 3 + 3 = 6 계산 후, 누적값 = 6
4 소스 옵저버블 4 → 누적자 함수 호출(acc = 6, curr = 4). 6 + 4 = 10 계산 후, 누적값 = 10
5 complete → 누적값 10 발행 후 구독 완료(next(10), complete 함수를 차례로 호출)

7.1.2 초깃값이 있음

[코드 7-3]은 초깃값이 있을 때다. 초깃값 이후의 값 1개를 발행하면 누적자 함수를 한 번 호출한다. 즉, 소스 옵저버블은 0이란 값 1개만 발행하지만 누적자 함수로 초깃값 1을 함께 누적해 최종 1이라는 값을 발행한다.

코드 7-3 초깃값이 있는 reduce 연산자를 사용하는 예

```
const { of } = require('rxjs');
const { reduce } = require('rxjs/operators');

of(0).pipe(reduce((acc, curr) => acc + curr, 1)).subscribe(x => console.log(x));
```

실행 결과는 다음과 같다.

```
1
```

앞 실행 결과는 of(0)이 초깃값과 함께 누적자 함수((acc,curr) => acc + curr, 초깃값 1)로 값을 누적하는 과정이다. 자세한 과정은 다음과 같다.

1 소스 옵저버블 0 → 누적자 함수 호출(초깃값 acc = 1, curr = 0). 1 + 0 = 1 계산 후, 누적값 1

2 complete → 누적값 1 발행 후 구독 완료(next(1), complete 함수를 차례로 호출)

[코드 7-4]는 초깃값 1을 설정해 여러 개 값을 발행하는 예다.

코드 7-4 초깃값 1을 설정해 여러 개 값을 발행하는 예

```
const { range } = require('rxjs');
const { reduce } = require('rxjs/operators');

range(1, 4).pipe(reduce((acc, curr) => acc + curr, 1)).subscribe(x => console.log(x));
```

실행 결과는 다음과 같다.

```
11
```

앞 실행 결과는 range(1, 4)가 초깃값과 함께 누적자 함수((acc,curr) => acc + curr, 초깃값 1)로 값을 누적하는 과정이다. 다음과 같다.

1 소스 옵저버블 1 → 누적자 함수 호출(acc = 1(초깃값), curr = 1). 1 + 1 = 2 계산 후, 누적값 = 2

2 소스 옵저버블 2 → 누적자 함수 호출(acc = 2, curr = 2). 2 + 2 = 4 계산 후, 누적값 = 4

3 소스 옵저버블 3 → 누적자 함수 호출(acc = 4, curr = 3). 4 + 3 = 7 계산 후, 누적값 = 7

4 소스 옵저버블 4 → 누적자 함수 호출(acc = 7, curr = 4). 7 + 4 = 11 계산 후, 누적값 = 11

5 complete → 누적값 11 발행 후 구독 완료(next(11), complete 함수를 차례로 호출)

초깃값 1이 있으므로 소스 옵저버블에서 처음 발행하는 값부터 누적자 함수를 호출한다. 또한 처음 누적자 함수를 호출했을 때의 누적값은 초깃값과 같다. 이렇게 값을 누적하다보면 초깃값 1까지 더해져 11을 출력한다.

7.1.3 누적자 함수의 index 파라미터

reduce 연산자도 scan 연산자처럼 누적자 함수의 세 번째 파라미터로 index가 있다. 0부터 시작해 누적자 함수를 호출할 때 소스 옵저버블의 몇 번째 값을 전달하는지를 나타낸다.

초깃값이 없으면 맨 처음 누적자 함수를 호출하는 소스 옵저버블이 두 번째 값을 발행하는 순간부터 누적자 함수를 호출하므로 index는 1이 된다. 초깃값이 있으면 맨 처음부터 누적자 함수를 호출하므로 index는 0이다. 즉, 누적자 함수의 호출 순서를 세는 인덱스가 아님을 주의하길 바란다. 또한 index 파라미터의 사용은 필수가 아닌 선택 사항이라는 것을 기억하기 바란다.

7.2 max 연산자

max 연산자는 발행되는 값 중 가장 큰 값을 출력하는 연산자다. reduce 연산자에 제일 큰 값을 누적한 누적자 함수의 값을 전달하는 방법으로 동작한다. 마블 다이어그램은 [그림 7-2]와 같다.

그림 7-2 max 연산자의 마블 다이어그램

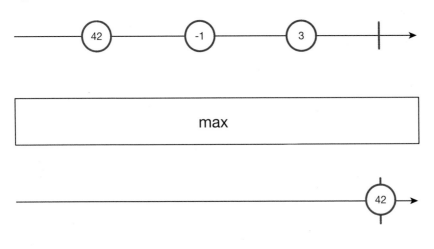

연산자의 원형은 다음과 같다.

```
max<T>(comparer?: (x: T, y: T) => number): MonoTypeOperatorFunction<T>
```

---

comparer?는 두 값을 비교하려고 기본값 대신 사용할 비교 함수를 뜻한다.

[코드 7-5]는 max 연산자의 구현 코드[2]의 일부분이다. reduce 연산자를 이용해 소스 옵저버 블에서 complete 함수를 호출해야 지금까지 누적한 가장 큰 값을 발행한다. 인자를 전혀 사용하지 않으면 부등호로 값의 크기를 비교한다. 따라서 부등호로 비교할 수 있는 값만 발행해야 정상 동작한다. 그렇지 않은 값이나 객체는 comparer 함수를 인자로 사용해 비교해야 한다.

한편 (x, y) => Number라는 함수가 있을 때는 해당 함수의 리턴 값이 0보다 커야 x를 리턴한다. 따라서 (x, y) => Number 라는 함수를 사용할 때 x가 y보다 큰 값이면 0보다 큰 값, 같으면 0, 그렇지 않으면 0보다 작은 값을 리턴하도록 만들어야 한다.

코드 7-5 max 연산자의 구현 코드 일부분

```
export function max(comparer) {
    const max = (typeof comparer === 'function')
        ? (x, y) => comparer(x, y) > 0 ? x : y
        : (x, y) => x > y ? x : y;
    return this.lift(new ReduceOperator(max));
}
```

[코드 7-6]은 comparer 함수를 사용하지 않는 예다.

코드 7-6 comparer 함수를 사용하지 않는 예

```
const { range } = require('rxjs');
const { max } = require('rxjs/operators');

range(1, 10).pipe(max()).subscribe(x => console.log(x));
```

실행 결과는 다음과 같다.

```
10
```

1부터 10까지 1씩 증가하는 값을 발행하는 range 함수가 소스 옵저버블이다. 숫자이므로 부등호로 비교할 수 있고 마지막 값인 10이 가장 큰 값이므로 10을 발행한다.

---

2 http://reactivex.io/rxjs/file/es6/operator/max.js.html

7.2.1 max 연산자에서 comparer 함수 사용

[코드 7-7]은 movies라는 영화 제목 및 영화의 평균 평점이 있는 배열을 comparer 함수로 다루는 예다.

코드 7-7 comparer 함수를 사용하는 예

```
const { from } = require('rxjs');
const { max } = require('rxjs/operators');
const movies = [
    { title: '영화 1', avg: 5.12 },
    { title: '영화 2', avg: 9.14 },
    { title: '영화 3', avg: 8.28 }
];

from(movies).pipe(max((x, y) => x.avg - y.avg))
    .subscribe(x => console.log(JSON.stringify(x)));
```

실행 결과는 다음과 같다.

```
{ "title": "영화 2", "avg": 9.14 }
```

comparer 함수는 x.avg에서 y.avg를 빼서 평점을 비교하도록 했다. 그래야 x의 평균 평점이 y의 평균 평점보다 클 때 0보다 큰 값을 리턴해 올바른 결과를 출력하기 때문이다. 그리고 최고 평점에 해당하는 객체를 찾아 JSON.stringify를 이용해 JSON 결과를 출력한다.

7.2.2 다른 객체지만 같은 값으로 평가할 때의 max 연산자 사용

[코드 7-7] comparer 함수로 객체를 비교할 때 한 가지 의문이 생길 수 있다. 만약 평균 평점이 같은 객체가 여러 개 있을 때 무엇을 선택할지다.

max 연산자 내부의 reduce 연산자는 소스 옵저버블에서 값을 발행하는 순서대로 누적자 함수를 적용한다. 그런데 max 연산자에 누적자 함수를 적용하면 x가 y보다 클 때 x를 리턴하고 그렇지 않으면 y를 리턴한다. 첫 번째 인자인 x는 지금까지 누적된 acc에 해당하고 두 번째 인자인 y는 현재 값에 해당한다. 따라서 평균 평점이 같은 객체가 여러 개 있으면 지금까지 누적

된 x가 현재 값인 y보다 크지 않으므로 y를 리턴한다. 이러면 소스 옵저버블에서 가장 나중에 발행하는 객체를 선택한다.

이는 max 연산자의 내부 구현에서 reduce 연산자를 호출할 때 사용하는 누적자 함수의 구현이 (x, y) => x > y ? x : y이기 때문이다. 만약 부등호가 > 대신 >=였다면 같은 값을 전달받았을 때 그동안의 누적값인 x가 선택되므로 가장 먼저 나온 값을 발행한다. 누적자 함수 구현에는 이러한 점에 주의해야 한다.

[코드 7-7]를 수정한 [코드 7-8]을 살펴보자.

코드 7-8 같은 값으로 평가하는 다른 객체 처리

```
const { from } = require('rxjs');
const { max } = require('rxjs/operators');
const movies = [
    { title: '영화 1', avg: 5.12 },
    { title: '영화 2', avg: 9.14 },
    { title: '영화 3', avg: 9.14 }
];

from(movies).pipe(max((x, y) => x.avg - y.avg))
    .subscribe(x => console.log(JSON.stringify(x)));
```

실행 결과는 다음과 같다.

```
{ "title": "영화 3", "avg": 9.14 }
```

마지막 '영화 3'의 평균 평점을 최고 평균 평점인 '영화 2'와 같게 만들었다. 결과는 소스 옵저버블에서 가장 마지막에 발행한 '영화 3'을 발행했다.

7.3 min 연산자

min 연산자는 max 연산자와 반대 조건(가장 작은 값 찾기)으로 값을 비교해 reduce 연산자에 가장 작은 값을 누적한 누적자 함숫값을 전달한다. 마블 다이어그램은 [그림 7-3]과 같다.

그림 7-3 min 연산자의 마블 다이어그램

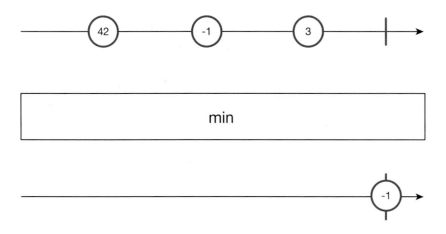

연산자의 원형은 다음과 같다.

```
min<T>(comparer?: (x: T, y: T) => number): MonoTypeOperatorFunction<T>
```

max 연산자와 마찬가지로 comparer 함수를 제공한다. comparer 함수가 없으면 기본 부등호를 이용해 값을 비교한다.

[코드 7-9]는 min 연산자의 구현 코드[3] 일부분이다. max 연산자의 구현 코드와 부등호 방향만 다르다. 즉, x가 y보다 작으면 0보다 작은 값을 리턴해야 한다. 그러므로 같은 comparer 함수에 max, min연산자만 바꿔준다면 가장 큰 값과 가장 작은 값을 받아 볼 수 있다.

min 연산자도 값이 같으면 y를 리턴하므로 뒤에 있는 값이 발행된다. 그러므로 comparer 함수 기준으로 같은 값이 있는데 max나 min에 해당 사항이 있다면 둘 다 좀 더 뒤에 발행된 객체를 발행한다고 볼 수 있다.

코드 7-9 min 연산자의 구현 코드 일부분

```
export function min(comparer) {
    const min = (typeof comparer === 'function')
        ? (x, y) => comparer(x, y) < 0 ? x : y
```

---

3 http://reactivex.io/rxjs/file/es6/operators/min.js.html

```
          : (x, y) => x < y ? x : y;
    return this.lift(new ReduceOperator(min));
}
```

min 연산자의 예는 이해를 돕고자 모두 max 연산자의 예를 min 연산자로 바꿔서 살펴보겠다. [코드 7-10]은 [코드 7-6]에서 min 연산자를 사용하도록 바꾼 예다.

코드 7-10 comparer 함수를 사용하지 않는 min 연산자 예

```
const { range } = require('rxjs');
const { min } = require('rxjs/operators');

range(1, 10).pipe(min()).subscribe(x => console.log(x));
```

실행 결과는 다음과 같다.

```
1
```

1부터 10까지 range 함수가 발행하는 값 중 가장 작은 값인 1을 출력한다. [코드 7-11]은 [코드 7-7]에 min 연산자를 사용하도록 바꾼 예다.

코드 7-11 comparer 함수를 사용하는 min 연산자 예

```
const { from } = require('rxjs');
const { min } = require('rxjs/operators');
const movies = [
    { title: '영화 1', avg: 5.12 },
    { title: '영화 2', avg: 9.14 },
    { title: '영화 3', avg: 8.28 }
];

from(movies).pipe(min((x, y) => x.avg - y.avg))
    .subscribe(x => console.log(JSON.stringify(x)));
```

실행 결과는 다음과 같다.

```
{ "title": "영화 1", "avg": 5.12 }
```

x.avg에서 y.avg를 빼는 comparer 함수를 사용했으며, 가장 작은 평균 평점인 '영화 1'의 평균 평점을 출력한다.

[코드 7-12]는 [코드 7-8]에 min 연산자를 사용하도록 바꾼 예다.

코드 7-12 같은 값으로 평가하는 다른 객체를 min 연산자로 처리

```
const { from } = require('rxjs');
const { min } = require('rxjs/operators');
const movies = [
    { title: '영화 1', avg: 5.12 },
    { title: '영화 2', avg: 9.14 },
    { title: '영화 3', avg: 5.12 }
];

from(movies).pipe(min((x, y) => x.avg - y.avg))
    .subscribe(x => console.log(JSON.stringify(x)));
```

실행 결과는 다음과 같다.

```
{ "title": "영화 3", "avg": 5.12 }
```

min 연산자를 사용했으므로 평균 평점이 가장 작은 '영화 1'과 같은 값으로 '영화 3'의 평균 평점을 같은 값으로 수정했다. comparer 함수는 max 연산자와 같으므로 가장 작은 값 중 소스 옵저버블에서 가장 나중에 발행한 '영화 3'을 발행하면서 구독을 완료한다.

7.4 count 연산자

마지막으로 소개할 count 연산자는 소스 옵저버블에서 값을 발행할 때마다 개수를 내부에서 센다. 그리고 구독을 완료한 후 총 몇 개인지 발행한다. 연산자의 원형은 다음과 같다.

```
count<T>(
    predicate?: (value: T, index: number, source: Observable<T>) => boolean
): OperatorFunction<T, number>
```

predicate 함수는 조건을 만족하는지 아닌지를 검사해 리턴한다. 즉, 소스 옵저버블에서 발행하는 값을 predicate 함수에 전달해 조건을 만족할 때 리턴하는 값만 세서 마지막에 그 개수를 리턴한다. 이를 응용하면 원하는 값만 필터링한 개수를 세는 용도로 사용할 수 있다.

마블 다이어그램은 [그림 7-4]와 같다.

그림 7-4 count 연산자의 마블 다이어그램

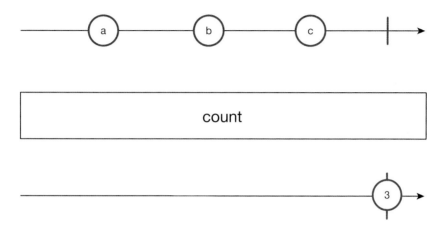

이 절에서는 인자 없이 기본 동작할 때와 predicate 함수를 사용할 때 두 가지를 살펴보겠다.

7.4.1 기본 동작

[코드 7-13]은 1부터 20까지 발행하는 소스 옵저버블에서 인자 없이 count 연산자만 사용한 예다.

코드 7-13 인자 없는 count 연산자의 사용 예

```
const { range } = require('rxjs');
const { count } = require('rxjs/operators');

range(1, 20).pipe(count()).subscribe(x => console.log(x));
```

실행 결과는 다음과 같다.

```
20
```

발행하는 값이 총 20개이므로 20을 마지막에 발행한다.

7.4.2 predicate 함수 사용

[코드 7-14]는 count 연산자로 짝수에 해당하는 숫자만 확인하려고 predicate 함수를 사용한 예다. 짝수일 때 조건을 만족하는 값을 리턴하고 개수를 센다. 1부터 7까지 7개의 값을 발행하며 짝수에 해당하는 값은 2, 4, 6이라는 3개다.

코드 7-14 predicate 함수를 사용해 짝수만 세기

```
const { range } = require('rxjs');
const { count } = require('rxjs/operators');

range(1, 7).pipe(count(x => x % 2 === 0)).subscribe(x => console.log(x));
```

실행 결과는 다음과 같다.

```
3
```

소스 옵저버블에서 발행하는 값 중 짝수에 해당하는 값은 3개이므로 3을 출력한다.

## CHAPTER 8

유틸리티 연산자

유틸리티^{Utility} 연산자는 어떤 도구를 사용하는 것처럼 RxJS 옵저버블에서 값을 발행할 때 부가적으로 필요한 기능을 제공하는 연산자들을 뜻한다. 실제 공식 문서에는 많은 연산자를 소개하는데, 이 장에서는 자주 사용하면서 도움을 주는 tap, finallize, toArray, timeout이라는 4개 연산자와 toPromise라는 함수를 다룬다.

8.1 tap 연산자

tap은 부수 효과가 필요할 때 사용하는 연산자다. RxJS 5에서는 do 연산자였다가 각각의 연산자를 파이퍼블 연산자로 바꾸면서 자바스크립트 예약어와 겹친다는 이유로 변경되었다. 지금까지 소개한 연산자들은 각각의 고유한 기능이 있는 순수 함수였다. 예를 들어 map 연산자는 인자로 사용하는 함수를 소스 옵저버블의 값을 다른 값으로 바꿔서 발행하는 옵저버블로 변경한다. filter 연산자는 인자로 사용하는 함수 조건에 맞는 값만 발행하도록 옵저버블을 변경한다.

그러나 tap 연산자는 소스 옵저버블을 다른 옵저버블로 바꾸지 않는다. 그저 소스 옵저버블에서 발행하는 값을 전달받은 후 인자로 사용하는 함수를 호출하고 소스 옵저버블에서 발행한 값을 그대로 발행한다.

참고로 부수 효과는 함수 고유의 기능과 상관없는 작업을 하는 것을 뜻한다. 로그를 출력하거나 파일을 저장하는 등 다른 연산자의 동작과 상관없는 기능이라면 중간에 tap 연산자를 넣어 동작시킬 수 있다. 예를 들어 map 연산자로 값을 변환할 때 변환과 상관없는 로그를 출력하는 동작은 tap 연산자를 사용해 실행할 수 있다. 마블 다이어그램은 [그림 8-1]과 같다.

그림 8-1 tap 연산자의 마블 다이어그램

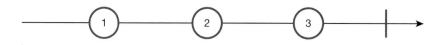

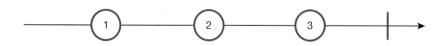

연산자의 원형은 다음과 같다.

```
tap<T>(
    nextOrObserver?: PartialObserver<T> | ((x: T) => void),
    error?: (e: any) => void,
    complete?: () => void
): MonoTypeOperatorFunction<T>
```

tap 연산자는 nextOrObserver, error, complete라는 3개 파라미터를 제공한다. nextOrObserver는 함수일 때 소스 옵저버블에서 발행하는 다음 값을 전달받는 next 콜백 함수로 동작한다. 객체라면 next, error, complete 함수가 있는 옵저버 객체로 다룬다.

error와 complete는 에러가 발생하거나 소스 옵저버블 구독을 완료했을 때 발생하는 콜백이다. subscribe 함수의 인자로 사용하는 것과 동일한 구조다. 즉, subscribe 함수까지 도달하기 전 소스 옵저버블에서 발생하는 이벤트(next, error, complete)에 부수 효과를 실행한다.

8.1.1 next 콜백 사용

[코드 8-1]은 각 연산자 사이에 tap 연산자를 사용해 첫 번째 인자로 사용하는 next 함수에서 발행하는 값만 부수 효과로 처리하도록 했다. 각 단계별로 Stream1~Stream3까지 번호를 붙였다. 알아보기 쉽게 여백도 두었다.

코드 8-1 next 함수에서 발행하는 값만 부수 효과로 처리

```
const { range } = require('rxjs');
const { tap, filter, map } = require('rxjs/operators');

range(1, 10).pipe(
    tap(x => console.log(`Stream 1 (range 1, 10) ${x}`)),
    filter(x => x % 2 === 0),
    tap(x => console.log(` Stream 2 (filter x%2 === 0) ${x}`)),
    map(x => x + 1),
    tap(x => console.log(`  Stream 3 (map x+1) ${x}`))
).subscribe(x => console.log(`    result: ${x}`));
```

실행 결과는 다음과 같다.

```
Stream 1 (range 1, 10) 1
Stream 1 (range 1, 10) 2
 Stream 2 (filter x % 2 === 0) 2
  Stream 3 (map x + 1) 3
    result: 3
Stream 1 (range 1, 10) 3
Stream 1 (range 1, 10) 4
 Stream 2 (filter x % 2 === 0) 4
  Stream 3 (map x + 1) 5
    result: 5
Stream 1 (range 1, 10) 5
Stream 1 (range 1, 10) 6
 Stream 2 (filter x % 2 === 0) 6
  Stream 3 (map x + 1) 7
    result: 7
Stream 1 (range 1, 10) 7
Stream 1 (range 1, 10) 8
 Stream 2 (filter x % 2 === 0) 8
  Stream 3 (map x + 1) 9
    result: 9
```

```
Stream 1 (range 1, 10) 9
Stream 1 (range 1, 10) 10
 Stream 2 (filter x % 2 === 0) 10
  Stream 3 (map x + 1) 11
    result: 11
```

단계별로 filter 연산자의 조건을 만족하지 못하면 해당 부분만 출력되고, filter 연산자의 조건을 만족하면 다음 스트림을 출력한다. 이렇듯 각 단계의 로그를 출력할 때 유용하다.

8.1.2 error 콜백 함수 사용

[코드 8-2]는 두 번째 인자로 사용하는 error 콜백 함수를 적용한 예다. tap 연산자를 사용하기 전 map 연산자를 사용해 마지막 값인 8을 발행할 때 에러가 발생하도록 정의하지 않은 test 함수를 일부러 호출했다. 그리고 에러를 발행했을 때 로그를 출력한다. 이는 map 연산자 다음에 있는 tap 연산자의 error 콜백 함수를 호출하는지 확인하려는 것이다.

코드 8-2 error 콜백 함수를 사용하는 예

```
const { range } = require('rxjs');
const { map, tap } = require('rxjs/operators');

range(1, 8).pipe(
    map(x => x === 8 ? x.test() : x + 1),
    tap(x => console.log(`tap next: ${x}`),
    err => console.error(`tap ERROR: ${err}`))
).subscribe(
    x => console.log(`result ${x}`),
    err => console.error(`subscribe ERROR: ${err}`)
);
```

실행 결과는 다음과 같다.

```
tap next: 2
result 2
tap next: 3
result 3
tap next: 4
```

```
result 4
tap next: 5
result 5
tap next: 6
result 6
tap next: 7
result 7
tap next: 8
result 8
tap ERROR: TypeError: x.test is not a function
subscribe ERROR: TypeError: x.test is not a function
```

map 연산자로 1부터 7까지 1씩 더한 값을 tap 연산자의 tap next에서 매번 출력한다. 단, 마지막 값인 8을 출력할 때는 TypeError가 발생하며 subscribe로 에러 메시지를 출력하기 전 tap ERROR에 해당하는 메시지를 먼저 출력한 것을 확인할 수 있다.

8에 해당하는 값은 에러 때문에 map 연산자로 값을 변환하지 못하므로 출력 결과가 없다. 또한 tap 연산자의 두 번째 인자인 error 콜백 함수를 호출한 후 그 다음 subscribe에 있는 옵저버의 error 콜백 함수를 호출한다.

8.1.3 complete 콜백 함수 사용

이번에는 마지막 인자로 사용하는 complete 콜백 함수를 tap 연산자에 적용해보겠다. [코드 8-3]은 tap 연산자 사이에 있는 concat 연산자를 기준으로 앞과 뒤의 스트림 각각의 구독을 완료하면 이를 나눠서 보여주도록 구성했다.

코드 8-3 concat 연산자를 기준으로 앞과 뒤에서 값 발행

```
const { concat, range } = require('rxjs');
const { tap } = require('rxjs/operators');

concat(
    range(1, 4).pipe(tap(
        x => console.log(`tap next: ${x} STREAM 1`),
        err => console.error(`tap ERROR: ${err} STREAM 1`),
        () => console.log('complete STREAM 1')
    )),
    range(5, 3).pipe(tap(
```

```
            x => console.log(`tap next: ${x} STREAM 2`),
            err => console.error(`tap ERROR: ${err} STREAM 2`),
            () => console.log('complete STREAM 2')
        ))
    ).subscribe(
        x => console.log(`   result ${x}`),
        err => console.error(`   subscribe ERROR: ${err}`),
        () => console.log('   subscribe complete')
    );
```

'STREAM 1'에 해당하는 스트림은 1~4까지 발행하고, 'STREAM 2'는 concat 연산자로 5~7을 발행한다. 참고로 [코드 8-1]처럼 발행하는 값을 구분하려고 빈 공간을 두었다.

실행 결과는 다음과 같다.

```
tap next: 1 STREAM 1
 tap next: 1 STREAM 2
   result 1
tap next: 2 STREAM 1
 tap next: 2 STREAM 2
   result 2
tap next: 3 STREAM 1
 tap next: 3 STREAM 2
   result 3
tap next: 4 STREAM 1
 tap next: 4 STREAM 2
   result 4
complete STREAM 1
 tap next: 5 STREAM 2
   result 5
 tap next: 6 STREAM 2
   result 6
 tap next: 7 STREAM 2
   result 7
complete STREAM 2
   subscribe complete
```

앞 스트림은 4까지 값을 발행하고 구독을 완료하므로 1~4까지는 'STREAM 2'까지 실행해 마지막 결과까지 출력한다. 그리고 'complete STREAM 1'을 출력한다. 첫 번째 tap 연산자의 마지막 인자인 complete 함수를 호출한 것이다.

이후에는 'STREAM 2'로만 값을 발행할 수 있다. 그리고 마지막 7을 출력하고 두 번째 tap 연산자의 세 번째 인자인 complete 함수를 호출해 'complete STREAM 2'를 출력한다. 그리고 전체 스트림 실행을 끝냈으니 마지막 'subscribe complete'를 출력하며 종료한다.

8.1.4 옵저버로 콜백 함수를 묶어서 사용

1장에서 옵저버 객체를 subscribe 함수에 전달할 수 있다고 설명했다. 다시 옵저버 객체의 구조를 살펴보자.

```
{
    next: function(x) { }
    error: function(error) { }
    complete: function() { }
}
```

next, error, complete의 키 값에 해당하는 함수를 객체에서 사용한다. 이때 키에 해당하는 함수의 값을 매칭한다. 그렇다면 [코드 8-3] next, error, complete 함수를 옵저버 객체로 바꾼 [코드 8-4]를 살펴보자.

코드 8-4 옵저버 객체를 사용하는 tap 연산자

```
const { concat, range } = require('rxjs');
const { tap } = require('rxjs/operators');

const observer1 = {
    next: x => console.log(`tap next: ${x} STREAM 1`),
    error: err => console.error(`tap ERROR: ${err} STREAM 1`),
    complete: () => console.log('complete STREAM 1')
};

const observer2 = {
    next: x => console.log(` tap next: ${x} STREAM 2`),
    error: err => console.error(` tap ERROR: ${err} STREAM 2`),
    complete: () => console.log(' complete STREAM 2')
};

concat(
```

```
    range(1, 4).pipe(tap(observer1)),
    range(5, 3).pipe(tap(observer2))
).subscribe(
    x => console.log(`    result ${x}`),
    err => console.error(`    subscribe ERROR: ${err}`),
    () => console.log('    subscribe complete')
);
```

tap 연산자 안에 객체 하나를 전달하도록 바꿨고, 해당 객체 안에는 next, error, complete 라는 함수 각각이 그대로 있다.

실행 결과는 [코드 8-3]과 같다. 즉, 옵저버 객체 자체를 전달할 수 있다는 것을 알 수 있다. 물론 next, error, complete 중 불필요한 함수를 제외한 옵저버 객체를 전달해도 동작하니 이점도 참고하기 바란다.

8.2 finalize 연산자

finalize는 옵저버블 스트림 실행을 완료하거나 에러가 발생했을 때 인자로 사용하는 콜백 함수를 호출하는 연산자다. 이 연산자도 tap 연산자와 마찬가지로 RxJS 5에서는 finally라는 이름의 연산자였다가 finalize로 변경되었다. 참고로 finalize는 옵저버블 라이프사이클을 전달받는 콜백 함수를 등록하는 ReactiveX do 연산자 종류 중 하나다. ReactiveX 공식 문서[1]에서도 RxJS의 tap 연산자와 함께 소개되어 있다. 연산자의 원형은 다음과 같다.

```
finalize<T>(callback: () => void): MonoTypeOperatorFunction<T>
```

1장에서 구독을 해제(unsubscribe 함수 호출)할 때 호출하는 콜백 함수가 있다고 했다. finalize 연산자는 기존 구독하는 소스 옵저버블에 영향을 주지 않고 옵저버블 라이프사이클이 끝날 때 호출되는 콜백 함수를 인자로 사용한다.

---

1 http://reactivex.io/documentation/operators/do.html

소스 옵저버블 구독을 완료하거나 에러가 발생했을 때 구독을 해제하면서 finalize 연산자에 등록한 콜백 함수를 같이 호출한다. [코드 8-5]는 finalize 연산자 구현 코드의 일부[2]다.

코드 8-5 finalize 연산자 구현 코드 일부

```
export function finalize(callback) {
    return (source) => source.lift(new FinallyOperator(callback));
}

class FinallyOperator {
    constructor(callback) {
        this.callback = callback;
    }
    call(subscriber, source) {
        return source.subscribe(new FinallySubscriber(subscriber, this.callback));
    }
}

class FinallySubscriber extends Subscriber {
    constructor(destination, callback) {
        super(destination);
        this.add(new Subscription(callback));
    }
}
```

finalize 연산자의 인자로 사용하는 콜백 함수는 FinallySubscriber 클래스에 unsubscribe 함수의 콜백 함수 Subscription 객체를 add 함수로 추가해 구독한다. 그러므로 소스 옵저버블에서 complete나 error 함수를 호출했을 때 해당 콜백 함수도 같이 호출한다.

[코드 8-6]으로 이해해보도록 하자. 1부터 3까지 range 함수로 값을 발행하고 구독 완료하는 옵저버블에 finalize 연산자를 사용한 예다.

코드 8-6 finalize 연산자를 사용한 예

```
const { range } = require('rxjs');
const { finalize } = require('rxjs/operators');

range(1, 3).pipe(
```

....

2 http://reactivex.io/rxjs/file/es6/operators/finalize.js.html

```
        finalize(() => console.log('FINALLY CALLBACK'))
    ).subscribe(
        x => console.log(x),
        err => console.error(err),
        () => console.log('COMPLETE')
    );
```

실행 결과는 다음과 같다.

```
1
2
3
COMPLETE
FINALLY CALLBACK
```

tap 연산자와 달리 subscribe 함수에서 'COMPLETE'를 출력한 후 finalize 연산자가 인자로 사용하는 콜백 함수에서 'FINALLY CALLBACK'을 출력한다. 이는 마지막 complete 함수를 호출한 후 add 함수로 추가한 Subscription 객체의 콜백 함수를 호출하기 때문이다.

[코드 8-5]를 참고하면 Subscription 객체의 콜백 함수는 new Subscription(callback)을 생성한 후에 추가한다. 즉, unsubscribe 함수의 callback 호출 시점이 subscribe 함수 안 complete 함수 호출보다 뒤에 있다. 그래서 'COMPLETE' 출력 이후에 'FINALLY CALLBACK'을 출력하는 것이다.

8.2.1 에러가 발생했을 때의 finalize 연산자 사용

[코드 8-7]은 에러가 발생했을 때의 finalize 연산자 사용 예다.

코드 8-7 에러가 발생했을 때 finalize 연산자 사용 예

```
const { range } = require('rxjs');
const { tap, finalize } = require('rxjs/operators');

range(1, 3).pipe(
    tap(x => x === 3 && x.test()),
    finalize(() => console.log('FINALLY CALLBACK'))
).subscribe(
    x => console.log(`result: ${x}`),
```

```
    err => console.error(`ERROR: ${err}`)
  );
```

실행 결과는 다음과 같다.

```
result: 1
result: 2
ERROR: TypeError: x.test is not a function
FINALLY CALLBACK
```

1~3을 소스 옵저버블에서 발행한다. 이때 3은 tap 연산자의 x.test를 호출해서 일부러 에러를
발생시켰다. 그런데 에러가 출력된 후 finalize 연산자에 있는 콜백 함수를 호출하는 것을 확
인할 수 있다. 여기서도 subscribe 함수 안에 있는 error 콜백 함수를 먼저 호출한 후 finalize
연산자의 콜백 함수를 호출한 것이다.

8.3 toPromise 함수

toPromise는 옵저버블에서 호출할 수 있지만 RxJS의 연산자라기보다 유틸리티 함수라고 볼
수 있다. RxJS 5의 메인 리더인 벤 레시[Ben Lesh]의 블로그 포스팅 'RxJS Observable interop
with Promises and Async-Await[3]'를 읽어보면 연산자라기보다 옵저버블을 구독하여 이를
프로미스로 감싼 형태라고 소개한다. 실제로도 그렇게 동작한다.

지금까지 소개한 연산자는 새로운 옵저버블로 감싸서 리턴하고 이를 구독해서 해당 연산자를
동작시키는 형태였다. 하지만 toPromise 함수는 호출 후 구독해서 동작하는 것이 아니다. 호
출하자마자 새로 생성한 프로미스를 리턴해준다.

또한 프로미스 안 함수에서 소스 옵저버블인 this를 사용해 구독하므로 프로미스 생성과 동시
에 소스 옵저버블을 구독한다. 그리고 toPromise 함수에서 리턴받은 프로미스는 소스 옵저버
블 구독이 완료되었을 때 가장 최근 값을 resolve로 갖는다.

---

3 https://medium.com/@benlesh/rxjs-observable-interop-with-promises-and-async-await-bebb05306875

중간에 에러가 발생하면 해당 프로미스의 reject로 에러를 전달하도록 동작한다. 즉, 이 유틸리티 함수는 호출 즉시 소스 옵저버블을 구독하고 프로미스가 바로 리턴된다는 점에 주의해서 사용해야 한다. [코드 8-8]을 살펴보며 toPromise 함수를 이해해보자.

코드 8-8 toPromise 함수의 사용 예

```
const { interval } = require('rxjs');
const { take, tap } = require('rxjs/operators');

interval(100).pipe(
    take(10),
    tap(x => console.log(`interval tap ${x}`))
).toPromise().then(
    value => console.log(`프로미스 결과 ${value}`),
    reason => console.error(`프로미스 에러 ${reason}`)
);
```

실행 결과는 다음과 같다.

```
interval tap 0
interval tap 1
interval tap 2
interval tap 3
interval tap 4
interval tap 5
interval tap 6
interval tap 7
interval tap 8
interval tap 9
프로미스 결과 9
```

옵저버블을 구독한 적이 없는데 tap 연산자에서 출력하는 내용 그대로 동작한다. 이는 toPromise 함수 때문이다. toPromise 함수를 호출할 때 프로미스를 생성하며 소스 옵저버블을 구독하므로 100ms마다 0부터 1씩 증가하는 10개 숫자가 순서대로 tap 연산자 안에서 호출된다. 그리고 이 소스 옵저버블의 구독이 완료되면 발행한 값을 프로미스 결과로 리턴하는 것이다.

또한 해당 프로미스에 then 함수를 호출해 결괏값을 전달받으면 '프로미스 결과'라는 문구와 함께 결괏값을 출력한다. 에러를 전달받으면 '프로미스 에러'라는 문구와 함께 에러 메시지를 출력한다. [코드 8-8]에서는 소스 옵저버블에 특별히 에러가 발생할 일이 없어서 프로미스에서 완료하기 직전의 마지막 값인 9를 리턴하는 것을 확인할 수 있다.

8.3.1 toPromise 함수의 reject 에러 처리

[코드 8-9]는 toPromise 함수의 소스 옵저버블에서 에러가 발생할 때 프로미스에서 에러를 전달받는지 확인하는 예다.

코드 8-9 toPromise 함수의 소스 옵저버블에서 에러가 발생한 예

```
const { interval } = require('rxjs');
const { take, tap } = require('rxjs/operators');

interval(100).pipe(
    take(10),
    tap(x => console.log(`interval tap ${x < 3 ? x : x.test()}`))
).toPromise().then(
    value => console.log(`프로미스 결과 ${value}`),
    reason => console.error(`프로미스 에러 ${reason}`)
);
```

[코드 8-8]을 조금 바꿔서 tap 연산자 안에서 값이 3 미만일 때는 해당 값을 출력하다가 그 이후에는 x.test를 호출해서 일부러 에러를 발생하도록 했다. 숫자 값만 발행하므로 test를 호출하면 타입 에러가 발생하는 것이다. 실행 결과는 다음과 같다.

```
interval tap 0
interval tap 1
interval tap 2
프로미스 에러 TypeError: x.test is not a function
```

toPromise 함수 호출 때문에 소스 옵저버블을 구독하며 3 미만인 2까지는 값을 발행한다. 그리고 에러가 발생하면 '프로미스 에러'라는 문구와 함께 해당 프로미스의 then 함수 안에 있는 에러 처리 함수를 호출해 에러 메시지를 출력한다.

8.4 toArray 연산자

toArray는 소스 옵저버블에서 발행한 값을 내부에 생성한 배열에 저장하다가 소스 옵저버블 구독이 완료되면 해당 배열을 next 함수로 발행하도록 동작하는 연산자다. toPromise 함수와 이름이 비슷하지만 연산자에 해당한다. 다른 연산자와 마찬가지로 새로운 옵저버블을 리턴하고 이를 구독해야만 옵저버블 안에서 결과를 전달받을 수 있으며 subscribe 함수 호출만으로 구독하는 일은 없기 때문이다. 마블 다이어그램은 [그림 8-2]와 같다.

그림 8-2 toArray 연산자의 마블 다이어그램

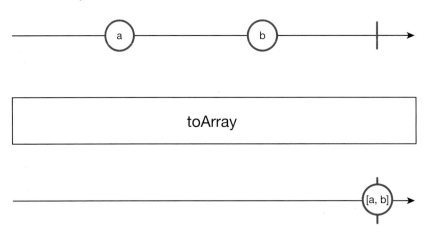

연산자의 원형은 다음과 같다.

```
toArray<T>(): OperatorFunction<T, T[]>
```

이 연산자 또한 소스 옵저버블에서 에러가 발생하면 error 함수를 호출하는 연산자다. 구독을 완료할 때까지 배열에 값을 저장하므로 무한 스트림에서 사용하지 않도록 해야 한다. 또한 너무 많은 값을 저장하면 배열이 커지므로 메모리 이슈에 주의해야 한다.

그러므로 소스 옵저버블에 적절히 filter나 take같은 연산자를 이용해서 필요한 값만 배열에 저장하다가 소스 옵저버블 구독이 완료되면 해당 배열을 발행할 수 있는 처리가 필요하다.

toArray는 개념이 어려운 연산자가 아니므로 [코드 8-10] 예제를 살펴보면서 이해해보자.

```
const { range } = require('rxjs');
const { filter, toArray } = require('rxjs/operators');

range(1, 30).pipe(
    filter(x => x % 2 === 0),
    toArray()
).subscribe(
    value => console.log(`배열여부: ${Array.isArray(value)}, 값: ${value}`)
);
```

소스 옵저버블은 range 함수로 1부터 30까지의 값을 발행하며 filter 연산자로 짝수만 발행하도록 했다. 그리고 마지막에 발행하는 값이 배열이 맞는지와 해당 값으로 어떤 값을 출력하는지 확인한다. 실행 결과는 다음과 같다.

```
배열 여부: true, 값: 2, 4, 6, 8, 10, 12, 14, 16, 18, 20, 22, 24, 26, 28, 30
```

Array.isArray로 배열인지를 확인하면 'true'를 출력하며, 1부터 30 사이의 숫자 중 짝수에만 해당하는 값을 출력한다. 소스 옵저버블에서는 총 15개 값을 발행하지만 최종 구독을 완료한 시점에 배열 1개만 발행한다는 사실을 확인할 수 있다.

8.5 timeout 연산자

timeout은 일정 시간 동안 소스 옵저버블에서 값을 발행하지 않으면 에러를 발생시키는 연산자다.

서버에 어떤 요청을 하거나, 상황에 따라서 기대한 시간보다 오래 걸릴 수 있는 작업에 옵저버블을 사용해야 할 때 유용하다. 인자로 설정한 시간보다 작업 시간이 더 오래 걸리면 타임아웃 에러를 발생시키므로 유용하다. 마블 다이어그램은 [그림 8–3]과 같다.

그림 8-3 timeout 연산자의 마블 다이어그램

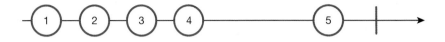

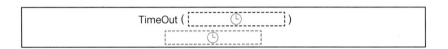

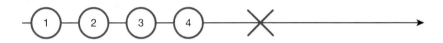

연산자의 원형은 다음과 같다.

```
timeout<T>(
    due: number | Date, scheduler: SchedulerLike = async
): MonoTypeOperatorFunction<T>
```

일정 시간 안에 응답이 오지 않으면 에러 메시지를 표시하거나, 특정 표시를 하지 않거나, 예외 처리를 할 수 있다. 예를 들어 웹 페이지에서 Ajax 통신으로 비동기 서버 요청을 전달받아 응답으로 DOM을 바꿔주어야 하는 상황이 있다고 생각해보자. 서버 장애나 통신상 문제로 2초 이상의 시간 동안 처리가 이뤄지지 않으면 사용자가 기다리기 너무 힘들 것이다.

이럴 때는 해당 DOM 표시를 할 수 없다는 메시지를 보여주거나 에러가 발생했을 때 문구를 표시해야 한다. 에러 콜백을 전달받아 처리할 수도 있고, 3부에서 소개할 에러 핸들링 연산자로 좀 더 자세한 에러 처리를 해줄 수도 있다.

[코드 8-11]은 Node.js에서 프로미스로 비동기 http 호출을 할 수 있는 node-fetch 라이브러리를 이용해 timeout 연산자를 사용하는 예다. 'https://httpbin.org/delay/' 뒤에 초 단위 숫자를 붙이면 서버에서 설정한 시간만큼 지연되다가 응답이 온다. 만약 접속되지 않으면 주석 처리한 source$ 코드로 대체하기 바란다.

```
const { defer } = require('rxjs');
const { timeout } = require('rxjs/operators');
const fetch = require('node-fetch');
const source$ = defer(() =>
    fetch(`https://httpbin.org/delay/${parseInt(Math.random() * 5, 10)}`)
        .then(x => x.json())
);

/* const source$ = timer(Math.floor(Math.random() * 5000))
        .pipe(map(x => ({value: x})));
*/

source$.pipe(timeout(2000)).subscribe(
    x => console.log(`${JSON.stringify(x)}`),
    err => {
        console.error(`${err}`);
        process.exit(1);
    }
);
```

timeout 연산자는 인자로 ms 단위의 지연 시간을 설정한다. 실제 서버와 통신하려고 일부러 5초 미만의 무작위 정숫값을 설정해 서버에 요청하고 2초간 타임아웃(timeout(2000))이 발생하도록 했다. timeout 연산자로 에러를 발생시킬 때는 TimeoutError라는 Error 객체에 'Timeout has occurred'라는 메시지를 담는다. 만약 2초보다 짧은 시간에 응답이 오면 에러 없이 JSON 응답을 출력한다.

node-fetch 라이브러리의 프로미스에 then 함수를 붙여 응답으로 오는 객체에 json 함수를 호출하여 리턴하면 httpbin.org의 body 엘리먼트를 JSON 포맷으로 전달받을 수 있다.[4] 따라서 defer 함수의 fetch 프로미스에 then(x => x.json())을 붙였다.

실행 결과는 다음과 같다.

```
# 타임아웃 에러가 발생했을 때
TimeoutError: Timeout has occurred
```

---

4 https://www.npmjs.com/package/node-fetch

```
# 2초 안에 응답이 올 때
{"args":{},"data":"","files":{},"form":{},"headers":{"Accept":"*/*",
"Accept-Encoding":"gzip,deflate","Connection":"close","Host":"httpbin.org",
"User-Agent":"node-fetch/1.0 (+https://github.com/bitinn/node-fetch)"},
"origin":"xxx.x2x.xx2.1xx","url":"https://httpbin.org/delay/0"}
```

타임아웃 에러가 발생하면 'TimeoutError: Timeout has occurred'를 출력하며, 응답이
오면 JSON 형태의 응답 결과를 볼 수 있다. 만약 해당 서버에 접속할 수 없어 주석 처리한
source$를 사용하면 타임아웃 에러의 결과는 같고, 응답은 {"value": 0}를 출력한다.

## CHAPTER 9

조건 연산자

조건 연산자^{Conditional and Boolean Operators}는 특정 조건에 맞는지 알려주는 불리언 값(boolean value, true 또는 false)을 리턴해 특정 조건에 해당할 때 정해진 값을 발행하는 연산자다. 간단한 연산자가 많아 이해하기 어렵지 않고 알아두면 유용할 때가 많다.

조건을 검사하는 연산자라면 기존에 소개한 필터링 연산자를 떠올릴 수도 있을 것이다. 소스 옵저버블에서 발행하는 값을 확인하는 연산자라면 필터링 연산자가 적합하다. 그런데 이미 발행한 값이 아닌 소스 옵저버블의 특성에 따라서 조건 자체를 분기해야 할 때는 조건 연산자가 유용하다.

이 장에서는 몇 가지 조건 연산자를 살펴보겠다. RxJS 개발 문서에서 소개하는 다섯 가지 중 세 가지를 다룰 것이다. 이 장에서 다루지 않는 every 연산자나 findIndex 연산자는 관심이 있다면 RxJS 공식 문서에서 따로 살펴보기 바란다.

9.1 defaultIfEmpty 연산자

defaultIfEmpty는 소스 옵저버블이 empty 함수로 생성한 옵저버블(앞으로 empty 옵저버블이라고 하겠다)일 때 인자로 설정한 기본값을 발행해주는 연산자다. 마블 다이어그램은 [그림 9-1]과 같다.

그림 9-1 defaultIfEmpty 연산자의 마블 다이어그램

마블 다이어그램을 보면 소스 옵저버블이 아무 값도 발행하지 않고 완료하는 empty 옵저버블이다. 생성 함수인 empty로 만들어줄 수 있다. 하지만 특정 상황에서 아무 값도 발행하지 않고 complete 함수를 호출한다면 다른 연산자에서도 empty 옵저버블로 취급한다. 간혹 옵저버블 스트림에서 아무 값도 발행하지 않고 종료할 때가 있다. 이럴 때 기본값을 설정할 필요가 있다면 유용하다. 연산자의 원형은 다음과 같다.

```
defaultIfEmpty<T, R>(defaultValue: R = null): OperatorFunction<T, T | R>
```

defaultValue는 인자로 설정한 기본값을 발행한다. [코드 9-1]은 defaultIfEmpty 연산자의 구현 코드[1] 일부다. 연산자의 동작을 좀 더 이해할 수 있다.

코드 9-1 defaultIfEmpty 연산자의 구현 코드 중 일부

```
_next(value) {
    this.isEmpty = false;
    this.destination.next(value);
}

_complete() {
    if (this.isEmpty) {
        this.destination.next(this.defaultValue);
```

---

1 http://reactivex.io/rxjs/file/es6/operators/defaultIfEmpty.js.html

```
    }
    this.destination.complete();
  }
```

defaultIfEmpty 연산자는 소스 옵저버블에서 next 함수를 한 번이라도 호출했는지로 empty 옵저버블인지 판단한다. 소스 옵저버블에서 next 함수를 호출했다면 empty 옵저버블을 바로 발행한다.

그럼 소스 옵저버블에서 아무 값도 발행하지 않고 complete 함수를 호출했을 때를 생각해보자. defaultIfEmpty 연산자를 사용했을 때 소스 옵저버블에서 한 번도 next 함수를 호출하지 않았다면 인자로 설정한 기본값을 발행해 구독 완료 처리한다. 즉, 소스 옵저버블이 empty 옵저버블일 때는 기본값을 출력하고, empty 옵저버블이 아니라면 소스 옵저버블의 원래 동작을 처리한다.

[코드 9-1]을 살펴보면 isEmpty 연산자로 empty 옵저버블인지 확인하고, next 함수를 호출하면 isEmpty 연산자는 false를 발행해 소스 옵저버블의 발행 값을 그대로 출력한다. 구독을 완료했을 때는 empty 옵저버블인지를 판단해 기본값을 발행할지 결정한다.

[코드 9-2]는 empty 함수를 직접 사용하지 않고 range 함수로 아무 값도 발행하지 않고 구독 완료할 때와 그 반대 상황을 비교하는 예다.

코드 9-2 defaultIfEmpty 연산자를 이용하는 empty 옵저버블 사용 예

```
const { range } = require('rxjs');
const { defaultIfEmpty } = require('rxjs/operators');
const getRangeObservable = count => range(1, count);

function subscribeWithDefaultIfEmpty(count) {
    getRangeObservable(count)
        .pipe(defaultIfEmpty('EMPTY'))
        .subscribe(value => console.log(`개수(count): ${count}, 값(value): ${value}`));
}

subscribeWithDefaultIfEmpty(0);
subscribeWithDefaultIfEmpty(3);
```

getRangeObservable은 count 값을 인자로 사용해 1부터 count 값까지의 수를 발행하는 RangeObservable을 리턴한다. subscribeWithDefaultIfEmpty 함수는 count 값을 전달받은 후 defaultIfEmpty 연산자를 이용해 getRangeObservable을 구독한다. 인자로 사용하는 count 값과 발행하는 값을 각각 출력한다.

실행 결과는 다음과 같다.

```
개수(count): 0, 값(value): EMPTY
개수(count): 3, 값(value): 1
개수(count): 3, 값(value): 2
개수(count): 3, 값(value): 3
```

0을 전달해 구독했을 때는 count 값이 0이고 empty 옵저버블이므로 기본값인 'EMPTY'를 값으로 출력한다. 그러나 count 값이 3일 때는 'EMPTY'라는 기본값을 발행하지 않고 1, 2, 3을 순서대로 발행한다. 즉, 소스 옵저버블이 empty 옵저버블이면 complete 함수를 호출했을 때 기본값을 발행하고 그렇지 않으면 소스 옵저버블의 원래 동작을 실행하는 것이다.

9.2 isEmpty 연산자

isEmpty는 true/false를 값으로 발행해 소스 옵저버블이 empty 옵저버블인지 아닌지를 알려주고 구독 완료하는 연산자다. defaultIfEmpty 연산자와 달리 소스 옵저버블이 empty 옵저버블이 아닐 때 소스 옵저버블의 원래 동작을 그대로 실행하지 않는다.

예를 들어 에러가 발생할 때를 제외하고 소스 옵저버블에서 next나 complete 함수를 호출하면 그 자리에서 empty 옵저버블인지만 확인해 true/false 값을 발행하고 구독을 완료한다. 즉, 소스 옵저버블에서 값을 발행해서 next 함수를 호출하면 해당 값을 발행하지 않고 false를 발행하며 구독 완료 후 소스 옵저버블에서 complete 함수를 호출하면 true를 발행하고 완료한다. 마블 다이어그램은 [그림 9-2]와 같다.

그림 9-2 isEmpty 연산자의 마블 다이어그램

연산자의 원형은 다음과 같다.

```
isEmpty<T>(): OperatorFunction<T, boolean>
```

[코드 9-3]은 [코드 9-2]에서 연산자만 isEmpty로 바꾼 예다.

코드 9-3 isEmpty 연산자의 사용 예

```
const { range } = require('rxjs');
const { isEmpty } = require('rxjs/operators');
const getRangeObservable = count => range(1, count);

function subscribeWithIsEmpty(count) {
    getRangeObservable(count)
        .pipe(isEmpty())
        .subscribe(value => console.log(`개수(count): ${count}, 값(value): ${value}`));
}

subscribeWithIsEmpty(0);
subscribeWithIsEmpty(3);
```

실행 결과는 다음과 같다.

```
개수(count): 0, 값(value): true
개수(count): 3, 값(value): false
```

count 값이 0이면 소스 옵저버블이 empty 옵저버블이므로 true를 발행했다. count 값이 3
이면 empty 옵저버블이 아니므로 false만 발행하고 구독을 완료한다. 이때 소스 옵저버블은
어떠한 값도 발행하지 않는다.

9.3 find 연산자

find는 인자로 사용하는 predicate 함수로 소스 옵저버블에서 발행하는 값 중 처음으로 함수
조건을 만족했을 때 true를 리턴하는 값을 발행하고 구독을 완료하는 연산자다. 구독을 완료
할 때까지 조건을 만족하는 값이 없었다면 undefined라는 값을 발행한다. 마블 다이어그램은
[그림 9-3]과 같다.

그림 9-3 find 연산자의 마블 다이어그램

연산자의 원형은 다음과 같다.

```
find<T>(
    predicate: (value: T, index: number, source: Observable<T>) => boolean,
    thisArg?: any
): MonoTypeOperatorFunction<T>
```

참고로 predicate 함수를 호출해 동작하는 중 에러가 발생하면 error 함수를 호출해 에러를 전달받는다. 소스 옵저버블에서 에러가 발생해도 error 함수로 에러를 전파한다.

[코드 9–4] 역시 [코드 9–2]에서 설명한 getRangeObservable을 이용해 find 연산자를 사용하는 예다.

코드 9-4 find 연산자의 사용 예

```
const { range } = require('rxjs');
const { find } = require('rxjs/operators');
const getRangeObservable = count => range(1, count);

function subscribeWithFindGreaterThan3(count) {
    getRangeObservable(count)
        .pipe(find(x => x > 3))
        .subscribe(value =>
            console.log(
                `개수(count): ${count}, find 조건: x > 3, 값(value): ${value}`
            )
    );
}

subscribeWithFindGreaterThan3(5);
subscribeWithFindGreaterThan3(1);
```

find 연산자의 조건을 3보다 큰 값으로 설정했으므로 subscribeWithFindGreaterThan3 함수를 처음 호출하면 1에서 5까지 값을 발행하도록 조건을 정했다. 두 번째 호출할 때는 3보다 큰 값이 나올 수 없도록 1이라는 값만 소스 옵저버블에서 발행한다.

실행 결과는 다음과 같다.

```
개수(count): 5, find 조건: x > 3, 값(value): 4
개수(count): 1, find 조건: x > 3, 값(value): undefined
```

1부터 5까지 5개의 값을 발행하는 subscribeWithFindGreaterThan3(5)는 처음으로 3보다 큰 값을 발행하는 4를 결괏값으로 출력한다. 소스 옵저버블에서 값 1개만 발행하는 subscribeWithFindGreaterThan3(1)은 undefined 값을 출력하며 구독을 완료한다.

III

효과적인 RxJS 사용

3부에서는 2부에서 소개한 연산자와 함께 RxJS를 효과적으로 사용하는 방법을 소개한다. 에러 처리 기법, 멀티태스킹을 지원하는 서브젝트와 멀티태스킹 연산자, 비동기 처리의 핵심인 스케줄러를 살펴본다.

Part III

효과적인 RxJS 사용

## CHAPTER 10

에러 처리

에러는 의도했든 의도하지 않았든 발생할 수 있는 부분이다. 지금까지 RxJS에서 에러는 옵저버의 error 함수로 전달해 처리했었다. 그런데 실무에서는 에러가 발생했을 때를 대비하는 다양한 예외 처리가 필요하다.

RxJS에서 에러가 발생하고 error 함수로 에러가 전달된 후에는 구독하던 스트림을 종료한다. 이 상황에서는 재시도나 에러가 발행했을 때 대체해야 하는 동작 등을 처리하기 어렵다. 명령형 프로그래밍에서도 try-catch 등을 이용해서 에러에 관한 예외 처리를 하고 이후 어떻게 할지 구현한다. RxJS에서는 에러 핸들링을 할 수 있는 특별한 연산자들을 제공해 예외 처리를 구현할 수 있다. 이 장에서는 에러가 발생했을 때 도움을 주는 몇 가지 연산자와 이를 활용하는 방법을 소개할 것이다.

10.1 catchError 연산자

catchError는 에러가 발생했을 때 인자로 사용하는 선택자 함수로 해당 에러를 전달하여 여기에서 리턴하는 옵저버블을 대신 구독하는 연산자[1]다. try-catch문처럼 에러가 발생했을 때 이를 확인해 예외 처리하는 방식과 같다. 마블 다이어그램은 [그림 10-1]과 같다.

---

1 이전에는 catch라는 이름을 사용했으나 RxJS 5.5부터 catchError라고 바뀌었다. 자바스크립트의 예약어와 이름이 겹치기 때문이다.

그림 10-1 catchError 연산자의 마블 다이어그램

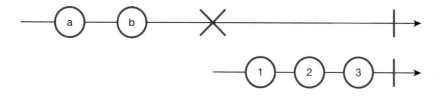

연산자의 원형은 다음과 같다.

```
catchError<T, R>(
    selector: (err: any, caught: Observable<T>) => ObservableInput<R>
): OperatorFunction<T, T | R>
```

소스 옵저버블에서 에러가 발생했을 때는 값을 더 발행하지 않는다. 이때 catchError 연산자는 선택자(selector) 함수에서 리턴하는 옵저버블을 구독해 값을 발행한다. 에러 발생 후에도 값을 발행해야 하거나 에러 발생 없이 프로그램 실행을 끝낼 때 유용하다.

[코드 10-1]은 catchError 연산자의 사용 예다. 정수로 생각되는 문자 배열을 integers 변수에 나열했고 중간에 오타가 나서 r이 들어간 상황이라 가정했다.

코드 10-1 catchError 연산자의 사용 예

```
const { from, of } = require('rxjs');
const { map, tap, pluck, catchError } = require('rxjs/operators');
const integers = ['1', '2', '3', 'r', '5'];

from(integers).pipe(
```

```
        map((value,index) => ({value, index})),
        tap(valueIndex => {
            const {value} = valueIndex;
            const {index} = valueIndex;
            if (!Number.isInteger(parseInt(value, 10))) {
                const error = new TypeError(`${value}은(는) 정수가 아닙니다`);
                error.index = index;
                error.integerCheckError = true;
                throw error;
            }
        }),
        pluck('value'),
        catchError(err => {
            if (err.name === 'TypeError' && err.integerCheckError) {
                const catchArray = [err.message];
                const restArray = integers
                    .slice(err.index, integers.length)
                    .map(x => `에러 후 나머지 값 ${x}`);
                return from([err.message].concat(restArray));
            }
            return of(err.message);
        })
    ).subscribe(x => console.log(x), err => console.error(err));
```

tap 연산자에서 해당 값을 parseInt로 바꿔 정수인지 검사하는데 r은 정숫값이 아니므로 TypeError를 전달한다. 이때 에러가 발생한 지점의 index 값을 error에 넣고 catchError 연산자의 선택자 함수는 err 객체를 전달받는다. 해당 에러가 정수 확인 중 전달된 에러가 맞다면 에러 메시지를 출력한 후 해당 인덱스부터 나머지 값들을 차례로 발행한다. 다른 에러면 에러 메시지만 발행하도록 옵저버블을 리턴한다. 실행 결과는 다음과 같다.

```
1
2
3
r은(는) 정수가 아닙니다
에러 후 나머지 값 r
에러 후 나머지 값 5
```

에러가 발생하기 전까지는 integers 배열 값을 그대로 발행하다가 정수가 아니면 해당 값이 정수가 아니라는 메시지를 출력한 후 나머지 값을 발행한다. 이렇게 에러가 발생했을 때 이를 대체할 옵저버블을 발행하려는 목적으로 catchError 연산자를 사용할 수 있다.

한편 [코드 10-1]에서는 subscribe 함수에 error 함수도 넣었지만 catchError 연산자가 에러를 적절히 처리해줘서 해당 함수를 호출하지 않는 것을 볼 수 있다. 그렇지만 catchError 연산자의 선택자 함수에서 리턴받아 구독한 옵저버블에서 에러가 발생한다면 error 함수를 호출한다.

10.1.1 mergeMap 연산자를 사용한 catchError 연산자 응용

[코드 10-1]에서는 에러가 발생했을 때 배열의 나머지 값들을 발행하려고 index를 사용했다. 그런데 뒤에 어떤 값을 발행할지 모르는 옵저버블일 때 에러가 발생한 값만 메시지를 출력하고 나머지 값들을 계속 발행한다고 생각해보자. 이때 에러 메시지를 출력하거나 이후 소스 옵저버블에서 발행하는 값들을 그대로 전달받는다고 보장할 수 있을까?

[코드 10-1]의 방식대로라면 catchError 연산자의 선택자 함수에서 리턴하는 옵저버블을 구독한 후 프로그램 실행이 끝난다. 에러가 발생한 원래 스트림에서 에러가 발생한 값만 처리하고 나머지 값들을 그대로 이어서 처리할 수 없다. 그래서 mergeMap 연산자를 추가한 후 소스 옵저버블에서 발행하는 값 각각을 옵저버블로 감싸서 여기에 catchError 연산자를 적용해야 한다.

이 방식은 catchError 연산자의 옵저버블 구독이 완료되더라도 mergeMap 연산자의 소스 옵저버블은 계속 값을 발행한다. 따라서 에러가 발생해도 나머지 값들을 계속 발행할 수 있다. [코드 10-2]에서 확인하자.

코드 10-2 mergeMap 연산자 안에서 catchError 연산자 사용

```
const { from, of } = require('rxjs');
const { mergeMap, tap, catchError } = require('rxjs/operators');

from(['1', '2', '3', 'r', '5', '6', 'u', '8']).pipe(mergeMap(x => {
    return of(x).pipe(tap(value => {
        if (!Number.isInteger(parseInt(value, 10))) {
            throw new TypeError(`${value}은(는) 정수가 아닙니다`);
        }
    }),
    catchError(err => of(err.message)));
})).subscribe(x => console.log(x), err => console.error(err));
```

실행 결과는 다음과 같다.

```
1
2
3
r은(는) 정수가 아닙니다.
5
6
u은(는) 정수가 아닙니다.
8
```

[코드 10-1]에서 중간에 에러가 발생할 알파벳인 r과 u를 넣었고, index 관련 코드를 모두 삭제했다. 그리고 mergeMap 연산자 안에서 리턴하는 옵저버블에 catchError 연산자와 관련된 에러 처리를 하도록 만들었다.

mergeMap 연산자에서는 소스 옵저버블에서 발행한 값을 전달받아 of 함수를 이용해 그대로 리턴하려 한다. 이때 tap 연산자에서는 해당 값이 정수인지 확인해서 정수가 아니라면 에러로 처리하도록 했고, catchError 연산자는 에러가 발생하면 선택자 함수로 에러를 전달받아 에러 메시지를 발행하는 옵저버블을 구독하도록 했다. 에러가 없는 값은 그대로 발행하면서 에러가 발생했을 때는 에러 메시지를 발행하도록 동작한다.

10.2 retry 연산자

retry는 에러가 발생했을 때 인자로 설정한 정숫값만큼 소스 옵저버블 구독을 재시도하는 연산자다. 인자로 설정한 값만큼 재시도하다가 다시 에러가 발생하면 이를 처리한다. [그림 10-2] 마블 다이어그램처럼 인자로 2란 값을 설정하면 에러가 발생했을 때 소스 옵저버블을 최대 2번 재구독한다. 재시도 중 에러가 발생하지 않으면 구독을 더 재시도하지 않는다. 에러가 발생했을 때만 구독을 재시도하는 연산자이기 때문이다.

이 연산자는 서버와 통신하면서 간헐적으로 에러가 발생했을 때 통신을 재시도하는 용도로 사용하면 좋다. 연산자를 호출하고 재시도 횟수만 설정하면 서버와 통신 에러가 발생했을 때 별도 재시도 코드를 작성하지 않아도 된다.

그림 10-2 retry 연산자의 마블다이어그램

연산자의 원형은 다음과 같다.

```
retry<T>(count: number = -1): MonoTypeOperatorFunction<T>
```

count는 에러 발생 전 재시도 횟수를 설정한다. 기본값은 −1인데 이는 에러가 발생하지 않는 다면 재시도를 하지 않으려는 목적이다.

retry 연산자는 구독을 재시도할 때 소스 옵저버블을 다시 구독해서 처음부터 값을 발행한다. 만약 재시도 후 에러가 발생하지 않으면 해당 값을 발행하고 스트림을 계속 처리한다. retry 연산자는 재시도할 때 소스 옵저버블을 새로 구독한다. 따라서 소스 옵저버블의 값 각각에 retry 연산자를 적용하고 싶다면 앞서 소개한 mergeMap 연산자로 각 값을 옵저버블로 감싸면 된다. 만약 재시도 횟수를 초과해도 에러가 발생한다면 catchError 연산자를 이용해 계속 값을 발행할 수 있고, 에러 발생 후 전체 스트림을 종료할 수도 있다.

[코드 10-3]에는 0부터 29까지 총 30개 값을 100ms마다 발행하는 소스 옵저버블이 있다. 그리고 mergeMap 연산자에서 값을 발행할 때 tap 연산자로 30% 정도의 확률로 에러를 발생시키는 부수 효과를 처리한다. 이때 retry 연산자로 최대 10회 재시도 이후에도 에러가 발생하면 catchError 연산자를 추가해 에러 메시지를 발행할 수 있도록 했다.

```
const { interval, of } = require('rxjs');
const { take, mergeMap, tap, retry, catchError } = require('rxjs/operators');

interval(100).pipe(
    take(30),
    mergeMap(x => {
        return of(x).pipe(tap(value => {
            if (Math.random() <= 0.3) {
                throw new Error(`RANDOM ERROR ${value}`);
            }
        }),
        retry(10), // 재시도 횟수와 유무에 따라 에러를 방지할 수 있음
        catchError(err => of(err.message))
    );})
).subscribe(x => console.log(x), err => console.error(err));
```

retry(10)이 없다면 에러가 발생했을 때 catchError 연산자 때문에 에러 메시지를 출력했을 것이다. 그러나 retry(10)을 사용하면 10번 중 7번 정도는 에러가 발생하지 않으므로 어지간해서는 에러 없이 값을 발행할 수 있다.

특정 확률로 에러를 발생시킨 이유는 에러가 발생했을 때 구독을 재시도하면 효과가 있다는 것을 확인하려는 것이다. 낮은 확률로 발생하는 에러라면 구독을 재시도해서 에러를 회피하고 정상적인 처리를 이어갈 수 있다. 단, 재시도 횟수가 너무 많으면 성능에 영향이 있을 수 있으니 적절한 재시도 횟수는 개발자가 판단해야 할 몫이다.

retry 연산자를 적용하지 않은 실행 결과(30% 정도 확률로 무작위 에러 발생)는 다음과 같다.

```
0
1
2
3
4
5
6
7
RANDOM ERROR 8
9
10
```

```
RANDOM ERROR 11
RANDOM ERROR 12
13
14
RANDOM ERROR 15
RANDOM ERROR 16
RANDOM ERROR 17
18
19
20
21
22
23
RANDOM ERROR 24
RANDOM ERROR 25
RANDOM ERROR 26
RANDOM ERROR 27
28
29
```

예상대로 30% 정도 확률로 에러가 발생하는 것을 확인할 수 있다.

retry(10) 연산자를 사용한 실행 결과는 다음과 같다.

```
0
1
2
3

    ... 중간 생략 ...

27
28
29
```

retry(10)을 사용하면 에러 없이 모든 값을 발행하는 것을 볼 수 있다. 단, 사용자의 개발 환경에 따라 에러 메시지를 출력할 수도 있다.

참고로 소스 옵저버블 구독을 처음 부터 다시 재시도하려면 mergeMap 연산자를 사용하지 않아도 된다. 하지만 여러 값을 발행하는 스트림 각각에 재시도를 해야 한다면 mergeMap 연산자를 사용해야 한다는 것을 기억하기 바란다.

10.3 retryWhen 연산자

retryWhen는 소스 옵저버블 구독을 재시도한다는 점에서 retry 연산자와 비슷하지만 구독을 재시도하기 전 에러를 전달받아 특정한 옵저버블에서 발행한 후 구독을 재시도하는 연산자다.

마블 다이어그램은 [그림 10-3]과 같다.

그림 10-3 retryWhen 연산자의 마블 다이어그램

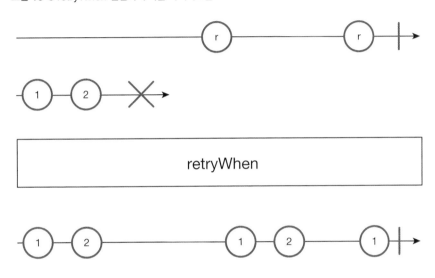

연산자의 원형은 다음과 같다.

```
retryWhen<T>(
    notifier: (errors: Observable<any>) => Observable<any>
): MonoTypeOperatorFunction<T>
```

연산자의 첫 번째 파라미터로 사용하는 notifier 함수는 소스 옵저버블에서 에러가 발생했을 때 해당 에러를 errors라는 옵저버블로 다룬다. 이 옵저버블의 스트림을 전달받아 notifier에서 리턴하는 옵저버블을 구독한다.

notifer에서 리턴하는 옵저버블의 값을 발행하면 이어서 소스 옵저버블 구독을 재시도한다. 여기서 에러가 발생하면 전체 스트림의 구독을 종료한다. complete 함수를 호출하면 동일하게

complete 함수를 호출한다. 그러므로 구독 재시도가 필요하면 재시도하기 전 해줘야 할 일을 처리한 후 아무 값이든 발행해 해당 스트림을 종료시키지 않도록 해야 한다. 만약 더 이상 재시도하지 않고 에러를 발생시키거나 complete 함수를 호출하여 구독을 완료해야 한다면, notifer에서 리턴하는 옵저버블에서 take 연산자나 throwError 함수 등으로 complete 또는 error 함수 호출을 유도해야 한다.

[코드 10-4]는 에러가 발생하면 제한 없이 구독을 재시도하되, 재시도하기 전 재시도 횟수와 해당 에러 메시지를 로그로 출력하도록 [코드 10-3]을 수정한 것이다.

코드 10-4 retryWhen 연산자의 사용 예

```
const { interval, of } = require('rxjs');
const {
    take, mergeMap, tap, retryWhen, scan, catchError
} = require('rxjs/operators');
interval(100).pipe(
    take(30),
    mergeMap(x => {
        return of(x).pipe(tap(value => {
            if (Math.random() <= 0.3) {
                throw new Error(`RANDOM ERROR ${value}`);
            }
        })),
        retryWhen(errors => {
            return errors.pipe(
                scan((acc, error) => {
                    return {
                        count: acc.count + 1,
                        error
                    };
                }, { count: 0 }),
                tap(errorInfo => console.error(
                    `retryCount: ${errorInfo.count},
                    error message: ${errorInfo.error.message}`
                )
            ));
        }),
        catchError(err => of(err.message))
    );})
).subscribe(x => console.log(x), err => console.error(err));
```

errors로 에러를 전달받으면 scan 연산자로 몇 번째 에러인지 count에 누적한 후(초깃값 count가 0이므로 첫 에러가 발생할 때 누적자 함수를 호출해서 count를 1로 만들어 발행한 다), 몇 번째 구독 재시도인지와 그에 따른 에러 메시지를 로그로 출력하게 했다. 구독을 재시 도하기 전 에러 메시지와 재시도 횟수를 확인할 수 있으므로 30% 정도 확률로 무작위 에러가 발생했을 때 몇 번의 재시도로 구독을 성공했는지 알 수 있다.

실행 결과는 다음과 같다. 무작위로 에러가 발생하므로 실행 결과는 독자마다 다를 수 있다.

```
0
1
2

... 중간 생략 ...

13
14
retryCount: 1, error message: RANDOM ERROR 15
15
retryCount: 1, error message: RANDOM ERROR 16
16
retryCount: 1, error message: RANDOM ERROR 17
17
18
19
retryCount: 1, error message: RANDOM ERROR 20
retryCount: 2, error message: RANDOM ERROR 20
20
21

... 중간 생략 ...

27
retryCount: 1, error message: RANDOM ERROR 28
28
29
```

retry 연산자는 구독을 몇 번 재시도해서 성공한 것인지 알기 어려웠으나 [코드 10-4]에서는 1 번 또는 2번 정도 재시도한 후 구독을 성공하는 패턴을 확인할 수 있다. 즉, [코드 10-4]를 응용하면 가끔 에러가 발생하는 서버 환경에서 어떤 에러 때문에 몇 번을 구독 재시도해 성공이나 실패했는지 테스트할 수 있다.

10.3.1 n회 재시도 후 에러 없이 complete 함수 호출

[코드 10-4]는 에러가 발생했을 때 무한히 구독을 재시도한다. [코드 10-5]에서는 notifier 함수에서 리턴하는 옵저버블에 take 연산자를 사용할 것이다.

에러가 발생했을 때 원하는 횟수만큼만 구독을 재시도하다가 마지막 시도에서도 에러가 발생하면 재시도와 에러 처리 없이 complete 함수를 호출한다. 구독 재시도 횟수는 take(2)를 사용해 2회로 제한하고 에러 확률을 50%로 높여서 두 번 재시도에 에러가 발생하도록 했다. 값을 발행하지 못한 상황을 더 눈에 띄게 만든 것이다.

코드 10-5 재시도 후 에러 없이 complete 함수 호출

```
const { interval, of } = require('rxjs');
const {
    take, mergeMap, tap, retryWhen, scan, catchError
} = require('rxjs/operators');

interval(100).pipe(
    take(30),
    mergeMap(x => {
        return of(x).pipe(tap(value => {
            if (Math.random() <= 0.5) {
                throw new Error(`RANDOM ERROR ${value}`);
            }
        }),
        retryWhen(errors => {
            return errors.pipe(
                take(2),
                scan((acc, error) => {
                    return {
                        count: acc.count + 1,
                        error
                    };
                }, { count: 0 }),
                tap(errorInfo => console.error(
                    `retryCount: ${errorInfo.count},
                    error message: ${errorInfo.error.message}`
                ))
            );
        }),
        catchError(err => of(err.message))
```

```
    );})
).subscribe(x => console.log(x), err => console.error(err));
```

errors 바로 다음에 take(2)를 사용했다. 이렇게 하면 notifier에서 리턴하는 옵저버블이 값을 두 번만 발행하도록 만들 수 있다. 그럼 처음 에러를 전달받았을 때 retryCount: 1을 출력하며 1번 재시도한다. 그다음 에러를 전달받았을 때는 retryCount: 2를 출력하며 2번 재시도하다가 take(2) 때문에 옵저버블 구독을 완료한 상태가 된다.

이후에 에러가 발생하면 errors까지는 값을 전달해 발행하다가 take(2) 이후부터는 이미 전체 옵저버블의 구독이 완료되었으므로 더 이상 값을 출력하지 않는다. 만약 take(2)를 가장 나중에 실행하면 재시도 횟수는 같겠지만, 세 번째 에러를 전달받을 때는 take(2) 전까지 연산자가 동작한다. 따라서 retryCount: 3이 출력되는 것을 볼 수 있다. 그러나 이는 실제로 세 번째 재시도가 아닐 수도 있으므로 2번 값을 발행하면 불필요하게 에러 처리하지 않도록 take(2)는 가장 먼저 실행하는 것이 좋다.

실행 결과는 다음과 같다. 50%의 확률을 적용하려고 Math.random을 이용하였으므로 결과는 실행할 때마다 다를 수 있다.

```
retryCount: 1, error message: RANDOM ERROR 0
retryCount: 2, error message: RANDOM ERROR 0
0
1
retryCount: 1, error message: RANDOM ERROR 2
retryCount: 2, error message: RANDOM ERROR 2
2
3


... 중간 생략 ...


9
10
retryCount: 1, error message: RANDOM ERROR 11
retryCount: 2, error message: RANDOM ERROR 11
retryCount: 1, error message: RANDOM ERROR 12
12
retryCount: 1, error message: RANDOM ERROR 13
13
retryCount: 1, error message: RANDOM ERROR 14
```

```
retryCount: 2, error message: RANDOM ERROR 14
14

... 중간 생략 ...

28
29
```

0과 2는 2번 재시도해서 구독을 성공했으므로 해당 값을 잘 발행하지만, 11일 때는 2번 재시도를 했다가 구독에 실패했다. 그래서 값을 발행하지 않은 상태로 다음 값인 12의 발행을 시도한다. 12는 1번의 재시도만에 구독을 성공해서 발행했다.

즉, 11이란 값은 catchError 연산자로 에러 메시지를 출력하지 않고 두 번째 재시도가 실패해서 발행되지도 않았다. retry(2)와 비슷하지만 마지막 두 번째 재시도에서 에러를 발생시키지 않고 complete 함수를 호출하는 것이 다른 점이다.

10.3.2 n회 재시도 후 에러 처리

[코드 10-5]는 2회 재시도하고 또 에러가 발생하면 그냥 구독을 완료하는 형태로 동작했다. 이번에 소개할 [코드 10-6]은 retry(n) 형태다. 최대 n회 재시도하고 이후에도 에러가 발생하면 이를 알리고 종료하는 예다.

코드 10-6 마지막 재시도 후 에러 처리

```javascript
const { interval, of, throwError } = require('rxjs');
const {
    take, mergeMap, tap, retryWhen, scan, catchError
} = require('rxjs/operators');
const n = 2;

interval(100).pipe(
    take(30),
    mergeMap(x => {
        return of(x).pipe(tap(value => {
            if (Math.random() <= 0.5) {
                throw new Error(`RANDOM ERROR ${value}`);
            }
        }),
```

```
        retryWhen(errors => {
            return errors.pipe(
                scan((acc, error) => {
                    return {
                        count: acc.count + 1,
                        error
                    };
                }, { count: 0 }),
                mergeMap(errorInfo => {
                    if (errorInfo.count === n + 1) {
                        return throwError(errorInfo.error);
                    }
                    return of(errorInfo);
                }),
                tap(errorInfo => console.error(
                    `retryCount: ${errorInfo.count},
                    error message: ${errorInfo.error.message}`
                ))
            );
        }),
        catchError(err => of(err.message))
    );})
).subscribe(x => console.log(x), err => console.error(err));
```

이번에는 n 값을 const로 선언하고 이를 바탕으로 mergeMap 연산자를 사용한다. 그리고 n + 1번 에러부터는 n번 재시도한 후 발생한 에러이므로 throwError 함수를 이용해 에러를 발생시키도록 처리했다.

[코드 10-6]에서는 take(n)을 사용하지 않았다. take(n) 연산자는 값 n개를 발행한 이후에 구독을 재시도하지 않고 완료하므로 n + 1번째에서 에러가 발생해도 구독을 재시도하지 않는다. 하지만 [코드 10-6]은 n + 1번째에서 에러가 발생하면 n번 구독을 재시도하고 n + 1번째 에러를 발행할 수 있다. 따라서 에러가 발생하면 catchError 연산자를 이용해 에러 메시지를 발행하도록 처리했다. 만약 catchError 연산자가 없다면 n + 1번째에서 에러가 발생했을 때 전체 스트림이 종료될 것이다.

실행 결과는 다음과 같다. 무작위로 에러가 발생하므로 실행 결과는 독자마다 다를 수 있다.

```
0
retryCount: 1, error message: RANDOM ERROR 1
```

```
retryCount: 2, error message: RANDOM ERROR 1
1
retryCount: 1, error message: RANDOM ERROR 2
2
3
retryCount: 1, error message: RANDOM ERROR 4
retryCount: 2, error message: RANDOM ERROR 4
4
retryCount: 1, error message: RANDOM ERROR 5
5
retryCount: 1, error message: RANDOM ERROR 6
retryCount: 2, error message: RANDOM ERROR 6
RANDOM ERROR 6
7

... 중간 생략 ...

25
retryCount: 1, error message: RANDOM ERROR 26
26
27
28
29
```

4는 두 번 재시도한 후 구독에 성공해서 값을 발행한다. 하지만 6은 두 번 재시도했지만 구독에 실패해서 'RANDOM ERROR 6'을 발행한다. 즉 최대 2번 구독을 재시도하다 성공하면 해당 값을 발행하고 구독 실패하면 catchError 연산자로 에러 메시지를 발행한다.

[코드 10-6]은 retry(n)처럼 최대 n번 구독 재시도하다 실패하면 에러로 처리한다는 점에서 [코드 10-4]와 같다. 그런데 retryWhen 연산자는 재시도하기 전 미리 로그를 출력할 수 있고 재시도하기 전 delay 연산자로 지연 시간을 설정하는 처리도 할 수 있다는 점에서 차이가 있다. 이러한 방법을 응용하면 일정 간격으로 재시도 시점이나 로그 출력을 조절하는 등 재시도하기 전 원하는 처리를 할 수 있다.

따라서 최대 n번 구독 재시도하다 에러가 발생한다면 retry 연산자를 사용하고, 에러 처리 전, 에러 순서, 에러 특성에 따라 처리해야 할 것이 있다면 retryWhen 연산자를 적절히 활용하자. 또한 next(재시도) 함수를 호출할지, error(에러를 냄) 함수를 호출할지, complete(에러 없이 완료) 함수를 호출할지도 적절히 선택하기 바란다.

## CHAPTER 11

서브젝트

지금까지 다루었던 옵저버블은 멀티캐스팅을 지원하지 않았다. subscribe 함수를 호출해서 항상 새로 구독했고, 구독 중인 옵저버블은 옵저버의 next, error, complete 함수를 호출해서 보내는 정보를 여러 옵저버에게 전파하지 않았다. 즉, 이벤트 리스너를 등록하여 여러 옵저버에게 값을 전파하는 멀티캐스팅 방식의 옵저버 패턴이 아니었던 것이다.

이 장에서는 서브젝트^{Subject}라는 객체의 특성과 종류를 소개하고, 이를 이용해 어떻게 멀티캐스팅을 지원하는지 다루겠다.

11.1 서브젝트의 특성

지금까지 소개한 옵저버블은 subscribe 함수를 호출하는 시점에 여러 옵저버를 등록하지 않으므로 멀티캐스팅을 지원하지 않는다. 멀티캐스팅을 지원하지 않는 옵저버블을 콜드 옵저버블^{Cold Observable}이라고 한다.

그런데 서브젝트는 멀티캐스팅을 지원하려고 옵저버이면서 옵저버블이라는 특성이 있다. 콜드 옵저버블과 달리 옵저버블의 특성이 있어 subscribe 함수를 호출했을 때 옵저버를 등록한다.[1]

---

1 참고로 핫 옵저버블(Hot Observable)은 멀티캐스팅을 지원하는 옵저버블이며 서브젝트를 먼저 이해해야 설명하기 쉽다. 따라서 나중에 다룰 것이다.

이렇게 등록된 옵저버들은 서브젝트가 보내는 값이나 이벤트, 에러, 구독 완료 등의 정보를 받을 수 있다. [코드 11-1]은 서브젝트를 생성하고, 옵저버 3개가 서브젝트를 구독하는 예다.

코드 11-1 옵저버블로 사용하는 서브젝트

```
const { Subject } = require('rxjs');
const subject = new Subject();

const observerA = {
    next: x => console.log(`observerA: ${x}`),
    error: e => console.error(`observerA: ${e}`),
    complete: () => console.log('observerA: complete')
};

const observerB = {
    next: x => console.log(`observerB: ${x}`),
    error: e => console.error(`observerB: ${e}`),
    complete: () => console.log('observerB: complete')
};

const observerC = {
    next: x => console.log(`observerC: ${x}`),
    error: e => console.error(`observerC: ${e}`),
    complete: () => console.log('observerC: complete')
};

subject.subscribe(observerA);
subject.subscribe(observerB);
subject.subscribe(observerC);
```

서브젝트가 어떤 일을 하는지 지정되지 않았고, subscribe 함수로 각 옵저버를 등록만 했다. 아직까지 이벤트를 전파하거나 값을 생성하는 등은 정의하지 않은 것이다. 서브젝트가 옵저버로서의 특성이 있으므로 각 옵저버로 값, 에러, 완료는 next, error, complete 함수를 호출해서 보낼 수 있다.

코드 11-2 옵저버로 사용하는 서브젝트

```
// [코드 11-1] 포함

subject.next(1);
```

```
subject.next(2);
subject.next(3);
```

[코드 11-1]과 [코드 11-2]의 실행 결과는 다음과 같다.

```
ObserverA: 1
ObserverB: 1
ObserverC: 1
ObserverA: 2
ObserverB: 2
ObserverC: 2
ObserverA: 3
ObserverB: 3
ObserverC: 3
```

한편 서브젝트의 next 함수를 호출할 때는 subscribe 함수로 등록한 옵저버들에게 값을 전파한다. 옵저버로서 error, complete 함수도 호출할 수 있다. 단, [코드 11-3]이나 [코드 11-4]처럼 error나 complete 함수를 호출한 후에는 next 함수로 값을 더 전파할 수 없다.

코드 11-3 error 함수 호출 후 next 함수 호출

```
// [코드 11-1] 포함

subject.error(new Error('error!'));
subject.next(4);
subject.complete();
```

실행 결과는 다음과 같다.

```
ObserverA: Error: error!
ObserverB: Error: error!
ObserverC: Error: error!
```

코드 11-4 complete 함수 호출 수 next 함수 호출

```
// [코드 11-1] 포함

subject.complete();
```

```
subject.next(4);
subject.error(new Error('error!'));
```

실행 결과는 다음과 같다.

```
ObserverA: complete
ObserverB: complete
ObserverC: complete
```

11.2 서브젝트와 옵저버블의 연결

서브젝트 자체는 next, error, complete 함수만으로 값을 발행하므로 실용적이지 않을 수 있다. 특정 옵저버블에서 보내는 값, 이벤트, 에러, 완료를 멀티캐스팅할 수 있게 연계하는 방법이 필요하다.

이 절에서는 interval 생성 함수를 이용해 콜드 옵저버블일 때 어떻게 동작하는지를 살펴본 후이를 서브젝트와 연결하여 멀티캐스팅되는 방식을 구현해보겠다. 먼저 [코드 11-5]를 살펴보자. 500ms 간격으로 0부터 4까지 출력하는 옵저버블을 사용했다.

코드 11-5 interval 생성 함수를 이용한 콜드 옵저버블 동작

```
const { interval } = require('rxjs');
const { take } = require('rxjs/operators');

const intervalSource$ = interval(500).pipe(take(5));

const observerA = {
    next: x => console.log(`observerA: ${x}`),
    error: e => console.error(`observerA: ${e}`),
    complete: () => console.log('observerA: complete')
};

const observerB = {
    next: x => console.log(`observerB: ${x}`),
    error: e => console.error(`observerB: ${e}`),
    complete: () => console.log('observerB: complete')
```

```
};

intervalSource$.subscribe(observerA);
setTimeout(() => intervalSource$.subscribe(observerB), 2000);
```

실행 결과는 다음과 같다.

```
observerA: 0
observerA: 1
observerA: 2
observerA: 3
observerB: 0
observerA: 4
observerA: complete
observerB: 1
observerB: 2
observerB: 3
observerB: 4
observerB: complete
```

만약 2초 후 구독하는 observerB가 발행하는 값이 2초 후 발행하는 값인 3이라고 예상했다면, 각 옵저버로 멀티캐스팅하는 구조를 이해한 것이다. [코드 11-5] 콜드 옵저버블의 동작은 [그림 11-1]처럼 설명할 수 있다.

그림 11-1 콜드 옵저버블의 동작 원리

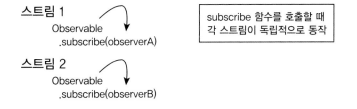

subscribe 함수를 호출하는 각 옵저버블 구독이 따로 동작하며 매번 새로 구독하는 구조다.

그럼 서브젝트를 이용해서 어떻게 기존 옵저버가 멀티캐스팅되는 구조로 연결할 수 있을까? 우선 서브젝트를 선언하고 [코드 11-1]에서 살펴본 것처럼 서브젝트를 구독하는 subject. subscribe가 필요하다.

[코드 11-6]에서는 [코드 11-5]를 기반으로 서브젝트를 새로 선언하고 intervalSource$ 대신 해당 자리를 서브젝트로 바꿨다.

코드 11-6 서브젝트를 새로 선언해 대체

```
const { Subject } = require('rxjs');
const subject = new Subject();

const intervalSource$ = interval(500).pipe(take(5));

// [코드 11-5] observerA, observerB 부분 생략

subject.subscribe(observerA);
setTimeout(() => subject.subscribe(observerB), 2000);
```

다음으로 서브젝트에서 next, error, complete 함수로 값을 전달해야 하므로 [코드 11-7]처럼 intervalSource$를 구독하여 해당 서브젝트로 보내는 작업을 추가해야 한다.

코드 11-7 intervalSource$를 구독해 서브젝트로 보내는 작업 추가

```
const { Subject } = require('rxjs');
const subject = new Subject();

const intervalSource$ = interval(500).pipe(take(5));

// [코드 11-5] observerA, observerB 부분 생략

subject.subscribe(observerA);

intervalSource$.subscribe({
    next: x => subject.next(x),
    error: e => subject.error(e),
    complete: () => subject.complete()
});

setTimeout(() => subject.subscribe(observerB), 2000);
```

intervalSource$ 구독을 시작하고 2초 후에 observerA를 구독한다는 것을 보여주어야 하므로 setTimeout 직전에 코드를 위치시켰다.

실행 결과는 다음과 같다.

```
observerA: 0
observerA: 1
observerA: 2
observerA: 3
observerB: 3
observerA: 4
observerB: 4
observerA: complete
observerB: complete
```

멀티캐스팅이 잘 된다. [코드 11-6]과 [코드 11-7]로 설명한 서브젝트의 멀티캐스팅 특성은 [그림 11-2]로 설명할 수 있다.

그림 11-2 서브젝트의 동작 원리

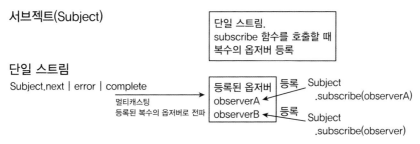

서브젝트는 옵저버블의 특성이 있으므로 subscribe 함수를 호출할 수 있다. 하지만 구조는 콜드 옵저버블과는 조금 다르다. 콜드 옵저버블은 subscribe 함수를 호출할 때 내부 옵저버에 어떤 값을 전달할지 정의되어 있으므로 그에 맞춰 해당 옵저버에 값을 전달해준다.

서브젝트 내부에는 옵저버에 어떤 동작을 전달할지에 관한 정보가 없고 subscribe 함수가 여러 개 옵저버를 등록하는 역할을 한다. 그리고 next, error, complete 함수를 호출해서 값을 전달한다. 옵저버의 특성도 있기 때문이다. 즉, 서브젝트 하나에서 스트림 하나가 여러 옵저버로 전파되는 구조라고 할 수 있다.

[코드 11-7]까지 서브젝트와 연계한 멀티캐스팅을 살펴봤다. 하지만 [코드 11-7]에는 아쉬운 부분이 있다. intervalSource$.subscribe의 인자로 사용하는 옵저버의 함수와 서브젝트로 호출하는 함수가 중복되어 깔끔해 보이지 않는다는 점이다. 이럴 때는 subscribe 함수의 인자로

서브젝트 자체를 사용하면 된다. 서브젝트는 옵저버이기도 하므로 옵저버블에서 값을 바로 서브젝트로 전달해줘서 함수 중복을 피할 수 있다. [코드 11-8]처럼 수정한다.

코드 11-8 옵저버블에서 값을 바로 서브젝트로 전달

```
const { Subject } = require('rxjs');
const subject = new Subject();

const intervalSource$ = interval(500).pipe(take(5));

// [코드 11-5] observerA, observerB 부분 생략

subject.subscribe(observerA);

// 수정 코드 => 한 줄로 간결해짐
intervalSource$.subscribe(subject);

setTimeout(() => subject.subscribe(observerB), 2000);
```

실행 결과는 다음과 같다.

```
observerA: 0
observerA: 1
observerA: 2
observerA: 3
observerB: 3
observerA: 4
observerB: 4
observerA: complete
observerB: complete
```

코드가 아까보다 더 간결해졌고, 결과도 기대한 것처럼 멀티캐스팅되었다. 즉, 서브젝트의 옵저버블 특성을 잘 활용하면 subscribe 함수를 호출해 여러 옵저버를 등록할 수 있다. 또한 옵저버 특성을 잘 활용하면 옵저버블과 연결하거나 직접 옵저버의 함수들을 호출해서 멀티캐스팅하려는 값, 이벤트, 에러, 완료에 관한 정보를 보낼 수 있다.

참고로 멀티캐스팅할 수 있는 옵저버블인 핫 옵저버블Hot Observable을 생성하면 내부에 서브젝트가 있는 옵저버블을 생성하여 이 절에서 설명한 서브젝트 구조를 추상화할 수 있다. 따라서 서

브젝트는 RxJS의 멀티캐스팅 방법이자 핫 옵저버블을 설명하는 배경 지식이기도 하다. 뒤에서 더 자세히 설명하겠다.

11.3 서브젝트의 에러와 완료 처리

지금까지 살펴본 예제로 서브젝트를 구독하는 옵저버들의 특성을 살펴봤다. next 함수로 값을 전달하는 것과 error와 complete 함수 호출도 해당 내용을 구독하는 옵저버들에게 전달하는 것을 확인했다.

이 절에서는 옵저버가 error와 complete 함수를 호출한 후 서브젝트를 구독하면 어떤 현상이 있는지 살펴볼 것이다. 또한 unsubscribe 함수를 호출했을 때 역할과 함수 호출 후 서브젝트를 구독했을 때 어떤 현상이 있는지도 살펴보겠다. 중복 코드를 줄이려고 [코드 11-1]에서 소개한 observerA~observerC 부분이 있다고 가정하고 설명하도록 하겠다.

next 함수는 subscribe 함수 호출 전 전달한 값은 이후 구독하는 옵저버로 전달하지 않았다. 그러나 [코드 11-9]와 [코드 11-10]의 error와 complete 함수 호출 결과는 이후에 구독하는 옵저버에게도 전파한다. 즉, 이미 해당 서브젝트에 에러가 발생했거나 서브젝트 구독을 완료했다는 것을 알려준다.

코드 11-9 서브젝트의 에러 발생 상황을 전파

```
const { Subject } = require('rxjs');
const subject = new Subject();

// [코드 11-1] observerA~observerC 부분 생략

subject.error('error');
subject.subscribe(observerA);
subject.subscribe(observerB);
```

실행 결과는 다음과 같다.

```
observerA: error
observerB: error
```

```
const { Subject } = require('rxjs');
const subject = new Subject();

// [코드 11-1] observerA~observerC 부분 생략

subject.complete();
subject.subscribe(observerA);
subject.subscribe(observerB);
```

실행 결과는 다음과 같다.

```
observerA: complete
observerB: complete
```

서브젝트는 unsubscribe 함수도 제공한다. unsubscribe 함수를 호출하면 아무 일도 일어나지 않은 것 같지만 이후 모든 옵저버를 대상으로 멀티캐스팅할 수 없다 next, error, complete 함수를 호출할 때도 에러가 발생하며 멀티캐스팅하려고 특정 옵저버가 구독을 시도해도 에러가 발생한다. 이는 등록된 옵저버가 있는 배열을 null로 만들며, 더 사용할 수 없는 서브젝트로 취급해 closed 플래그를 true로 인식해 에러가 발생하는 것이다. 더 자세한 사항은 서브젝트의 구현 코드[2]에서 확인할 수 있다.

방금 설명한 내용을 확인하는 [코드 11-11]을 실행해보자. unsubscribe 함수 호출 이후에는 아무 것도 할 수 없고, ObjectUnsubscribedError 에러가 발생한다. 주석 처리한 것을 하나씩만 해제하고 다른 코드는 주석 처리한 상태에서 실행 결과를 확인하기 바란다.

코드 **11-11** 서브젝트의 unsubscribe 함수의 동작

```
const { Subject } = require('rxjs');
const subject = new Subject();

// [코드 11-1] observerA~observerC 부분 생략

subject.subscribe(observerA);
subject.subscribe(observerB);
```

2 http://reactivex.io/rxjs/file/es6/Subject.js.html

```
subject.unsubscribe();

// subject 구독 해제 후 다시 구독한다.
subject.subscribe(observerC);

// 하나씩만 주석 처리를 해제한 후 코드를 실행한다.
// subject.next(1);
// subject.error('error');
// subject.complete();
```

실행 결과는 다음과 같다.

```
ObjectUnsubscribedError
```

11.4 서브젝트의 종류

지금까지 소개한 서브젝트는 기본 서브젝트다. RxJS에는 멀티캐스팅이 가능하면서 서브젝트를 상속받는 다양한 방식의 서브젝트가 있다. 이 장에서는 다음 세 가지 서브젝트를 다루겠다.

- **BehaviorSubject**: 시간과 같은 연속인 값을 다루는 구조에 적합하다. 초깃값이 있어 언제 구독해도 항상 값이 있다.
- **ReplaySubject**: 서브젝트를 생성할 때 인자로 설정한 수만큼 최근 전달받은 아이템을 갖고 있다가 다음 구독할 때 해당 수만큼 이벤트를 전달한다.
- **AsyncSubject**: 서브젝트 구독 완료 후 가장 마지막에 있는 아이템을 전달한다.

11.4.1 BehaviorSubject

기본 서브젝트는 어떤 일을 해야 할지 정의되어 있지 않아서 당장 subscribe 함수를 호출해도 어떤 동작을 하지 않는다. 그러나 BehaviorSubject는 subscribe 함수를 호출하자마자 next 함수에서 전달받을 수 있는 초깃값이 있다.

생성할 때 초깃값을 전달하고, 옵저버의 함수가 한 번도 호출되지 않아 아무 값도 전달받지 않는다면 초깃값을 그대로 사용한다. error나 complete 함수가 호출되지 않았다면 subscribe

함수를 호출할 때마다 최근에 next 함수에서 전달받은 값을 준다. 즉, 초깃값이든 최근 값이든 subscribe 함수를 호출하자마자 전달받을 수 있는 값이 있는 서브젝트다. 이 서브젝트의 용도는 시간이나 온도와 같이 연속적인 값을 전달받아야 하는 상황에서 유용하다.

[코드 11-12]는 BehaviorSubject의 기본 동작 예다.

코드 11-12 BehaviorSubject의 기본 동작 예

```
const { BehaviorSubject } = require('rxjs');
const behaviorSubject = new BehaviorSubject('초기값');

// [코드 11-1] observerA~observerC 부분 생략

behaviorSubject.subscribe(observerA);
behaviorSubject.next('값1');

behaviorSubject.subscribe(observerB);
behaviorSubject.next('값2');

behaviorSubject.subscribe(observerC);
behaviorSubject.next('값3');
behaviorSubject.next('값4');
behaviorSubject.next('값5');
```

실행 결과는 다음과 같다.

```
observerA: 초깃값
observerA: 값 1
observerB: 값 1
observerA: 값 2
observerB: 값 2
observerC: 값 2
observerA: 값 3
observerB: 값 3
observerC: 값 3
observerA: 값 4
observerB: 값 4
observerC: 값 4
observerA: 값 5
observerB: 값 5
observerC: 값 5
```

어떤 값이든 전달받기 전인 observerA를 구독할 때는 초깃값을 먼저 전달받는다. 이후 기본 서브젝트처럼 next 함수로 전달한 '값 1'을 발행한다. 그 이후 구독한 observerB는 가장 최근에 전달한 '값 1'을 구독하자마자 next 함수로 전달받는다.

즉, BehaviorSubject는 어떤 옵저버든 subscribe 함수를 호출할 때마다 바로 전달받을 수 있는 값이 있다. 이후에는 멀티캐스팅으로 구독하는 모든 옵저버가 next 함수로 값을 전달받을 수 있는 구조다. 모든 옵저버가 최신 값이 없으면 초깃값을, 최신 값이 있으면 최신 값을 먼저 전달받고 이후에 전달받는 '값 3'부터 '값 5'는 멀티캐스팅된 것을 확인할 수 있다.

현재 값을 가져올 수 있는 value 또는 getValue 함수

BehaviorSubject는 서브젝트 중 유일하게 항상 값을 갖는다. 따라서 현재 값을 subscribe 함수 호출 없이 바로 전달받을 수 있는 게터getter 함수 getValue를 제공한다. behaviorSubject.value로 바로 접근할 수 있다.

이러한 특징은 최신 값으로 다음 값을 결정할 때 유용하다. [코드 11-13]은 1초마다 1씩 값이 증가하는 동작을 scan이나 reduce 연산자가 아닌 BehaviorSubject를 이용하여 구현한 예다. observerA와 B는 [코드 11-1]과 같다고 가정했고, 무한한 값 발행을 막으려고 take 연산자를 이용해 값 발행을 5번으로 제한했다.

코드 11-13 BehaviorSubject를 이용하여 구현한 숫자 동작

```
const { BehaviorSubject, interval } = require('rxjs');
const { take, map } = require('rxjs/operators');
const behaviorSubject = new BehaviorSubject(0);

// [코드 11-1] observerA~observerB 부분 생략

const incrementInterval$ =
    interval(1000).pipe(
        take(5),
        map(x => behaviorSubject.value + 1) // 최신 값에서 1 증가시킨 값으로 변환
        // map(x => behaviorSubject.getValue() + 1)
    );

// incrementInterval$를 behaviorSubject와 연결하여 구독 시작
incrementInterval$.subscribe(behaviorSubject);
```

```
// observerA 바로 구독
behaviorSubject.subscribe(observerA);

// observerB는 3.2초 후 구독해 가장 최신 값 3이 바로 나오는지 확인
setTimeout(() => behaviorSubject.subscribe(observerB), 3200);
```

실행 결과는 다음과 같다.

```
observerA: 0
observerA: 1
observerA: 2
observerB: 2
observerA: 3
observerB: 3
observerA: 4
observerB: 4
observerA: 5
observerB: 5
observerA: complete
observerB: complete
```

결과에서 볼 수 있듯 1씩 값이 증가하며 멀티캐스팅도 잘 된다. observerA를 최초로 구독한 시점에 0을 바로 출력하며, 그 후 1초마다 1씩 증가된 값을 출력한다. 3.2초 후 observerB를 구독하면 바로 2를 출력하고 그 다음 3~5를 멀티캐스팅해서 잘 전달받고 마지막 take 연산자로 complete 함수까지 호출한다.

behaviorSubject가 구독하는 incrementInterval$는 behaviorSubject.value에서 1 증가한 값을 behaviorSubject로 전달한다. behaviorSubject의 현재 값이 behaviorSubject의 다음 값에 영향을 주는 것이다. scan이나 reduce 연산자에 있는 누적자를 이용하지 않고 서브젝트 내부의 현재 값을 이용하는 방법으로 구현한 예라고 할 수 있다.

참고로 behaviorSubject.value뿐만 아니라 behaviorSubject.getValue를 사용해도 같은 결과가 나온다. 주석 처리한 코드로 교체해 실행해보기 바란다.

11.4.2 ReplaySubject

ReplaySubject는 next 함수로 지정한 개수만큼 연속해서 전달한 최신 값을 저장했다가 다음 구독 때 해당 개수만큼 옵저버로 발행한다. 그 후 멀티캐스팅되는 값을 발행하는 서브젝트다.

서브젝트를 생성할 때 연속해서 전달해야 하는 값 개수를 지정할 수 있다. 개수를 지정하지 않으면 메모리와 관련한 성능 문제가 발생함에 주의해야 한다. 일반 서브젝트의 멀티캐스팅이 생방송이라면, ReplaySubject는 앞부분 일부를 녹화한 생방송 정도로 비유할 수 있다. RxJS 4 문서의 'Cold vs. Hot Observables[3]' 중 멀티캐스팅 가능한 핫 옵저버블을 비유할 때 나왔던 표현이기도 하다.

우선 [코드 11-14]에서 ReplaySubject를 특정 개수만큼 지정하도록 생성한 후 어떻게 동작하는지 살펴보자.

코드 11-14 ReplaySubject의 기본 사용 예

```
const { ReplaySubject, interval } = require('rxjs');
const { take } = require('rxjs/operators');
const replaySubject = new ReplaySubject(3);

const intervalSource$ = interval(500).pipe(take(8));

// [코드 11-1] observerA~observerB 부분 생략

console.log("try replaySubject.subscribe(observerA)");
replaySubject.subscribe(observerA);

console.log("try intervalSource$.subscribe(replaySubject)");
intervalSource$.subscribe(replaySubject);

setTimeout(() => {
    console.log("try replaySubject.subscribe(observerB), setTimeout 2600ms");
    replaySubject.subscribe(observerB);
}, 2600);
```

---

3 https://github.com/Reactive-Extensions/RxJS/blob/master/doc/gettingstarted/creating.md#cold-vs-hot-observables

실행 결과는 다음과 같다.

```
try replaySubject.subscribe(observerA)
try intervalSource$.subscribe(replaySubject)
observerA: 0
observerA: 1
observerA: 2
observerA: 3
observerA: 4
try replaySubject.subscribe(observerB), setTimeout 2600ms
observerB: 2
observerB: 3
observerB: 4
observerA: 5
observerB: 5
observerA: 6
observerB: 6
observerA: 7
observerB: 7
observerA: complete
observerB: complete
```

연속해서 전달할 값 개수는 3개로 지정했고, observerA가 먼저 0~4를 구독해 발행한다. 그리고 2.6초 후에 observerB를 구독하면 가장 최근 저장한 값 3개인 2, 3, 4를 전달해 발행한다. 이렇게 연속 값 전달 작업이 끝난 후 intervalSource$에서 전달하는 다음 값인 5부터 다시 발행한다. 또한 take(8)을 사용했으므로 0을 포함한 마지막 8번째 값 7까지 전달해 발행한 후 멀티캐스팅으로 연결된 두 옵저버에 구독 완료를 전달해 실행을 끝낸다.

제한 없이 값을 전달하는 ReplaySubject

[코드 11-14]에서 ReplaySubject 생성 부분에 인자를 사용하지 않으면 제한 없이 연속해서 값을 전달할 수 있다. ReplaySubject의 구현 코드[4] 11행을 보면 인자를 사용하지 않았을 때 연속으로 값을 전달하는 수(bufferSize)로 Number.POSITIVE_INFINITY를 할당했다.

[코드 11-5]는 제한 없이 값을 전달하는 ReplaySubject의 사용 예다.

---

4 http://reactivex.io/rxjs/file/es6/ReplaySubject.js.html

코드 11-15 제한 없이 값을 전달하는 ReplaySubject 사용 예

```
const { ReplaySubject, interval } = require('rxjs');
const { take } = require('rxjs/operators');
const replaySubject = new ReplaySubject();

const intervalSource$ = new interval(500).pipe(take(8));

// [코드 11-1] observerA~observerB 부분 생략

console.log("try replaySubject.subscribe(observerA)");
replaySubject.subscribe(observerA);

console.log("try intervalSource$.subscribe(replaySubject)");
intervalSource$.subscribe(replaySubject);

setTimeout(() => {
    console.log("try replaySubject.subscribe(observerB), setTimeout 2600ms");
    replaySubject.subscribe(observerB);
}, 2600);
```

실행 결과는 다음과 같다.

```
try replaySubject.subscribe(observerA)
try intervalSource$.subscribe(replaySubject)
observerA: 0
observerA: 1
observerA: 2
observerA: 3
observerA: 4
try replaySubject.subscribe(observerB), setTimeout 2600ms
observerB: 0
observerB: 1
observerB: 2
observerB: 3
observerB: 4
observerA: 5
observerB: 5
observerA: 6
observerB: 6
observerA: 7
observerB: 7
observerA: complete
observerB: complete
```

observerA를 구독하면서 처음에 발행한 0부터 제한 없이 저장한다. 따라서 4까지 발행한 시점에 구독하는 observerB는 0부터 4까지를 모두 연속해서 전달해 발행한 후 멀티캐스팅 동작을 실행한다.

참고로 ReplaySubject에서 제한 없이 값을 전달하면 메모리와 관련한 성능 문제가 발생할 수 있음을 고려해야 한다. 또한 연속해서 전달하는 값 개수가 정해져 있어도 해당 개수만큼 발행하는 값의 크기가 메모리 용량을 초과할지도 고려해야 한다.

11.4.3 AsyncSubject

AsyncSubject는 비동기로 실행한 동작이 완료되면 마지막 결과를 받는 역할을 한다. 즉, AsyncSubject로 비동기 동작을 실행한 후 complete 함수를 호출하기 직전에 비동기 연산의 마지막 결과를 전달해야 한다.

ReplaySubject와는 달리 그동안 발행한 모든 값을 전달하는 것이 아니라 마지막 값만 전달한다는 점을 주의해야 한다. 따라서 그동안 발행한 값을 계속 누적해야 한다면 scan이나 reduce 연산자로 마지막까지 값을 누적시켜야 한다. 비동기 실행 결과를 모아 구독 완료 후 마지막 값만 리턴한다는 점에서 forkJoin 함수와 비슷하기도 하다. forkJoin 함수는 Promise.all처럼 각 옵저버블의 마지막 값을 비동기로 전달받는다. 모두 구독 완료하면 마지막 각 값을 순서대로 모은 배열을 마지막에 발행하기 때문이다.

[코드 11-16]은 500ms마다 n개까지 피보나치 수열 값을 하나씩 발행하는 옵저버블에 AsyncSubject를 사용한 예다.

코드 11-16 피보나치 수열 옵저버블에 AsyncSubject 연산자 사용

```
const { interval, AsyncSubject } = require('rxjs');
const { take, scan, pluck, tap } = require('rxjs/operators');
const asyncSubject = new AsyncSubject();

const period = 500;
const lastN = 8;

const fibonacci = n => interval(period).pipe(
    take(n),
```

```
    scan((acc, index) => acc ? {
        a: acc.b,
        b: acc.a + acc.b
    } : {a: 0, b: 1}, null),
    pluck('a'),
    tap(n => console.log(`tap log: emitting ${n}`)));

fibonacci(lastN).subscribe(asyncSubject);

asyncSubject.subscribe(result => console.log(`1st subscribe: ${result}`));

setTimeout(() => {
    console.log("try 2nd subscribe");
    asyncSubject.subscribe(result => console.log(`2nd subscribe: ${result}`));
}, period * lastN);
```

fibonacci 함수는 n을 인자로 사용해 해당 개수만큼 period에서 설정한 시간([코드 11-16]에서는 500ms)마다 피보나치 수열을 발행하는 옵저버블을 리턴한다. 실제 동작하는지 확인하려고 tap 연산자로 로그를 출력하게 했다. AsyncSubject를 테스트해보려고 첫 번째 구독은 실제 구독 완료될 때까지 기다린 후 마지막 결과만 나오는지 확인하는 용도다. 두 번째 구독은 첫 번째 구독이 완료된 이후 구독하면 바로 결과가 나오는지 확인하는 용도다.

실행 결과는 다음과 같다.

```
tap log: emitting 0
tap log: emitting 1
tap log: emitting 1
tap log: emitting 2
tap log: emitting 3
tap log: emitting 5
tap log: emitting 8
tap log: emitting 13
1st subscribe: 13
try 2nd subscribe
2nd subscribe: 13
```

비동기로 8개의 피보나치 수열을 출력하며 그 이후 바로 첫 번째 구독의 결과를 출력하고 곧바로 두 번째 구독을 했을 때는 마지막 결과인 13을 그대로 출력한다.

참고로 피보나치 연산을 비동기로 한 번 실행하고 단지 마지막 값만 전달받으려는 목적이라면 AsyncSubject를 사용해겠지만, 현재 값부터 받거나(Subject), 항상 최신 값이 필요하거나 (BehaviorSubject), 지금까지 계산한 피보나치 수열 전체 또는 일부를 먼저 전달받아야 하는(ReplaySubject) 등에 따라서 서브젝트를 구분해서 사용하면 된다. 지금까지 다뤘던 서브 젝트를 이해했다면, 원하는 결과에 따라 적절한 서브젝트를 골라서 사용할 수 있을 것이다. 궁금하다면 직접 확인해보길 바란다.

11.5 마치며

지금까지 서브젝트를 이용한 멀티캐스팅을 살펴봤다. 서브젝트는 옵저버의 특성과 옵저버블의 특성을 동시에 갖고 멀티캐스팅을 지원한다. 옵저버블과 연결해 멀티캐스팅을 지원하지 않는 옵저버블의 발행 값을 여러 옵저버로 전파할 수 있다.

서브젝트는 구독 이후 멀티캐스팅만 지원하는 기본 서브젝트부터 이전의 값을 다룰 수 있는 BehaviorSubject와 ReplaySubject가 있다. 또한 비동기 동작 실행 후 구독 완료가 되어야 값을 전달받을 수 있는 AsyncSubject도 있다.

BehaviorSubject는 초깃값과 가장 최신 값이 1개 있어서 옵저버블이 구독하는 모든 옵저버가 연속 값을 항상 발행받아야 하는 상황에 적합하다. ReplaySubject는 그동안 다른 옵저버로 멀티캐스팅된 값들의 일부 또는 전체를 발행받아야 할 때 적합하다. 여러 개 값이 저장되는 만큼 메모리 용량 때문에 발생하는 성능 이슈를 신경 써야 할 수도 있다. AsyncSubject는 비동기 동작을 실행해서 발행하는 값을 전달받다가 complete 함수를 호출한 후 값을 전달할 수 있을 때 사용한다.

이 장에서 다룬 예는 옵저버블이 멀티캐스팅을 지원할 수 있도록 서브젝트를 구독하는 방법을 사용했다. 이후에는 옵저버블 안에 서브젝트를 두고 해당 서브젝트와 연결할 수 있는 ConnectableObservable을 다룰 것이다. 이러한 옵저버블을 핫 옵저버블[Hot Observable]이라고도 한다. 이 장은 핫 옵저버블을 이해하는 배경 지식을 쌓는다는 의미도 있다.

## CHAPTER 12

멀티캐스팅 연산자

지금까지 소개한 RxJS의 멀티캐스팅 방법은 서브젝트를 이용한 것이다. 이 장에서는 RxJS에서 지원하는 멀티캐스팅 연산자Multicasting operator를 소개한다. 옵저버블의 연산자만으로 멀티캐스팅하는 방법이다.

12.1 핫 옵저버블과 콜드 옵저버블

멀티캐스팅 연산자를 본격적으로 소개하기 전 멀티캐스팅 연산자를 사용할 때 알아야 하는 개념인 핫 옵저버블Hot Observable과 이와 반대되는 콜드 옵저버블Cold Observable을 살펴보겠다.

12.1.1 핫/콜드 옵저버블 개념

핫 옵저버블은 옵저버블이 푸시하는 값을 여러 옵저버에 멀티캐스팅하는 옵저버블이다. 서브젝트처럼 멀티캐스팅을 지원하지만 옵저버블이므로 next, error, complete 함수를 제공하지 않고 옵저버블 내부에서 멀티캐스팅할 값을 푸시한다. 예를 들어 fromEvent 함수로 생성한 옵저버블은 핫 옵저버블이다. 이벤트가 발생할 때 옵저버블을 구독하는 모든 옵저버로 값을 멀티캐스팅하기 때문이다.

그러나 콜드 옵저버블은 멀티캐스팅을 지원하지 않는 옵저버블이다. 여러 옵저버가 어떤 옵저버블을 구독하든 각 구독은 독립적으로 동작하며 옵저버블에서 푸시하는 값이 여러 옵저버에 공유되지 않는다.

예를 들어 [코드 12-1]처럼 500ms마다 값을 푸시하는 interval 함수의 옵저버블을 만들고 take(5) 연산자를 사용한다고 생각해보자.

코드 12-1 콜드 옵저버블 예

```
const { interval } = require('rxjs');
const { take } = require('rxjs/operators');

const observerA = {
    next: x => console.log(`observerA: ${x}`),
    error: e => console.error(`observerA: ${e}`),
    complete: () => console.log('observerA: complete')
};
const observerB = {
    next: x => console.log(`observerB: ${x}`),
    error: e => console.error(`observerB: ${e}`),
    complete: () => console.log('observerB: complete')
};

const intervalSource$ = interval(500).pipe(take(5));
intervalSource$.subscribe(observerA);
setTimeout(() => intervalSource$.subscribe(observerB), 1000);
```

실행 결과는 다음과 같다.

```
observerA: 0
observerA: 1
observerB: 0
observerA: 2
observerB: 1
observerA: 3
observerB: 2
observerA: 4
observerA: complete
observerB: 3
observerB: 4
observerB: complete
```

이 옵저버블을 첫 번째로 구독하는 observerA와 1초 후 이 옵저버블을 구독하는 observerB 는 서로 다른 값을 전달받는다. 콜드 옵저버블의 구독 각각은 독립적으로 동작할 뿐 멀티캐스 팅으로 값을 공유하지 않기 때문이다. 마치 다른 시점에 같은 함수를 호출해도 별개로 동작하 는 것과 비슷하다.

12.1.2 서브젝트와 연결하여 핫 옵저버블 흉내내기

[코드 12-2]는 connect 함수를 이용해 서브젝트와 연결해 핫 옵저버블과 같은 효과를 내는 예다.

코드 12-2 connect 연산자를 이용해 서브젝트와 연결

```
const { interval, Subject } = require('rxjs');
const { take, tap } = require('rxjs/operators');

const observerA = {
    next: x => console.log(`observerA: ${x}`),
    error: e => console.error(`observerA: ${e}`),
    complete: () => console.log('observerA: complete')
};

const observerB = {
    next: x => console.log(`observerB: ${x}`),
    error: e => console.error(`observerB: ${e}`),
    complete: () => console.log('observerB: complete')
};

const observerC = {
    next: x => console.log(`observerC: ${x}`),
    error: e => console.error(`observerC: ${e}`),
    complete: () => console.log('observerC: complete')
};

function createHotObservable(sourceObservable, subject) {
    return {
        connect: () => sourceObservable.subscribe(subject),
        subscribe: subject.subscribe.bind(subject)
    };
}
```

```javascript
const sourceObservable$ = interval(500).pipe(
    take(5),
    tap(x => console.log(`tap ${x}`))
);

const hotObservableExample = createHotObservable(sourceObservable$, new Subject());

hotObservableExample.subscribe(observerA);
console.log('observerA subscribe');
hotObservableExample.subscribe(observerB);
console.log('observerB subscribe');

hotObservableExample.connect();
console.log('connect called');

setTimeout(() => {
    console.log('1000ms..');
    hotObservableExample.subscribe(observerC);
    console.log('observerC subscribe');
}, 1000);
```

여기에서는 connect 함수를 설명하고자 한다. 앞으로 소개할 연산자는 기존 옵저버블을 ConnectableObservable로 변환한다. 이 옵저버블에는 connect 함수가 있고, 실제 구현은 [코드 12-2]와는 다르지만 소스 옵저버블이 내부에 있는 서브젝트를 구독하도록 동작하는 원리는 같다. [코드 12-2]라면 subscribe 함수는 내부에 있는 subject를 구독하는 것이고, connect 함수는 소스 옵저버블에서 값을 발행해 subject로 보낸다.

connect 함수 호출 이후 소스 옵저버블에서 발행하는 값은 subject를 구독하는 여러 옵저버로 멀티캐스팅된다. 즉, ConnectableObservable은 해당 옵저버블을 만든 소스 옵저버블을 바로 구독하는 것이 아니라 내부의 서브젝트를 구독하는 것이다.

실행 결과는 다음과 같다.

```
observerA subscribe
observerB subscribe
connect called
tap 0
observerA: 0
observerB: 0
```

```
1000ms..
observerC subscribe
tap 1
observerA: 1
observerB: 1
observerC: 1
tap 2
observerA: 2
observerB: 2
observerC: 2
tap 3
observerA: 3
observerB: 3
observerC: 3
tap 4
observerA: 4
observerB: 4
observerC: 4
observerA: complete
observerB: complete
observerC: complete
```

12.2 multicast 연산자

[코드 12-2]처럼 동작하는 옵저버블을 커넥터블 옵저버블Connectable Observable이라고 한다. 커넥터블 옵저버블을 만드는 연산자가 몇 개 있는데 이 절에서는 multicast 연산자를 소개한다. 소스 옵저버블로부터 multicast를 호출할 때 서브젝트 팩토리 함수를 사용해 커넥터블 옵저버블을 만들어 핫 옵저버블을 다룰 수 있다. 연산자의 원형은 다음과 같다.

```
multicast<T, R>(
    subjectOrSubjectFactory: Subject<T> | (() => Subject<T>),
    selector?: (source: Observable<T>) => Observable<R>
): OperatorFunction<T, R>
```

subjectOrSubjectFactory는 소스 옵저버블 요소 순서로 서브젝트 팩토리 함수를 실행한다. selector?는 선택자 함수로 소스 옵저버블을 여러 번 구독하지 않고 서브젝트를 이용해 소스 옵저버블을 필요할 때마다 사용할 수 있다.

12.2.1 multicast 연산자의 connect 함수로 서브젝트와 연결

mulicast 연산자는 서브젝트를 생성하는 팩토리 함수나 서브젝트 자체를 인자로 사용한다. 이렇게 만들어진 옵저버블을 구독하면 첫 번째 인자로 사용하는 서브젝트를 구독하기 때문에 당장 아무런 값도 받을 수 없다.

그러다 connect 함수를 호출하면 소스 옵저버블에서 값을 발행하여 해당 서브젝트로 전달하고 그동안 해당 옵저버블을 구독하도록 등록된 옵저버들은 서브젝트로 같은 값을 전달받을 수 있다. 즉, 서브젝트를 직접 제공해서 커넥터블 옵저버블을 만드는 연산자다.

[코드 12-3]은 learn-rxjs[1]에 있는 mulicast 연산자 예를 조금 바꾼 것이다.

코드 12-3 connect 함수로 서브젝트와 연결

```
const { interval, Subject } = require('rxjs');
const { take, multicast } = require('rxjs/operators');

const sourceObservable$ = interval(500).pipe(take(5));
const multi = sourceObservable$.pipe(multicast(() => new Subject()));

// 첫 번째 인자로 사용하는 팩토리 함수에서 리턴한 서브젝트를 구독하는 부분
const subscriberOne = multi.subscribe(val => console.log(val));
const subscriberTwo = multi.subscribe(val => console.log(val));

// 소스 옵저버블이 서브젝트를 구독하는 부분
multi.connect();
```

connect 함수 호출 전까지는 아무 일도 일어나지 않는다. 하지만 팩토리 함수를 사용하는 서브젝트에 값을 전달하면 로그에 출력한다. multi를 구독하면 multicast 연산자에서 사용하는 팩토리 함수가 리턴하는 서브젝트도 구독하는 것이기 때문이다.

참고로 connect 함수를 호출하는 부분(multi.connect)을 주석 처리하면 아무 일도 일어나지 않는다. 주석 처리하지 않으면 서브젝트가 해당 소스 옵저버블을 구독하는 것을 확인할 수 있다.

[코드 12-4]는 실제 multi의 구독이 내부 서브젝트를 구독하는 것인지 확인하는 예다.

----

1 https://www.learnrxjs.io/operators/multicasting/multicast.html

코드 12-4 multicast 연산자의 서브젝트 구독 확인

```
const { interval, Subject } = require('rxjs');
const { take, multicast } = require('rxjs/operators');
const subject = new Subject();

const sourceObservable$ = interval(500).pipe(take(5));
const multi = sourceObservable$.pipe(multicast(() => subject));
// 다음 주석 처리한 코드를 사용해도 된다.
// const multi = sourceObservable$.pipe(multicast(subject));

const subscriberOne = multi.subscribe(val => console.log(val));
const subscriberTwo = multi.subscribe(val => console.log(val));

subject.next(1);
```

multi를 두 번 구독했지만 서브젝트를 구독한 것과 같은 효과가 있다. 그리고 connect 함수를 호출하지 않았으므로 sourceObservable$은 동작하지 않음을 확인할 수 있다. 단, mulicast 연산자에서 사용하는 서브젝트에 next 함수로 1을 전달하면 1을 구독한 두 옵저버블의 발행 값을 출력한다. 이는 mulicast 연산자로 만든 옵저버블 구독이 서브젝트를 구독하는 것과 같다는 뜻이다.

[코드 12-4]처럼 특정 서브젝트를 리턴하는 팩토리 함수를 사용하는 것과 특정 서브젝트 자체를 바로 사용하는 것은 같은 뜻이다. multicast 연산자의 구현에는 첫 번째 인자가 함수인지 서브젝트 자체인지 검사해서 적절하게 동작하는 내용이 있기 때문이다.

그러나 [코드 12-3]처럼 팩토리 함수가 새로운 서브젝트를 생성할 때는 이를 밖에서 참조할 때가 없으므로 차이가 있다. [코드 12-4]는 서브젝트로 전달하는 값이 multicast 연산자로 만든 옵저버블을 구독하는 옵저버로 전달되는 것을 보여주려고 일부러 만든 코드다. 일반적으로 서브젝트를 외부에서 참조하지 말고 내부에서만 사용하고 connect 함수로 연결하는 것이 이벤트 흐름을 관리하기 하다. 이는 서브젝트와 옵저버블을 연결해 핫 옵저버블을 만드는 첫 과정이다.

multicast는 연산자를 호출하는 쪽에서는 서브젝트 팩토리 함수까지 제공하므로 서브젝트와 의존성이 생긴다. 그러나 이후 소개할 연산자를 사용하면 서브젝트의 팩토리 함수를 직접 사용할 필요 없이 연산자 내부에서 서브젝트 팩토리를 제공해 커넥터블 옵저버블을 만들 수 있다.

12.2.2 mulicast 연산자의 선택자 함수

mulicast 연산자는 두 번째 인자로 선택자 함수를 사용한다. 선택자 함수 사용 시 mulicast 연산자가 리턴하는 옵저버블이 커넥터블 옵저버블로 변환되지 않고 다른 방식으로 멀티캐스팅한다. 멀티캐스팅을 하지만 connect 함수를 제공하지 않고 동작하는 것이다.

> **TIP** 필자는 선택자 함수를 이용하는 multicast 연산자를 실용적으로 사용하는 데 적합할 때를 찾기 어려웠다. 그러므로 multicast 연산자의 선택자 함수가 어떤 역할을 하는지 알아야 할 때가 아니라면 이 부분은 읽지 않아도 무방하다.

multicast 연산자와 선택자 함수로 만들어진 옵저버블을 구독하면 소스 옵저버블에서 서브젝트를 바로 구독하여 마치 connect 함수를 호출한 것처럼 값을 서브젝트로 전달한다. 그리고 해당 서브젝트를 선택자 함수에서 사용해 호출한 후 리턴받은 결과를 전달한다. 주의할 점은 구독할 때마다 팩토리 함수를 호출한다는 것이다.

[코드 12-5]는 multicast 연산자를 사용하지 않고 같은 옵저버블을 두 번 구독하는 예다. 선택자 함수를 사용한 멀티캐스팅 관련 유닛 테스트를 참고해서 만들었다.

코드 12-5 같은 옵저버블을 두 번 구독할 때 multicast 연산자를 사용 안 함

```
const { interval, zip, timer, Subject } = require('rxjs');
const { take, mergeMap, tap } = require('rxjs/operators');

interval(1500).pipe(take(6)).subscribe(x => console.log(`${(x + 1) * 1500}ms elapsed`));

const sourceObservable$ = interval(1500).pipe(
    take(5),
    tap(x => console.log(`tap ${x}`))
);

zip(sourceObservable$, sourceObservable$, (a, b) => a + ',' + b)
    .subscribe(val => console.log("value : " + val));
```

1.5초마다 값을 발행하는 소스 옵저버블을 zip 연산자로 두 번 합해서 구독했다. 그리고 시간이 얼마나 지났는지도 1500ms elapsed로 출력하도록 했다. 같은 소스 옵저버블(콜드 옵저버블)에서 발행한 값을 zip 연산자에 전달했더라도 각각 따로 동작한다는 사실을 잘 기억하기 바란다.

실행 결과는 다음과 같다.

```
1500ms elapsed
tap 0
tap 0
value: 0,0
3000ms elapsed
tap 1
tap 1
value: 1,1
4500ms elapsed
tap 2
tap 2
value: 2,2
6000ms elapsed
tap 3
tap 3
value: 3,3
7500ms elapsed
tap 4
tap 4
value: 4,4
9000ms elapsed
```

실행 결과를 보면 'tap 숫자' 형식의 메시지가 두 번 출력된다. 1.5초마다 값 각각을 새로 발행하는 것을 알 수 있다.

[코드 12-6]은 멀티캐스팅할 때 서브젝트 안에 있는 선택자 함수를 이용하는 예다. 같은 소스 옵저버블에서 발행하는 값을 멀티캐스팅으로 선택자 함수에서 구독한다.

코드 12-6 멀티캐스팅할 때 서브젝트 안에 있는 선택자 함수 이용

```
const { interval, timer, zip, Subject } = require('rxjs');
const { take, tap, multicast, mergeMap } = require('rxjs/operators');

interval(1500).pipe(take(6)).subscribe(x => console.log(`${(x + 1) * 1500}ms elapsed`));

const sourceObservable$ = interval(1500).pipe(
    take(5),
    tap(x => console.log(`tap ${x}`))
);
```

```
const multi = sourceObservable$.pipe(
    multicast(
        () => new Subject(),
        subject => zip(subject, subject, (a, b) => a + ',' + b)
    )
);

multi.subscribe(val => console.log('value : ' + val));
```

소스 옵저버블 대신 소스 옵저버블과 연결된 서브젝트를 사용하므로 소스 옵저버블을 한 번만
구독한다. 따라서 소스 옵저버블을 한 번만 구독한 후 발행한 값을 선택자 함수에서 제공하는
스트림을 거쳐서 출력한다. 실행 결과는 다음과 같다.

```
1500ms elapsed
tap 0
value: 0,0
3000ms elapsed
tap 1
value: 1,1
4500ms elapsed
tap 2
value: 2,2
6000ms elapsed
tap 3
value: 3,3
7500ms elapsed
tap 4
value: 4,4
9000ms elapsed
```

소스 옵저버블을 한 번만 구독하므로 'tap 숫자' 형식의 메시지가 한 번만 출력되는 것을 확인
할 수 있다. 참고로 연산자 안에 연산자를 넣는 것은 목적에 따라 구현 방법이 다르다. 따라서
한 번만 구독하고 발행한 값을 전달받는 서브젝트를 연산자 안에서 재사용하려면 mulicast 연
산자와 선택자 함수는 적절한 조합이다.

[코드 12-7]은 multiast 연산자의 구현 코드 중 선택자 함수 사용 후 소스 옵저버블을 구독했
을 때 호출되는 MulticastOperator의 call 함수 부분[2]이다.

---

2 http://reactivex.io/rxjs/file/es6/operators/multicast.js.html

```
export class MulticastOperator {
    constructor(subjectFactory, selector) {
        this.subjectFactory = subjectFactory;
        this.selector = selector;
    }
    call(subscriber, source) {
        const { selector } = this;
        const subject = this.subjectFactory();
        const subscription = selector(subject).subscribe(subscriber);
        subscription.add(source.subscribe(subject));
        return subscription;
    }
}
```

구독할 때 다음 순서로 동작한다.

1 팩토리 함수를 호출해 서브젝트 리턴

2 선택자 함수에서 서브젝트를 사용한 후 호출했을 때 리턴되는 결과를 구독

3 서브젝트와 소스 옵저버블을 연결하여 구독 목록에 추가

선택자 함수를 사용하면 connect 함수 호출 없이 선택자 함수에서 제공하는 옵저버블을 구독하고, 소스 옵저버블에서 발행하는 값을 서브젝트로 바로 연결한다. 그러므로 소스 옵저버블을 한 번만 구독한 후 발행하는 값을 선택자 함수로 멀티캐스팅하는 구현은 특수한 상황에서만 사용해야 한다. 하지만 실제로는 이를 구현할 일이 별로 없을 것으로 생각한다.

12.3 publish 연산자

mulicast 연산자는 서브젝트나 서브젝트의 팩토리 함수를 직접 사용해야 했다. publish는 서브젝트나 서브젝트의 팩토리 함수를 사용할 필요가 없도록 추상화한 연산자다. multicast 연산자의 서브젝트 사용 부분을 추상화했다고 생각해도 좋다.

[코드 12-8]은 publish 연산자의 구현 코드[3]의 일부다. multicast 연산자의 서브젝트 제공 부분을 어떻게 추상화했는지 확인할 수 있다.

코드 12-8 publish 연산자의 구현 코드의 일부

```
export function publish(selector) {
    return selector ?
        multicast(() => new Subject(), selector) :
        multicast(new Subject());
}
```

마블 다이어그램은 [그림 12-1]과 같다.

그림 12-1 publish 연산자의 마블 다이어그램

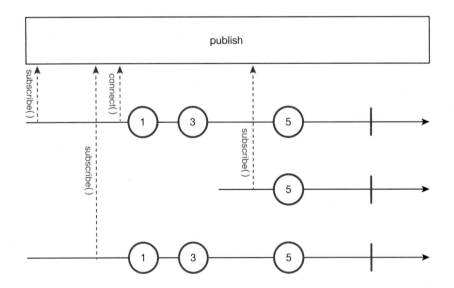

---

3 http://reactivex.io/rxjs/file/es6/operators/publish.js.html

연산자의 원형은 다음과 같다.

```
publish<T, R>(
    selector?: OperatorFunction<T, R>
): MonoTypeOperatorFunction<T> | OperatorFunction<T, R>
```

selector?는 선택자 함수다. 소스 옵저버블을 여러 번 구독하지 않고 서브젝트를 이용해 소스 옵저버블을 필요할 때마다 사용할 수 있다.

선택자 함수를 제공하면 multicast(() => new Subject(), selector)로 동작하고, 그렇지 않으면 multicast(new Subject())로 동작한다. 즉, 선택자 함수가 없는 기본 동작은 publish 연산자에서 생성한 서브젝트 인스턴스를 이용해서 멀티캐스팅할 수 있다는 뜻이다. 선택자 함수를 제공했다면 당연히 connect 함수를 호출할 수 없다.

이 절에서 publish 연산자를 설명할 때는 선택자 함수를 제공하지 않았다는 기준을 두겠다. 따라서 두 가지 사실은 기억하기 바란다. 첫 번째는 같은 서브젝트 객체를 공유하므로 소스 옵저버블 구독을 완료하면 내부에 생성한 서브젝트도 사용할 수 없다는 것이다.

두 번째는 connect 함수를 호출한 후 소스 옵저버블을 구독하다 완료하면 다시 connect 함수를 호출해도 이후 구독하는 옵저버들이 값을 전달받을 수 없다는 것이다. 서브젝트를 사용할 수 없으므로 이를 구독하는 옵저버들은 값을 전달받을 수 없기 때문이다.

참고로 이러한 상황을 방지하려면 publish 연산자 대신 mulicast 연산자와 매번 서브젝트를 새로 생성하는 서브젝트 팩토리 함수를 사용하거나, 뒤에 소개할 share 연산자를 사용한다.

publish 연산자는 multicast 연산자를 대신 사용할 때가 많으므로 기본 예제는 생략한다. 대신 서브젝트 객체를 재구독할 때 발생할 수 있는 문제에 관한 예를 소개하겠다.

코드 12-9 서브젝트 객체를 재구독할 때 발생할 수 있는 문제

```
const { interval, Subject } = require('rxjs');
const { multicast, take, tap, publish } = require('rxjs/operators');

// const testSource$ = interval(500).pipe(
//     take(5),
//     tap(x => console.log(`tap ${x}`)),
//     multicast(() => new Subject())
```

```
// );
const testSource$ = interval(500).pipe(
    take(5),
    tap(x => console.log(`tap ${x}`)),
    publish()
);

const a = testSource$.subscribe(x => console.log(`a: ${x}`));
const b = testSource$.subscribe(x => console.log(`b: ${x}`));

testSource$.connect();

setTimeout(() => {
    console.log('timeout');
    a.unsubscribe();
    b.unsubscribe();
    testSource$.subscribe(x => console.log(`c: ${x}`));
    testSource$.connect();
}, 3000);
```

실행 결과는 다음과 같다.

```
tap 0
a: 0
b: 0
tap 1
a: 1
b: 1
tap 2
a: 2
b: 2
tap 3
a: 3
b: 3
tap 4
a: 4
b: 4
timeout
tap 0
tap 1
tap 2
tap 3
tap 4
```

tap 연산자를 호출할 때 a, b로 멀티캐스팅되지만 타임아웃(setTimeout 함수 실행) 후에는 tap 연산자만 호출하고 멀티캐스팅되지 않는다. 다음과 같은 과정을 거친다.

1 a, b를 출력하는 두 옵저버블에서 publish 연산자를 호출해 만든 testSource$를 구독하고 connect 함수를 호출하여 500ms마다 0~4까지 5개의 숫자를 멀티캐스팅한다.

2 5개 숫자를 모두 발행한 후 complete 함수까지 호출한 3초 후에 재구독하도록 setTimeout 함수를 호출한다.

3 3초가 지난 후에는 setTimeout의 콜백 함수가 실행되어 기존 구독을 모두 해제한다. 그리고 새로운 옵저버블인 c를 구독한 후 connect 함수를 호출한다. 이때 publish 연산자 실행 전의 소스 옵저버블은 동작하므로 'tap 0'부터 'tap 4'까지 출력하지만 이를 구독하는 c로 시작하는 부분은 서브젝트 구독이 완료되었으므로 출력되지 않는다.

setTimeout 함수 안에는 c: ${x}를 출력하는 코드가 있지만 출력되지 않는다. 이는 서브젝트의 옵저버 특성 때문이다. 즉, 서브젝트 구독이 완료되어서 더 이상 next 함수로 값을 전달해도 이를 수용하지 않아 발생하는 현상이다.

그러나 서브젝트를 새로 생성하는 팩토리 함수를 multicast 연산자로 바꾼 testSource$를 대신 사용(주석 처리 부분)하면 옵저버블 구독을 모두 해제한다. 그리고 connect 함수를 호출할 때 서브젝트의 팩토리 함수를 호출하며 새로운 서브젝트를 만들어준다. 실행하면 값을 잘 전달받아 발행하는 것을 확인할 수 있다. 실행 결과는 다음과 같다.

```
tap 0
a: 0
b: 0
tap 1
a: 1
b: 1
tap 2
a: 2
b: 2
tap 3
a: 3
b: 3
tap 4
a: 4
b: 4
timeout
tap 0
c: 0
```

```
tap 1
c: 1
tap 2
c: 2
tap 3
c: 3
tap 4
c: 4
```

timeout 출력(setTimeout 함수 실행) 후 tap 연산자의 출력 결과와 c의 출력 결과를 확인할
수 있다.

12.3.1 publishXXX 연산자

publishBehavior, publishReplay, publishLast 연산자는 특정 서브젝트 자체를 멀티
캐스팅하는 연산자들이다. publishBehavior는 BehaviorSubject를, publishReplay는
ReplaySubject를, publishLast는 AsyncSubject를 multicast 연산자에서 사용해 커넥터블
옵저버블을 만들어준다. publish 연산자와 다른 점은 선택자 함수를 사용하지 않고 해당 서브
젝트를 만드는데 필요한 것만 사용한다는 것이다. 따라서 3개 연산자는 무조건 커넥터블 옵저
버블을 리턴한다.

publishBehavior, publishReplay, publishLast 연산자의 원형은 다음과 같다.

```
publishBehavior<T>(value: T): UnaryFunction<Observable<T>, ConnectableObservable<T>>
```

```
publishReplay<T, R>(
    bufferSize?: number, windowTime?: number,
    selectorOrScheduler?: SchedulerLike | OperatorFunction<T, R>,
    scheduler?: SchedulerLike
): UnaryFunction<Observable<T>, ConnectableObservable<R>>
```

```
publishLast<T>(): UnaryFunction<Observable<T>, ConnectableObservable<T>>
```

[코드 12-10]~[코드 12-12]는 앞 3개 연산자의 구현 코드다. publish 연산자의 사용법과 3개 서브젝트의 특성, 아래 코드를 안다면 원하는대로 응용할 수 있을 것이다.

코드 12-10 publichBehavior 연산자의 구현 코드[4]

```
export function publishBehavior(value) {
    return (source) => multicast(new BehaviorSubject(value))(source);
}
```

코드 12-11 publichReplay 연산자의 구현 코드[5]

```
export function publishReplay(bufferSize,
    windowTime, selectorOrScheduler, scheduler) {
    if (selectorOrScheduler && typeof selectorOrScheduler !== 'function') {
        scheduler = selectorOrScheduler;
    }
    const selector = typeof selectorOrScheduler === 'function' ?
        selectorOrScheduler : undefined;
    const subject = new ReplaySubject(bufferSize, windowTime, scheduler);
    return (source) => multicast(() => subject, selector)(source);
}
```

코드 12-12 publichLast 연산자의 구현 코드[6]

```
export function publishLast() {
    return (source) => multicast(new AsyncSubject())(source);
}
```

4 http://reactivex.io/rxjs/file/es6/operators/publishBehavior.js.html

5 http://reactivex.io/rxjs/file/es6/operators/publishReplay.js.html

6 http://reactivex.io/rxjs/file/es6/operators/publishLast.js.html

12.4 refCount 연산자

refCount 연산자는 커넥터블 옵저버블을 구독하는 옵저버의 수를 센 후 최초로 1이 되면 connect 함수를 자동으로 호출한다. 또한 옵저버블 구독을 1개 해제할 때마다 count를 1씩 줄이다가 0이 되면 unsubscribe 함수까지 자동으로 호출해준다. 마블 다이어그램은 [그림 12-2]와 같다.

그림 12-2 refCount 연산자의 마블다이어그램

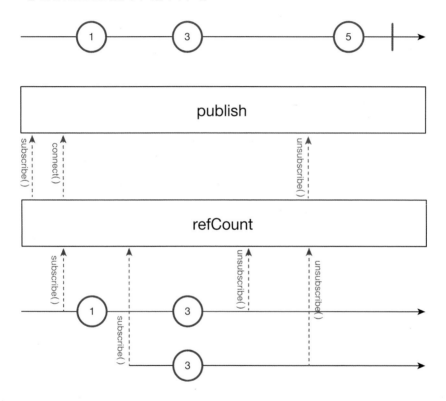

연산자의 원형은 다음과 같다.

```
refCount<T>(): MonoTypeOperatorFunction<T>
```

[코드 12-13]은 multicast와 publish 연산자로 만든 커넥터블 옵저버블(서브젝트를 새로 생성하는 팩토리 함수 사용)에 refCount 연산자를 추가한 예다.

코드 12-13 커넥터블 옵저버블에 refCount 연산자 추가

```
const { interval, Subject } = require('rxjs');
const { take, tap, multicast, publish, refCount } = require('rxjs/operators');

// const testSource$ = interval(500).pipe(
//     take(5),
//     tap(x => console.log(`tap ${x}`)),
//     multicast(() => new Subject()),
//     refCount()
// );
const testSource$ = interval(500).pipe(
    take(5),
    tap(x => console.log(`tap ${x}`)),
    publish(),
    refCount()
);

const a = testSource$.subscribe(x => console.log(`a: ${x}`));
const b = testSource$.subscribe(x => console.log(`b: ${x}`));

setTimeout(() => {
    console.log('timeout');
    testSource$.subscribe(x => console.log(`c: ${x}`));
}, 3000);
```

connect 함수 없이 a, b 옵저버블 구독을 자동으로 멀티캐스팅하는 것을 확인할 수 있다. 모든 옵저버블의 구독을 완료한 후 재구독할 때는 옵저버블을 아예 새로 구독한다.

publish 연산자에서 설명한 것처럼 publish와 multicast 연산자를 서브젝트의 팩토리 함수와 같이 사용할 때는 재구독 가능과 불가능이라는 차이가 있다. publish는 multicast(new Subject())를 추상화한 것이다. 반면 [코드 12-13]은 multicast(() => new Subject())를 사용한 것이다. 실행 결과는 다음과 같다.

```
tap 0
a: 0
```

```
b: 0
tap 1
a: 1
b: 1
tap 2
a: 2
b: 2
tap 3
a: 3
b: 3
tap 4
a: 4
b: 4
timeout
tap 0
c: 0
tap 1
c: 1
tap 2
c: 2
tap 3
c: 3
tap 4
c: 4
```

publish 연산자에 refCount 연산자를 사용했을 때 실행 결과는 다음과 같다.

```
tap 0
a: 0
b: 0
tap 1
a: 1
b: 1
tap 2
a: 2
b: 2
tap 3
a: 3
b: 3
tap 4
a: 4
b: 4
timeout
```

[코드 12-9]와 다른 점은 타임아웃 후 connect 함수를 호출하지 않는다는 것이다. connect 함수를 호출하지 않는 이유는 ConnectableObservable의 구현 코드[7]를 보면 알 수 있다.

코드 12-14 ConnectableObservable의 구현 코드 일부분

```
class RefCountOperator {
    constructor(connectable) {
        this.connectable = connectable;
    }
    call(subscriber, source) {
        const { connectable } = this;
        connectable._refCount++;
        const refCounter = new RefCountSubscriber(subscriber, connectable);
        const subscription = source.subscribe(refCounter);
        if (!refCounter.closed) {
            refCounter.connection = connectable.connect();
        }
        return subscription;
    }
}
```

refCount 연산자를 호출하고 구독할 때 사용하는 RefCountOperator는 source.subscribe 를 실행할 때의 source가 커넥터블 옵저버블이다. 따라서 서브젝트를 구독한다. 하지만 서브 젝트는 이미 구독 완료된 같은 서브젝트를 구독하므로 refCounter 연산자도 closed되어 아래 connect 함수 호출을 결정하는 조건문을 만족하지 않는다. 그래서 connect 함수조차 호출하 지 않는 것이다.

12.5 share 연산자

share는 한마디로 표현하면 pipe(publish(), refCount())를 추상화한 연산자다. 즉, 기존 옵저버블을 커넥터블 옵저버블로 바꾼 후 refCount 연산자를 사용해 connect 함수를 호출할 필요 없는 핫 옵저버블을 만든다.

....
7 http://reactivex.io/rxjs/file/es6/observable/ConnectableObservable.js.html

구현 코드에서 좀 더 자세히 설명하겠지만 현재 RxJS 6에서는 (source) => refCount()(multicast(shareSubjectFactory)(source))라는 방식으로 share 연산자를 구현했다. 뒤에서부터 해석해야 하므로 헷갈릴 수도 있지만 source에 multicast(shareSubjectFactor)를 적용한 결과에 refCount를 적용하는 것이다.

따라서 share 연산자는 publish와 refCount 연산자를 순서대로 적용한 결과와 조금 다를 수도 있다. 왜냐하면 [코드 12-8] publish 연산자 구현을 다시 보면 selector 인자를 사용하지 않을 때는 () => new Subject()인 함수를 사용하는 것이 아니라 new Subject()를 사용하기 때문이다(shareSubjectFactory 함수는 new Subject()를 리턴하도록 구현되어 있다). 이는 뒤에서 더 자세히 다루도록 하겠다.

연산자의 원형은 다음과 같다.

```
share<T>(): MonoTypeOperatorFunction<T>
```

[코드 12-15]는 share 연산자의 구현 코드[8]다. 새로운 서브젝트를 리턴하는 팩토리 함수를 multicast 연산자에서 사용한다. 즉, publish 연산자에서 설명한 서브젝트 자체를 사용했을 때 발생하는 재구독 문제를 피할 수 있다.

코드 12-15 share 연산자의 구현 코드 일부

```
function shareSubjectFactory() {
    return new Subject();
}
export function share() {
    return (source) => refCount()(multicast(shareSubjectFactory)(source));
}
```

소스 옵저버블에 multicast 연산자를 적용하면 매번 새로운 서브젝트를 생성하는 팩토리 함수를 사용한다. 그리고 refCount 연산자를 적용한 것을 확인할 수 있다. 즉, multicast 연산자에서 사용하는 팩토리 함수 덕분에 소스 옵저버블에서 값을 다 발행하고 구독 완료했다면, refCount 연산자가 발행한 값이 0이 된 이후 재구독을 하여도 새로운 값을 전달받을 수 있다.

---

[8] http://reactivex.io/rxjs/file/es6/operators/share.js.html

[코드 12-16]은 share 연산자와 publish.refCount를 사용했을 때의 차이를 확인하는 예다.

코드 12-16 share 연산자와 publish.refCount를 사용했을 때의 차이

```
const { interval } = require('rxjs');
const { take, tap, publish, refCount, share } = require('rxjs/operators');

const testSource$ = interval(500).pipe(
    take(5),
    tap(x => console.log(`tap ${x}`)),
    share()
);
// const testSource$ = interval(500).pipe(
//     take(5),
//     tap(x => console.log(`tap ${x}`)),
//     publish(),
//     refCount()
// );

const a = testSource$.subscribe(x => console.log(`a: ${x}`));
const b = testSource$.subscribe(x => console.log(`b: ${x}`));

setTimeout(() => {
    console.log('timeout');
    testSource$.subscribe(x => console.log(`c: ${x}`));
}, 3000);
```

share 연산자를 사용한 실행 결과는 다음과 같다.

```
tap 0
a: 0
b: 0
tap 1
a: 1
b: 1
tap 2
a: 2
b: 2
tap 3
a: 3
b: 3
tap 4
```

```
a: 4
b: 4
timeout
tap 0
c: 0
tap 1
c: 1
tap 2
c: 2
tap 3
c: 3
tap 4
c: 4
```

share 연산자는 재구독할 수 있다는 점을 확인할 수 있다. 원래 코드의 testSource$ 부분을
주석 처리하고 주석 처리한 부분의 코드를 해제한 실행 결과는 다음과 같다.

```
tap 0
a: 0
b: 0
tap 1
a: 1
b: 1
tap 2
a: 2
b: 2
tap 3
a: 3
b: 3
tap 4
a: 4
b: 4
timeout
```

pipe(publish(), refCount())[9]는 재구독할 수 없다. [코드 12-13]처럼 타임아웃 후 재구독
을 시도해도 기존 서브젝트가 완료(매번 새로 생성하는 팩토리 함수가 아닌 서브젝트 자체를
인자로 사용)되었으므로 connect 함수 호출조차도 시도하지 않는다. 이는 new Subject()
자체를 multicast 연산자에서 사용하는 publish 연산자와 multicast(shareSubjectFactory)

---

9 편의상 publish, refcount를 사용한 testSource$ 코드 부분을 pipe(publish(), refCount())로 표기하겠다.

를 적용한 share 연산자의 차이다. share 연산자는 구현 상 pipe(publish(), refCount())와 동작이 다른 점임을 꼭 이해해야 한다.[10]

12.6 마치며

이 절의 처음에는 multicast와 publish 연산자를 이용하는 멀티캐스팅을 살펴봤고 커넥터블 옵저버블일 때와 선택자 함수를 사용할 때의 차이점을 설명했다. 커넥터블 옵저버블은 connect 함수를 제공하여 소스 옵저버블과 서브젝트를 연결시켜서 멀티캐스팅을 지원한다. 선택자 함수는 함수 안에서 zip 등의 연산자를 이용해서 소스 옵저버블 자체를 재구독없이 공유할 때 사용한다.

다음으로는 publishXXX 계열의 세 가지 서브젝트를 지원하는 publishBehavior, publishReplay, publishLast 연산자가 있다는 것을 소개했다.

마지막으로는 커넥터블 옵저버블의 connect 함수 호출을 자동화하려고 구독을 카운트하는 refCount 연산자와 이를 추상화한 share 연산자를 살펴봤다. share 연산자는 재구독할 수 있지만 publish 연산자는 서브젝트 자체를 사용하므로 재구독할 수 없다는 사실을 기억해두자. 실제로 서브젝트 팩토리 함수를 직접 만들어 사용하기보다 refCount나 share 연산자를 사용하는 것이 유용하다는 것을 기억해두기 바란다.

선택자 함수를 사용할 때는 같은 서브젝트를 사용하므로 재구독할 때 기존 구독에 영향을 미칠 수 있다. 따라서 매번 새로운 서브젝트를 생성해서 리턴하는 서브젝트 팩토리 함수를 사용해야 한다. 재구독해야 하면 실제 multicast 연산자의 첫 번째 인자가 서브젝트인지 팩토리 함수인지, 팩토리 함수라면 같은 서브젝트를 리턴하는지, 매번 새로운 서브젝트를 리턴하는지 확인할 필요가 있다는 것도 기억해두자.

이 장에서 소개한 연산자를 이용하면 서브젝트를 직접 사용하지 않고 옵저버블 자체를 핫 옵저버블로 전환할 수 있다. 즉, 콜드 옵저버블을 핫 옵저버블로 전환시켜 발행하는 모든 값을 멀티캐스팅할 수 있다.

---

10 ReactiveX 공식 문서에도 마블 다이어그램과 함께 설명했다.

## CHAPTER 13

스케줄러

스케줄러란 옵저버가 옵저버블을 구독할 때 값을 전달받는 순서와 실행 컨텍스트를 관리하는 역할을 하는 자료구조^{data structure}다.

이 장에서는 RxJS의 스케줄러 개념, 스케줄러의 구조와 종류를 살펴보며 schedule 함수를 호출해서 사용하는 방법을 살펴본다.

13.1 이벤트 루프와 RxJS의 스케줄러 개념

RxJava처럼 다중 스레드를 지원하는 프로그래밍 언어의 Rx 라이브러리는 여러 개의 스레드를 관리하려고 좀 더 세분화한 스케줄러를 제공한다. 하지만 RxJS의 스케줄러는 상대적으로 단순하다. 자바스크립트를 구동하는 브라우저나 Node.js 모두 마우스 클릭이나 URL 요청 같은 이벤트 발생에 따라 동작하는 방식에 최적화되었기 때문이다. 그리고 이를 처리하는 데 가장 적합한 구조인 싱글 스레드는 이벤트 루프[1] 형태로 동작한다.

여러 개 스레드의 스케줄링을 제어해야 하는 언어에서 사용하는 ReactiveX 라이브러리와는 달리 RxJS는 다음 이벤트 루프에서 작업을 처리하도록 미루는 수준의 스케줄러가 존재한다.

---

1 https://nodejs.org/ko/docs/guides/event-loop-timers-and-nexttick/

이러한 이벤트 루프 구조는 대부분의 브라우저에서 비슷한 방식으로 구현되어 있고, Node.js에도 반영되었지만 자바스크립트 스펙에 포함된 사항은 아니므로 구현상 차이는 존재한다.

RxJS는 이러한 이벤트 루프 구조에서 로직 처리를 미루는 스케줄러를 구현하려고 플랫폼 환경(브라우저 또는 Node.js 환경)에 따라 제공하는 API[2]를 적절하게 활용한다. 주요 API는 다음과 같다.

- **setTimeout**: 특정 시간 뒤로 로직 실행을 미룬다.
- **setInterval**: 특정 시간마다 반복해서 로직을 실행한다.
- **setImmediate**: 마이크로소프트 계열 브라우저와 Node.js에서 현재 이벤트 루프 주기 끝에 로직을 실행한다.
- **process.nextTick**: Node.js에서 이벤트 루프와 관계없이 무조건 현재 작업이 완료된 직후 로직을 실행한다.
- **window.requestAnimationFrame**: 브라우저에서 프레임이 끊기지 않도록 각 프레임마다 로직을 실행한다.

즉, RxJS에서 제공하는 스케줄러는 크게 시간 기반의 스케줄러와 비동기 처리를 위한 스케줄러, 브라우저의 애니메이션 프레임 손실을 막는 스케줄러로 나뉜다. 목적에 따라 스케줄러를 인자로 사용할 수 있는 일부 연산자가 있으며, subscribeOn이나 observeOn 연산자의 인자로 스케줄러를 사용해 스케줄러를 바꿔줄 수 있다.

RxJS 공식 문서[3]에서는 스케줄러의 구성 요소를 다음처럼 정의한다.

- **자료구조(data structure)**: 작업들을 우선 순위나 다른 기준에 따라서 저장하고 큐잉한다.
- **실행 컨텍스트(execution context)**: 작업(task)을 실행하는 때와 위치를 가리킨다. 예를 들어 바로 실행, setTimeout, process.nextTick, requestAnimationFrame 같은 콜백 매커니즘을 사용하는 것을 말한다.
- **(가상) 클락((virtual) clock)**: now 함수라는 스케줄러의 시간을 가리키는 게터 함수를 제공한다. 특정 스케줄러에 스케줄한 작업들은 클락으로 설정한 시간에 맞춰 동작한다.

스케줄러를 사용하는 방법은 크게 두 가지다. 가장 보편적으로 사용하는 방식은 subscribeOn과 observeOn이란 연산자나 스케줄러를 인자로 사용하는 연산자를 사용하는 것이다. RxJS에서 제공하는 기본 스케줄러 중 적절한 스케줄러를 사용해서 실행 컨텍스트를 전환한다. 다

---

2 https://nodejs.org/ko/docs/guides/timers-in-node/
3 https://github.com/ReactiveX/rxjs/blob/master/doc/scheduler.md

른 한 가지는 직접 연산자를 구현할 때 스케줄러에 있는 schedule 함수를 호출하는 방법이다. 내부에서 스케줄러가 어떤 순서로 작업을 처리해야 할지 직접 정할 수 있다. 옵저버블에서 연산자로 이어지는 스트림에서 스케줄러만 중간에 바꿔주고 싶다면 13.6에서 소개하는 subscribeOn과 observeOn 연산자 내용을 참고하기 바란다.

가장 대표적인 스케줄러는 세 가지다. 일정 시간 이후에 실행되도록 만드는 AsyncScheduler, 비동기로 동작을 최대한 빨리 실행하게 만드는 AsapScheduler, 내부에 큐Queue를 두고 작업을 넣어 동기로 실행하게 만드는 QueueScheduler다. 좀 더 특수한 형태로는 애니메이션과 테스트 코드에 사용하는 스케줄러가 있다.

13.2 스케줄러 구조

스케줄러는 schedule 함수를 호출해서 동작한다. 물론 schedule 함수를 직접 호출하지 않고 연산자의 인자로 스케줄러를 사용할 수 있다. 하지만 이때도 내부 구현은 해당 스케줄러의 schedule 함수를 호출한다.

schedule 함수는 해당 스케줄러와 매칭하는 액션 객체를 생성해 해당 액션을 실행한다. 이는 Scheduler 클래스의 구현 코드[4]를 확인하면 알 수 있다.

코드 13-1 Scheduler 클래스의 구현 코드 일부

```
constructor(SchedulerAction, now = Scheduler.now) {
    // ..생략..
}

schedule(work, delay = 0, state) {
    return new this.SchedulerAction(this, work).schedule(state, delay);
}
```

액션은 Action[5] 클래스를 상속받는 데 내부적으로 동작해야 하는 작업(work) 함수를 인자로 사용한다. schedule 함수를 호출할 때 이 작업이 실행해야 할 상태 값인 state를 전달받는다.

---

4 http://reactivex.io/rxjs/file/es6/Scheduler.js.html
5 http://reactivex.io/rxjs/file/es6/scheduler/Action.js.html

delay는 얼마 후에 작업을 실행할지 지정하는 ms 단위의 시간이다. 즉, 스케줄러는 액션에 상태 값을 전달하는 역할을 하고, 액션은 스케줄러의 작업 단위다.

예를 들어 AsyncScheduler는 AsyncAction를 액션으로 생성한다.

코드 13-2 AsyncScheduler의 액션 생성[6]

```
export const async = new AsyncScheduler(AsyncAction);
```

13.3 대표 스케줄러

이 절에서는 대표 스케줄러 3개의 특징과 스케줄러의 schedule 함수를 호출해서 동작하는 원리를 살펴보겠다. 그리고 스케줄러를 바꿔줄 수 있는 observeOn과 subscribeOn 연산자의 동작 원리를 설명하고 대표 스케줄러를 어떻게 이 두 가지 연산자와 함께 사용할 수 있을지 소개한다.

13.3.1 AsyncScheduler

AsyncScheduler(asyncScheduler로 불러온다)는 대표 스케줄러들이 상속받는 부모 스케줄러라고 할 수 있다. 각 작업 단위 기준으로 보면 setTimeout 함수처럼 일회성으로 일정 시간 후 정의한 작업을 동작시키는 스케줄러다.

RxJS 공식 문서의 AsyncScheduler[7]을 보면 setTimeout(task, duration)처럼 동작한다고 되어 있다. 내부에 setInterval 함수를 두고 일정 간격마다 요청이 오는 작업을 해당 스케줄러를 사용을 완료할 때까지 처리한다. 하지만 schedule 함수 호출 후 실행되는 작업이 다시 schedule 함수를 재귀 호출할 때를 고려해 setInterval 함수를 이용할 뿐이다. 재귀 호출이 없다면 setTimeout 함수처럼 일회성으로 동작한다.

---

6 http://reactivex.io/rxjs/file/es6/scheduler/async.js.html
7 http://reactivex.io/rxjs/variable/index.html#static-variable-async

이는 마치 setTimeout 함수 안에서 setTimeout 함수를 재귀 호출하면 해당 시간마다 계속 실행되는 것과 비슷한 상황을 고려한 것이다. AsyncScheduler의 구현 코드[8]에서도 내부 동작을 확인할 수 있다.

AsyncScheduler는 delay를 인자로 사용해 일정 시간 후 작업을 처리한다. 이 스케줄러를 상속받는 다른 스케줄러는 schedule 함수에 delay를 사용했을 때 부모인 AsyncScheduler를 이용해 작업을 처리한다. [코드 13-3]은 이를 보여주는 예다.

코드 13-3 AsyncScheduler의 상속 예

```
const { asyncScheduler } = require('rxjs');

asyncScheduler.schedule(function work(value) {
    value = value || 0;
    console.log('value: ' + value);
    const selfAction = this;
    selfAction.schedule(value + 1, 1000);
}, 1000);
```

실행 결과는 다음과 같다. 1초마다 1씩 증가하는 값을 발행한다.

```
value: 0
value: 1
... 이하 생략 ...
```

asyncScheduler에 schedule 함수로 work 함수를 사용하면, [코드 13-1]처럼 work 함수는 AsyncAction 인스턴스에서 실행되며 this가 가리키는 인스턴스는 AsyncAction이 된다. 따라서 work 함수 안에 있는 selfAction은 AsyncAction 인스턴스다.

work 함수 내부에서는 selfAction의 schedule 함수의 인자를 delay 값과 같은 1000으로 설정해 재귀 호출한다. delay 값과 재귀 호출 값이 같으므로 setInterval 값이 1초로 지정되어 매회 해당 동작을 실행한다.

하지만 이전에 설정한 delay 값과 다른 값으로 액션의 schedule 함수를 호출하면 기존에 setInterval 함수로 동작하던 액션을 모두 실행한 후 clearInterval 함수로 해당 setInterval

---

8 http://reactivex.io/rxjs/file/es6/scheduler/AsyncScheduler.js.html

함수를 초기화한다. 그리고 새롭게 설정한 delay 값으로 setInterval 함수의 값을 설정해 work 함수를 실행한다. 이 과정은 각 작업에서 schedule 함수를 재귀 호출하는 한 계속된다.

[코드 13-3]에서 처음 호출하는 schedule 함수는 스케줄러에서 호출하는 함수고, 그 안에서 호출하는 schedule 함수는 액션에서 호출하는 함수다. 즉, 스케줄러에서 schedule 함수를 호출할 때마다 해당 스케줄러의 액션 객체를 새로 생성해준 후 work 함수를 실행하고, 액션에서 호출하는 schedule 함수는 액션 객체 안에서 별개의 작업을 실행하는 역할이다. 이러한 동작은 Scheduler 클래스의 구현 코드 일부인 [코드 13-4]에서 확인할 수 있다.

코드 13-4 스케줄러에서 schedule 함수를 호출할 때마다 새로 생성하는 액션

```
schedule(work, delay = 0, state) {
    return new this.SchedulerAction(this, work).schedule(state, delay);
}
```

공식 문서(주석 7번 참고)에서는 동기 동작이 끝나자마자 setTimeout(deferredTask, 0)을 실행시킬 목적이라면 AsapScheduler를 사용하라고 설명하니 참고하기 바란다.

13.3.2 AsapScheduler

AsapScheduler(asapScheduler로 불러온다)는 각 플랫폼에 맞게 동기로 작업을 처리한 후 가능하면 빠르게 비동기로 작업을 처리하는 스케줄러다. 현재 이벤트 처리의 끝이나 현재 실행 로직 다음에 실행해야 할 이벤트 처리보다 더 빠르게 처리해야 하는 작업이 있을 때 사용한다.

공식 문서(주석 7번 참고) 설명에서도 동기 작업이 끝난 후 최대한 빠르게 다른 작업을 실행할 때는 AsyncScheduler의 delay 값을 0으로 설정하는 것보다 AsapScheduler를 사용하라고 설명한다. RxJS 공식 문서 'Scheduler Types'[9]에서는 스케줄러 타입으로 MessageChannel 인터페이스, setTimeout 함수 등 플랫폼에 따라 가장 적합한 것을 사용[10]한다고 설명한다. 즉, AsapScheduler을 사용할 때 RxJS에 구현된 내부 기준에 따라 적절한 방법으로 빠르게 실행할 방법을 적용한다.

---

9 http://reactivex.io/rxjs/manual/overview.html#scheduler-types
10 이런 타입은 Node.js의 process.nextTick나 웹 워커(Web Worker) 등에서 안전하게 데이터를 포함한 메시지를 전달할 수 있다.

한 가지 주의할 점은 AsapScheduler가 AsyncScheduler를 상속받을 때 0보다 큰 delay 값을 인자로 사용하는 상황이다. super 키워드로 부모인 AsyncScheduler를 동작시키기 때문이다. 반대로 말하면 delay에 설정한 값이 없거나 0일 때만 AsapScheduler가 동작한다고 할 수 있다.

AsapScheduler가 동작할 때는 내부에 있는 setImmediate 함수[11]를 이용해 플랫폼에 맞는 적절한 방식을 선택하여 비동기 동작을 구현한다.

AsapScheduler 내부에는 여러 액션들을 담는 actions 배열이 있다. AsapAction(액션)의 schedule 함수를 호출할 때는 해당 액션 객체 자체를 스케줄러의 actions 배열에 푸시한다.

> **NOTE_ AsapScheduler의 구현 원리**
>
> AsapScheduler는 setImmediate 함수를 호출한 후 actions 배열에 있는 액션을 매번 꺼내 비동기 동작을 한다. 그리고 work 함수를 호출할 때 해당 액션의 상태 값(state)을 전달해 동작을 실행한다. AsapScheduler의 내부 구현에 관심이 없다면 참고만 하길 바란다.

[코드 13-5]는 AsapAction의 구현 코드[12] 일부다. 액션의 schedule 함수를 호출할 때 실행되는 부분이다.

코드 13-5 schedule 함수 호출

```
requestAsyncId(scheduler, id, delay = 0) {
    if (delay !== null && delay > 0) {
        return super.requestAsyncId(scheduler, id, delay);
    }
    scheduler.actions.push(this);
    return scheduler.scheduled
        || (scheduler.scheduled = Immediate.setImmediate(
            scheduler.flush.bind(scheduler, null)
        ));
}
```

---

11 13.1에서 소개한 Node.js의 setImmediate와 다르다. 내부에 setImmediate라는 이름으로 구현한 함수다.

12 http://reactivex.io/rxjs/file/es6/scheduler/AsapAction.js.html

0보다 큰 delay 값이 있으면 super를 이용해 부모인 AsyncAction의 동작을 호출한다. 그렇지 않으면 액션(this) 자체를 actions 배열에 푸시한다.

return문은 비동기로 동작시키는 setImmediate 함수 호출 결과를 scheduler.scheduled에 넣는다. 그리고 결과가 있는지 없는지에 따라 setImmediate 함수를 호출할지 말지 결정한다. OR 연산자(||)로 scheduler.sheduled에 어떤 값이 있으면 뒤에 있는 내용을 실행하지 않고 리턴한다. 값이 undefined라면 OR 연산자 뒤에 있는 동작(setImmediate 함수)을 실행한다. 즉, 동기 방식으로 계속 작업을 실행할 때는 비동기 작업 요청인 setImmediate 함수를 한 번만 호출하려는 것이다.

[코드 13-6]은 [코드 13-5]의 Immediate.setImmediate에서 사용한 AsapScheduler의 flush 메서드 구현 코드[13] 일부다. flush 메서드는 비동기로 동작하므로 스케줄러의 actions 배열을 사용하는 방식을 확인할 수 있다.

코드 13-6 스케줄러의 actions 배열 사용 방식(AsapScheduler의 flush 메서드)

```
export class AsapScheduler extends AsyncScheduler {
    flush(action) {
        this.active = true;
        this.scheduled = undefined;
        const { actions } = this;
        // 생략...
        action = action || actions.shift();
        do {
            if (error = action.execute(action.state, action.delay)) {
                break;
            }
        } while (++index < count && (action = actions.shift()));
        // 생략...
    }
}
```

flush 메서드는 먼저 scheduled 값을 undefined로 만든다. requestAsyncId로 새로운 action을 전달받으면 setImmediate 함수를 호출하려는 것이다. 그리고 shift 함수로 actions에 있는 값을 다 사용한다(에러가 발생하지 않는다는 전제다). 이 모든 동작은 동기 방식으로

---

13 http://reactivex.io/rxjs/file/es6/scheduler/AsapScheduler.js.html

액션을 푸시하는 requestAsyncId와 동기 작업이 끝난 후 최대한 빠르게 비동기로 모든 작업을 처리하는 flush 메서드의 흐름이다.

actions에서 하나하나 값을 꺼내 동작할 때는 execute 함수를 호출한다. 이때 state와 함께 work 함수를 호출한다. [코드 13-7]은 AsapScheduler를 이용한 동기 및 비동기 처리 예다.

코드 13-7 AsapScheduler를 이용한 동기 및 비동기 처리 예

```
const { of, asapScheduler } = require('rxjs');

console.log('start');
of(1, 2, 3, asapScheduler).subscribe(x => console.log(x));
console.log(`actions length: : ${asapScheduler.actions.length}`);
console.log('end');
```

실행 결과는 다음과 같다.

```
start
actions length: : 1
end
1
2
3
```

start와 end가 동기로 먼저 실행되고, 1부터 3까지는 비동기로 한 번에 실행되었다. 또한 마이크로 큐에서 1개의 액션을 처리하려고 actions 배열에 1개의 액션을 추가했다. 이 1개의 액션은 인자로 나열된 1부터 3까지의 값을 하나하나 꺼내 전달하는 역할을 한다.

[코드 13-8]은 ArrayObservable의 구현 코드[14] 일부다. [코드 13-7]의 of 함수 동작을 확인할 수 있다.

코드 13-8 ArrayObservable의 구현 코드 일부

```
static of(...array) {
    //...생략
    if (len > 1) {
```

----

14 http://reactivex.io/rxjs/file/es6/observable/ArrayObservable.js.html

```
            return new ArrayObservable(array, scheduler);
        }
        //...생략
    }

    static dispatch(state) {
        const { array, index, count, subscriber } = state;
        if (index >= count) {
            subscriber.complete();
            return;
        }
        subscriber.next(array[index]);
        if (subscriber.closed) {
            return;
        }
        state.index = index + 1;
        this.schedule(state);
    }

    _subscribe(subscriber) {
        //...생략
        if (scheduler) {
            return scheduler.schedule(ArrayObservable.dispatch, 0, {
                array, index, count, subscriber
            });
        }
        //...생략
    }
```

ArrayObservable의 of 함수는 내부 array에 나열된 값을 담아 실행한다는 사실을 알 수 있다. 또한 dispatch는 work 함수며, 상태 값으로 전달되는 객체에는 나열된 4개 인자(array, index, count, subscriber)가 있음을 알 수 있다.

dispatch에서는 액션(this, 스케줄러가 생성한 액션에서 호출)의 schedule 함수를 재귀 호출해 배열에 있는 값들을 소비한다. 따라서 반복 실행하며 상태 값의 인덱스를 1씩 증가시키고 이를 스케줄러의 actions 배열에 푸시하며 동작한다. 푸시하면 actions 배열에 값이 남아 있으니 반복 실행하면서 해당 값을 계속 소비한다.

work 함수인 dispatch는 종료 조건(of 함수로 만들어진 배열에 있는 값 모두 소비)을 만족하면 재귀 호출을 하지않고 리턴하므로 배열에 있는 값을 모두 소비하면 반복 실행을 종료한다.

[코드 13–9]는 [코드 13–3]에서 설명한 재귀 호출 방식으로 AsapScheduler를 사용한 예다. [코드 13–7]에서 설명한 of 함수를 이용한 재귀 호출 방식과 비슷하다.

코드 13-9 AsapScheduler의 재귀 호출

```
const { asapScheduler } = require('rxjs');

console.log('start');
asapScheduler.schedule(function work(value) {
    value = value || 1;
    console.log(value);
        var selfAction = this;
    if (value < 3) {
        selfAction.schedule(value + 1);
    }
});
console.log(`actions length: : ${asapScheduler.actions.length}`);
console.log('end');
```

실행 결과는 다음과 같다.

```
start
actions length: : 1
end
1
2
3
```

13.3.3 QueueScheduler

QueueScheduler(queueScheduler로 불러온다)는 동기 방식의 스케줄러다. actions 배열을 반복 실행하며 먼저 들어온 값을 먼저 사용하는 큐 자료구조를 사용한다. 큐를 사용해서 순서를 동기로 조절해야 하는 특수한 상황이 아니면 사용할 일이 없어 실용성이 다소 낮은 스케줄러이기도 하다.

[코드 13-10]은 QueueScheduler의 구현 코드[15]다. 기본적으로 AsyncScheduler의 동작을 따를 뿐 별도의 구현 내용은 없다.

코드 13-10 QueueScheduler의 구현 코드 일부

```
// AsyncScheduler를 상속받을 뿐 구현은 없다.
import { AsyncScheduler } from './AsyncScheduler';
export class QueueScheduler extends AsyncScheduler { }
```

AsapScheduler는 액션에서 schedule 함수를 호출할 때 actions 배열에 값을 푸시한 후 비동기 방식으로 actions 배열을 반복 실행한다. 하지만 QueueScheduler는 동기 방식이므로 반복 실행 시작 전 플래그를 표시하고, 반복 실행 중이면 actions 배열에 푸시만 한다. 즉, actions 배열에 아직 실행해야 할 동작이 남아 있으면 actions 배열 요소를 모두 실행할 때까지 반복해서 동작한다. 이는 AsapScheduler에서 setImmediate 함수를 한 번 호출한 후 actions 배열에 값을 푸시하는 것과 같은 개념이다.

그럼 실제 QueueScheduler에서의 schedule 함수 구현인 [코드 13-11] QueueAction의 schedule 함수[16]를 살펴보자.

코드 13-11 QueueAction의 schedule 함수 구현 코드

```
// request, recycle은 호출하지 않고 실행만 한다.
schedule(state, delay = 0) {
    if (delay > 0) { // delay 값이 0보다 크면 AsapScheduler를 상속받아 실행
        return super.schedule(state, delay);
    }
    this.delay = delay;
    this.state = state;
    this.scheduler.flush(this); // AsyncScheduler.flush
    return this;
}
execute(state, delay) {
    return (delay > 0 || this.closed) ?
        super.execute(state, delay) :
```

---

15 http://reactivex.io/rxjs/file/es6/scheduler/QueueScheduler.js.html
16 http://reactivex.io/rxjs/file/es6/scheduler/QueueAction.js.html

```
        // delay == 0이고 !this.close이므로 실행됨.
        this._execute(state, delay);
    }
```

스케줄러의 flush 메서드를 동기 방식으로 실행한다. flush 메서드 구현은 AsyncScheduler
의 구현 코드[17]에서 확인할 수 있다. 앞서 소개한 AsapScheduler의 flush 메서드 구현과는
조금 다르다.

코드 13-12 AsyncScheduler의 flush 메서드 구현 코드

```
flush(action) {
    const { actions } = this;
    if (this.active) {
        actions.push(action);
        return;
    }
    let error;
    this.active = true;
    do {
        if (error = action.execute(action.state, action.delay)) {
            break;
        }
    } while (action = actions.shift()); // 스케줄러 큐 모두 사용
    this.active = false;
    if (error) {
        while (action = actions.shift()) {
            action.unsubscribe();
        }
        throw error;
    }
}
```

flush 함수 안에서는 스케줄러의 active 플래그를 반복 실행 시작 전후에 설정한다. 따라서 [코
드 13-11]의 schedule 함수를 재귀 호출해도 문제 없이 동작한다. 이렇게 반복문을 실행하다
가 flush 메서드를 호출해 새로운 action을 푸시할 수 있다. 그리고 active를 true로 설정했다
면 바로 액션이 리턴된다. 콜스택을 이용하지 않고 재귀 호출로 반복문을 실행했기 때문이다.

---

17 http://reactivex.io/rxjs/file/es6/scheduler/AsyncScheduler.js.html

한편 [코드 13-11]의 execute 함수에서는 this._execute를 호출한다. _execute 함수는 AsyncAction 구현 코드[18]의 _execute 함수며, work 함수에 state를 전달해 실행한다.

코드 13-13 AsyncAction의 _execute 함수 구현 코드

```
_execute(state, delay) {
    let errored = false;
    let errorValue = undefined;
    try {
        this.work(state);
    }
    catch (e) {
        errored = true;
        errorValue = !!e && e || new Error(e);
    }
    if (errored) {
        this.unsubscribe();
        return errorValue;
    }
}
```

참고로 RxJS 4에서는 재귀 호출할 수 있도록 구현된 연산자가 많아서 QueueScheduler를 연산자 내부에서 사용(예: 대표적으로 range 함수, 당시 스케줄러의 이름은 queue가 아닌 currentThread)했다. 하지만 필자는 이 책을 집필하는 시점까지는 RxJS 5부터 연산자 안에서 동기 방식으로 QueueScheduler를 재귀 호출하는 사례를 찾을 수 없었다.

따라서 QueueScheduler는 연산자 안에서 동기 방식 및 콜스택이 아닌 반복문으로 꼬리 재귀를 호출해야 하거나 큐에 넣어 순서를 맞춰야 할 때 사용하면 좋다.

[코드 13-14]는 QueueScheduler와 꼬리 재귀를 사용하는 피보나치 수열 예다.

코드 13-14 QueueScheduler를 사용하는 피보나치 수열

```
const { queueScheduler } = require('rxjs');

const n = 6;
queueScheduler.schedule(function(state) {
```

----

18 http://reactivex.io/rxjs/file/es6/scheduler/AsyncAction.js.html

```
    console.log(`finbonicci[${state.index}]: ${state.a}`);
    if (state.index < n) {
        this.schedule({
            index: state.index + 1,
            a: state.b,
            b: state.a + state.b
        });
    }
}, null, { index: 0, a: 0, b: 1 });
```

실행 결과는 다음과 같다.

```
finbonicci[0]: 0
finbonicci[1]: 1
finbonicci[2]: 1
finbonicci[3]: 2
finbonicci[4]: 3
finbonicci[5]: 5
finbonicci[6]: 8
```

두 번째 인자 null은 delay 값을 지정하지 않겠다는 뜻이다. QueueScheduler도 delay 값을 지정하면 AsyncScheduler를 상속받아 동작하므로 null로 지정했다. 세 번째 인자에는 초기 상태 값을 넣었다. 따라서 index 값을 1씩 증가시켜 재귀로 a, b 값을 누적시킨다. 큐에서 하나씩 꺼내서 순차적으로 동작함을 확인할 수 있다.

> **NOTE_ AnimationFrameScheduler**
>
> AnimationFrameScheduler(animationFrameScheduler로 불러온다)는 애니메이션 구현 시 프레임 손실을 막는 window.requestAnimationFrame으로 구현한 스케줄러다. AnimationFrameScheduler 또한 delay 값을 인자로 사용하면 AsyncScheduler처럼 동작한다. 즉, AsyncScheduler를 상속받으므로 delay 값을 인자로 사용하지 않으면 AsapScheduler를 사용할 때와의 차이도 없다.
>
> AnimationFrameScheduler 내부에서는 AnimationFrame.js라는 유틸리티 성격의 함수를 참조해 플랫폼에 적당한 애니메이션 프레임 객체를 선택해 사용한다. 따라서 화면에 프레임별로 손실 없이 애니메이션을 그려줄 때(프레임별로 공식을 적용해 CSS 설정을 바꿔야 할 때) 사용할 수 있다.

실제 자주 사용하는 스케줄러는 아니므로 여기에서 AnimationFrameScheduler의 예를 설명하지는 않겠다. 대신 RxJS 5 프로젝트의 메인 리더인 벤 레시가 발표한 'Advanced RxJS: State Management and Animations[19]'라는 영상을 소개한다. RxJS에 관한 이야기, AnimationFrameScheduler 소개, 여러 애니메이션 효과에 해당하는 CSS 변환 방법을 알려준다. RxJS로 애니메이션을 구현한다면 참고해볼 만 하다.

13.4 스케줄러에서 사용하는 연산자

옵저버블을 구독해 값을 발행할 때 특정 스케줄러에서 동작할 수 있는 연산자가 크게 2개 있다. 하나는 subscribeOn이고 다른 하나는 observeOn이다. 그런데 ReactiveX 공식 웹 사이트의 마블 다이어그램[20]을 봐도 이 둘의 차이를 처음부터 한 눈에 이해하기 어렵고, 왜 2개 연산자가 필요한지 의문이 생길 수도 있다.

이 절에서는 로그와 마블 다이어그램을 중심으로 두 연산자의 차이점을 확실히 소개하겠다.

13.4.1 subscribeOn 연산자

subscribeOn 연산자는 구독하는 옵저버블 자체를 인자로 사용할 스케줄러로 바꿔준다. 만약 여러 개의 subscribeOn 연산자가 있다면 맨 처음 호출한 subscribeOn 연산자에 있는 스케줄러를 선택해 사용한다. 그러므로 특수 상황(이미 subscribeOn으로 스케줄러가 바뀌어 이를 덮어쓰는 상황)을 제외하고는 subscribeOn 연산자를 여러 번 사용할 이유는 없다. 일반적으로는 적절한 위치에 한 번만 사용하면 된다.

[코드 13-15]는 subscribeOn 연산자 동작 방식을 확인하는 예다.

코드 13-15 subscribeOn 연산자의 사용 예

```
const { Observable, asyncScheduler } = require('rxjs');
const { subscribeOn } = require('rxjs/operators');
```

---

19 https://www.youtube.com/watch?v=jKqWMvdTuE8
20 http://reactivex.io/documentation/operators/subscribeon.html

```
const source$ = Observable.create(observer => {
    console.log("BEGIN source");
    observer.next(1);
    observer.next(2);
    observer.next(3);
    observer.complete();
    console.log('END source');
});

console.log('before subscribe');
source$.pipe(subscribeOn(asyncScheduler, 1000)).subscribe(x => console.log(x));
console.log('after subscribe');
```

subscribeOn 연산자는 스케줄러를 인자로 사용한다. 또한 RxJS의 AsyncScheduler를 고려해서 두 번째 인자로 delay를 사용한다.

실행 결과는 다음과 같다.

```
before subscribe
after subscribe
BEGIN source
1
2
3
END source
```

'after subscribe'를 출력할 때까지 동기 방식으로 실행되며 1초 후 나머지 결과를 출력한다. source$를 구독하면 'before subscribe'와 'after subscribe'는 동기로 실행되어 화면에 출력되는 것을 확인할 수 있다. 그 다음에는 비동기로 'BEGIN source'를 출력한 후 subscribe 안 함수를 실행해 결과를 출력한 후 'END source'를 출력한다. 즉, 구독할 때 맨 앞 옵저버블의 작업을 subscribeOn 연산자에서 지정한 스케줄러로 실행하는 것이다.

연산자의 원형은 다음과 같다.

```
subscribeOn<T>(
    scheduler: SchedulerLike, delay: number = 0
): MonoTypeOperatorFunction<T>
```

scheduler는 구독 작업을 실행하는 스케줄러를 설정하고 delay는 숫자 타입으로 지연 시간을 설정한다.

[그림 13-1]은 subscribeOn의 마블 다이어그램이다.

그림 13-1 subscribeOn 연산자의 마블다이어그램

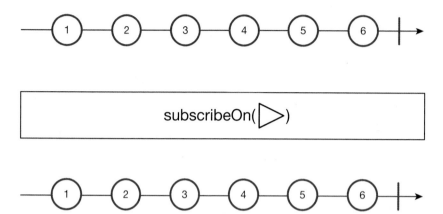

연산자의 인자가 일반적인 삼각형을 90도 정도 오른쪽으로 회전시킨 모양이고 소스 옵저버블의 라인도 주황색(주석 20번 URL의 그림 확인)이다. 또한 결과로 나온 옵저버블도 주황색이다. [코드 13-15]를 기준으로 설명하면 'BEGIN source'와 'END source'가 실행되는 소스 옵저버블과 그 아래 영향을 받은 next 함수 출력 부분까지 해당 스케줄러의 영향을 받아 실행된다는 뜻이다.

그럼 subscribeOn 연산자의 구현 코드[21]인 [코드 13-16]을 살펴보자.

코드 13-16 subscribeOn 연산자의 구현 코드 일부

```
call(subscriber, source) {
    return new SubscribeOnObservable(source, this.delay, this.scheduler)
        .subscribe(subscriber);
}
```

---

21 http://reactivex.io/rxjs/file/es6/operators/subscribeOn.js.html

SubscribeOnObservable을 이용하므로 해당 옵저버블의 구현 코드[22] 구체적인 구현이 있다. [코드 13-17]은 그 일부다.

코드 13-17 SubscribeOnObservable의 구현 코드 일부

```
static dispatch(arg) {
    const { source, subscriber } = arg;
    return this.add(source.subscribe(subscriber));
}

_subscribe(subscriber) {
    const delay = this.delayTime;
    const source = this.source;
    const scheduler = this.scheduler;
    return scheduler.schedule(SubscribeOnObservable.dispatch, delay, {
        source, subscriber
    });
}
```

구독할 때 스케줄러의 schedule 함수를 호출한다. 스케줄러의 work 함수는 정적 함수인 dispatch며 이 함수 안에서 소스 옵저버블을 구독한다. 즉, 스케줄러 안에서 소스 옵저버블 구독 부분을 실행한다는 것을 알 수 있다. 따라서 [그림 13-1] 마블 다이어그램처럼 소스 옵저버블뿐만 아니라 그 아래 영향을 받는 다른 연산자에서 파생한 옵저버블도 해당 스케줄러의 영향을 받는다.

13.4.2 observeOn 연산자

subscribeOn 연산자를 사용하면 모든 스트림이 해당 스케줄러로 바뀐다. 그런데 이렇게 스케줄러가 바뀐 후 중간에 다른 스케줄러로 바꿔주고 싶을 때가 있을 것이다. 이때 observeOn 연산자를 사용하여 observeOn 이 호출된 이후부터 스케줄러를 바꿔 실행할 수 있다.

이 연산자는 subscribeOn과 달리 여러 연산자가 연속으로 연결되었을 때 가장 마지막에 호출된 연산자의 스케줄러가 우선 적용된다. 마블 다이어그램은 [그림 13-2]와 같다.

---

22 http://reactivex.io/rxjs/file/es6/observable/SubscribeOnObservable.js.html

그림 13-2 observeOn 연산자의 마블 다이어그램

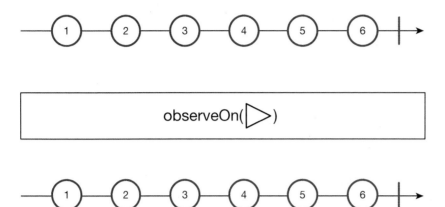

연산자에 있는 주황색 세모 모양(주석 21번 URL의 그림 확인)의 스케줄러를 이용해서 구독할 때 next, error, complete 함수를 destination이라는 생성자의 파라미터로 전달한다.

subscribeOn과 observeOn 연산자의 마블 다이어그램을 모두 보았다면 이제 두 옵저버블의 관계를 마블 다이어그램으로 살펴볼 차례다. [그림 13-3]은 observeOn 연산자와 subscribeOn 연산자의 연관 관계를 나타내는 옵저버블의 연산자 체인이다.

subscribeOn 연산자가 영향을 주는 방향은 마블 다이어그램에서 해당 위치에서 윗 방향(주석 21번 URL 그림에서 파란색 부분)이고, observeOn은 아래 방향(주석 21번 URL 그림에서 주황색 부분)으로 영향을 준다.

즉, subscribeOn 연산자가 위치한 부분 가장 위 옵저버블이 시작하는 부분부터 사용할 스케줄러를 지정한다. 그러나 observeOn 연산자는 이 연산자가 호출된 지점부터 아래에 있는 모든 연산자가 지정한 스케줄러로 동작하도록 영향을 준다.

따라서 중간에 observeOn을 여러 번 호출해 연산자별로 다른 스케줄러를 사용할 수 있는 것이다. 즉, subscribeOn는 밑에서 위(bottom up)로 observeOn은 위에서 아래(top down) 방향으로 영향을 준다고 생각하면 된다.

이렇게 생각하면 각 연산자가 연속으로 여러 개 연결되었을 때 subscribeOn은 제일 먼저 연결된 연산자의 스케줄러가 적용되고, observeOn은 가장 나중에 연결된 연산자의 스케줄러를 사용하는 이해할 수 있다. 해당 방향으로 덮어쓴다는 개념으로 생각하면 된다.

그림 13-3 옵저버블의 연산자 체인

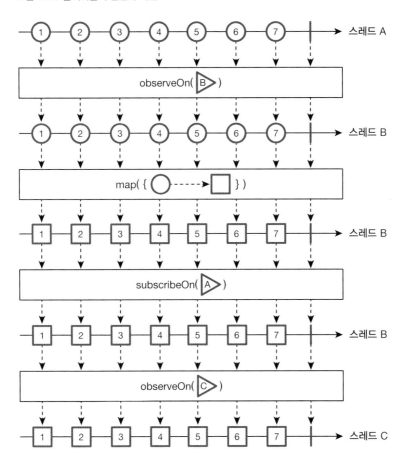

연산자의 원형은 다음과 같다.

```
observeOn<T>(scheduler: SchedulerLike, delay: number = 0):
    MonoTypeOperatorFunction<T>
```

scheduler는 구독 작업을 실행하는 스케줄러를 설정하고 delay는 숫자 타입으로 지연 시간을 설정한다.

[코드 13-18]은 [코드 13-15]를 observeOn 연산자로 바꿔서 실행하는 예다.

```
const { Observable, asyncScheduler } = require('rxjs');
const { observeOn } = require('rxjs/operators');

const source$ = Observable.create(observer => {
    console.log('BEGIN source');
    observer.next(1);
    observer.next(2);
    observer.next(3);
    observer.complete();
    console.log('END source');
});

console.log('before subscribe');
source$.pipe(observeOn(asyncScheduler, 1000)).subscribe(x => console.log(x));
console.log('after subscribe');
```

실행 결과는 다음과 같다.

```
before subscribe
BEGIN source
END source
after subscribe
1
2
3
```

소스 옵저버블을 구독하는 부분('after subscribe'까지의 출력 결과)까지는 동기 방식으로 실행된다. 그러나 observeOn 연산자 다음으로 생성되는 옵저버블은 1초 후 스케줄러를 이용해서 실행된다. 즉, subscribe 함수 안에 있는 next함수의 동작이 스케줄러의 영향을 받아 1부터 3까지 출력만 1초 후 비동기로 처리한다.

observeOn 연산자 다음에 바로 subscribe 함수를 호출하지 않고 다른 연산자를 추가했어도 그다음에 추가하는 연산자부터는 스케줄러를 이용해 옵저버블을 실행한다. 예를 들어 observeOn 연산자에 AsyncScheduler를 1초 후 실행한다고 설정한 후 바로 map, filter 연산자와 subscribe 함수를 차례로 실행하도록 정의했다고 생각해보자. 2개 연산자와 subscribe 함수 모두 1초 후 실행된다.

[코드 13-19]는 [코드 13-18]의 동작 원리를 확인할 수 있는 observeOn 연산자의 구현 코드[23] 일부다.

코드 13-19 observeOn 연산자의 구현 코드 일부

```
export class ObserveOnSubscriber extends Subscriber {
    constructor(destination, scheduler, delay = 0) {
        super(destination);
        this.scheduler = scheduler;
        this.delay = delay;
    }
    static dispatch(arg) {
        const { notification, destination } = arg;
        notification.observe(destination);
        this.unsubscribe();
    }
    scheduleMessage(notification) {
        this.add(this.scheduler.schedule(
            ObserveOnSubscriber.dispatch,
            this.delay,
            new ObserveOnMessage(notification, this.destination)));
    }
    _next(value) {
        this.scheduleMessage(Notification.createNext(value));
    }
    _error(err) {
        this.scheduleMessage(Notification.createError(err));
    }
    _complete() {
        this.scheduleMessage(Notification.createComplete());
    }
}
export class ObserveOnMessage {
    constructor(notification, destination) {
        this.notification = notification;
        this.destination = destination;
    }
}
```

---

23 http://reactivex.io/rxjs/file/es6/operators/observeOn.js.html

dispatch가 스케줄러의 work 함수로 동작한다. 이때 Notification은 객체에서 next, error, complete 함수 중 무엇을 실행할지 정해 observe 함수에 있는 destination에 전달한다.

13.4.3 observeOn 연산자 안 AsyncScheduler 사용

지금부터는 몇 가지 예제로 observeOn 연산자의 동작을 살펴볼 것이다. 스케줄러의 내부 동작 원리도 일부 이해해야 살펴볼 수 있는 부분임을 참고하기 바란다. 이해라기 어렵다면 건너뛰어도 괜찮다.

subscribeOn 연산자는 소스 옵저버블을 구독하는 동작 하나만 스케줄러에서 실행한다. 하지만 observeOn 연산자는 스케줄러에서 next 함수로 여러 값을 전달하는 동작을 담당한다. 따라서 몇 가지 예제를 설명하는 것이 좋다. 여기서는 먼저 AsyncScheduler부터 살펴보겠다.

AsyncScheduler는 각각의 action을 setInterval 함수로 지정된 시간 뒤에 실행되도록 구현되어 있다. [코드 13-20]은 observeOn을 사용했으므로 1, 2, 3을 발행하는 next 함수 3개와 complete 함수를 포함한 4개의 액션을 setInterval 함수로 동작시킨다. 즉 1초 후 실행해야 할 동작이 4개가 된 것이다. 이렇게 시간이 같을 때 setInterval 함수를 호출한 순서대로 동작하므로 실행 순서가 보장된다.

코드 13-20 observeOn 연산자 안 AsyncScheduler 사용

```
const { of, asyncScheduler } = require('rxjs');
const { observeOn } = require('rxjs/operators');

console.log('start');
of(1, 2, 3).pipe(observeOn(asyncScheduler, 1000)).subscribe(x => console.log(x));
console.log(`actions length: : ${asyncScheduler.actions.length}`);
console.log('end');
```

실행 결과는 다음과 같다.

```
start
actions length: : 0
end
1
```

```
2
3
```

출력 결과의 'end'까지는 동기 방식으로 실행되고 다음부터는 1초 후 스케줄러로 실행된다. 그리고 동기로 실행되는 동안 따로 푸시된 actions이 없는 것을 알 수 있다. 1초 후 각각의 동작이 한번에 실행되니 만약 next 함수를 호출할 때마다 시간 간격을 지정하는 것이 목적이라면 interval 같은 함수를 사용하면 된다.

13.4.4 observeOn 연산자 안 AsapScheduler 사용

AsapScheduler은 스케줄러의 schedule 함수를 호출할 때마다 스케줄러에 있는 actions 배열에 액션을 푸시한다. 즉, AsyncScheduler는 next 함수를 호출할 때마다 setInterval 함수도 매번 호출하지만 AsapScheduler는 스케줄러 안에 있는 actions 배열에 해당 액션을 푸시하는 동작만 한다. 그러나 동기 처리가 끝나면 비동기로 actions 배열에 전달한 액션들을 반복 실행시킨다. [코드 13-21]은 그 예다.

코드 13-21 observeOn 연산자 안 AsapScheduler 사용

```
const { of, asapScheduler } = require('rxjs');
const { observeOn } = require('rxjs/operators');

console.log('start');
of(1, 2, 3).pipe(observeOn(asapScheduler)).subscribe(x => console.log(x));
console.log(`actions length: : ${asapScheduler.actions.length}`);
console.log('end');
```

실행 결과는 다음과 같다.

```
start
actions length: : 4
end
1
2
3
```

1~3의 출력 부분은 한 번에 동작하는 것 같아도 마이크로 큐에서 비동기로 실행된다. 또한 actions 배열의 4개 액션은 동기 방식으로 푸시한다. 옵저버블을 구독하면서 observeOn 연산자가 동작할 때는 AsapScheduler의 schedule 함수를 호출한다. 그리고 actions 배열에 next 함수 3개와 complete 함수 1개로 구성한 액션들을 동기 방식으로 미리 추가한다. 방식만 async와 다를 뿐 비동기 동작이 실행될 때 4개의 액션이 한번에 순차적으로 실행되는 것은 AsyncScheduler와 같다.

13.4.5 observeOn 연산자 안 QueueScheduler 사용

QueueScheduler는 이미 소개한 것처럼 동기 방식으로 동작한다. 따라서 구독 전과 후를 구분하는 출력 코드를 넣었을 때 모든 동작을 완료한 후 구독 후 코드를 출력한다. 또한 재귀로 동작하는 것도 아니고 별개의 액션을 만들어 1개 액션만 각각 동기 방식으로 실행된다. 사실상 observeOn 연산자와 같이 사용할 때 장점이 있다고는 할 수 없다.

schedule 함수를 직접 호출해서 재귀 실행하면 꼬리 재귀 같은 형태가 되며 반복 실행 내부에 추가할 동작을 actions 배열에 넣을 수 있다. 즉, 동기 동작과 다를 것이 없다.

[코드 13-22]은 [코드 13-20]에서 스케줄러만 QueueScheduler로 바꾼 것이다.

코드 13-22 observeOn 연산자 안 QueueScheduler 사용

```
const { of, queueScheduler } = require('rxjs');
const { observeOn } = require('rxjs/operators');

console.log('start');
of(1, 2, 3).pipe(observeOn(queueScheduler)).subscribe(x => console.log(x));
console.log(`actions length: : ${queueScheduler.actions.length}`);
console.log('end');
```

실행 결과는 다음과 같다.

```
start
1
2
3
```

```
actions length: : 0
end
```

참고로 스케줄러를 of나 range 함수 안에 포함시키면 스케줄러를 재귀 실행시킨다. 이때는 큐에 순서를 넣어 제어할 수 있다. 동기 방식에서 순서 조정이 필요할 때 유용하다.

[코드 13-23]은 observeOn 연산자 대신 range 함수 안에 QueueScheduler를 사용해 재귀 실행하는 예다.

코드 13-23 range 함수 안에 QueueScheduler 사용

```
const { range, queueScheduler } = require('rxjs');
const { mergeMap, observeOn } = require('rxjs/operators');

console.log('start queue');
range(0, 3, queueScheduler).pipe(mergeMap(x => range(x, 3, queueScheduler)))
    .subscribe(x => console.log(x));
console.log('end queue');

console.log('start without queue');
range(0, 3).pipe(mergeMap(x => range(x, 3))).subscribe(x => console.log(x));
console.log('end without queue');
```

실행 결과는 다음과 같다.

```
start queue
0
1
1
2
2
2
3
3
4
end queue
start without queue
0
1
2
1
```

```
2
3
2
3
4
end without queue
```

mergeMap 연산자 안에 range 함수를 사용해서 리턴하는 옵저버블은 (0, 3) (1, 3) (2, 3)이 있다. 그리고 QueueScheduler를 range 함수 각각에 인자로 사용했을 때와 그렇지 않은 때를 출력했다. 모두 동기 방식으로 동작하지만 순서가 다름을 알 수 있다.

mergeMap 연산자는 리턴하는 옵저버블에서 complete 함수를 호출할 때까지 기다리지 않고 소스 옵저버블이 발행하는 값을 계속 처리한다. 따라서 재귀 호출하는 순서에 따라 actions 배열에 값을 전달해 반복 실행한다. 또한 순서가 같은 숫자끼리 모아서 출력한다. 이때 QueueScheduler를 사용하지 않으면 반복 실행할 때 여러 옵저버블을 하나씩 다룬다. 출력한 숫자 순서를 살펴보면 concatMap 연산자처럼 동작함을 알 수 있다. 중첩 반복 실행과 같다고도 생각할 수 있다.

방금 설명한 출력 순서는 AsapScheduler을 이용해도 같다. actions 배열에 값을 해당 순서대로 푸시하는 것이기 때문이다. 하지만 AsapScheduler을 이용하면 큐에 넣는 순서를 비동기 방식으로 처리할 수도 있다는 차이가 있다.

> **NOTE_ RxJS 4와 RxJS 5의 range 함수와 QueueScheduler**
>
> RxJS 4의 range 함수는 QueueScheduler와 같은 형태의 currentThread라는 스케줄러를 사용한다. 따라서 따라서 버전 4의 flatMap(mergeMap) 연산자를 사용하면 range 함수와 QueueScheduler를 함께 사용한 것 같은 출력 순서가 된다는 점을 확인할 수 있다. 실제로 RxJS 4의 mergeAll 예제[24]를 살펴보면 [코드 13-23] QueueScheduler를 사용했을 때와 출력되는 순서가 같다는 것을 확인할 수 있다.
>
> 그러나 RxJS 5의 range 함수는 scheduler 함수가 없으면 재귀 실행 없이 반복 실행만 할 뿐이다. 따라서 RxJS 4의 currentThread와 같은 동작 방식을 원한다면 QueueScheduler를 사용하자.

----

24 https://github.com/Reactive-Extensions/RxJS/blob/master/doc/api/core/operators/mergeall.md

Part **IV**

실전 RxJS

4부에서는 실무에서 RxJS를 사용하는 방법을 소개한다. 테스팅, ES2015+에서의 RxJS 사용, 앵귤러와 리액트 프레임워크에서 RxJS를 사용하는 방법을 살펴본다. 마지막에는 사용자가 직접 연산자나 생성 함수를 만드는 방법도 살펴본다.

Part IV

실전 RxJS

## CHAPTER 14

테스트

테스트의 중요성을 모르는 개발자는 많지 않다. 그런데 중요성을 인식하면서도 놓치기 쉬운 부분이 테스트가 아닐까 싶다. 특히 프런트엔드 개발은 주의깊게 코딩하지 않으면, DOM을 제어하는 코드와 비즈니스 로직이 혼재될 때가 많아 단위 테스트를 짜는 것 자체가 어려워질 때가 있다.

다행히 최근 프런트엔드 개발은 테스트하기 좋은 환경으로 점점 바뀌어가고 있다. 대부분의 주요 프레임워크들은 기본적으로 테스트를 고려해서 설계되었고 테스트 도구들도 단위 테스트부터 E2E 테스트까지 모든 종류에서 성숙한 수준으로 준비되어 있다.

이 장에서는 대표적인 테스팅 프레임워크인 모카^{Mocha}를 기반으로 기본적인 자바스크립트 유닛 테스트 방법을 설명한다. 이어서 RxJS로 작성한 코드를 테스트해볼 것이다.

14.1 모카

모카는 Node.js와 브라우저 모두에서 동작하는 자바스크립트 테스트 프레임워크다. 모든 테스트를 순차적으로 실행하고, 테스트에 필요한 기능들을 풍부하게 지원하며, 다양한 어서션^{Assertion} 도구들과도 유연하게 동작한다.

아직 점유율은 높지 않지만 AVA[1]라는 테스트 프레임워크가 최근 각광받고 있다. 모카와 달리 모든 테스트가 병렬로 실행되어 테스트 속도가 빠르고 옵저버블을 기본적으로 지원하므로 향후 관심을 갖고 지켜봐도 좋을 것 같다.

지금부터 모카의 설치부터 시작해서 사용 방법 전반을 살펴보자.

14.1.1 설치

모카 설치는 간단하다. 다음처럼 npm을 사용해서 설치하면 된다.

```
$ npm install mocha --global
```

--global 옵션을 사용해서 모카를 전역 환경에 설치하면 커맨드라인에서 mocha라고 입력해서 테스트를 실행할 수 있다.

14.1.2 기본 구조

모카는 describe로 여러 개의 테스트를 담을 수 있는 테스트 블럭을 선언하고 테스트 블럭 안에 it으로 여러 개의 테스트를 선언하는 구조다. 또 describe 안에는 describe가 계층적으로 포함될 수 있다. 다음은 모카의 구조를 나타낸 것이다.

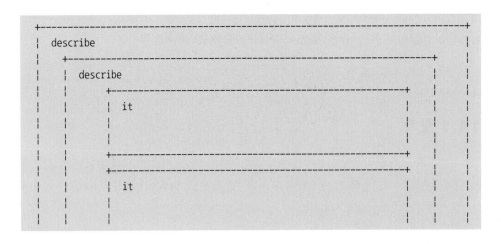

---

1 https://github.com/avajs/ava

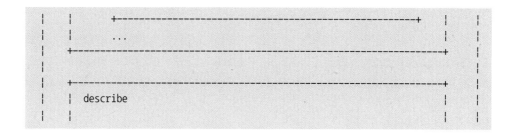

```
|   |       +-----------------------------------------------+   |   |
|   |  ...                                                  |   |   |
|   +-------------------------------------------------------+   |   |
|   |                                                       |   |   |
|   +-------------------------------------------------------+   |   |
|   |  describe                                             |   |   |
|   |                                                       |   |   |
```

14.1.3 어서션 라이브러리

어서션 라이브러리는 테스트 대상 함수의 결과에 대한 예측을 가정하는 목적으로 사용한다. Node.js에서도 assert라는 어서션 모듈을 기본 제공하며 여기에서는 이 모듈을 사용해서 테스트를 진행한다. 모카는 그 외에도 다양한 어서션 라이브러리와 함께 사용할 수 있다. 모카 문서에 있는 호환 어서션 라이브러리는 다음과 같다.

- should.js
- expect.js
- chai
- better-assert
- unexpected

14.1.4 테스트 실행

모카는 기본적으로 자바스크립트 프로젝트의 test 디렉터리 안에 있는 파일들을 실행한다. 먼저 프로젝트 안에 test라는 폴더를 만들고 그 안에 [코드 14-1]처럼 test.js 파일을 작성하고 저장하자.

코드 14-1 기본 테스트 코드

```
const assert = require('assert');

describe('동기 코드 테스트', function() {
    describe('indexOf() 메서드', function() {
        it('값이 없을 때는 -1을 리턴함', function() {
            assert.ok([1,2,3].indexOf(5) === -1);
```

```
            });
        });
    });
```

이제 커맨드 라인에서 mocha를 실행하면 테스트를 시작할 수 있다. 모카를 실행하면 다음과 같은 출력 결과가 나올 것이다.

```
동기 코드 테스트
  #indexOf()
      값이 없을 때는 -1을 리턴함
```

만약 test 디렉터리 아래에 test.js 파일 외에도 다른 js 파일들이 있다면 해당 파일들도 모두 테스트한다. test 디렉터리가 존재하지 않는다면, 모카를 실행하는 현재 디렉터리에서 test.js 파일을 찾는다. 특정 파일을 실행하고 싶다면, mocha test.js처럼 mocha 뒤에 파일 이름을 입력해도 된다.

14.1.5 비동기 코드

[코드 14-1]은 동기 방식의 코드를 테스트했다. 그런데 모카에서 비동기 코드를 테스팅하는 것도 어렵지 않다. 단순하게 비동기 코드를 정상적으로 테스트 완료했을 때 done이라는 이름의 콜백을 호출해주면 된다. 먼저 잘못된 비동기 테스트를 살펴보자. [코드 14-2]는 비동기 상태를 가장 쉽게 만들 수 있는 setTimeout 함수를 사용한 예다.

코드 14-2 잘못된 비동기 테스트의 예

```
const assert = require('assert');

function asyncFunc(cb) {
    setTimeout(function() {
        // 1초 후 콜백 함수에 foo를 전달
        cb('foo');
    }, 1000);
}

describe('비동기 코드 테스트', function() {
    describe('#setTimeout', function() {
```

```
        it('done 함수를 호출하지 않으면 무조건 성공', function() {
            asyncFunc(function(result) {
                // foo와 bar를 비교하므로 잘못된 결과지만
                // done 함수를 호출하지 않으면 테스트가 성공한다.
                assert.ok(result === 'bar');
            });
        });
    });
});
```

실행 결과는 다음과 같다.

```
비동기 코드 테스트
  #setTimeout
    done 함수를 호출하지 않으면 무조건 성공



1 passing (5ms)
```

asyncFunc 함수는 비동기 상황을 표현하려고 setTimeout 함수를 사용해서 1초 후 콜백 함수에 foo라는 값을 전달하는 단순한 기능을 한다. 테스트 코드는 asyncFunc 함수를 테스트하는데, 테스트하는 함수가 비동기임에도 동기처럼 콜백 함수에서 assert로 결괏값을 예측한다. 결과를 보면 foo가 아닌 bar를 비교해서 일부러 잘못된 값으로 예측한다. 즉, 테스트가 실패해야 하는데 결과를 살펴보면 통과한 것으로 나오므로 잘못된 것이다.

모카는 이렇게 콜백 형태의 비동기 함수인 데도 동기 함수처럼 테스트하면 정확하게 테스트 결과를 도출해내지 못한다. 따라서 콜백 형태의 비동기 함수를 테스트할 때는 [코드 14-3]처럼 비동기 호출이 끝나는 시점에서 done 함수를 호출해주어야 한다.

코드 14-3 올바른 비동기 테스트의 예

```
const assert = require('assert');

function asyncFunc(cb) {
    setTimeout(function() {
        // 1초 후 콜백 함수에 'foo'를 전달
        cb('foo');
    }, 1000);
}
```

```
describe('비동기 코드 테스트', function() {
    describe('#setTimeout', function() {
        it('done 함수를 호출해야 정상적으로 테스트', function(done) { // done 함수
            asyncFunc(function(result) {
                assert.ok(result === 'bar');
                // 콜백 형태의 비동기 함수는 반드시 비동기 호출이
                // 마무리될 때 done 함수를 호출해주어야 한다.
                done();
            });
        });
    });
});
```

실행 결과는 다음과 같다.

```
1 failing

비동기 코드 테스트
    #setTimeout
        done 함수를 호출해야 정상적으로 테스트:

    Uncaught AssertionError [ERR_ASSERTION]: false == true
    + expected - actual

    -false
    +true
```

이제 정상적으로 테스트가 실패하는 것을 볼 수 있다. 그런데 비동기 함수 테스트에서는 done 함수 호출 외에도 한 가지 더 주의할 점이 있다. 모카는 비동기 함수 처리가 최대 2초 안에 진행된다고 가정하는데, 2초 안에 done 함수가 호출되지 않으면 모카는 테스트를 실패로 여기므로 주의해야 한다.

[코드 14-4]는 타임아웃 기본 설정값인 2초를 넘어서 3초에 done 함수가 호출되도록 했으므로 실패하는 테스트다.

코드 14-4 타임아웃 기본 설정 때문에 실패하는 테스트

```
const assert = require('assert');

function asyncFunc(cb) {
```

```
        setTimeout(function() {
            // 3초 후 콜백 함수에 'foo'를 전달
            cb('foo');
        }, 3000);
    }

    describe('비동기 코드 테스트', function() {
        describe('#setTimeout', function() {
            it('2초를 지나 done 함수가 호출되어 실패하는 테스트', function(done) {
                asyncFunc(function(result) {
                    // 가정은 성공해야 하는 테스트지만,
                    assert.ok(result === 'bar');

                    // done 함수의 호출이 기본 제한 시간인 2초를 지나 실패한다.
                    done();
                });
            });
        });
    });
```

3초 후 done 함수를 호출하도록 했으므로 [코드 14-4]를 모카로 실행하면 다음처럼 실패 메시지를 출력한다.

```
비동기 코드 테스트
  #setTimeout
    2초를 넘어 done 함수가 호출되어 실패하는 테스트


0 passing (2s)
1 failing

비동기 코드 테스트
    #setTimeout
      2초를 지나 done 함수가 호출되어 실패하는 테스트:
  Error: Timeout of 2000ms exceeded. For async tests and hooks,
  ensure "done()" is called; if returning a Promise, ensure it resolves.
```

[코드 14-4]의 테스트가 성공하려면 done 함수의 호출을 2초 안에 하거나 [코드 14-5]처럼 타임아웃 시간을 늘려주어야 한다.

```javascript
const assert = require('assert');

function asyncFunc(cb) {
    setTimeout(function() {
        // 3초 후 콜백 함수에 'foo' 를 전달
        cb('foo');
    }, 3000);
}

describe('비동기 코드 테스트', function() {
    describe('#setTimeout', function() {
        // 타임아웃을 5초로 변경
        this.timeout(5000);
        it('5초 안에 완료되지 않으면 실패', function(done) {
            asyncFunc(function(result) {
                assert.ok(result === 'bar');
                done();
            });
        });
    });
});
```

실행 결과는 다음과 같다.

```
비동기 코드 테스트
  #setTimeout
    5초 안에 완료되지 않으면 실패 (3006ms)
```

14.1.6 프로미스

모카는 콜백 함수 형태의 비동기 코드 외에도 프로미스Promise를 리턴하는 형태의 비동기 코드도 지원한다. 최근엔 API를 호출했을 때 프로미스를 리턴할 때가 많다. 이 테스트에도 모카를 사용할 수 있다. [코드 14-6]은 그 예다.

코드 14-6 프로미스를 리턴하는 비동기 코드 테스트

```
const assert = require('assert');

describe('비동기 코드 테스트', function() {
    describe('프로미스 테스트', function() {
        it('1초 후 resolve', function() {
            // 프로미스를 리턴하면, 프로미스가 완료될 때까지
            // 해당 테스트가 끝나지 않는다.
            return new Promise(function(resolve) {
                setTimeout(function() {
                    resolve('foo');
                }, 1000);
            })
            .then(function(result) {
                assert.ok(result === 'foo');
            });
        });
    });
});
```

실행 결과는 다음과 같다.

```
비동기 코드 테스트
  프로미스 테스트
    1초 뒤 resolve (1001ms)
```

14.1.7 async와 await

모카는 프로미스를 지원하므로 async와 await 역시 지원한다. [코드 14-7]은 그 예다.

코드 14-7 async/await 테스트

```
const assert = require('assert');

function returnPromise() {
    return new Promise(function(resolve) {
        setTimeout(function() {
            resolve('foo');
        }, 1000);
```

```
        });
    }

    describe('비동기 코드 테스트', functio n() {
        describe('async/await 테스트', function() {
            // async 함수를 인자로 사용
            it('1초 후 값을 전달받는 함수', async function() {
                const result = await returnPromise();
                assert.ok(result === 'foo');
            });
        });
    });
```

실행 결과는 다음과 같다.

```
비동기 코드 테스트
  async/await 테스트
    1초 후 값을 전달받는 함수 (1001ms)
```

14.1.8 훅

테스트마다 반복해서 먼저 설정해야 하는 부분이나, 테스트를 마치고 초기화가 필요한 훅Hooks
에는 [코드 14-8]과 같은 메서드를 사용할 수 있다.

코드 14-8 반복 테스트와 초기화에 필요한 메서드

```
describe('테스트 블록', function() {
    before(function() {
        // 이 블록 안 테스트들을 실행하기에 앞서 한 번 실행되는 부분
    });

    after(function() {
        // 이 블록 안 테스트들을 모두 실행한 후에 한 번 실행되는 부분
    });

    beforeEach(function() {
        // 이 블록 안 각 테스트가 실행되기 전에 실행
    });
```

```
    afterEach(function() {
        // 이 블록 안 각 테스트가 실행된 후에 실행
    });

    // 테스트 코드

});
```

이제 기본적인 모카 사용법부터 비동기 코드를 테스트하는 방법까지 살펴봤다. 한 가지 주의할 점은 화살표 함수를 사용하면 this.timeout(3000)처럼 모카에서 this를 참조하는 설정이 제대로 바인딩되지 않을 수 있다는 것이다. 따라서 화살표 함수 사용을 지양하는 것이 좋다.

14.2 RxJS 테스트

RxJS 코드를 테스트하는 것도 기본적으로는 앞서 살펴본 자바스크립트 코드 테스트와 크게 다르지 않다. [코드 14-9]처럼 옵저버블을 구독하는 옵저버에서 어서션 라이브러리를 사용해서 테스트하면 된다. 단지 앞서 살펴본 예제들과 차이가 있다면 RxJS를 사용했다는 것 뿐이다.

코드 14-9 RxJS 테스트 기본 예

```
const assert = require('assert');
const { range } = require('rxjs');
const { map, reduce } = require('rxjs/operators');

describe('RxJS 테스트', function() {
    describe('동기 코드 테스트', function() {
        it('range, map, reduce 오퍼레이터', function() {
            range(1, 5)
                .pipe(map(n => n * 2), reduce((s, n) => s + n))
                .subscribe(function(x) {
                    // 일반적인 동기 코드 테스트와 같다.
                    assert.equal(x, 30);
                });
        });
    });
});
```

실행 결과는 다음과 같다.

```
RxJS 테스트
  동기 코드 테스트
    range, map, reduce 연산자
```

14.2.1 스케줄러를 포함한 테스트

RxJS 코드에서 스케줄러가 포함되거나 혹은 스케줄러에 영향을 받는 연산자가 있으면 RxJS 코드는 비동기로 동작한다. RxJS의 비동기 코드 역시 앞서 모카로 비동기 코드를 테스트할 때 주의해야 할 점이 마찬가지로 적용된다.

[코드 14-10]은 앞에서 동기 코드로 동작했던 [코드 14-9] range 함수의 인자로 AsapScheduler를 추가해서 비동기로 동작하도록 바꿨다. 그리고 일부러 테스트가 실패하도록 assert.equal(x, -1)라는 잘못된 assert문을 추가했다.

코드 14-10 테스트가 실패하는 AsapScheduler 비동기 코드

```javascript
const assert = require('assert');
const { range, asapScheduler } = require('rxjs');
const { map, reduce } = require('rxjs/operators');

describe('RxJS 테스트', function() {
    describe('비동기 코드 테스트', function() {
        it('asap 스케줄러', function() {
            // 스케줄러를 포함하면 비동기로 동작
            range(1, 5, asapScheduler)
                .pipe(map(n => n * 2), reduce((s, n) => s + n))
                .subscribe(function(x) {
                    // 비동기 코드 테스트에서 done 함수를 호출하지 않으면
                    // 잘못된 어서션이라도 테스트가 성공한다.
                    assert.equal(x, -1);
                }
            );
        });
    });
});
```

과연 테스트는 기대했던대로 실패할까? 실행 결과는 다음과 같다.

```
RxJS 테스트
  비동기 코드 테스트
    AsapScheduler
```

당연하게도 모카는 테스트를 실패로 인지하지 못한다. 스케줄러를 사용하거나 delay처럼 연산자 내부에서 스케줄러를 사용해서 비동기로 동작하게 되는 RxJS 코드라면 [코드 14-11]처럼 반드시 done 함수를 호출해서 모카에게 비동기 함수 테스트임을 알려주어야 한다.

코드 14-11 모카에게 비동기 함수 테스트임을 알려주는 예

```javascript
const assert = require('assert');
const { range, asapScheduler } = require('rxjs');
const { map, reduce } = require('rxjs/operators');

describe('RxJS 테스트', function() {
    describe('비동기 코드 테스트', function() {
        it('asap 스케줄러', function(done) {
            // 스케줄러를 포함하면 비동기로 동작
            range(1, 5, asapScheduler)
                .pipe(map(n => n * 2), reduce((s, n) => s + n))
                .subscribe(function(x) {
                    // 비동기 코드 테스트에서는 반드시
                    // done 함수를 호출해야 한다.
                    assert.equal(x, -1);
                    done();
                }
            );
        });
    });
});
```

14.2.2 마블 테스트

지금까지 살펴본 것처럼 RxJS 코드의 테스트도 다른 자바스크립트 코드와 동일한 방식으로 할 수 있다. 그런데 이제 조금 다른 상황을 생각해보자. [코드 14-12]처럼 10초마다 한 번씩 값을 발행하는 interval 함수를 앞서 살펴본 방식대로 테스트하는 것이다.

```
const assert = require('assert');
const { interval } = require('rxjs');
const { take, map, reduce } = require('rxjs/operators');

describe('RxJS 테스트', function() {
    describe('비동기 코드 테스트', function() {

        // 타임아웃을 100초로 변경
        this.timeout(100 * 1000);

        it('interval 함수', function(done) {
            interval(10000)
                .pipe(take(6), map(n => n * 2), reduce((s, n) => s + n))
                .subscribe(function(x) {
                    assert.equal(x, 30);
                    // 1분 후 테스트가 끝난다.
                    done();
                });
        });
    });
});
```

실행 결과는 다음과 같다.

```
RxJS 테스트
    비동기 코드 테스트
        interval 함수 (60017ms)
```

일단 당장 눈에 들어오는 문제점은 테스트할 때마다 무려 1분을 기다려야 결과를 확인할 수 있는 것이다. 이런 테스트가 많을수록 점점 더 테스트하기가 어려워질 수밖에 없다. RxJS에서는 이런 상황이 발생했을 때 더 편리하게 테스트할 수 있도록 TestScheduler라는 특별한 가상 스케줄러를 제공한다. 유닛 테스트를 제공하는 스케줄러다.

예를 들어 interval(1000).pipe(take(100))이라고 하면 100초를 기다려야 하는데, 테스트할 때는 100초를 기다리는 것은 상당히 비효율적이다. 하지만 TestScheduler를 사용하면 스케줄러 내부에 가상 시간Virtual Time을 두고 특정 시간에 값을 발행하는지 테스트할 수 있다. 마블 테스트Marble Tests는 바로 TestScheduler를 사용하는 방식을 말한다.

마블 테스트는 옵저버블의 값이 어떻게 발행되는지 마블 다이어그램으로 표현해서 테스트할 수 있으므로 직관적일 뿐만 아니라 가상의 시간축을 기반으로 동작하므로 테스트 시간도 비약적으로 단축된다.

[코드 14-13]은 [코드 14-12]를 테스트하려고 TestScheduler를 사용한 것이다.

코드 14-13 TestScheduler의 사용 예

```
const assert = require('assert');
const { interval, asyncScheduler } = require('rxjs');
const { take, map, reduce } = require('rxjs/operators');
const { TestScheduler } = require('rxjs/testing');

// 테스트할 옵저버블 시퀀스를 테스트하기 쉽도록
// 테스트용 인자로 사용할 함수로 추출
function intervalSum(period = 10000, scheduler = asyncScheduler) {
    return interval(period, scheduler)
        .pipe(take(6), map(n => n * 2), reduce((s, n) => s + n));
}

describe('RxJS 테스트', function() {
    describe('마블 테스트', function() {
        it('interval 함수', function() {
            // TestScheduler 인스턴스 생성
            const testScheduler = new TestScheduler(assert.deepStrictEqual);

            // 테스트 대상 옵저버블 생성
            const source$ = intervalSum(10, testScheduler);

            // 예상되는 마블 다이어그램
            const expectedMarbles = '^———(a|)';

            // 예상되는 발행값
            const expectedValues = { a: 30 };

            // 어서션 설정
            testScheduler.expectObservable(source$)
                .toBe(expectedMarbles, expectedValues);

            // 테스트 실행
            testScheduler.flush();
        })
```

```
  });
});
```

실행 결과는 다음과 같다.

```
RxJS 테스트
  마블 테스트
    interval 함수


1 passing (15ms)
```

TestScheduler 기반으로 변경된 앞 코드를 실행해보면 [코드 14-12]에서는 무려 1분이나 걸리던 동일 테스트가 단 15ms만에 끝나는 것을 확인할 수 있다. TestScheduler의 유용성을 실감할 수 있는 부분이다.

14.2.3 옵저버블 시퀀스 추출

지금부터 TestScheduler 기반으로 변경된 [코드 14-13]을 살펴보면서 TestScheduler와 RxJS 코드 테스트를 더 깊이 알아보자.

테스트 코드에서 먼저 눈에 들어오는 부분은 함수 형태로 추출한 테스트 대상 옵저버블 시퀀스다. 이렇게 테스트할 옵저버블 시퀀스를 분리해서 함수 형태로 추출하는 건 TestScheduler와 직접적인 연관이 있는 것은 아니다. 하지만 RxJS 코드를 테스트할 때 가장 중요한 관례 중 하나다.

함수 형태로 테스트 대상 옵저버블을 추출하지 않으면 적어도 두 가지 이유에서 어려움이 생긴다. 하나는 동일한 옵저버블 시퀀스를 실제 사용하는 코드와 테스트 코드 양쪽에 중복해서 작성하고 관리해야 하는 문제점이 생긴다. 또 하나는 interval처럼 스케줄러 기반으로 동작하는 연산자에서 TestScheduler를 사용할 때다. 연산자의 인자로 TestScheduler 인스턴스를 사용해야 하는데 [코드 14-14]처럼 함수 형태로 추출되어 있지 않으면 유연하게 스케줄러를 주입하기 어렵다.

코드 14-14 함수 형태로 관리하는 스케줄러 예

```
function intervalSum(period = 10000, scheduler = asyncScheduler) {
    return interval(period, scheduler)
        .pipe(take(6), map(n => n * 2), reduce((s, n) => s + n));
}
```

따라서 RxJS 코드를 유지보수하고 테스트하기 쉬우려면 가급적 옵저버블 시퀀스를 테스트할 기능 단위를 함수 형태로 나눠서 관리하는 것이 중요하다.

14.2.4 TestScheduler

테스트 코드에서 그 다음 눈에 띄는 부분은 TestScheduler의 인스턴스를 생성하는 부분이다. [코드 14-15]는 그 예다.

코드 14-15 TestScheduler 인스턴스 생성

```
// TestScheduler의 인스턴스 생성
const testScheduler = new TestScheduler(assert.deepStrictEqual);
```

TestScheduler는 VirtualTimeScheduler를 상속해서 구현한, 테스트를 위한 특별한 가상 스케줄러이다. 마블 문법(14.2.6에서 설명)으로 표현한 가상의 시간축을 기반으로 동작한다. TestScheduler의 인스턴스가 갖는 주요 메서드는 아래와 같다.

- **createHotObservable(marbles: string, values?: object, error?: any)**: 핫 옵저버블(또는 서브젝트)를 생성한다. 테스트를 시작할 때 이미 '실행된' 것처럼 동작한다. ^ 기호를 사용해서 어느 지점이 '제로 프레임'인지 표시할 수 있다. 이를 이용해서 테스트를 시작했을 때 옵저버블이 어느 지점부터 구독을 시작하는지 알려준다.
- **createColdObservable(marbles: string, values?: object, error?: any)**: 테스트를 시작할 때 구독을 시작하는 콜드 옵저버블을 생성한다.
- **expectObservable(actual: Observable<T>).toBe(marbles: string, values?: object, error?: any)**: TestScheduler가 플러시(flush)될 때를 위한 어서션을 설정한다.
- **expectSubscriptions(actualSubscriptionLogs: SubscriptionLog[]).toBe(subscriptionMarbles: string)**: 앞과 비슷하지만 Subscription의 어서션을 설정한다.

TestScheduler는 인스턴스를 생성할 때 깊은 비교^{Deep Compare} 메서드를 인자로 사용해야 한다. 깊은 비교 메서드는 인자로 actual, expected를 사용해서 두 인자의 모든 요소가 완전히 같은지를 테스트하는 메서드다. TestScheduler는 이 메서드를 사용해서 TestScheduler가 플러시될 때 Notification 객체로 이루어진 배열을 비교함으로써 어서션을 실행한다. [코드 14-15]에서는 깊은 비교 메서드로 assert.deepStrictEqual[2]을 사용한다.

코드 14-16 깊은 비교 메서드 사용

```
function assertDeepEqual(actual, expected) {
    console.log('actual', actual);
    console.log('expected', expected);

    return assert.deepStrictEqual(actual, expected);
}

const testScheduler = new TestScheduler(assertDeepEqual);
```

인자로 assert.deepStrictEqual 메서드를 바로 사용하지 않고 actual, expected 값을 console.log로 출력해보면 actual, expected 값이 [코드 14-17]과 같은 구조라는 것을 확인할 수 있다.

코드 14-17 actual와 expected의 구조

```
// actual
[{
    "frame": 60,
    "notification": {
        "kind": "N",
        "value": 30,
        "hasValue": true
    }
},
{
    "frame": 60,
    "notification": {
        "kind": "C",
```

---

2 https://nodejs.org/api/assert.html#assert_assert_deepstrictequal_actual_expected_message

```
                "hasValue": false
            }
        }]

        // expected
        [{
            "frame": 60,
            "notification": {
                "kind": "N",
                "value": 30,
                "hasValue": true
            }
        },
        {
            "frame": 60,
            "notification": {
                "kind": "C",
                "hasValue": false
            }
        }]
```

14.2.5 테스트 대상 옵저버블 생성

이어서 intervalSum 함수를 실행해서 테스트할 대상 옵저버블을 생성한다. [코드 14-18]에서는 TestScheduler 인스턴스와 interval 함수의 시간 간격을 10ms라는 인자로 설정한다.

코드 14-18 테스트 대상 옵저버블 생성

```
// 테스트 대상 옵저버블 생성
const source$ = intervalSum(10, testScheduler);
```

TestScheduler 인스턴스를 interval 함수의 인자로 사용해 interval 함수가 실제가 아닌 가상 스케줄러 기반으로 동작할 수 있게 한 것이다. 이렇게 해야 정상적으로 TestScheduler를 활용해서 테스트할 수 있다.

한 가지 중요한 점은, 시간 간격으로 10000ms를 사용할 수 없다는 점이다. TestScheduler는 가상의 시간축을 기반으로 동작하므로 꼭 실제 시간과 동일하게 설정할 필요가 없다. 시간축 상에서 발생하는 이벤트 스트림을 최대한 압축해서 표현하고 테스트한다고 이해하면 좋다. TestScheduler는 내부에서 시간이 지나가는 최소 단위를 10프레임으로 가정하고 최대 750 프레임까지만 테스트하도록 제한되어 있다. 따라서 테스트할 이벤트 스트림을 750프레임 안에 표현해야 한다는 것을 꼭 명심해야 한다. 대략 10ms가 10프레임에 해당되지만 동일하진 않다.

14.2.6 마블 문법

마블 문법Marble Syntax은 시간축 상에서 일어나는 이벤트를 표현하는 '문자'다. 모든 마블 다이어 그램의 첫 문자는 항상 '제로 프레임'을 의미한다. '프레임'은 가상의 ms에 해당하는 시간 정도라고 이해하면 된다. [코드 14-19]는 마블 문법을 사용하는 예다.

코드 14-19 마블 문법의 사용 예

```
// 예상되는 마블 다이어그램
const expectedMarbles = '^-----(a|)';

// 예상되는 발행값
const expectedValues = { a: 30 };
```

마블 문법에서 사용하는 기호는 다음과 같다.

- **-**: 시간이 지나가는 단위. 10프레임으로 간주됨.
- **|**: 스트림의 끝. 옵저버블이 성공적으로 완료됨을 의미. 이 기호가 있는 시점에서 complete 함수를 호출함.
- **#**: 에러. 옵저버블을 중단시키는 에러를 의미. 이 기호가 있는 시점에서 error 함수를 호출함.
- **a**: 아무 문자. 각 문자는 값이 발행되는 것을 의미. 이 기호가 있는 시점에서 next 함수를 호출함.
- **()**: 하나의 프레임 안에서 여러 이벤트를 발생시키고 싶을 때 그룹으로 만드는 용도.
- **^**: 구독 시점(핫 옵저버블만 해당). 어느 시점에서 옵저버블이 구독하는 것을 테스트할지를 보여줌.

이 설명을 바탕으로 [코드 14-19]에서 선언한 마블 다이어그램 '^-----(a|)'을 해석해보면 다음과 같다.

1 ^: 스트림이 시작된 후
2 -----: 50프레임이 지나고
3 (a|): 60프레임에서 a라는 값을 발행하고 정상적으로 옵저버블을 완료함

특별히 값을 명시하지 않으면 이벤트 a는 실제로 a라는 값으로 발행된다. 하지만 a라는 이벤트가 발생할 때 a에 해당하는 발행값을 지정해줄 수 있다. 이벤트 a와 여기에 매칭하는 발행값을 30으로 추측하는 건 어서션 설정에서 이루어진다.

14.2.7 어서션 설정

이제 테스트 코드 설명의 막바지다. 실제 테스트 코드 실행은 TestScheduler 인스턴스의 flush 메서드를 실행했을 때 이뤄진다. 하지만 그 전에 가장 중요한 TestScheduler의 어서션 설정을 해주어야 한다.

TestScheduler 인스턴스의 expectObservable 메서드를 사용하면 테스트하기 위한 옵저버블을 지정해준다. 이어서 toBe 메서드를 묶어 이 옵저버블에서 발생하는 이벤트 스트림 (expectedMarbles)의 예측 마블 다이어그램과 이때 예상되는 발행값(expectedValues)을 각각 인자로 사용하면 된다. [코드 14-20]은 그 예다.

코드 14-20 어서션 설정과 테스트 실행

```
// 어서션 설정
testScheduler.expectObservable(source$).toBe(expectedMarbles, expectedValues);

// 테스트 실행
testScheduler.flush();
```

subscribe 함수에서 어서션을 설정하지 않는 게 낯설게 느껴질지 모르겠다. TestScheduler를 사용할 때는 이렇게 expectObservable과 toBe 메서드를 사용해서 어서션을 설정하고 flush 메서드로 테스트를 실행한 뒤 실제 일치 여부는 TestScheduler 인스턴스를 생성할 때 사용한 깊은 비교 메서드로 판별하게 된다. 낯설더라도 몇 번 반복해서 작성하면 일종의 패턴처럼 자연스럽게 사용할 것이다.

14.3 createHotObservable/ColdObservable 메서드

지금까지는 생성 함수의 하나인 interval 함수로 옵저버블을 생성했다. 그런데 생성 함수를 포함하지 않은 상황에서 테스트할 때도 고려해야 한다.

예를 들어 fromEvent 함수를 포함해 단위 테스트를 만들기란 어렵다. 이때는 fromEvent 함수를 제외하고 파이프라인에 해당되는 옵저버블 시퀀스만을 테스트하는 것이 좋다. 그리고 시작점이 되는 옵저버블은 TestScheduler 인스턴스에서 제공하는 createHotObservable 또는 createColdObservable 메서드를 사용해서 옵저버블을 생성할 수 있다.

코드 14-21 createHotObservable 메서드의 사용 예

```
const assert = require('assert');
const { TestScheduler } = require('rxjs/testing');

// TestScheduler 인스턴스 생성
const testScheduler = new TestScheduler(assert.deepStrictEqual);

// a라는 값과 b라는 값을 발행한다.
testScheduler.createHotObservable('—a—b')

// 1과 2를 발행한다.
testScheduler.createHotObservable('—a—b', { a: 1, b: 2 })

// 특별하게 지정하지 않은 에러는 error라는 값을 발행한다.
testScheduler.createHotObservable('—#')

// 발행할 에러를 지정하면 해당 시점에서 지정된 에러를 발행한다.
testScheduler.createHotObservable('—#', null, new Error('test'))
```

14.4 마치며

이 장에서는 대표적인 자바스크립트 테스팅 프레임워크인 모카의 사용 방법과 이를 활용한 RxJS 동기/비동기 코드 테스트를 살펴봤다. 특히 RxJS 테스트를 좀 더 빠르고 직관적으로 하도록 도와주는 마블 테스트와 마블 테스트의 핵심인 TestScheduler를 중점적으로 살펴봤다.

RxJS 코드를 작성할 때 장황하게 묶인 형태로 작성하기보다는 테스트하기 쉽도록 적절히 분리해서 함수 형태로 추출하는 습관을 들이자. RxJS 코드에 단위 테스트를 작성하는 작업이 어렵지 않게 느껴지리라 확신한다.

## CHAPTER 15

ES2015+와 RxJS

지금까지 살펴본 것처럼 RxJS는 옵저버 패턴과 이터레이터 패턴 그리고 함수형 프로그래밍 패러다임을 접목시켜 비동기 로직을 좀더 효율적으로 다룰 수 있게 해준다. 이벤트 위주로 동작을 처리하는 프론트 엔드 개발의 특성상 비동기 로직을 더 효율적으로 다루려고 다양한 방법을 만들어 사용해왔는데 RxJS도 그 중 하나의 큰 축을 이루는 것이다.

RxJS의 옵저버블은 현재 자바스크립트의 새로운 스펙으로 지정하려고 TC39에서 논의[1] 중이다. 2018년 현재 기본적인 옵저버블 콘셉트만 제안했으며 RxJS의 강점인 다양한 연산자나 생성 함수는 제안되어 있지 않다. 스펙 상으로 from과 of 함수 정도만 다루며, fromEvent와 같은 함수도 없으므로 직접 구현해야 한다.

이 장에서는 async와 await의 기반이 되는 제너레이터와 프로미스를 응용해서 비동기 로직을 동기 로직처럼 다루는 방법을 살펴본다. 그리고 옵저버블이 프로미스, 제너레이터, async, await와 어떻게 서로 어우러져 활용될 수 있는지 살펴볼 것이다. 만약 아직 제너레이터와 프로미스에 익숙하지 않다면 부록에 포함된 ES2015+ 관련 내용을 먼저 참고할 것을 권한다.

---

1 https://github.com/tc39/proposal-observable

15.1 제너레이터와 프로미스를 응용한 비동기 흐름 제어

자바스크립트 세계에서 비동기 로직을 다루는 방법으로 널리 알려진 것은 RxJS 외에도 프로미스 패턴을 꼽을 수 있다. 프로미스 패턴은 q.js, bluebird.js 등 다양한 구현 라이브러리들로 사용할 수 있었다.

하지만 자바스크립트의 새로운 표준인 ES2015+에 포함되면서 다른 라이브러리의 도움 없이도 사용할 수 있게 되었다. 지금부터 더 자세히 살펴보겠지만, 프로미스는 제너레이터^{Generator}와 함께 사용하면 비동기 로직을 동기 로직처럼 다룰 수 있다.[2] 즉, 실행 중단과 재실행이 가능한 제너레이터와 비동기 요청의 응답을 패턴화한 프로미스를 활용하면 비동기 로직을 동기 로직처럼 표현할 수 있게 된다.

[코드 15-1]은 async라는 함수 안에 제너레이터 함수를 인자로 사용한 예다.

코드 15-1 제너레이터 함수를 인자로 사용한 예

```
// 임의의 비동기 작업을 시뮬레이션하는 함수
function makeAsync(text, ms) {
    return new Promise((resolve, reject) => {
        setTimeout(() => resolve(text), ms);
    });
}

// 비동기 로직인데 마치 동기 로직처럼 다룬다.
doAsync(function*() {
    const foo = yield makeAsync('foo', 1000);
    console.log(foo); // foo

    const bar = yield makeAsync('bar', 2000);
    console.log(bar); // bar

    const baz = yield makeAsync('baz', 3000);
    console.log(baz); // baz

    console.log('completed');
});
```

---

2 이 방식을 좀 더 간단하게 활용할 수 있도록 ES2017에서는 async/await 키워드가 추가되었다.

제너레이터 함수 안에 있는 코드들이 마치 동기 코드처럼 작성된 것을 확인할 수 있다. 자바스크립트에서 비동기하면 으레 떠오르는 콜백 패턴이 아닌, 다소 낯선 yield 키워드로 비동기 값을 잠시 기다렸다가 받는 느낌이다. doAsync라는 함수가 도대체 마법을 부린걸까?

실행 결과는 다음과 같다.

```
foo
bar
baz
completed
```

[코드 15-1]에서 실제 비동기 흐름 제어는 doAsync라는 함수가 담당하는데 구조는 굉장히 단순하다. 제너레이터와 프로미스의 특징(부록 A.9와 A.10 참고)을 안다면 쉽게 이해할 수 있다. 전체 구조를 살펴보면 [코드 15-2]와 같다.

코드 15-2 doAsync 함수를 포함한 전체 구조

```
function makeAsync(text, ms) {
    return new Promise((resolve, reject) => {
        setTimeout(() => resolve(text), ms);
    });
}

function doAsync(generator) {
    const iterator = generator();
    function asyncFlow(result) {
        const { value, done } = iterator.next(result);
        if (done) {
            return value;
        } else {
            if (value instanceof Promise) {
                return value.then(val => asyncFlow(val));
            }
        } else {
            return asyncFlow(value);
        }
    }
    asyncFlow();
}
doAsync(function*() {
```

```
    const foo = yield makeAsync('foo', 1000);
    console.log(foo); // foo

    const bar = yield makeAsync('bar', 2000);
    console.log(bar); // bar

    const baz = yield makeAsync('baz', 3000);
    console.log(baz); // baz

    console.log('completed');
});
```

아직 제너레이터 함수와 프로미스에 익숙하지 않다면 코드 자체가 어려울 수 있다. 하지만 [코드 15-2]를 실행해보며 천천히 살펴보면 생각보다 간단하다. 실행 결과는 다음과 같다.

```
foo
bar
baz
completed
```

가장 먼저 doAsync 함수에 실제 로직이 담긴 제너레이터 함수를 인자로 사용한다.

코드 15-3 제너레이터 함수를 인자로 사용

```
// 실행할 로직을 제너레이터 함수에 담아 doAsync 함수의 인자로 사용
doAsync(function*() {
    const foo = yield makeAsync('foo', 1000);
    console.log(foo);
    // ...
});
```

[코드 15-4]에서는 doAsync 함수는 인자로 사용하는 제너레이터 함수를 호출해서 이터레이터를 생성하고, asyncFlow라는 함수를 호출한다.

코드 15-4 이터레이터 생성

```
function doAsync(generator) {
    // 제너레이터 함수를 실행해서 이터레이터를 생성한다.
    const iterator = generator();
```

```
    // ...

    // asyncFlow 함수 실행
    asyncFlow();
}
```

[코드 15-5]의 asyncFlow 함수는 먼저 이터레이터의 next 메서드를 호출해서 첫 번째 yield 까지 실행한다.

코드 15-5 asyncFlow 함수로 비동기 흐름 제어

```
// 실제 비동기 흐름 제어를 담당하는 함수
function asyncFlow(result) {
    // 다음 yield까지 실행하는데,
    // yield 값이나 프로미스의 결과를 다시 돌려준다.
    const { value, done } = iterator.next(result);

    // 모든 제너레이터 함수 로직이 실행되면 종료한다.
    if(done) {
        return value;
    } else {
        // 이 부분이 핵심이다!
        // 전달받은 값이 Promise면 then을 실행해서 다시 asyncFlow 함수를 실행한다.
        if(value instanceof Promise) {
            return value.then(val => asyncFlow(val));
        }
        // 전달받은 값이 Promise가 아니면 그대로 asyncFlow 함수를 실행한다.
        else {
            return asyncFlow(value);
        }
    }
}
```

[코드 15-6]의 makeAsync 함수는 프로미스를 리턴하는 함수로 임의의 비동기 작업을 시뮬 레이션하려고 지정된 시간(ms) 뒤에 Promise를 resolve하는 간단한 함수다.

코드 15-6 makeAsync 함수

```
// 임의의 비동기 작업을 시뮬레이션하기 위한 함수
function makeAsync(text, ms) {
```

```
        return new Promise((resolve, reject) => {
            setTimeout(() => resolve(text), ms);
        });
    }
```

makeAsync 함수가 리턴한 프로미스는 yield 키워드를 사용해 얻은 값이므로 asyncFlow 함수 안의 value에 담기며 아직 로직은 남아있으므로 [코드 15-5]의 done은 false가 된다.

value에 담긴 값은 Promise 인스턴스이므로 then 메서드를 실행해서 Promise 인스턴스를 이용한 연산 완료 결과값을 val에 담아 다시 asyncFlow 함수에 값을 전달한다. asyncFlow 함수는 인자로 사용하는 result 값을 이터레이터의 next 함수의 인자로 사용해 실행한다. 제너 레이터의 yield 키워드를 사용한 위치에서 실행을 계속하며 next 함수로 전달받은 result 값으로 'foo'를 담는다. next 함수의 인자가 제너레이터 외부로 전달되는 특징을 응용한 것이 핵심이다. 이 과정들을 반복해 제너레이터 함수 실행을 완료하면 done이 true가 되며 모든 실행을 종료한다. 핵심적인 흐름을 나타내보면 [그림 15-1]과 같다.

그림 15-1 비동기 흐름 제어 구조

```
function async(generator) {
    const iterator = generator();

    function asyncFlow(result) {
        const { value, done } = iterator.next(result);

        if (done) { return value1 }
        else {
            if (value instanceof Promise) {
                return value.then(val => asyncFlow(val));
            }
            else {
                return asyncFlow(value);
            }
        }
    }
    asyncFlow();
}

async(function* () {
    let foo = yield makeAsync(" foo ", 1000);
    console.log(foo);
    ...
}
```

다소 복잡할 수 있지만 핵심인 제너레이터 함수 안 로직과 doAsync 함수의 로직이 서로 값을 주고 받으며 실행되는 구조만 명확히 이해하면 된다.

15.2 co 라이브러리

방금 만든 doAsync 함수처럼 제너레이터 함수와 프로미스를 응용해서 비동기 흐름 제어를 동기로 작성할 수 있도록 도와주는 라이브러리가 있다. 가장 유명한 것으로는 Express.js를 만든 TJ 헬러웨이처크[TJ Holowaychuk]의 co 라이브러리[3]다.

co는 doAsync 함수와 매우 비슷한 구조인 200줄 정도의 단순한 라이브러리다. 기본 개념은 doAsync 함수와 같으므로 [코드 15-7]처럼 doAsync 함수를 co 라이브러리로 바꾸는 것만으로도 같은 동작을 한다.

코드 15-7 co 라이브러리 사용 예

```
const co = require('co');

// 임의의 비동기 작업을 시뮬레이션하는 함수
function makeAsync(text, ms) {
    return new Promise((resolve, reject) => {
        setTimeout(() => resolve(text), ms);
    });
}

// doAsync 함수 대신 co 라이브러리를 사용
co(function*() {
    const foo = yield makeAsync('foo', 1000);
    console.log(foo);

    // ...
});
```

----

3 https://github.com/tj/co

제너레이터 함수와 프로미스를 활용한 비동기 흐름 제어 방식은 ES2017에서 더 쉽게 적용할 수 있도록 async와 await 키워드를 추가해 스펙으로 확정했다. [코드 15-1]을 async와 await로 바꿔보면 [코드 15-8]과 같다. 앞서 제너레이터 함수와 yield 키워드로 작성한 것과 상당히 비슷하다.

코드 15-8 async와 await 사용

```
// 임의의 비동기 작업을 시뮬레이션하는 함수
function makeAsync(text, ms) {
    return new Promise((resolve, reject) => {
        setTimeout(() => resolve(text), ms);
    });
}

async function someAsync() {
    const foo = await makeAsync('foo', 1000);
    console.log(foo); // foo

    const bar = await makeAsync('bar', 2000);
    console.log(bar); // bar

    const baz = await makeAsync('baz', 3000);
    console.log(baz); // baz

    console.log('completed');
}

// 비동기 함수 실행
someAsync();
```

async와 await 키워드는 내부에서 제너레이터와 프로미스를 사용한다. 그래서 제약도 서로 비슷하다. await 키워드는 반드시 async 함수 안에서만 사용할 수 있다. 앞서 살펴본 것처럼 제너레이터 함수와 프로미스를 활용한 비동기 흐름 제어 방식에서 yield 키워드를 제너레이터 함수 내부에서만 사용할 수 있었던 제한과 같은 개념이다.

15.3 spawn 연산자

RxJS 4에서는 앞서 살펴본 co 라이브러리와 비슷하게 동작하는 spawn이라는 연산자를 제공
었했다. spawn 연산자는 co 라이브러리와 마찬가지로 프로미스, 옵저버블 시퀀스, 배열, 객
체, 제너레이터, 함수를 다루는 제너레이터 함수를 생성한다. co 라이브러리와 차이점이 있다
면 추가로 옵저버블에 yield 키워드를 사용할 수 있다는 점 정도다.

제너레이터와 프로미스를 기반에 둔 비동기 흐름 제어 방식은 명령형 프로그래밍^{Imperative}
_{programming}에 가깝다. 따라서 함수형 프로그래밍 패러다임에 기반을 둔 RxJS와는 다소 어울리지
않는 느낌이 들기도 한다. 약간 어울리지 않는 것 같은 이 연산자가 만들어진 이유는 자바스크
립트에 새로운 기능이 표준화되면 RxJS와 결합해서 활용할 수 있는 방법을 모색하는 RxJS의
방향성 때문이다.

[코드 15-9]는 RxJS 4에서 spawn 연산자의 인자로 제너레이터 함수를 사용하고, 제너레이
터 함수 안에서는 yield 키워드로 co 라이브러리처럼 함수, 배열, 프로미스 등을 값을 가져오
는 예다.

코드 15-9 RxJS 4의 spawn 연산자 사용 예

```
const spawned = Rx.Observable.spawn(function*() {
    const a = yield cb => cb(null, 'R'); // 함수
    const b = yield ['X']; // 배열
    const c = yield Rx.Observable.just('J'); // 옵저버블
    const d = yield Promise.resolve('S'); // 프로미스

    return a + b + c + d;
});

spawned.subscribe(
    function (x) { console.log('next %s', x); },
    function (err) { console.log('error %s', err); },
    function () { console.log('completed'); }
);
```

제너레이터 함수에서 최종적으로 리턴하는 값을 발행하는 구조다. 이어서 RxJS 의 강력한 연
산자 들을 더할 수 있으므로 특정 상황에서 유용하게 사용할 수 있다.

실행 결과는 다음과 같다.

```
next RXJS
completed
```

그런데 의아한 것은 RxJS 5에는 spawn 연산자가 없다는 사실이다. 이 부분에 관해 RxJS의
GitHub에서 논의[4]가 진행되던 중 더 이상 진전되지 않아 현재 논의가 중단된 상태다. 따라서
이후 RxJS에서 spawn 연산자는 사용할 수 없을 것으로 보인다. 단, 기본적으로 옵저버블의
from 함수는 이터레이터도 인자로 사용할 수 있다는 특징이 있다. 이를 활용해서 [코드 15-
10]처럼 spawn 연산자를 완전하지는 않지만 비슷하게 구현할 수 있다.

코드 15-10 from 함수를 활용해 구현한 spawn 연산자

```
const { from, of } = require('rxjs');
const { mergeAll, reduce } = require('rxjs/operators');

const gen = from((function*() {
    const a = yield 'R';
    const b = yield ['X'];
    const c = yield of('J');
    const e = yield Promise.resolve('S');
})()).pipe(mergeAll()).pipe(reduce((sum, s) => sum + s));

gen.subscribe(
    function (x) { console.log('next', x); },
    function (err) { console.log('error', err); },
    function () { console.log('completed'); }
);
```

from 함수가 이터레이터를 사용할 수 있으므로, 제너레이터 함수를 실행하면 리턴되는 이터레
이터를 from 함수의 인자로 사용했다. 그런데 spawn 연산자는 배열이나 옵저버블, 프로미스
에 yield 키워드를 사용하면 각각 그 자체가 아닌 배열 안의 값, 프로미스의 결괏값을 가져오는
특성이 있다. 이 특성을 비슷하게 구현하려고 mergeAll 연산자를 체이닝했다.

---

4 https://github.com/ReactiveX/rxjs/issues/1497

또한 spawn 연산자는 마지막에 리턴하는 값만 발행하지만 제너레이터 기반 이터레이터는 yield 키워드를 사용할 때마다 값을 발행한다. 따라서 억지스럽지만 각 문자를 모두 더한 값을 얻으려고 reduce 연산자를 사용했다. 실행 결과는 다음과 같다.

```
next RXJS
completed
```

15.4 async 및 await와 옵저버블

async 및 await와 옵저버블은 어떻게 서로 어우러질 수 있을까? 크게 두 가지의 접근 방법을 생각해볼 수 있다. 하나는 명령형 프로그래밍의 범주에서 옵저버블을 await 키워드로 다루는 것이다. 다른 하나는 RxJS 컨텍스트 안 일부 영역에서 async와 await 키워드로 명령형 프로그래밍을 접목하는 것이다.

15.4.1 toPromise 함수

옵저버블을 await 키워드로 다룰 때를 생각해보자. async와 await 키워드는 제너레이터 함수와 프로미스를 기반에 두므로 await 키워드 사용은 기본적으로 프로미스를 대상으로 한다.

그럼 async와 await 키워드를 사용해서 명령형으로 코드를 작성할 때 옵저버블을 사용하고 싶다고 생각해보자. 옵저버블이 하나의 값만 발행하는 특별한 상황에만 사용할 수 있다. 즉, toPromise라는 유틸리티 함수를 사용해야 한다.

[코드 15-11]은 toPromise 함수를 사용하는 예다. async 및 await 키워드와 옵저버블을 함께 사용하는 상황을 표현하려고 다소 억지스럽게 구성했다.

코드 15-11 toPromise 함수 사용 예

```
const { from, merge } = require('rxjs');
const { toArray } = require('rxjs/operators');

function getPromise(val) {
```

```
        return new Promise(resolve => resolve(val));
    }

    (async function() {
        const list = await merge(
            from(getPromise('foo')),
            from(getPromise('bar')),
            from(getPromise('baz'))
        ).pipe(toArray()).toPromise() // await를 사용하려고 프로미스로 변환
        console.log(list);
    }) ();
```

getPromise 함수는 임의의 비동기 요청을 묘사하는 목적의 함수다. 인자로 사용하는 값을 프로미스로 리턴해준다. await 키워드는 async 함수 안에서만 사용할 수 있으므로 즉각 호출 패턴으로 async 함수를 감싸서 실행한다. 그리고 그 안에서 await 키워드로 옵저버블을 사용한다. 또한 await 키워드를 사용하려면 그 대상이 프로미스여야 하므로 마지막에 toPromise 함수를 사용한다.

실행 결과는 다음과 같다.

```
[ 'foo', 'bar', 'baz' ]
```

async와 await 키워드로 RxJS를 사용할 때는 주로 옵저버블이 발행하는 값이 단발성이어야 한다. [코드 15-12]처럼 옵저버벌에서 값을 무한히 발행하거나 발행하지 않는다면 await 키워드를 사용한 코드가 더 이상 실행되지 않는 문제가 발생할 수 있다.

코드 15-12 await 키워드를 사용한 코드가 실행되지 않는 문제

```
const { interval } = require('rxjs');
const { toArray } = require('rxjs/operators');

(async function() {
    const list = await interval(100).pipe(toArray()).toPromise();

    // 영원히 호출되지 않는다.
    console.log(list);
}) ();
```

toPromise 함수를 사용할 때는 프로미스를 리턴하는 API를 async 및 await 키워드로 다루는 일부 상황을 제외하고 안티 패턴이라는 것에 주의해야 한다. 따라서 특별한 상황 외에는 가급적 사용하지 않는 것이 좋다.

15.4.2 forEach 연산자

forEach 연산자는 자바스크립트 스펙을 정하는 TC39에서 옵저버블 스펙을 제안하면서 나온 연산자다. 기본적으로 옵저버블은 구독하면 데이터 스트림을 취소하는 Subscription를 리턴한다. 그런데 forEach 연산자는 취소할 수 없는 구독이다. 즉, 옵저버블이 발행한 값마다 지정된 함수를 실행해주고 완료 혹은 에러 여부를 프로미스로 리턴한다. 당연히 프로미스로 리턴하므로 async 및 await 키워드와 함께 사용할 수 있다.

코드 15-13 await 키워드와 forEach 연산자를 함께 사용

```
const { interval } = require('rxjs');
const { take } = require('rxjs/operators');

(async function() {
    await interval(500).pipe(take(3)).forEach(i => console.log(i));
    console.log('완료!');
}) ();
```

실행 결과는 다음과 같다.

```
0
1
2
완료!
```

forEach 연산자는 옵저버블 실행을 완료할 때까지 발행된 값을 지정한 함수로 처리하다가 그 다음 작업을 처리할 필요가 있을 때 유용하게 사용할 수 있다.

15.4.3 defer 함수

이번에는 RxJS 컨텍스트 안 일부 영역에서 async와 await 키워드를 사용할 때를 생각해보자.

앞서 생성 함수를 다룰 때 defer 함수를 살펴봤었다. defer 함수는 옵저버블 혹은 프로미스를 리턴하는 팩토리 함수를 인자로 설정해 구독한 후 해당 팩토리 함수를 실행한다. 이때 기본적으로 프로미스를 리턴하는 async 함수를 팩토리 함수로 사용하면 앞서 살펴본 spawn 연산자만큼이나 유용하게 활용할 수 있다. [코드 15-14]는 그 예다.

코드 **15-14** defer 함수 안에서 async 함수 사용

```
const { defer } = require('rxjs');

function getPromise(val) {
    return new Promise(resolve => resolve(val));
}

defer(async function() {
    return await getPromise('Hello RxJS!');
}).subscribe(x => console.log(x));
```

실행 결과는 다음과 같다.

```
Hello RxJS!
```

간단한 API 호출이라면 위와 같이 defer 함수 안에서 async 및 await 키워드를 사용해 작업을 처리하는 것도 불필요한 복잡성을 줄일 수 있는 방법이다.

15.4.4 비동기 next 콜백 함수

드물게 next 함수를 비동기로 작성할 때도 생각해볼 수 있다. [코드 15-15]는 옵저버블이 발행하는 값이 프로미스일 때 subscribe 함수의 next 콜백 함수 안에서 async와 await 키워드를 사용하는 것이다.

```
const { from } = require('rxjs');
const { map } = require('rxjs/operators');

function time(ms) {
    return new Promise(resolve => setTimeout(resolve, ms));
}

from([1, 2, 3]).pipe(map(x => time(x * 1000)))
    .subscribe(async delayPromise => {
        const startTime = Date.now();
        await delayPromise; // 1초, 2초, 3초 대기
        const delayTime = Date.now() - startTime;
        console.log(delayTime + 'ms 기다림');
    });
```

실행 결과는 다음과 같다.

```
1001ms 기다림
2001ms 기다림
3002ms 기다림
```

15.5 마치며

지금까지 자바스크립트에서 비동기 로직을 다루는 방법 중 가장 대중화된 async와 await 키워드 사용과 원리가 되는 제너레이터와 프로미스를 살펴봤다. 그리고 약간은 다른 패러다임인 것처럼 느껴지는 RxJS의 옵저버블과 어떻게 조화를 이룰 수 있는지 살펴봤다.

기본적으로 RxJS는 자바스크립트와 조화롭게 동작하도록 설계되어 있으므로 프로미스, 제너레이터, async와 await 키워드 같은 새로운 스펙들과도 큰 문제 없이 함께 동작한다. 중요한 것은 어떤 상황에서 무엇을 사용하는 것이 더 적합한지 이해하고 사용해야 한다는 점이다.

## CHAPTER 16

앵귤러와 RxJS

앵귤러^{Angular}는 RxJS를 핵심 의존성^{Dependency}으로 사용하는 프런트엔드 프레임워크로 널리 알려져 있다. 2.x 버전부터 프레임워크 이름을 기존 AngularJS 에서 Angular로 바꾸고 핵심 의존성으로 RxJS를 채택했다. 여기에서는 RxJS를 앵귤러에서 어떻게 사용하는지 확인해보고 앵귤러에서 RxJS를 사용하는 가장 단순한 방법부터 필터링과 같은 좀 더 높은 수준의 기능을 구현하는 것까지 차근차근 살펴볼 것이다.

16.1 앵귤러 내부의 RxJS

앵귤러에서는 RxJS를 주로 두 가지 방식으로 사용한다. 하나는 내부 구현 매커니즘으로 EventEmitter[1]와 같은 일부 코어 로직의 구현에 사용하는 것이다. 또 하나는 Forms, Http 등 앵귤러 모듈의 공개^{Public} API의 일부로 사용하는 것이다.

[코드 16-1]은 앵귤러 코어의 EventEmitter 클래스 개요다. 앵귤러의 EventEmitter는 RxJS의 서브젝트를 상속하는 형태며 subscribe 함수의 인자로 함수 뿐만 아니라 제네레이터 함수도 사용할 수 있도록 서브젝트를 확장하기도 한다.

----

1 https://github.com/angular/angular/blob/master/packages/core/src/event_emitter.ts

코드 16-1 EventEmitter 클래스

```
class EventEmitter<T> extends Subject {
    __isAsync: boolean
    emit(value?: T)
    subscribe(generatorOrNext?: any, error?: any, complete?: any): any
}
```

앵귤러에서 Ajax 통신 기능을 담당하는 Http 모듈에서도 RxJS의 흔적을 쉽게 찾아볼 수 있다. [코드 16-2]는 Http 모듈 중 HttpHandler 클래스[2]의 개요다. handle 함수의 리턴값이 옵저버블인 것을 알 수 있다.

코드 16-2 HttpHandler 클래스

```
abstract class HttpHandler {
    abstract handle(req: HttpRequest<any>): Observable<HttpEvent<any>>
}
```

앵귤러는 RxJS를 핵심 의존성이라고 하는 만큼 프레임워크 내장 기능으로 비동기 파이프async pipe를 제공한다. 이를 사용하면 컴포넌트Component의 생성과 소멸 등 라이프사이클에 따라 자동으로 옵저버블을 구독하거나 구독 해제하므로 사용하기 매우 편하다. 이는 뒤에서 좀 더 자세히 다루겠다.

16.2 RxJS를 사용하는 초간단 앵귤러 앱

새로운 개념을 배울 때는 가장 간단한 구조를 먼저 살펴보는 것이 좋다. 이 절에서는 interval 함수를 사용해서 1초마다 값을 발행하는 옵저버블을 만들고 이 값을 화면에 표시해주는 초간단 앵귤러 앱을 만들어보겠다.

---

2 https://angular.io/api/common/http/HttpHandler

16.2.1 angular-cli

앵귤러에서는 2+ 버전부터 angular-cli라는 CLI 도구를 제공한다. 보일러플레이트^{Boilerplate} 코드 생성, 컴포넌트나 모듈 추가 등의 작업을 커맨드 라인에서 간단한 명령으로 쉽게 처리할 수 있다.

물론 직접 처음부터 프로젝트 구조를 설계해 하나하나 설정해줄 수도 있지만, angular-cli를 사용하면 기본 및 공통 부분을 빠르게 설정한 뒤 필요한 부분을 사용자 정의하는 방식으로 효율을 높일 수 있다. 또 불필요한 반복 작업을 줄여서 핵심 비즈니스 로직을 개발하는 데 집중할 수 있기도 하다. 지금부터 angular-cli를 사용해서 기초적인 앵귤러 앱을 구성해보자.

Node.js가 설치된 상태에서 angular-cli를 설치하려면 터미널에서 다음 명령을 실행한다.

```
$ npm install -g @angular/cli
```

angular-cli를 설치하면 터미널에서 ng로 시작하는 angular-cli 명령을 사용할 수 있다. 먼저 기본 앵귤러 프로젝트를 생성하려면 ng new 명령을 실행한다.

```
$ ng new helloAngular
```

앞 명령을 실행하면 helloAngular란 이름으로 디렉터리를 생성한 후 자동으로 필요한 의존성까지 설치한다.

16.2.2 앵귤러 프로젝트의 기본 구조

angular-cli로 생성한 새로운 프로젝트의 구조는 다음과 같다.

```
├── e2e
├── node_modules
├── src
│     ├── app
│     │     ├── app.component.css
│     │     ├── app.component.html
│     │     ...
│     ├── assets
│     ├── environments
```

```
|         ├── index.html
|         ├── main.ts
|         ├── polyfills.ts
|         ...
...
├── package.json
├── README.md
├── tsconfig.json
└── tslint.json
```

앵귤러 프로젝트를 생성하면 package.json 파일을 비롯한 설정 파일들과 E2E 테스트 스펙이 담긴 e2e 디렉터리, 핵심인 src 디렉터리를 얻을 수 있다. src 디렉터리 안 주요 파일은 [표 16-1]과 같다.

표 16-1 src 디렉터리 안 주요 파일

파일	목적
app/app.component.ts	AppComponent 파일(컴포넌트)
app/app.module.ts	AppModule 파일(루트 모듈)
assets/*	이미지 등의 리소스 파일들
environments/*	앱 전체에 영향을 주는 환경 변수를 선언하는 파일
index.html	앱을 표시할 메인 HTML 페이지
main.ts	앵귤러 앱의 시작점이 되는 파일(엔트리 포인트)
polyfills.ts	브라우저 호환성을 위한 폴리필을 선언하는 파일
styles.css	앱 전체에 영향을 주는 스타일을 선언하는 파일
test.ts	유닛 테스트의 시작점이 되는 파일

이제 커맨드 라인에서 ng serve 명령을 실행하면 angular-cli가 생성해준 기본 형태의 프로젝트를 실행해 확인할 수 있다. 먼저 번들링 과정을 거친 후 완료되면 브라우저에서 http://localhost:4200에 접속해 첫 페이지를 볼 수 있다.

그림 16-1 기본 프로젝트 실행 화면

16.2.3 처음 만드는 앵귤러 컴포넌트

우리가 작업할 파일은 기본 생성한 유일 컴포넌트인 src/app/app.component.ts 파일이다.
모든 컴포넌트는 반드시 하나의 모듈에 속해 있어야 한다. app.component.ts 파일은 루트
모듈인 app.module.ts 파일의 declarations 부분에 선언된 것을 확인할 수 있다.

이제 AppComponent(app.component.ts 파일)를 열고 title 부분을 아래와 같이 'RxJS!'
로 수정해서 저장해보자.

코드 16-3 AppComponent 파일의 title 수정

```
import { Component } from '@angular/core';

@Component({
    selector: 'app-root',
    templateUrl: './app.component.html',
    styleUrls: ['./app.component.css']
})

export class AppComponent {
    // title = 'helloAngular';
```

```
    title = 'RxJS!';
}
```

앞서 ng serve 명령을 실행한 후 브라우저에서 프로젝트를 연 상태라면 title 속성을 'RxJS!'로 바꾸어 저장하는 즉시 [그림 16-2]처럼 브라우저에도 반영될 것이다. angular—cli가 만든 개발 환경이 변경 사항을 감지해 자동 반영하는 구조이기 때문이다.

그림 16-2 변경된 제목 실행 화면

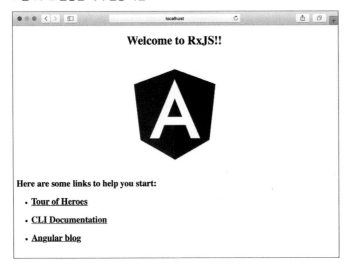

앵귤러 컴포넌트는 앵귤러 코어 모듈에서 @Component라는 애너테이션을 클래스에 붙여서 만든다. 우리가 방금 수정했던 AppComponent는 가장 단순한 형태의 앵귤러 컴포넌트다. 애너테이션의 selector 속성은 이 컴포넌트가 렌더링될 HTML 엘리먼트 이름이다. index. html 파일을 살펴보면 실제로 app—root라는 이름의 엘리먼트를 확인할 수 있다.

코드 16-4 index.html 파일의 app—root 엘리먼트

```
<body>
    <app-root></app-root>
</body>
```

templateUrl 속성은 AppComponent의 템플릿 파일 경로다. 템플릿이 복잡하지 않다면 이렇게 따로 템플릿 파일로 분리하지 않고 template 속성을 새로 만들어서 바로 템플릿을 사용

할 수도 있다. 마찬가지로 styleUrls 속성은 AppComponent의 CSS 스타일 파일 경로로,
styles로 스타일을 바로 작성할 수 있다.

16.2.4 단순한 RxJS

앞서 우리가 목표로 했던 초간단 RxJS 연동 컴포넌트를 만들기 위해 AppComponent에서
숫자를 표시하도록 바꿔보자.

코드 16-5 AppComponent에서 숫자를 표시하도록 변경

```
import { Component } from '@angular/core';

@Component({
    selector: 'app-root',
    template: '<h1>interval: {{x}}</h1>',
})

export class AppComponent {
    x = 0;
}
```

템플릿이 복잡하지 않으므로 template 속성으로 바로 템플릿을 선언하도록 바꿨고, title 속성
대신 x라는 클래스 속성을 0으로 초기화해서 템플릿에 표시되도록 했다. 이제 파일을 저장한
후 브라우저로 결과를 살펴보면 [그림 16-3]과 같은 화면이 표시될 것이다.

그림 16-3 숫자를 표시하도록 변경한 컴포넌트 실행 화면

이제 처음 계획했던대로 interval 함수를 사용해서 1초마다 값을 발행하는 옵저버블을 만들고 이 값을 화면을 표시해보자. 먼저 무작정 interval 함수를 사용해서 옵저버블을 선언해보자. 앵귤러에는 RxJS가 기본 의존성이므로 import 키워드로 바로 불러와서 사용할 수 있다.

코드 16-6 interval 함수 불러오기

```
import { Component } from '@angular/core';
import { interval } from 'rxjs';

@Component({
    selector: 'app-root',
    template: '<h1>interval: {{x}}</h1>',
})

export class AppComponent {
    x = 0;
    source$ = interval(1000);
}
```

source$라는 클래스 속성에 interval 함수를 사용해서 1초마다 값을 발행하는 옵저버블을 할당했다.

이제 이 값을 어떻게 템플릿에 표시할 수 있을까? 컴포넌트가 생성된 시점에 옵저버블을 구독해서 x 값에 할당하게 하는 방법을 생각할 수 있다. 그런데 컴포넌트가 없어질 때 옵저버블도 같이 없어지지 않으면 메모리 누수Memory leak가 발생할 수도 있으니 컴포넌트가 없어지는 시점에서 구독 취소도 하면 좋다.

다행히 앵귤러에는 컴포넌트의 라이프사이클마다 호출하는 다양한 라이프사이클 훅Lifecycle Hook이 존재한다. 그중에서 우리에게 필요한 건 컴포넌트가 생성된 시점에 호출하는 메서드인 ngOnInit과 소멸되는 시점에 호출하는 OnDestroy 메서드다. 이 두 메서드를 사용해서 단순 무식하게 옵저버블의 값을 표시하는 컴포넌트를 완성해보자.

코드 16-7 라이프사이클 훅을 이용한 옵저버블 값 표시

```
import { Component, OnInit, OnDestroy } from '@angular/core';
import { interval } from 'rxjs';
```

```
@Component({
    selector: 'app-root',
    template: '<h1>interval: {{x}}</h1>',
})

export class AppComponent implements OnInit, OnDestroy {
    x = 0;
    subscription = null;
    source$ = interval(1000);

    ngOnInit() {
        this.subscription = this.source$.subscribe(x => {
            this.x = x;
        });
    }

    ngOnDestroy() {
        this.subscription.unsubscribe();
    }
}
```

[코드 16-7]을 저장해서 브라우저에 결과를 확인하면 우리가 의도했던대로 옵저버블이 발행한 값을 보여준다. 그리고 컴포넌트가 소멸되면 함께 옵저버블 구독도 취소되는 컴포넌트가 완성된 것을 확인할 수 있다.

그림 16-4 옵저버블을 표시하도록 변경된 컴포넌트 실행 화면

16.3 비동기 파이프

앞에서 옵저버블이 발행하는 값을 표시하는 컴포넌트를 만들어봤다. 컴포넌트의 라이프사이클에 맞춰서 옵저버블을 구독해서 표시하고, 또 적절한 때 옵저버블 구독을 취소하는 건 뭔가 불편하고 손이 많이 가는 느낌이다. 하지만 앵귤러가 프레임워크에서 제공하는 비동기 파이프 async pipe를 사용하면 이 부분이 드라마틱하게 해결된다. 비동기 파이프가 컴포넌트의 생성및 제거에 따라 옵저버블의 구독과 구독 취소를 자동으로 하기 때문이다.

앞에서 만들어본 단순한 컴포넌트를 비동기 파이프를 사용해서 처리하면 [코드 16-8]처럼 작성할 코드가 줄어든다. 라이프사이클 훅도 필요 없고 따로 화면에 표시할 용도로 사용할 변수도 필요 없이 쉽게 표현할 수 있다.

코드 16-8 비동기 파이프를 사용한 앵귤러 앱

```
import { Component } from '@angular/core';
import { interval } from 'rxjs';

@Component({
    selector: 'app-root',
    template: '<h1>interval: {{source$ | async}}</h1>',
})
export class AppComponent {
    source$ = interval(1000);
}
```

16.3.1 비동기 파이프 파헤치기

앵귤러의 파이프는 어떤 구조로 되어 있길래 옵저버블을 유연하게 처리해줄 수 있는 걸까? 비동기 파이프와 관련한 구현 코드를 살펴보기 전 기본적인 앵귤러의 파이프 구조를 살펴보자.

새로운 걸 배울 때는 역시 가장 간단한 구조를 살펴보는 것이 좋다. 단순하게 객체를 입력받아서 해당 객체의 키를 리턴하는 파이프를 만들면 [코드 16-9]와 같다.

```
import { Pipe, PipeTransform } from '@angular/core';

@Pipe({
    name: 'keys'
})
export class KeysPipe implements PipeTransform {
    transform(value: object, args?: any): any[] {
        return Object.keys(value);
    }
}
```

앵귤러 코어 모듈이 제공하는 PipeTransform 인터페이스를 구현했다. 여기에서 핵심은 transform이라는 메서드의 구현이다. transform 메서드는 적어도 하나의 어떤 값을 입력받고 또다른 값을 리턴하는 형태를 지키기만 하면 된다. 여기에서는 객체를 입력받아서 단순하게 Object.keys 메서드를 사용해서 키들을 리턴한다.

비동기 파이프의 소스 코드[3]는 약 150줄 정도로 우리가 방금 살펴본 기본 파이프 예제보다는 훨씬 길다. 여기에서는 옵저버블을 자동으로 구독하거나 구독 취소하는 용도로 비동기 파이프를 사용했다. 하지만 옵저버블 외에도 프로미스도 처리할 수 있다.

자잘한 예외 처리 등을 제외하고 큰 흐름만 살펴보면 다음처럼 요약할 수 있다.

1 파이프에 전달한 객체가 프로미스인지 옵저버블인지에 따라 전략(Strategy) 선택

2 선택한 전략에 따라 객체를 구독(subscribe 또는 then 함수 실행)

3 객체에서 발행한 값을 업데이트 로직에 전달

4 업데이트 로직이 처리할 시점에는 파이프에 넘어온 객체가 기존 객체와 달라졌을 수 있으므로 같을 때만 _latestValue에 프로미스 혹은 옵저버블에서 전달해준 값을 저장하고 변경됐다고 확인

5 가장 최근에 발행한 값을 리턴

어떻게 이런 처리가 가능했는지 [그림 16-5]에서 살펴보자.

---

3 https://github.com/angular/angular/blob/master/packages/common/src/pipes/async_pipe.ts

그림 16-5 비동기 파이프의 로직

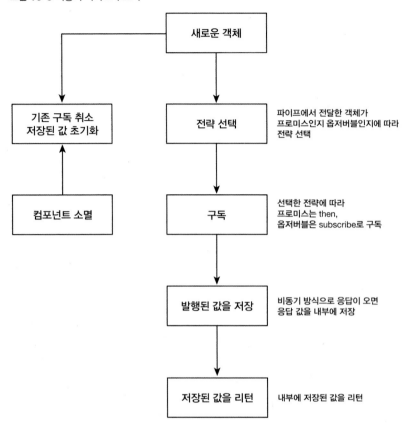

큰 흐름 외에 중요한 부가 기능 로직은 크게 두 가지로 정리할 수 있다.

   1 OnDestroy 라이프사이클 훅으로 컴포넌트를 소멸할 때 _dispose를 실행해서 메모리 누수 방지

   2 파이프로 새로운 객체를 전달받았을 때도 _dispose를 실행해 메모리 누수를 방지하고 다시 처음부터 시작

비동기 파이프의 기본 구조는 옵저버블 혹은 프로미스를 내부에서 구독한 후 발행한 값 중에서 가장 최신 값을 저장하고 전달하는 것이다. 여기에 라이프사이클 훅으로 컴포넌트가 소멸될 때 혹은 다른 옵저버블이나 프로미스가 전달될 때 기존에 구독하던 것을 취소해서 메모리 누수를 방지하는 부가 기능이 더해진 형태로 정리할 수 있다.

이 간단한 코드 덕분에 앵귤러에서 옵저버블을 사용하기가 훨씬 간편해진다. 다음부터는 좀 더 실제 개발 과정에서 만날 법한 복잡한 상황을 구현해보자.

16.4 리스트 필터링

입력폼에 글자를 입력했을 때 내용에 따라 리스트의 내용을 필터링하는 기능은 AngularJS(1. x 버전)에서는 내장 기능으로 비교적 간단하게 구현할 수 있었다. 하지만 Angular(2.x 이상 버전)에서는 리스트 필터링을 구현하는 표준화된 방법이 없다. 따라서 이런 기능 구현은 다소 어려운 편이다. 이 절에서는 어떻게 옵저버블을 사용해서 리스트 필터링을 구현할 수 있는지 한 단계씩 따라가보자.

16.4.1 폼 입력

앵귤러는 반응형 폼과 템플릿 기반 폼이라는 두 종류의 완전히 다른 철학이 있는 폼 구축 기술을 제공한다. 반응형과 템플릿 기반 기술 모두 @angular/forms 라이브러리에 속해 있고 같은 폼 콘트롤 클래스들을 공유한다.

여기에서는 반응형 폼을 위주로 폼 입력 방법을 살펴본다. 반응형 폼을 사용하면 손쉽게 폼에 입력한 내용을 옵저버블 형태로 전달받을 수 있기 때문이다.

반응형 폼을 사용하려면 [코드 16-10]처럼 src/app/app.module.ts 파일에서 명시적으로 반응형 폼 모듈의 의존성을 등록해주어야 한다.

코드 16-10 폼 모듈 의존성 등록

```
import { BrowserModule } from '@angular/platform-browser';
import { NgModule } from '@angular/core';

// ReactiveFormsModule을 가져옴
import { FormsModule, ReactiveFormsModule } from '@angular/forms';
import { HttpModule } from '@angular/http';

import { AppComponent } from './app.component';

@NgModule({
    declarations: [
        AppComponent
    ],
    imports: [
        BrowserModule,
```

```
        FormsModule,

        // 의존성 목록에 ReactiveFormsModule 추가
        ReactiveFormsModule,
        HttpModule
    ],
    providers: [],
    bootstrap: [AppComponent]
})
export class AppModule { }
```

이제 app.component.ts 파일을 [코드 16-11]처럼 수정해서 반응형 폼의 가장 간단한 형태를 구현해보자.

코드 16-11 반응형 폼의 간단한 형태 구현

```
import { Component } from '@angular/core';
import { FormControl } from '@angular/forms';

@Component({
    selector: 'app-root',
    template: `
        <input type="text" [formControl]="name">
        <div> 입력된 내용은 {{name$ | async}}</div>`
})

export class AppComponent {
    name = new FormControl();
    name$ = this.name.valueChanges;
}
```

파일을 저장한 후 브라우저에서 앵귤러 앱을 실행한다. 그리고 입력 폼에 글자를 입력하면 [그림 16-6]처럼 글자 그대로가 화면에 표시되는 것을 볼 수 있다.

그림 16-6 반응형 폼 생성 결과

코드를 보면 앞에서 다루지 않은 새로운 것이 몇 가지 있다. 지금부터 앵귤러에서 반응형 폼을 어떻게 생성하는지 하나씩 살펴보자. 가장 먼저 눈에 들어오는 부분은 FormControl 이라는 낯선 클래스다.

코드 16-12 FormControl 클래스

```
import { FormControl } from '@angular/forms';
```

폼 컨트롤은 FormControl 인스턴스를 직접 생성하고 관리할 수 있는 지시자^{Directive} 역할이다. AppComponent 클래스를 살펴보면 FormControl 인스턴스를 생성해서 name이라는 클래스 속성에 담았다.

단, 이것만으로는 앵귤러가 템플릿 상의 어떤 폼 입력과 연동되어야 하는지 알 수 없다. 따라서 템플릿에서도 [코드 16-13]처럼 input 엘리먼트에 [formControl]="name"를 추가해야 한다. 앵귤러에게 input 엘리먼트 name이라는 클래스 속성에 담겨 있는 FormControl 인스턴스와 연동되어야 한다는 것을 알려주는 것이다.

코드 16-13 input 엘리먼트와 FormControl 인스턴스의 연동

```
<input type="text" [formControl]="name">
```

앞서 반응형 폼을 사용하면 입력한 내용을 손쉽게 옵저버블 형태로 사용할 수 있다고 했었다. 이 부분은 FormControl 인스턴스와 연동하는 인스턴스가 제공하는 valueChanges 속성으로 쉽게 구현할 수 있다. 옵저버블을 리턴해주기 때문이다. [코드 16-14]는 valueChanges 속성의 리턴값을 name$에 저장하는 것이다.

코드 16-14 valueChanges 속성의 리턴값 저장

```
name$ = this.name.valueChanges;
```

입력한 내용이 옵저버블에 정상적으로 전달되는지 확인하려면 어떻게 해야 할까? 바로 앞에서 살펴본 비동기 파이프를 사용하면 간편하게 옵저버블의 내용을 화면에 표시할 수 있다.

코드 16-15 비동기 파이프로 옵저버블 내용을 표시

```
<div>입력된 내용은 {{name$ | async}}</div>
```

16.4.2 리스트 구현

앵귤러에서 HttpClient 클래스로 Ajax 호출을 하면 그 결과를 옵저버블로 리턴한다. 하지만 [코드 16-16]에서는 이를 좀 더 단순하게 만들려고 배열 하나를 발행하는 옵저버블을 만들어서 Ajax 호출의 결과라고 가정하겠다.

코드 16-16 Ajax 호출 결과를 배열로 대체하기

```
list$ = of(['john', 'aiden', 'bob', 'paul', 'sam']);
```

이 리스트를 화면에 표시하려면 어떻게 해야 할까? 앵귤러에서는 배열을 화면에 쉽게 표시하려고 ngFor 지시자라는 내장 기능을 제공한다. 이렇게 지시자로 템플릿을 다루도록 하는 것이 1.x 버전부터 유지되어 온 앵귤러의 대표적인 특성이기도 하다. ngFor 지시자와 비동기 파이프를 조합하면 리스트를 [코드 16-17]처럼 간단하게 표시할 수 있다.

코드 16-17 ngFor 지시자와 비동기 파이프를 조합한 리스트 표현

```
<ul>
    <li *ngFor="let user of list$ | async">
        {{user}}
    </li>
</ul>
```

앞에서 만들었던 폼 입력 부분에 리스트 출력 부분까지 더하면 AppComponent는 [코드 16-18]처럼 나타낼 수 있다.

코드 16-18 리스트 출력 부분 추가

```
import { Component } from '@angular/core';
import { FormControl } from '@angular/forms';
import { of } from 'rxjs';

@Component({
    selector: 'app-root',
    template: `
        <input type="text" [formControl]="name">
        <div> 입력된 내용은 {{name$ | async}}</div>
        <ul>
            <li *ngFor="let user of list$ | async">
                {{user}}
            </li>
        </ul>`
})

export class AppComponent {
    name = new FormControl();
    name$ = this.name.valueChanges;
    list$ = of(['john', 'aiden', 'bob', 'paul', 'sam']);
}
```

파일을 저장한 후 브라우저에서 앵귤러 앱을 실행해 결과를 확인하면 list$의 내용이 리스트 형태로 표시된 것을 확인할 수 있다.

그림 16-7 리스트 구현 결과

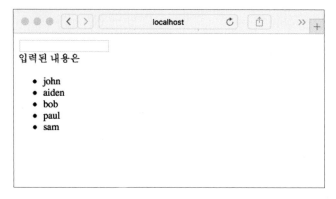

16.4.3 리스트 필터링 구현

지금까지 반응형 폼을 사용해서 다음 2개의 옵저버블을 구현해보았다.

- 폼에 입력된 내용을 발행하는 옵저버블
- Ajax 호출 결과를 시뮬레이션하려고 이름들이 담긴 배열을 발행하는 옵저버블

이제 폼에 입력하는 내용에 따라 실시간으로 리스트의 내용을 필터링해보자.

앞에서 다뤘던 내용을 잘 기억한다면 이 상황에서 결합 연산자를 사용할 수 있다는 것을 먼저 떠올렸을 것이다. 여기에서는 2개 이상의 옵저버블을 기반으로 각 옵저버블의 값이 변경되었을 때 주어진 함수를 사용해서 새로운 값을 발행하는 combineLatest 연산자를 사용해 리스트 필터링을 구현할 것이다.

이런 작업을 실행하는 데 앵귤러의 라이프사이클 훅 중 적합한 위치는 OnInit일 것이다.

코드 16-19 리스트 필터링 기본 구현

```
ngOnInit() {
    this.filtered$ = combineLatest(
        this.list$, this.name$, (list, name) => {
        return list.filter(item => item.includes(name));
    });
}
```

list$ 옵저버블에 combineLatest 연산자를 사용해서 name$ 옵저버블과 결합한다. list는 배열이므로 배열 자체의 filter 메서드를 사용해서 폼으로 입력한 값이 포함되었는지를 문자열의 includes 메서드를 사용해 확인한다. 이러한 필터링 구현의 구조는 [그림 16-8]을 참고하기 바란다.

그림 16-8 필터링 구현의 구조

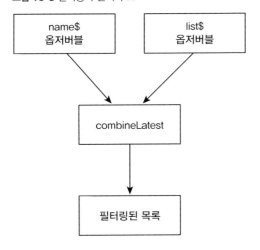

즉, combineLatest 연산자를 사용해서 2개의 옵저버블을 결합해서 두 옵저버블 중 하나라도 변경되면 바로 필터링한 리스트도 변경되도록 한 것이다.

만약 list$ 옵저버블이 실제 Ajax 요청이었다면 combineLatest 연산자 덕분에 폼에 입력할 때마다 매번 새로 Ajax 호출을 하는 것이 아니라 처음 한 번 Ajax 호출을 한 결과를 재사용한다. 성능 향상도 기대할 수 있는 측면이다.

그런데 이대로 파일을 저장한 후 브라우저에서 앵귤러 앱을 실행하면 한 가지 문제가 발생한다. 처음 name$ 옵저버블에서 발행하는 값이 없으므로 필터링이 잘못 이루어져 리스트에 아무것도 출력하지 않는 것이다. 이를 해결하려면 RxJS에서 제공하는 startWith 연산자를 사용하면 된다. 추가로 같은 값을 전달받으면 반응하지 않도록 distinctUntilChanged 연산자까지 사용하면 더욱 효과적이다.

이들까지 사용한 최종적인 AppComponent의 코드를 살펴보면 다음과 같다.

코드 16-20 최종 AppComponent 구현

```
import { Component, OnInit } from '@angular/core';
import { FormControl } from '@angular/forms';
import { of, combineLatest } from 'rxjs';
import { startWith, distinctUntilChanged } from 'rxjs/operators';

@Component({
    selector: 'app-root',
    template: `
    <input type="text" [formControl]="name">
    <ul>
        <li *ngFor="let user of filtered$ | async">
            {{user}}
        </li>
    </ul>`
})

export class AppComponent implements OnInit {
    name = new FormControl();
    list$ = of(['john', 'aiden', 'bob', 'paul', 'sam']);
    filtered$ = null;

    ngOnInit() {
        const name$ = this.name.valueChanges
            .pipe(startWith(''))
            .pipe(distinctUntilChanged());

        this.filtered$ = combineLatest(
            this.list$, name$, (list, name) => {
            return list.filter(item => item.includes(name));
        });
    }
}
```

이제 파일을 저장하고 브라우저에서 앵귤러 앱을 실행하자. 그리고 input 엘리먼트에서 'a'라고 입력하면 여러 이름 중 a를 포함한 이름만 필터링하는 것을 확인할 수 있다.

그림 16-9 완성한 필터링 구현

16.5 마치며

지금까지 프런트엔드 프레임워크인 앵귤러의 RxJS 활용법을 살펴봤다. 먼저 내부 코어 로직 구현과 공개^{Public} API의 일부로 RxJS를 사용하는 방법을 알아봤다. 기본적인 앵귤러 앱의 구조, 파이프 구현, 비동기 파이프의 내부 구조 분석도 확인했다. 좀 더 나아가 RxJS를 활용한 리스트 필터링도 구현했다.

앵귤러는 이전 AngularJS 1.x의 단점을 극복하려고 오랜 시간동안 의견을 수렴해 개발한 프레임워크다. 그 과정에서 RxJS를 프레임워크의 핵심 라이브러리로 결정했고 그 결과 이 장에서 살펴본 것처럼 프레임워크 곳곳에서 앵귤러와 RxJS가 깊게 연관되어 있는 것을 발견할 수 있다.

또한 RxJS 외에도 타입스크립트^{TypeScript} 등 생산성을 높여주지만 초기에 배울 때는 진입 장벽이 높은 요소들이 프레임워크의 근간을 이룬다. 성장 속도는 이전 AngularJS 1.x만큼 빠르지 않지만 여전히 프런트엔드 프레임워크의 한 축을 담당하며 꾸준히 성장하는 것이 앵귤러의 현재 모습이다.

이 책의 주제는 RxJS이므로 앵귤러 만의 특징을 깊게 살펴보지는 않았다. 하지만 다른 앵귤러 관련 입문서나 여기에서 살펴본 부분들을 단단한 기초로 삼으면 앵귤러를 더 깊고 자유롭게 다룰 것으로 기대한다.

## CHAPTER 17

리액트에서 RxJS 사용하기

이 장에서는 리액트에서 RxJS를 사용하는 방법을 소개하도록 하겠다. 기본적인 리액트 사용 방법을 확인해본 뒤, 한 단계 더 나아가 RxJS를 사용해서 리덕스를 직접 구현해보고 RxJS 기반으로 만들어진 리덕스 미들웨어를 활용해보는 과정까지 살펴볼 것이다.

17.1 리액트와 리덕스

리액트는 페이스북에서 웹 애플리케이션 개발을 지원하려고 직접 만든 라이브러리다. 웹 애플리케이션 전 영역에 관심을 갖는 프레임워크와 달리 뷰^{View} 영역에 한정된 관심을 갖는다.

리액트는 선언적^{declarative}이라는 특징을 잘 살려서 개발하면 코드의 가독성이 크게 향상되고 디버깅이 쉽다. 또한 가상^{Virtual} DOM이라는 개념을 이용해서 데이터가 변경된 부분만 빠르고 효과적으로 업데이트하고 렌더링한다. 단순한 앱이라면 성능상 큰 이득이 없겠지만 앱의 규모가 커질수록 이득이 커진다.

그림 17-1 가상 DOM의 개념

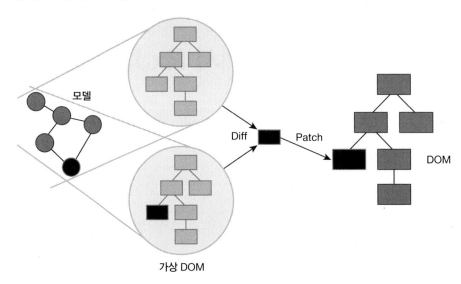

또한 리액트는 컴포넌트 기반으로 구성된다. 자체적으로 상태를 관리하는 캡슐화된 컴포넌트 단위로 기능을 나누고 컴포넌트들을 조합해서 복잡한 UI를 구성한다.

그림 17-2 작은 컴포넌트들로 만드는 대규모 앱

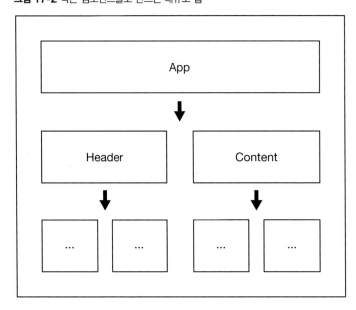

Node.js에서 substack이란 아이디로 잘 알려진 제임스 홀리데이[James Halliday]는 거대한 앱[huge app]을 만드는 비결은 거대한 앱을 만들지 않는 것이라고 했다. 즉 작고, 집중적이고, 모듈화한 부품들을 만들고 점진적으로 이들을 조합해서 더 큰 부분을 구성하는 방식으로 최종 앱을 완성해야 한다는 뜻이다. 이 충고는 프론트 엔드 개발의 규모가 커지면서 거의 정설처럼 받아들여지고 있다. 리액트가 추구하는 작은 컴포넌트는 이러한 방법론을 자연스럽게 구현했다.

그리고 리액트는 앵귤러와 비교했을 때 알아야 할 키워드 수가 훨씬 적은 탓에 비교적 쉽게 입문할 수 있는 장점도 있다. 물론 모듈 번들링과 같은 개념을 추가로 배워야 하지만 이 부분은 앵귤러나 Vue.js 등 대부분의 모던 웹 개발에서 공통으로 요구하는 사항이다. 따라서 리액트의 구조는 실제 배울 때의 진입 장벽을 크게 낮춰준다. 현재 시점에서는 앵귤러와 Vue.js보다 리액트의 생태계가 더 풍성하고 커뮤니티도 더 활발하다.

이러한 결과 리액트는 현재 다른 라이브러리나 프레임워크에 비해 우세한 점유율[1]을 보인다. 하지만 리액트는 앞서 이야기한 것처럼 뷰 영역에 한정된 관심을 둔다. 그래서 페이스북에서는 뷰 이외의 영역을 담당할 상태 컨테이너[state container]를 대상으로 한 플럭스[Flux] 아키텍처라는 개념을 제안했다. 플럭스 아키텍처를 구현한 다양한 라이브러리들이 있었다. 하지만 현재는 함수형으로 해석해서 구현한 리덕스[Redux]를 가장 많이 사용한다. 리덕스는 17.5부터 좀 더 자세하게 다룰 것이다.

17.2 리액트 프로젝트 구성

리액트 기반 웹 애플리케이션을 개발하려면 알아야 하거나 준비해야 할 부분들이 꽤 있다. ES2015+ 문법, JSX 문법을 ES5 문법으로 변환해주는 바벨 설정, 모듈 번들링을 담당하는 웹팩 설정 등이다. 이러한 부분들은 간단한 리액트 앱을 만들 때도 기본적으로 해야 할 작업으로 간단치만은 않다.

하지만 리액트에서 제공하는 create-react-app을 사용하면 이런 복잡한 설정들을 신경쓰지 않고도 간단하게 리액트 보일러플레이트를 생성할 수 있다. 다음은 npm을 사용해서 create-react-app을 설치하고 보일러플레이트를 생성하는 명령이다.

----

1 https://trends.google.com/trends/explore?cat=13&q=react,angular,vue 단, 시간이 지나면 변할 수 있다.

```
# create-react-app을 전역에 설치
$ npm install create-react-app --global

# create-react-app으로 보일러플레이트 생성
$ create-react-app react-example
```

create-react-app 〈원하는 프로젝트 이름〉을 입력하면 자동으로 보일러플레이트를 생성하고 필요한 의존성 설치까지 진행해준다. create-react-app으로 리액트 프로젝트를 생성하면 기본적으로 다음과 같은 디렉터리 구조가 만들어진다.

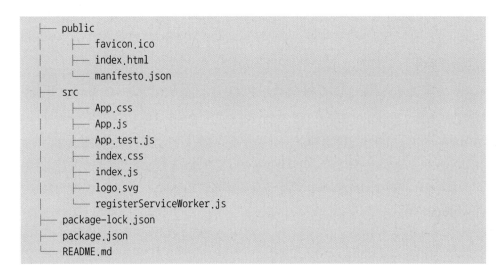

보일러플레이트에는 package.json 파일을 비롯한 설정 파일들과 정적 리소스들이 담긴 public 디렉터리, 그리고 핵심인 src 디렉터리로 구성되어 있다. src 디렉터리 안의 주요 파일은 아래와 같다.

표 17-1 src 디렉터리 안 주요 파일

파일	목적
App.js	App 컴포넌트
App.css	App 컴포넌트 레벨의 스타일시트
App.test.js	App 컴포넌트 테스트 파일
index.css	앱의 전역 레벨 스타일시트
index.js	앱의 엔트리 포인트

파일	목적
logo.svg	기본 샘플 페이지에 사용하는 리액트 로고 이미지
registerServiceWorker.js	운영(production) 모드일 때 로컬 캐시로부터 정적 리소스를 제공할 수 있도록 등록되는 서비스 워커

이제 react-example 디렉터리로 이동해서 npm start 명령을 실행하면 기본적인 설정이 끝난 리액트 앱을 실행한다.

```
# react-example 디렉터리로 이동
$ cd react-example

# 리액트 앱 실행
$ npm start
```

그림 17-3 리액트 보일러플레이트를 이용한 리액트 앱 실행 화면

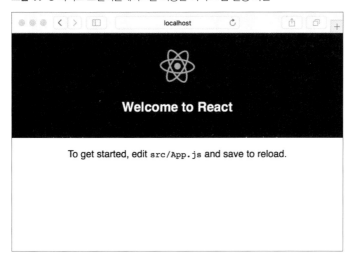

17.3 리액트 컴포넌트

create-react-app이 만들어준 보일러플레이트에는 [코드 17-1]처럼 App.js 파일 안에 App이란 컴포넌트 하나가 존재한다. 이 컴포넌트를 직접 수정하며 리액트 컴포넌트 파일의 구조를 확인하자. 어려운 내용은 없으므로 자세한 설명은 생략한다.

```
import React, { Component } from 'react';
import logo from './logo.svg';
import './App.css';

class App extends Component {
    render() {
        return (
            <div className="App">
                <header className="App-header">
                    <img src={logo} className="App-logo" alt="logo" />
                    <h1 className="App-title">Welcome to React</h1>
                </header>
                <p className="App-intro">
                    To get started, edit <code>src/App.js</code> and save to reload.
                </p>
            </div>
        );
    }
}
export default App;
```

17.3.1 JSX 문법

JSX 문법은 XML과 비슷한 자바스크립트 문법 확장이다. JSX 문법을 이전에 경험해보지 못했다면 [코드 17-1]처럼 자바스크립트와 HTML이 동시에 존재하는 형태가 낯설게 느껴질 수 있다. JSX로 작성한 컴포넌트는 빌드 과정에서 자바스크립트 문법으로 변환된다.

JSX를 사용하는 이유는 앞서 이야기한 것처럼 자체적으로 상태를 관리하는 캡슐화된 컴포넌트 단위로 기능을 나누려는 것이다. 예를 들어 버튼 컴포넌트라면 버튼을 표현하는 HTML 템플릿과 버튼을 눌렀을 때의 동작을 기술하는 자바스크립트로 구성한다. 이 모두를 하나의 컴포넌트 안에 표현하는 방법으로 JSX를 사용하는 것이다.

코드 17-2 JSX를 이용하는 사이드바 템플릿

```
<div className="sidebar">Hello</div>
```

JSX로 간단한 템플릿을 만들면 빌드 과정에서 [코드 17-3]과 같은 자바스크립트로 변환된다.

코드 17-3 JSX 템플릿을 자바스크립트로 변환

```
React.createElement(
  'div',
  {className: 'sidebar'},
  'Hello'
)
```

JSX와 비교하면 자바스크립트로 변환한 코드는 가독성이 낮고 입력할 코드도 더 많다. 즉, JSX를 사용하는 것이 유리하므로 익숙해지는 것이 필요하다. JSX 문법은 자바스크립트와 HTML과 크게 다르지 않지만 상세한 부분에서는 차이가 있다. [코드 17-2]에서 class 를 className으로 설정한 것이 그 예다.

그 외 { } 안의 내용을 자바스크립트로 해석한다는 것을 기억하면 JSX를 사용하는 데 큰 어려움이 없다. JSX에 대한 자세한 내용은 리액트 공식 문서의 'JSX In Depth[2]'를 참고하기 바란다.

17.3.2 리액트 라이프사이클

이제 App 컴포넌트를 수정해서 'Hello RxJS!'를 출력하도록 만들자. [코드 17-4]와 같다.

코드 17-4 Hello RxJS! 출력

```
import React, { Component } from 'react';

class App extends Component {
    render() {
        const message = 'Hello RxJS!';
        return (
            <h2>{message}</h2>
        );
    }
}
export default App;
```

---

2 https://reactjs.org/docs/jsx-in-depth.html

기본적으로 리액트 컴포넌트는 React.Component를 상속받는 클래스 형태다. 리액트 컴포넌트에는 반드시 render라는 라이프사이클 메서드가 필요하다. 컴포넌트가 어떤 템플릿으로 보여질지 결정한다. 여기에서는 message라는 변수에 'Hello RxJS!'라는 문자열을 담고 div 태그 안에서 message 변수의 값을 출력한다.

리액트에는 render 외에도 몇 가지 라이프사이클 메서드가 더 있다. 페이스북의 댄 아브라모프[Dan Abramov]가 라이프사이클 메서드를 [그림 17-4]처럼 정리[3]했으니 참고하면 좋다.

그림 **17-4** 리액트 라이프사이클

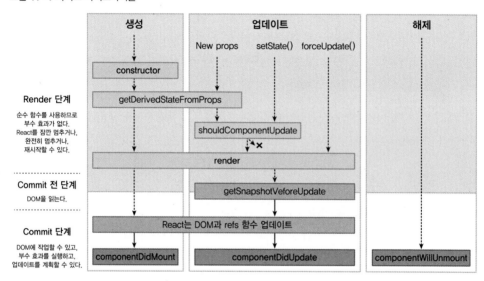

컴포넌트를 마운트해 DOM까지 렌더링했을 때 호출되는 componentDidMount와, 다시 언마운트할 때 호출되는 componentWillUnmount, 컴포넌트의 내부 상태값이 변경될 때마다 호출되는 componentDidUpdate, 상태값이 변경되었을 때 렌더링을 여부를 결정하는 shouldComponentUpdate 등의 라이프사이클 메서드를 확인할 수 있다.

앞서 npm start 명령을 입력해서 결과물을 브라우저에서 실행한 상태라면 'Hello RxJS!'를 출력하도록 바꾼 컴포넌트를 저장하는 즉시 [그림 17-5]처럼 브라우저에도 결과가 반영되어 있을 것이다. create-react-app이 만들어준 개발 환경이 변경 감지 기능으로 결과를 자동 반영하는 구조이기 때문이다.

---

3 https://twitter.com/dan_abramov/status/981712092611989509

그림 17-5 변경된 리액트 컴포넌트

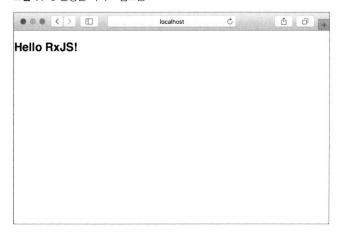

17.3.3 엔트리 포인트

앞에서 수정한 App 컴포넌트를 어디에서 불러와서 화면에 출력할까? 정답은 엔트리 포인트인 index.js 파일이다.

코드 17-5 엔트리 포인트 index.js

```
import React from 'react';
import ReactDOM from 'react-dom';
import './index.css';
import App from './App';
import registerServiceWorker from './registerServiceWorker';

ReactDOM.render(<App />, document.getElementById('root'));
registerServiceWorker();
```

index.js 파일을 살펴보면 App 컴포넌트 파일을 불러와서 root라는 ID 속성값을 갖는 DOM을 찾는다. 그리고 ReactDOM 모듈의 render 메서드를 사용해서 렌더링한다. 이렇게 엔트리 포인트 파일에서는 앱의 최상위 컴포넌트를 가져와서 앱이 위치할 DOM에 렌더링하는 로직을 포함해야 한다.

17.4 초간단 리액트 카운터 앱

리액트를 좀 더 깊이 이해하는 간단한 카운터 앱을 만들어보자. '증가' 버튼을 누르면 1 증가하고, '감소' 버튼을 누르면 1 감소한 값을 화면에 표시하는 간단한 앱이다. 카운터 앱을 만드는 과정에서 리액트 컴포넌트의 상태값 관리와 이벤트 바인딩을 살펴볼 것이다.

17.4.1 state

리액트 컴포넌트는 컴포넌트 자체의 상태값을 state라는 멤버 변수로 관리한다. state 변수는 객체 안에 여러 상태값을 갖는 구조고, 초기값은 클래스의 생성자constructor 함수 안에서 설정할 수 있다.

우리가 만드는 카운트 앱의 초기값은 0이어야 하므로 [코드 17-6]처럼 constructor 함수에서 0으로 초기화한다.

코드 17-6 state 변수와 생성자 함수 사용

```
import React, { Component } from 'react';

class App extends Component {
    constructor(props) {
        super(props);
        this.state = {
            count: 0
        };
    }
    ...
}

export default App;
```

state 변수 부분을 살펴보면 객체 안에 여러 상태값을 갖는 구조({ } 사용)고, count라는 상태값 하나를 추가하고 0을 할당했다. 이제 이 값을 화면에 보여줄 수 있도록 render 함수에 추가해보자. 그리고 클릭 이벤트를 바인딩할 버튼도 함께 추가해보자.

코드 17-7 render 함수에 state 변숫값과 버튼 추가

```
import React, { Component } from 'react';

class App extends Component {
    constructor(props) {
        super(props);
        this.state = {
            count: 0
        };
    }
    render() {
        return (
            <div>
                <button>증가</button>
                <button>감소</button>
                <div>Output: {this.state.count}</div>
            </div>
        );
    }
}
export default App;
```

App 컴포넌트 파일을 저장하고 실행해보면 초기값으로 설정한 0이 'Output' 다음에 정상적으로 표시되는 것을 확인할 수 있다. 아직 버튼에 이벤트 바인딩을 하지 않았으므로 아무런 상호작용이 없지만 this.state.count로 컴포넌트의 상태값을 참조해서 화면에 표시한 것이다.

그림 17-6 리액트의 state 변수 참조 결과

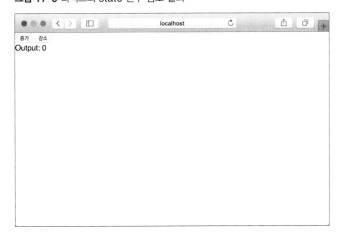

17.4.2 setState

컴포넌트의 상태값은 자바스크립트에서 멤버 변수를 참조하는 것과 동일하게 'this.state.〈변수 이름〉' 형태로 참조할 수 있다. 상태값을 초기화하는 것은 앞서 살펴본 것처럼 생성자 함수에서 초기화하면 된다. 하지만 상태값을 변경하는 것은 좀 다르다. 리액트는 상태값이 변경되면 새로운 가상 DOM을 만들고 이전 가상 DOM과 비교해서 달라진 부분만 렌더링하는 방식으로 성능을 높인다.

이렇게 리액트에게 상태값이 변경되었다는 것을 알게 하려면 setState라는 메서드를 사용해야 한다. 컴포넌트의 상태값이 여러 개 있다고 해도 setState 메서드를 사용하면 대상 값만 적절하게 변경해준다.

코드 17-8 setState 메서드의 사용 예 1

```
// 이렇게 변경해선 안 된다!
this.state.count = 1;

// setState를 사용해서 변경해야 한다.
// 그래야 리액트가 변경된 것을 감지할 수 있다.
this.setState({
    count: 1
});

// 상태값은 비동기로 업데이트할 수 있으므로
// 이전값은 다음처럼 사용해야 한다.
this.setState((prevState, props) => ({
    count: prevState.count + 1
}));
```

증가/감소 버튼의 이벤트 핸들러 메서드는 setState 메서드로 [코드 17-9]처럼 간단하게 만들 수 있다. 이전 값을 참조해서 증가/감소하므로 콜백 함수 형태로 이전 값을 받아 값을 설정하는 것을 볼 수 있다.

코드 17-9 setState 메서드로 증가/감소 버튼의 이벤트 핸들러 구현

```
// 증가
increment() {
    this.setState((prevState) => ({
```

```
            count: prevState.count + 1
        }));
    }

    // 감소
    decrement() {
        this.setState((prevState) => ({
            count: prevState.count - 1
        }));
    }
}
```

17.4.3 이벤트 바인딩

이제 마지막으로 버튼에 설정한 증가/감소 이벤트 핸들러 메서드를 클릭 이벤트에 바인딩해보자. 이벤트 바인딩 방법은 자바스크립트와 거의 같다. 여기에서는 버튼의 클릭 이벤트에 바인딩하므로 [코드 17-10]처럼 onClick 속성에 이벤트 핸들러 메서드를 바인딩하면 된다. 주의할 점은 이벤트 핸들러 메서드 안에서 this 키워드를 사용하므로 this가 컴포넌트를 가리킬 수 있도록 bind 메서드로 컴포넌트를 다시 바인딩해주어야 한다는 점이다.

코드 17-10 onClick 속성에 이벤트 핸들러 메서드 바인딩

```
<button onClick={this.increment.bind(this)}>증가</button>
```

증가/감소 버튼 모두에 이벤트 바인딩을 한 최종 코드는 아래와 같다.

코드 17-11 리액트 카운터 앱 최종 코드

```
import React, { Component } from 'react';

class App extends Component {
    constructor(props) {
        super(props);
        this.state = {
            count: 0
        };
    }

    // 증가
```

```
    increment() {
        this.setState((prevState) => ({
            count: prevState.count + 1
        }));
    }

    // 감소
    decrement() {
        this.setState((prevState) => ({
            count: prevState.count - 1
        }));
    }
    render() {
        return (
            <div>
                <button onClick={this.increment.bind(this)}>증가</button>
                <button onClick={this.decrement.bind(this)}>감소</button>
                <div>Output: {this.state.count}</div>
            </div>
        );
    }
}
export default App;
```

이제 컴포넌트 코드를 저장하고 증가/감소 버튼을 눌러보면 버튼을 누를 때마다 count 상태값
이 증가/감소하는 것을 확인할 수 있다.

그림 17-7 완성된 리액트 카운터 앱

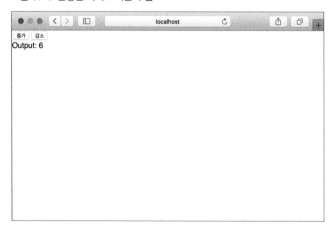

17.5 리덕스

앞에서 리액트 컴포넌트 안 상태값을 다루는 방법을 살펴봤다. 작은 규모의 앱이라면 이 방법처럼 컴포넌트 수준의 상태값만을 다루면 충분히 앱을 제어할 수 있다.

그런데 앱의 규모가 커져 더 많은 컴포넌트로 앱을 구성한다고 생각해보자. 상태값이 컴포넌트 외부에도 영향을 미치며, 상태값을 공유해야 하는 상황이 오기 마련이다. 이럴 때는 앱 전역 범위에서 앱 전체의 상태값을 관리할 필요가 있다. 페이스북에서는 이런 상태 관리 모형으로 플럭스라는 아키텍처 개념을 소개했다.

리덕스는 페이스북에서 소개한 플럭스 아키텍처의 구현체 중에서 가장 많이 알려지고 사용되는 구현체다. 플럭스가 리액트와 함께 소개된 탓에 리덕스는 리액트와 많이 사용되지만 사실 리덕스는 리액트와 관계없이 독립적으로 사용할 수 있는 상태 컨테이너이기도 하다.

리덕스는 애플리케이션 전체의 상태State를 단일한 스토어Store에 두고, 이 상태를 변경하려면 액션Action을 보낸Dispatch다는 단순한 규칙이 있다. 액션을 보내면 액션에 따라 상태를 계산해주는 순수 함수인 리듀서Reducer에서 계산한 값이 다음 상태가 된다. 리덕스라는 이름은 바로 이 리듀서에서 유래되었다.

리덕스는 어느 영역에서 어떤 변화가 있든 반드시 액션을 보내서 순수 함수인 리듀서를 거쳐야만 단일 스토어의 상태를 바꿀수 있는 단방향 구조다. 따라서 아무리 복잡한 앱도 상태 변화를 예측할 수 있고 단순하게 관리할 수 있다.

[그림 17-8]의 다이어그램은 이러한 리덕스의 구조를 형상화한 것이다.

그림 17-8 리덕스의 단방향 아키텍처

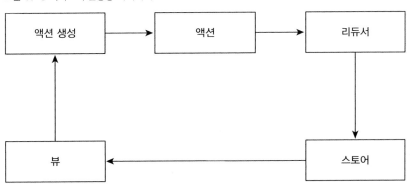

그런데 재미있는 건 지금까지 살펴본 RxJS를 활용하면 생각보다 단 몇 줄만으로 간단하게 리덕스를 구현할 수 있을 뿐 아니라 더 확장성 있게 활용할 수 있다는 것이다. RxJS로 리덕스를 구현해보기 전 간단한 리덕스 앱을 만들어 리덕스의 개념을 익히고 차근차근 RxJS로 구현하는 과정까지 살펴보자.

17.6 간단한 리덕스 앱

리덕스 공식 문서에서 제공하는 가장 간단한 형태인 [코드 17-12]를 살펴보자.

코드 17-12 간단한 리덕스 앱 구조

```
import { createStore } from 'redux';

function reducer(state, action) {
    switch (action.type) {
        case 'INCREMENT':
            return state + 1;
        case 'DECREMENT':
            return state - 1;
        default:
            return state;
    }
}

const store = createStore(reducer, 0);
store.subscribe(() => console.log(store.getState()))

store.dispatch({ type: 'INCREMENT' });
store.dispatch({ type: 'INCREMENT' });
store.dispatch({ type: 'DECREMENT' });
```

리덕스 공식 문서의 예제 중 가장 간단한 카운터 앱이다. 'INCREMENT' 액션을 보내면 스토어의 값을 1 증가시키고, 'DECREMENT' 액션을 보내면 스토어의 값을 1 감소시키는 단순한 기능이다. 비록 길지 않은 코드지만 리덕스의 주요 요소인 리듀서와 스토어, 액션이 모두 표현되어 있다. 앞으로 구현해갈 부분이니 하나하나 어떤 의미를 갖는지 살펴보자.

17.6.1 리듀서

리듀서는 기존의 상태를 바탕으로 전달된 액션에 따라 다음 상태를 계산해주는 순수 함수다. [코드 17-13]은 [코드 17-12]에서 리듀서를 정의한 부분이다.

코드 17-13 리듀서 정의

```
function reducer(state, action) {
    switch (action.type) {
        case 'INCREMENT':
            return state + 1;
        case 'DECREMENT':
            return state - 1;
        default:
            return state;
    }
}
```

리듀서는 (previousState, action) => newState를 표현한다. INCREMENT 액션을 전달하면 스토어의 값을 1 증가시키고, DECREMENT 액션을 전달하면 스토어의 값을 1 감소시킨다는 것을 알 수 있다.

17.6.2 스토어

리덕스는 단 하나의 스토어에 모든 상태를 저장한다. 스토어는 리덕스의 createStore 메서드로 생성한다. 생성할 때 첫 번째 인자로 '리듀서'를 사용해야 하고, 두 번째 인자로는 초깃값을 사용할 수도 있다.

생성한 스토어에는 세 가지 메서드가 있다. 값이 변경되면 변경된 상태를 받을 수 있는 subscribe 메서드, 새로운 액션을 보내는 dispatch 메서드, 그리고 현재의 상태값을 가져올 수 있는 getState 메서드다.

[코드 17-14]는 [코드 17-12]에서 스토어를 생성해 구독하는 예다.

```
import { createStore } from 'redux';

const store = createStore(reducer, 0);
store.subscribe(() => console.log(store.getState()));
```

subscribe 메서드로 스토어의 상태가 변경될 때마다 변경 사항을 전달받아 새로운 상태에 따라 리액트 등을 사용해 뷰를 업데이트할 수 있다. 이번에는 단순하게 콘솔에 출력하도록 했다.

17.6.3 액션

스토어의 상태를 변경할 수 있는 유일한 방법은 액션을 보내는 것이다. 위에서 보는 것처럼 액션은 단순한 객체로, 액션의 종류(type)가 필수적으로 포함되고 추가로 다른 값들이 더 포함될 수 있다. [코드 17-15]는 [코드 17-12]에서 액션을 보내는 예다.

코드 17-15 액션 보내기

```
store.dispatch({ type: 'INCREMENT' }); // 1
store.dispatch({ type: 'INCREMENT' }); // 2
store.dispatch({ type: 'DECREMENT' }); // 1
```

스토어가 가진 세 개의 메서드 중 dispatch 메서드를 사용해서 액션 객체를 스토어에 보내면 스토어는 리듀서를 사용해서 다음 상태를 계산하고 새로운 상태를 발행한다.

17.7 RxJS로 구현하는 리덕스

이제 리덕스를 RxJS로 구현해보자. 지금까지 설명한 RxJS 내용을 잘 따라왔다면 크게 어렵지 않을 것이다.

리덕스에서 스토어 생성은 createStore 함수로 이뤄진다. 즉, 이 함수를 RxJS로 구현한다면 리덕스를 RxJS로 구현한 것이다. 앞서 리덕스를 분석한 내용을 바탕으로 생각해보면 구체적인 구현은 아직 불명확하지만 전체적인 createStore 함수의 구조는 [코드 17-16]처럼 구현할 수 있다.

코드 17-16 createStore 함수의 구조

```
function createStore(rootReducer, initialState) {
    // 스토어 생성 로직...
    return {
        dispatch,
        subscribe,
        getState,
    };
}
```

rootReducer와 initialState를 인자로 사용해서 'RxJS로 구현된' 스토어 생성 로직을 거쳐 dispatch, subscribe, getState 3개의 메서드를 갖는 객체를 리턴해주는 구조다. 그럼 이제부터 createStore 함수를 하나하나 만들어보자.

17.7.1 dispatch와 subscribe 메서드 구현

리덕스의 스토어는 dispatch 메서드로 새로운 액션을 보낼 수 있고, 반대로 subscribe 메서드로 새로운 상태값을 구독할 수도 있다. 이 특성을 가장 잘 나타내주는 RxJS 타입은 무엇이 있을까? 아마 옵저버블과 옵저버의 특징이 모두 있는 서브젝트가 제일 먼저 떠올랐을 것이다. 서브젝트를 사용해서 스토어를 구현하는 건 단순하게 [코드 17-17]처럼 서브젝트를 선언해주는 것만으로도 충분하다.

코드 17-17 리덕스에서 RxJS 서브젝트 선언

```
import { Subject } from 'rxjs';

function createStore(rootReducer, initialState) {
    const store$ = new Subject();
    return {
        dispatch,
        subscribe,
        getState,
```

```
        };
    }
```

리덕스 스토어의 subscribe 메서드 동작은 실제 RxJS 서브젝트의 subscribe 함수 동작과 같다. 또한 리덕스 스토어의 dispatch 메서드 동작은 실제 RxJS 서브젝트의 next 함수 동작과 비슷하다. 따라서 리턴할 스토어 객체의 메서드들을 [코드 17-18]처럼 연결해줄 수 있다.

코드 17-18 스토어 객체의 메서드 연결

```
import { Subject } from 'rxjs';

function createStore(rootReducer, initialState) {
    const store$ = new Subject();
    return {
        dispatch: store$.next.bind(store$),
        subscribe: store$.subscribe.bind(store$),
        getState,
    };
}
```

createStore 함수가 리턴한 객체의 메서드들이 실제 참조해야 할 대상은 내부에서 생성한 서브젝트인 store$이므로 bind 함수로 바인딩해주고 있다.

아직 한 줄의 RxJS 코드지만 벌써 createStore 함수의 꽤 많은 부분을 구현한 느낌이다. 이제 좀 더 깊이 들어가보자.

17.7.2 리듀서 연결

이제 서브젝트의 next 함수를 사용해서 뭔가 값을 전달할 수도 있고 subscribe 메서드를 사용해서 값을 전달받을 수도 있게 되었다. 그런데 리덕스의 핵심은 리듀서로 (previousState, action) => newState를 표현하는 것이다. 즉, '이전 상태'를 기억해야 하고 action에 따라 '새로운 상태'를 리턴할 수 있어야 한다.

이러한 동작에 가장 어울리는 연산자는 어떤게 있을까? RxJS에는 이런 동작을 위해 scan이라는 연산자가 이미 존재한다. scan 연산자는 reduce 연산자 와 매우 비슷하다. 하지만 옵저버블의 구독을 완료해야만 결괏값을 발행하는 reduce 연산자와 달리 옵저버블 구독을 완료하지 않아도 값이 새로 전달될 때마다 이전 상태값을 기반으로 새로운 상태값을 계산해서 발행한다. 실제 리덕스의 동작과 완전히 같은 것이다. 이는 5.6에서 설명한 scan 연산자의 마블 다이어 그램과 연산자 원형을 참고해도 알 수 있다.

그런데 scan 연산자의 리턴값은 옵저버블이므로 next 함수가 존재하지 않는다. 따라서 아래 와 같이 기존의 서브젝트와 분리해서 다룰 필요가 있다. next 함수로 액션 객체를 전달하는 dispatch 메서드를 실행하는 서브젝트를 actionDispatcher$라는 이름으로 분리하면 [코드 17-19]처럼 나타낼 수 있다.

코드 17-19 dispatch 메서드를 실행하는 서브젝트 분리

```
import { Subject } from 'rxjs';
import { scan } from 'rxjs/operators';

function createStore(rootReducer, initialState) {
    // 서브젝트 이름을 actionDispatcher$로 변경
    const actionDispatcher$ = new Subject();
    const store$ = actionDispatcher$
        // scan 연산자는 옵저버블을 리턴
        .pipe(scan(rootReducer, initialState));

    return {
        // dispatch 메서드는 서브젝트의 기능이다
        dispatch: actionDispatcher$.next.bind(actionDispatcher$),
        subscribe: store$.subscribe.bind(store$),
        getState,
    };
}
```

이제 리듀서 함수와 초깃값까지 받아서 상태를 계산하고 새로운 상태를 발행할 수도 있다. RxJS 코드는 단 두 줄 사용했지만 꽤 그럴듯하게 리덕스의 기능을 구현한 것이다.

그런데 리턴할 스토어 객체에 아직 구현되지 않은 메서드가 하나 남아있다.

17.7.3 getState 메서드 구현

리덕스의 스토어는 getState 메서드로 현재 스토어 값을 바로 참조할 수 있다. 그럼 지금까지 RxJS로 구현한 리덕스에서 현재 스토어의 상태값을 참조하려면 어떻게 해야 할까?

단순하게 내부에서 store$를 구독하다가 알려주면 어떨까? 이를 [코드 17-20]으로 구현했다.

코드 17-20 store$를 구독하다가 알려주는 예

```
import { Subject } from 'rxjs';
import { scan } from 'rxjs/operators';

function createStore(rootReducer, initialState) {
    const actionDispatcher$ = new Subject();
    const store$ = actionDispatcher$.pipe(scan(rootReducer, initialState));

    // 가장 최신 상태 값을 담을 변수
    let latestState = initialState;

    // store$가 변경한 상태 값을 구독
    store$.subscribe(state => (latestState = state));

    return {
        dispatch: actionDispatcher$.next.bind(actionDispatcher$),
        subscribe: store$.subscribe.bind(store$),

        // latestState를 리턴
        getState: () => latestState
    };
}
```

실제로 현재 상태를 가져오는 getState 메서드의 기능을 하는 데는 전혀 문제가 없다. 하지만 현재 값을 가져오려는 간단한 목적 하나 때문에 store$를 내부에서 따로 구독하고 바깥 범위의 변수에 값을 할당하는 구조는 아쉬움이 남는다. 더 개선할 방법은 없을까?

17.7.4 현재 값을 가져올 수 있는 BehaviorSubject

서브젝트 중에서 BehaviorSubject는 초깃값을 지정해줄 수 있다는 점과 마지막 상태값을 기억하고 있는 특징 외에도 중요한 특징이 한 가지 더 있다.

바로 BehaviorSubject의 현재 값을 가져올 수 있는 getValue 메서드의 존재다. 먼저 [코드 17-21]에서 BehaviorSubject의 구현 부분을 살펴보자.

코드 17-21 BehaviorSubject의 구현부

```typescript
import { Subject } from './Subject';
import { Subscriber } from './Subscriber';
import { Subscription } from './Subscription';
import { SubscriptionLike } from './types';
import { ObjectUnsubscribedError } from './util/ObjectUnsubscribedError';

/**
 * @class BehaviorSubject<T>
 */
export class BehaviorSubject<T> extends Subject<T> {
    constructor(private _value: T) {
        super();
    }
    get value(): T {
        return this.getValue();
    }

    /** @deprecated This is an internal implementation detail, do not use. */
    _subscribe(subscriber: Subscriber<T>): Subscription {
        const subscription = super._subscribe(subscriber);
        if (subscription && !(<SubscriptionLike>subscription).closed) {
            subscriber.next(this._value);
        }
        return subscription;
    }

    getValue(): T {
        if (this.hasError) {
          throw this.thrownError;
        } else if (this.closed) {
            throw new ObjectUnsubscribedError();
        } else {
            return this._value;
        }
    }
    next(value: T): void {
        super.next(this._value = value);
    }
}
```

최신 상태값을 기억하려고 앞서 최신 상태값을 저장할 내부 인스턴스 변수(_value)를 하나 두고, 새로운 값을 next 함수로 전달받을 때마다 내부 인스턴스 변숫값도 함께 업데이트하는 것을 확인할 수 있다. BehaviorSubject의 이런 특성을 활용하면 [코드 17-22]처럼 현재 값을 바로 가져오게 할 수 있다.

코드 17-22 BehaviorSubject를 이용해 현재 값 바로 가져오기

```
import { Subject, BehaviorSubject } from 'rxjs'; // BehaviorSubject 추가
import { scan } from 'rxjs/operators';

function createStore(rootReducer, initialState) {
    const actionDispatcher$ = new Subject();

    // 초깃값은 BehaviorSubject가 담당한다.
    const store$ = new BehaviorSubject(initialState);
    actionDispatcher$.pipe(scan(rootReducer, initialState))
        // scan 연산자로 계산한 다음 상태를 store$가 구독하도록 한다.
        .subscribe(store$);

    return {
        dispatch: actionDispatcher$.next.bind(actionDispatcher$),
        subscribe: store$.subscribe.bind(store$),
        getState: store$.getValue.bind(store$),
    };
}
```

BehaviorSubject가 추가되며 전체적인 구조가 변했다. 앞서 store$는 scan 연산자가 리턴하는 옵저버블이었지만, 이제는 BehaviorSubject 자체가 store$다. BehaviorSubject는 초깃값이 있으므로 명시적으로 initialState를 BehaviorSubject에 할당한다.

그 다음이 중요한데, 액션을 전달받는 actionDispatcher$와 스토어의 상태를 저장하고 발행하는 store$의 관계를 이어주려고 store$가 actionDispatcher$를 구독한다. 액션을 바탕으로 다음 상태를 계산해주려고 scan 연산자를 사이에 두었는데, 이를 통해 store$는 항상 새로 계산된 상태값만 전달받는다. 처음 리덕스를 설명하며 리덕스의 특징으로 언급했던 (previousState, action) => newState가 RxJS로 표현했을 때 더 명확하고 간결하게 나타나는 느낌이다.

마지막 getState 메서드는 BehaviorSubject의 getValue 함수와 연결하는 방식으로 간단하고 깔끔하게 구현했다.

이제 RxJS로 createStore 함수를 구현했으니 [코드 17-12]에 있는 리덕스의 createStore 함수대신 [코드 17-22]에서 RxJS로 만든 createStore 함수를 추가하자. 그리고 실제로 동일하게 동작하는지 확인해보자. 실행 결과를 보면 리덕스로 구현한 것과 같은 결과가 나오는 것을 확인할 수 있다.

17.8 리액트와 연동하기

이제 어느 정도 리덕스의 구조를 RxJS로 구현했으니 실제 리액트와 연동되는지 확인해보자.

17.8.1 리액트 컴포넌트

우리가 RxJS로 구현한 예제는 카운터 값 하나만 있으므로 값 하나를 표현해줄 수 있는 리액트 컴포넌트를 만들어보자.

[코드 17-23]은 리액트 컴포넌트를 상속해서 상태값을 보여주는 App 클래스다. props로 상위 레벨에서 전달된 state 값을 div 엘리먼트 안에 출력해준다.

코드 17-23 리액트 컴포넌트를 상속해 상태값을 보여주는 App 클래스

```
import React, { Component } from 'react';

class App extends Component {
    render() {
        return <div>Output: {this.props.state}</div>;
    }
}
```

17.8.2 액션 보내기

이제 카운트 값을 증가시키거나 감소시키는 액션을 처리하는 버튼 두 개를 추가하자. 그리고 컴포넌트에 버튼을 누르면 각각 증가 액션과 감소 액션을 실행하는 기능도 추가해보자. 리덕스에서는 액션을 보낼 때 스토어의 dispatch 메서드를 사용한다. [코드 17-24]처럼 인자로 액션 객체를 사용하면 된다.

코드 17-24 dispatch 메서드로 액션 객체 전달

```
class App extends Component {
    // 증가
    increment() {
        store.dispatch({ type: 'INCREMENT' });
    }
    // 감소
    decrement() {
        store.dispatch({ type: 'DECREMENT' });
    }

    render() {
        return (
            <div>
                <button onClick={this.increment.bind(this)}>증가</button>
                <button onClick={this.decrement.bind(this)}>감소</button>
                <div>Output: {this.props.state}</div>
            </div>
        );
    }
}
```

17.8.3 RxJS로 만든 리덕스와 연동

이제 리액트 컴포넌트까지 준비됐으니 RxJS로 구현한 리덕스 패턴을 적용해보자. 지금까지는 화면 출력을 고려하지 않았으므로 스토어를 구독해서 console.log로 결과를 출력해주기만 했었다. 따라서 console.log로 state 값을 출력했던 부분을 리액트 컴포넌트로 렌더링해주도록 변경하면 된다.

리액트는 브라우저에 렌더링하는 부분을 별도의 모듈인 react-dom으로 분리해서 제공한다. [코드 17-25]처럼 react-dom 모듈의 render 메서드를 활용해서 앞서 만들어둔 리액트 컴포넌트를 렌더링해주면 드디어 RxJS로 리덕스 패턴을 구현해서 리액트와 연동까지 마무리할 수 있게 된다.

코드 17-25 react-dom 모듈의 **render** 메서드로 리액트 컴포넌트 렌더링

```
import React, { Component } from 'react';
import ReactDOM from 'react-dom';
import { Subject, BehaviorSubject } from 'rxjs';
import { scan } from 'rxjs/operators';

// createStore 함수는 [코드 17-22] 참고.
// reducer 함수는 [코드 17-12] 참고.

const store = createStore(reducer, 0);

class App extends Component {
    // 증가
    increment() {
        store.dispatch({ type: 'INCREMENT' });
    }

    // 감소
    decrement() {
        store.dispatch({ type: 'DECREMENT' });
    }

    render() {
        return (
            <div>
                <button onClick={this.increment.bind(this)}>증가</button>
                <button onClick={this.decrement.bind(this)}>감소</button>
                <div>Output: {this.props.state}</div>
            </div>
        );
    }
}

store.subscribe(state => {
    //결과 출력
    ReactDOM.render(
```

```
            <App state={state} />,
            document.getElementById('root')
        );
    });
```

실행 결과는 [그림 17-9]와 같다.

그림 17-9 리액트 컴포넌트의 렌더링 결과 화면

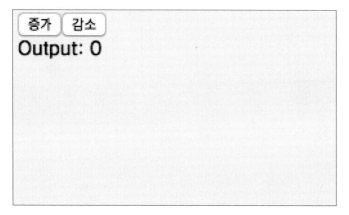

17.9 비동기 액션

우리가 만든 카운터 앱은 버튼을 클릭하면 바로 동작하는 동기 액션만 존재한다. 하지만 실제 개발을 하다보면 Ajax로 API를 호출하는 등 비동기 작업 후에 액션을 보낼 때가 많이 발생한다. 이러면 부수 효과side effect가 생길 수 있다.

리덕스는 미들웨어로 부수 효과들을 다룬다. 가장 대표적인 redux-thunk라는 미들웨어를 사용하면 [코드 17-26]처럼 dispatch 메서드를 실행할 때 액션 객체 뿐만 아니라 함수도 보낼 수 있게 해준다.

코드 17-26 dispatch 메서드로 액션 객체와 함수를 함께 보내기

```
  // 증가
  increment() {
      // 객체가 아닌 함수를 보내기
```

```
    store.dispatch(function(dispatch, getState) {
        // 1초 후에 'INCREMENT' 액션 보내기
        setTimeout(() => {
            dispatch({ type: 'INCREMENT' });
        }, 1000);
    });
}
```

보낼 대상이 액션 객체라면 바로 dispatch 메서드를 실행하지만 함수라면 인자로 스토어의 dispatch나 getState 메서드를 주입한다. 이 메서드들을 사용하면 함수 안에서 적절한 비동기 작업을 실행한 후에 비로소 필요한 액션 객체를 보낸다.

thunk는 컴퓨터 프로그래밍에서 추가 계산을 또 다른 서브 루틴에 주입하는 데 사용하는 서브 루틴이다. redux-thunk 미들웨어가 동작하는 형태가 리듀서 계산에 앞서서 또 다른 필요한 작업을 주입하는 형태이므로 thunk라는 이름을 붙인 것으로 생각한다.

redux-thunk와 같은 미들웨어의 기능도 RxJS의 연산자를 활용하면 간단하게 구현할 수 있다. scan 연산자에서 리듀서 계산을 해주기에 앞서 전달된 액션이 함수라면 함수를 실행하고, 아니라면 리듀서에서 계산하도록 scan 연산자로 전달한다. redux-thunk의 기능을 그대로 구현하는 것이다. [코드 17-27]은 그 예다.

코드 17-27 redux-thunk의 기능을 RxJS로 구현

```
import { Subject, BehaviorSubject, of, empty } from 'rxjs';
import { concatMap, scan } from 'rxjs/operators';

function createStore(rootReducer, initialState) {
    const actionDispatcher$ = new Subject();
    const store$ = new BehaviorSubject(initialState);

    // action 함수에 전달할 수 있도록 미리 선언
    const dispatch = actionDispatcher$.next.bind(actionDispatcher$);
    const subscribe = store$.subscribe.bind(store$);
    const getState = store$.getValue.bind(store$);

    actionDispatcher$.pipe(concatMap(action => {
        if (typeof action === 'function') {
            action(dispatch, getState); // action 함수 실행
            return empty(); // 이번 액션은 무시
```

```
        }
        return of(action); // 그 외에는 scan 연산자에 action 전달
    })).pipe(scan(rootReducer, initialState)).subscribe(store$);

    return {
        dispatch,
        subscribe,
        getState,
    };
}
```

가장 먼저 눈에 들어오는 변화는 dispatch, subscribe, getState 메서드를 미리 변수로 선언
해둔 부분이다. 기본적으로 이 메서드들은 createStore 함수의 리턴값으로만 사용했다. 하지
만 이제는 dispatch 메서드가 보낸 action 함수의 인자로도 사용해야 하므로 미리 변수로 선
언해둔 것이다.

그 다음 바뀐 부분은 scan 연산자 앞에 concatMap 연산자를 사용하는 점이다. redux-
thunk 미들웨어는 action 함수를 사용할 때와 아닐 때를 구분해서 처리해주어야 하므로
concatMap 연산자를 사용한 것이다. 비동기 작업이 호출되는 순서도 보장되어야 하므로
mergeMap은 사용할 수 없다. 또한 여러 개의 비동기 작업을 실행할 때 각 비동기 작업 내부
의 dispatch 메서드 실행이 모두 보장되어야 하므로 switchMap 연산자를 사용할 수 없다.

concatMap 연산자 내부 로직은 매우 간단하다. redux-thunk와 마찬가지로 action이 함수
인지 확인하고 함수라면 실행하면서 인자로 dispatch, getState 메서드를 주입해주는 것이다.
action이 함수라면 scan 연산자로 리듀서를 실행할 필요가 없으므로 empty 함수를 사용해서
이 액션을 무시하도록 해야 한다. action이 객체라면 이전처럼 scan 연산자를 실행할 수 있도
록 of 함수를 사용해서 액션 객체를 그대로 전달하도록 처리한다.

[코드 17-28]은 [코드 17-26]과 [코드 17-27]의 기능까지 추가된 createStore 함수와 App
클래스를 리액트 앱에 넣은 것이다.

코드 17-28 thunk 미들웨어의 기능을 추가한 createStore 함수

```
import React, { Component } from 'react';
import ReactDOM from 'react-dom';
import { Subject, BehaviorSubject, of, empty } from 'rxjs';
```

```
import { concatMap, scan } from 'rxjs/operators';

function createStore(rootReducer, initialState) {
    const actionDispatcher$ = new Subject();
    const store$ = new BehaviorSubject(initialState);

    // action 함수에 전달할 수 있도록 미리 선언
    const dispatch = actionDispatcher$.next.bind(actionDispatcher$);
    const subscribe = store$.subscribe.bind(store$);
    const getState = store$.getValue.bind(store$);

    actionDispatcher$.pipe(concatMap(action => {
        if (typeof action === 'function') {
            action(dispatch, getState); // action 함수 실행
            return empty(); // 이번 액션은 무시
        }
        return of(action); // 그 외에는 scan 연산자에 action 전달
    })).pipe(scan(rootReducer, initialState)).subscribe(store$);

    return {
        dispatch,
        subscribe,
        getState,
    };
}

function reducer(state, action) {
    switch (action.type) {
        case 'INCREMENT':
            return state + 1;
        case 'DECREMENT':
            return state - 1;
        default:
            return state;
    }
}

const store = createStore(reducer, 0);

class App extends Component {
    // 증가
    increment() {
        store.dispatch((dispatch, getState) => {
            // 1초 후에 'INCREMENT' 액션 보내기
```

```
            setTimeout(() => {
                dispatch({ type: 'INCREMENT' });
            }, 1000);
        });
    }

    // 감소
    decrement() {
        store.dispatch((dispatch, getState) => {
            // 1초 후에 'DECREMENT' 액션 보내기
            setTimeout(() => {
                dispatch({ type: 'DECREMENT' });
            }, 1000);
        });
    }

    render() {
        return (
            <div>
                <button onClick={this.increment.bind(this)}>증가</button>
                <button onClick={this.decrement.bind(this)}>감소</button>
                <div>Output: {this.props.state}</div>
            </div>
        );
    }
}

store.subscribe(state => {
    // 결과 출력
    ReactDOM.render(
        <App state={state} />,
        document.getElementById('root')
    );
});
```

[코드 17-28]을 실행해보면 버튼을 누르고 1초 후에 값이 증가하거나 감소하는 것을 확인할 수 있다. thunk 미들웨어의 동작과 마찬가지로 함수도 보낼 수 있게 된 것이다.

여기에서 아주 조금 더 욕심을 내면, [코드 17-29]처럼 함수 뿐만 아니라 프로미스나 옵저버 블을 액션으로 전달해도 처리할 수 있는 미들웨어를 간단하게 만들어줄 수 있다.

```
import { Observable, Subject, BehaviorSubject, of, from, empty } from 'rxjs';
import { concatMap, scan } from 'rxjs/operators';

export function createStore(rootReducer, initialState) {
    const actionDispatcher$ = new Subject();
    const store$ = new BehaviorSubject(initialState);

    // action 함수에 전달할 수 있도록 미리 선언
    const dispatch = actionDispatcher$.next.bind(actionDispatcher$);
    const subscribe = store$.subscribe.bind(store$);
    const getState = store$.getValue.bind(store$);

    actionDispatcher$.pipe(concatMap(action => {
        // Promise 혹은 Observable이면 from 함수로 처리
        if (action instanceof Promise || action instanceof Observable) {
            return from(action);
        }
        if (typeof action === 'function') {
            action(dispatch, getState);
            return empty();
        }
        return of(action);
    })).pipe(scan(rootReducer, initialState)).subscribe(store$);

    return {
        dispatch,
        subscribe,
        getState,
    };
}
```

함수인지를 확인하기 전에 액션이 프로미스거나 옵저버블이라면 이 두 가지 모두를 처리해줄 수 있는 from 함수를 활용해서 펼쳐주기만 하면 된다. 몇 줄의 코드로 다양한 비동기 처리에 대응할 수 있는 것이다.

17.10 마치며

이 장의 전반부에서는 리액트의 특징을 살펴봤다. 프레임워크가 아닌 뷰 라이브러리라는 것, 내부에서 가상 DOM을 사용해서 성능을 높인다는 것, 컴포넌트 기반, JSX라는 문법을 사용해서 HTML과 자바스크립트를 함께 작성해서 컴포넌트에 더 집중해서 표현할 수 있다는 것 등이 었다. 그리고 이어서 간단한 카운트 앱을 만들어보며 컴포넌트의 상태값과 이벤트 바인딩과 같은 기본적인 리액트 사용 방법을 배워보았다.

리액트의 깊은 부분까지 빠짐없이 살펴본 것은 아니지만 리액트를 시작하기에는 충분한 내용이다. 그만큼 리액트 자체가 간결하고 예측할 수 있도록 설계되어 있으므로 배운 내용을 바탕으로 필요한 부분들을 찾는 요령만 더한다면 좀 더 큰 규모의 앱도 차근차근 만들어갈 수 있을 것이다. 또한 리액트에 이어서 단방향 구조를 갖는 리덕스의 특징과 사용 방법을 살펴보고 불과 몇 줄의 RxJS 코드로 리덕스를 구현해보았다. 여기에서 멈추지 않고 RxJS가 갖는 다양한 연산자의 힘을 사용해 몇 줄의 코드로 함수나 프로미스, 옵저버블까지도 처리하는 미들웨어까지 만들어보았다. 리덕스 내부 구조를 직접 살펴본 것은 아니지만 RxJS를 이용해 내부 매커니즘은 충분히 더 잘 이해할 수 있었을 것이다.

사실 이 장에서 다룬 리덕스와 RxJS 연동을 리덕스의 풍부한 생태계와 호환하는 것은 아니므로 흔한 사용 패턴이 아닐 수 있다. 하지만 이렇게 직접 리덕스 미들웨어를 만들어보는 일은 리덕스에 관한 이해를 높이고 RxJS를 응용하는 과정을 익히는 데 도움이 된다는 가치가 있다.

redux-observable

이 장에서는 RxJS의 특징을 살리면서도 리덕스와 함께 동작하도록 만들어진 리덕스 미들웨어인 redux-observable의 구체적인 활용법을 살펴볼 것이다.

18.1 redux-observable

17장에서 리덕스의 부수 효과를 처리하는 대표적인 미들웨어인 redux-thunk를 RxJS로 구현해보았다. 몇 줄의 코드만으로 함수 뿐만 아니라 프로미스와 옵저버블까지도 보낼 수 있도록 쉽게 개선할 수 있었다. RxJS를 활용하면 간단하게 리덕스 자체를 구현할 수 있을 뿐만 아니라 redux-thunk 미들웨어 기능까지도 어렵지 않게 더할 수 있는 것이다.

하지만 RxJS로 리덕스를 직접 구현해서 사용하면 한 가지 문제에 부딪힌다. 디버깅 도구나 로깅 미들웨어와 같은 리덕스 자체가 가진 풍성한 생태계를 활용할 수 없게 된다는 점이다. 그래서 RxJS의 특징을 살리면서도 리덕스와 함께 동작하도록 만들어진 리덕스 미들웨어인 redux-observable이 등장했다.

redux-observable은 RxJS의 메인 리더인 벤 레시^{Ben Lesh}가 넷플릭스 시절 동료인 제이 펠스 ^{Jay Phelps}와 함께 redux-thunk에 영감을 받아 만들었다. redux-thunk가 액션 객체 외에도 추가로 함수를 보낼 수 있는 미들웨어라면 redux-observable은 옵저버블, 프로미스, 액션의 이터러블을 리턴하는 함수를 보낼 수 있게 해준다.

그런데 실제 redux-observable이 지향하는 모습은 앞 설명과는 조금 다르다. 리덕스 기반으로 앱을 개발하다보면, 비동기 작업 하나에도 여러 개 액션을 요구하며 비동기 작업들의 연관성 때문에 비동기 액션 생성자 여러 개를 호출하는 로직을 만들 때가 많다. 그리고 이런 로직이 쌓이다보면 애플리케이션의 복잡도가 크게 증가한다. redux-observable은 이런 상황을 프로세스 매니저^{Process Manager} 혹은 사가^{saga}라는 패턴으로 접근해서 문제를 해결한다.

그림 18-1 비동기 작업 하나에 연관된 다양한 액션

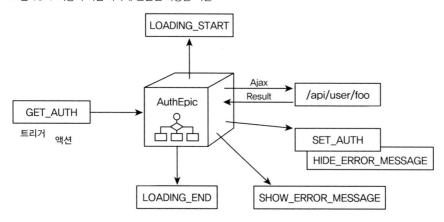

사가는 비동기나 캐시와 같은 부수 효과 처리와 흐름을 제어하는 데 사용한다. 서브 트랜잭션 집합이라고 생각하면 된다.

예를 들어 '로그인 시도'라는 트리거 액션이 시작되면 이어서 '로딩 화면을 표시'하고, '서버와 API 통신'을 실행한 후 성공 혹은 실패 여부에 따라 '로그인 정보 저장' 혹은 '로그인 실패 메시지를 표시'하고, 마지막으로 '로딩을 화면 제거'하는 과정을 생각할 수 있다. 시작은 '로그인 시도'라는 액션 하나지만 이 액션에 이어지는 다양한 하위 작업들은 서로 성공/실패, 시작/종료가 긴밀하게 연결되어 있는 것이다.

redux-observable은 이렇게 서로 긴밀하게 연결된 서브 트랜잭션을 하나의 집합으로 묶어서 관리할 수 있다. 이렇게 연관된 서브 트랜잭션들을 하나로 묶은 단위를 redux-observable에서는 '에픽^{Epic}'이라고 한다.

물론 이러한 접근으로 문제를 해결하는 미들웨어로 redux-saga도 있다. 차이점이 있다면 redux-observable은 RxJS를 기반에 두므로 RxJS가 가진 장점들을 그대로 활용한다는 것이

다. 사실 복잡도가 높지 않은 단순한 애플리케이션이라면 굳이 redux-observable 같은 미들웨어를 고려할 필요가 없다. 오히려 생산성을 낮출 수도 있다. 하지만 복잡도가 높아진다면 그때부터 redux-observable의 위력이 발휘되기 시작한다.

18.2 에픽

에픽은 앞서 설명한 것처럼 연관된 서브 트랜잭션들을 하나로 묶은 단위다. 코드로 작성하면 [그림 18-2]처럼 발행한 액션의 스트림을 받아서 액션의 스트림을 리턴하는 함수 형태다. 리턴하는 옵저버블 연산자로 이루어진 액션의 스트림이 바로 연관된 서브 트랜잭션들을 하나로 묶은 단위가 되는 것이다.

그림 18-2 redux-observable의 액션 흐름

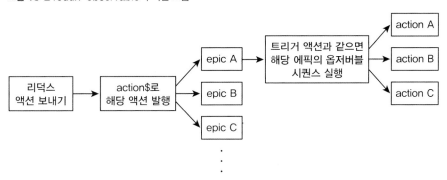

redux-observable 미들웨어에 에픽들을 등록해두면 리덕스에 새로운 액션을 보낼 때마다 action$ 옵저버블을 발행한다. 그리고 발행한 액션과 등록된 에픽을 실행시키는 액션이 동일하면 해당 에픽이 동작한다.

[코드 18-1]은 에픽의 구조를 이해할 수 있게 redux-observable 문서에서 소개하는 가장 단순한 구조의 에픽이다.

```
import { filter, mapTo } from 'rxjs/operaters';

function pingEpic(action$) {
    return action$.pipe(
        filter(action => action.type === 'PING'),
        mapTo({ type: 'PONG' })
    );
}

// PING 액션을 발행하면 pingEpic을 실행시킨다.
store.dispatch({ type: 'PING' });
```

에픽은 앞서 설명한 것처럼 리덕스에 새로운 액션을 보낼 때마다 발행하는 action$ 옵저버블과 연결되어 있다. 그래서 리덕스에서 발행한 액션이 에픽에서 필터링하는 트리거 액션이면 이어지는 옵저버블 시퀀스가 동작하는 것이다.

redux-observable 미들웨어는 filter(action => action.type === 'PING')를 좀 더 간단하게 표현할 수 있도록 ofType 이라는 연산자를 제공한다. [코드 18-2]는 이를 사용하는 예다.

코드 18-2 ofType 연산자 사용

```
import { filter, mapTo } from 'rxjs/operaters';
import { ofType } from 'redux-observable';

function pingEpic(action$) {
    return action$.pipe(
        ofType('PING'),
        mapTo({ type: 'PONG' })
    );
}
```

아직은 에픽의 개념과 효용성을 이해하기 어려울 수 있다. 지금부터 리액트, 리덕스, redux-observable을 사용해서 로그인 기능을 직접 구현하면서 복잡한 트랜잭션을 어떻게 다루는지 확인해보자.

18.3 프로젝트 구성

가장 먼저 17장에서 리액트를 다루면서 살펴본 create-react-app을 사용해서 리액트 보일
러플레이트를 생성하자.

```
# create-react-app으로 보일러플레이트 생성
$ create-react-app redux-observable-example

# redux-observable-example 디렉터리로 이동
$ cd redux-observable-example
```

이제 리덕스로 상태를 관리할 수 있도록 추가 구성을 해주어야 한다. 먼저 필요한 의존성을 설
치하자. 필요한 의존성은 리덕스 외에도 리액트와 리덕스를 함께 사용할 때 편리한 기능들을
제공하는 react-redux 그리고 이번 장의 주인공인 rxjs와 redux-observable이다.

```
# 리덕스와 관련된 의존성 설치
$ npm install redux react-redux rxjs redux-observable --save
```

이제 디렉터리 구조를 리덕스에 맞도록 추가해보자. create-react-app으로 리액트 프로젝트
를 생성하면 기본적으로 다음과 같은 디렉터리 구조가 만들어진다.

```
├── public
│   ├── favicon.ico
│   ├── index.html
│   └── manifesto.json
├── src
│   ├── App.css
│   ├── App.js
│   ├── App.test.js
│   ├── index.css
│   ├── index.js
│   ├── logo.svg
│   └── registerServiceWorker.js
├── package-lock.json
├── package.json
└── README.md
```

이 장에서 주로 살펴보게 될 src 디렉터리 아래에 actions, constants, epics, reducers, services, store 디렉터리를 추가하자.

```
├── src
│       ├── actions
│       ├── constants
│       ├── epics
│       ├── reducers
│       ├── services
│       ├── store
│       ├── App.css
│       ├── App.js
│       ├── App.test.js
│       ├── index.css
│       ├── index.js
│       ├── logo.svg
│       └── registerServiceWorker.js
```

이제 새로 생성된 디렉터리에 필요한 구성 요소들을 하나씩 채워가자.

18.4 액션 타입 상수

리덕스는 애플리케이션 전체의 상태를 단일 스토어에 두고 이 상태를 변경할 때는 액션을 보내야 한다는 단순한 규칙이 있다. 액션을 보내면 액션에 따라 상태를 계산해주는 순수 함수인 리듀서를 거쳐 계산한 값이 다음 상태가 된다.

액션은 평범한 객체로 어떤 액션인지 나타내는 type 속성이 있어야 한다. 일반적으로 'GET_AUTH'처럼 어떤 하나의 동작을 표현하는 문자열 상수로 정의한다. 액션은 액션 타입^{Action Type}을 필수 요소로 갖고, 추가로 다양한 페이로드^{payload}가 더해지는 구조다. 예를 들어 아이디와 패스워드로 인증 정보를 호출하는 액션은 type을 다음 코드처럼 GET_AUTH로 나타내고, 인증 정보를 호출할 때 아이디와 패스워드가 당연히 필요할 것이므로 username과 password를 함께 담는다.

```
{
    type: 'GET_AUTH',
    username: 'foo',
    password: 'bar'
}
```

이제 여기서 구현할 로그인/로그아웃 기능에 필요한 액션을 생각해보자. 먼저 사용자가 아이디와 패스워드를 입력하는 행동을 생각할 수 있다. 아이디와 패스워드를 입력하는 행동은 보통 input 엘리먼트에만 영향을 줄 뿐 앱 전체에는 영향을 주지 않는다. 따라서 액션으로 구성할 필요는 없다.

다음으로 사용자는 아이디와 패스워드를 입력한 뒤에 '로그인' 버튼을 누를 것이다. 이때 앱은 사용자가 입력한 아이디와 패스워드가 맞는지 검증하기 위해 서버와 API 통신을 해야 한다. API 통신을 하는 동안에는 추가로 무엇을 입력하지 않도록 앱의 상태를 로딩 상태로 바꿔주어야 한다. 앱의 상태가 바뀌므로 이 동작은 액션으로 구성할 필요가 있다. 로딩을 시작하는 액션이니 이 액션의 타입은 LOADING_START라고 이름지어 보자. 로딩을 시작하는 액션이 있다면 끝나는 액션도 있어야 할 것이니 끝나는 액션인 LOADING_END도 필요할 것이다.

액션 타입은 상수이므로 앞서 새로 추가한 디렉터리 중 constants 디렉터리에 ActionTypes. js 파일을 추가하자. 그리고 그 안에 [코드 18-3]처럼 첫 액션 타입 상수^{Action Type Constants}를 정의해보자.

코드 18-3 첫 액션 타입 상수 정의

```
export const LOADING_START = 'LOADING_START';
export const LOADING_END = 'LOADING_END';
```

export 키워드를 사용하면 다른 자바스크립트 파일에서 이 파일을 불러왔을 때 export 키워드를 사용한 요소를 참조할 수 있다. export 키워드가 아직 익숙하지 않다면 부록에 있는 ES2015+ 문법을 참고하기 바란다.

이어서 액션을 계속 생각해보자. 서버와의 API 통신 결과가 정상이라면 전달받은 사용자 정보를 리덕스 스토어에 저장해둘 필요가 있다. 그래야 로그인 여부를 확인할 때마다 API 통신을 하지 않을 것이기 때문이다. 이렇게 전달받은 인증 정보를 저장하는 액션은 SET_AUTH라고 이름지어 보자. 인증 정보를 저장하는 액션이 있다면 마찬가지로 로그아웃했을 때 정보를 제거하는 액션도 있어야 한다. 이 액션의 이름은 RESET_AUTH라고 하자.

코드 18-4 로그인과 로그아웃을 확인하는 액션 타입 상수 정의

```
export const SET_AUTH = 'SET_AUTH';
export const RESET_AUTH = 'RESET_AUTH';
```

서버와의 API 통신 결과 아이디나 패스워드가 틀릴 때도 있을 것이다. 이때는 틀렸다는 메시지를 사용자에게 알려주어야 한다. 이렇게 API 통신 에러 메시지를 사용자에게 보여주는 액션을 SHOW_ERROR_MESSAGE라고 이름지어 보자. 또 에러 메시지를 숨기는 액션을 HIDE_ERROR_MESSAGE라고 이름지으면 결과적으로 ActionTypes.js 파일에는 [코드 18-5]와 같은 액션 타입 상수들을 정의했을 것이다.

코드 18-5 에러 메시지를 담는 액션 타입 상수 정의

```
export const LOADING_START = 'LOADING_START';
export const LOADING_END = 'LOADING_END';
export const SET_AUTH = 'SET_AUTH';
export const RESET_AUTH = 'RESET_AUTH';
export const SHOW_ERROR_MESSAGE = 'SHOW_ERROR_MESSAGE';
export const HIDE_ERROR_MESSAGE = 'HIDE_ERROR_MESSAGE';
```

18.5 액션 생성자

액션 타입 상수들을 정의하면서 자연스럽게 로그인 기능이 어떤 흐름으로 진행되고 어떤 액션들이 발생할지를 살펴봤다. 이제 액션 타입 상수를 사용해서 실제 액션 객체를 만드는 액션 생성자Action Creators를 작성해보자.

액션 생성자 함수들이 위치할 디렉터리는 actions 디렉터리다. actions 디렉터리에 index.js 파일을 추가하고 그 안에 [코드 18-6]처럼 첫 액션 생성자 함수를 정의해보자.

코드 18-6 첫 액션 생성자 함수 정의

```
import * as ActionTypes from '../constants/ActionTypes';

export function loadingStart() {
    return {
        type: ActionTypes.LOADING_START
    };
}
```

앞서 만든 액션 타입 상수를 import 키워드로 가져오는 것이 가장 먼저 눈에 들어온다. 액션 타입 상수를 불러올 때 '* as 〈변수 이름〉'을 사용하면 export 키워드로 정의한 모든 요소를 하나의 변수에 담는다.

첫 액션 생성자 함수는 로딩 시작 액션을 만드는 loadingStart다. 앞서 이야기했던 것처럼 액션은 객체이므로 액션 생성자 함수는 type 속성에 LOADING_START 액션 타입인 객체를 리턴하는 단순한 형태다.

서버와 API 통신한 뒤에 받아온 인증 정보를 저장하는 SET_AUTH 액션은 [코드 18-7]처럼 type 속성 외에도 인증 정보를 추가로 더 담아서 액션을 생성해야 한다. 액션 생성자 함수를 호출할 때 인자로 사용하는 인증 정보 auth를 그대로 액션에 담아서 전달하는 것이다.

코드 18-7 SET_AUTH 상수의 액션 생성자 함수 정의

```
export function setAuth(auth) {
    return {
        type: ActionTypes.SET_AUTH,
        auth: auth

        // 객체의 멤버 이름과 변수 이름이 같으면 다음처럼 표현
        // auth
    };
}
```

auth처럼 객체의 멤버 이름과 변수 이름이 같다면 생략해서 표현할 수 있다.

나머지 액션 생성자 함수들도 동일하게 객체를 리턴하는 형태로 선언해주면 된다. SHOW_ERROR_MESSAGE 액션은 SET_USER 액션과 마찬가지로 보여줘야 할 에러 메시지를 함께

담아서 전달해야 한다. 최종 모든 액션 타입 상수의 액션 생성자 정의를 정리하면 [코드 18-8]
과 같다.

코드 18-8 액션 타입 상수의 최종 액션 생성자 정의

```
import * as ActionTypes from '../constants/ActionTypes';

export function setAuth(auth) {
    return { type: ActionTypes.SET_AUTH, auth };
}

export function resetAuth() {
    return { type: ActionTypes.RESET_AUTH };
}

export function loadingStart() {
    return { type: ActionTypes.LOADING_START };
}

export function loadingEnd() {
    return { type: ActionTypes.LOADING_END };
}

export function showErrorMessage(message) {
    return { type: ActionTypes.SHOW_ERROR_MESSAGE, message };
}

export function hideErrorMessage() {
    return { type: ActionTypes.HIDE_ERROR_MESSAGE };
}
```

18.6 리듀서

리듀서를 작성하기에 앞서 리덕스 스토어에 있는 앱의 전체 상태를 생각해보자. 앱의 상태는
액션과 연결지어 생각해볼 수 있다.

먼저 로딩이 시작(LOADING_START)되었는지 종료(LOADING_END)되었는지에 관한
상태가 필요하므로 loading이라는 상태가 리덕스 스토어에 존재해야 한다. 또 인증 정보를 저

장해야 하므로 auth라는 상태도 리덕스 스토어에 존재해야 한다. 마지막으로 에러 메시지를 표시하거나 숨겨야 하므로 에러 메시지에 관한 상태도 리덕스 스토어에 있어야 한다.

지금까지 생각해본 리덕스 스토어의 구조를 객체 형태로 생각해보면 다음 코드처럼 나타낼 수 있다.

```
{
    loading: false, // 또는 true
    auth: null, // 또는 { username: 'foo' }
    errorMessage: '' // 또는 '없는 아이디입니다' 등..
}
```

리듀서는 액션에 따라 상태를 바꾸는 역할을 한다. 예를 들어 LOADING_START 액션을 발행하면 loading 값을 true로 바꾸는 것이다. 리듀서 하나로 전체 상태를 다 처리해줄 수도 있지만, 보통 적절하게 리듀서 함수를 나눠서 구성한다. 리듀서는 전달받은 액션이 자신에게 해당되는 액션이면 적절한 계산을 해서 새로운 상태를 리턴한다. 아니면 기존 상태를 리턴한다.

먼저 loading 값에 관한 리듀서를 만들어보자. 리듀서가 위치할 디렉터리는 reducers 디렉터리다. reducers 디렉터리 아래에 loading.js 파일을 추가하고 그 안에 [코드 18-9]와 같은 첫 리듀서를 작성해보자.

코드 18-9 loading 리듀서 작성

```
import * as ActionTypes from '../constants/ActionTypes';

export default function loading(state = false, action = {}) {
    switch (action.type) {
        case ActionTypes.LOADING_START:
            return true;

        case ActionTypes.LOADING_END:
            return false;

        default:
            return state;
    }
}
```

loading 리듀서는 LOADING_START 액션이라면 true 값을 가져야 하므로 true를 리턴한다. 만약 로딩과 아무런 관련이 없는 SET_AUTH 같은 액션이라면 loading 리듀서는 아무런 변경 없이 그저 기존 값을 리턴할 것이다. 리덕스는 새로운 액션을 보내면 해당 액션을 리듀서들에게 던져서 실행시키고 리듀서가 리턴한 값을 모아서 앱의 새로운 상태로 저장한다.

함수 선언부의 function loading (state = false, action = {})는 ES2015+에 추가된 기본 파라미터^{default parameter}라는 기능이다. 인자로 사용하는 state 혹은 action 값이 undefined라면 기본값인 false, {}를 할당하는 것이다.

auth 리듀서 역시 loading 리듀서와 거의 비슷한 구조다. 몇 가지 차이점이 있다면 기본값이 false가 아닌 null이라는 것과 SET_AUTH 액션을 발행했을 때 액션 객체에 함께 실려온 페이로드인 auth 값을 스토어에 저장하려고 리턴한다는 점 정도다.

코드 18-10 auth 리듀서 작성

```
import * as ActionTypes from '../constants/ActionTypes';

export default function auth(state = null, action = {}) {
    switch (action.type) {
        case ActionTypes.SET_AUTH:
            return action.auth;

        case ActionTypes.RESET_AUTH:
            return null;

        default:
            return state;
    }
}
```

errorMessage 리듀서도 비슷한 구조로 작성할 수 있다.

코드 18-11 errorMessage 리듀서 작성

```
import * as ActionTypes from '../constants/ActionTypes';

export default function errorMessage(state = '', action = {}) {
    switch (action.type) {
```

```
        case ActionTypes.SHOW_ERROR_MESSAGE:
            return action.message;

        case ActionTypes.HIDE_ERROR_MESSAGE:
            return '';

        default:
            return state;
    }
}
```

이렇게 만든 각 리듀서들을 사용하려면 리듀서 하나로 조합해주어야 한다. 리덕스는 이 작업을 쉽게 할 수 있도록 도와주는 combineReducers라는 함수를 제공해준다.

[코드 18-12]는 reducers 디렉터리 아래에 index.js 파일을 만들고 combineReducers 함수를 사용해서 하나의 리듀서로 조합하는 예다.

코드 18-12 combineReducers 함수로 리듀서 조합

```
import { combineReducers } from 'redux';
import auth from './auth';
import loading from './loading';
import errorMessage from './errorMessage';

export default combineReducers({
    auth,
    loading,
    errorMessage,
});
```

combineReducers 함수의 인자로 사용하는 리듀서들의 목록이 결과적으로 리덕스 스토어 상태(state)들의 목록과 같다.

18.7 스토어

지금까지 '액션'과 액션에 따라 다음 상태를 계산해주는 '리듀서'를 만들었다. 리덕스 스토어는 이 모든걸 아우르는 핵심이다. 리덕스 스토어는 앱 전체의 상태를 저장할 뿐만 아니라 getState 메서드로 저장된 상태를 가져오거나, dispath 메서드로 액션을 리듀서에 전달하기도 하고, subscribe 메서드로 등록된 리스너들에게 리덕스 스토어의 상태값이 변경될 때마다 변경을 알려주는 역할을 한다.

리덕스 스토어를 만들 때는 리덕스가 제공하는 createStore 함수를 이용할 수 있다. store 디렉터리 아래 configureStore.js라는 파일을 추가하고 [코드 18-13]처럼 스토어를 생성하는 configureStore라는 함수를 작성해보자.

코드 18-13 스토어를 생성하는 configureStore 함수

```
import { createStore } from 'redux';
import rootReducer from '../reducers';

export default function configureStore() {
    const store = createStore(rootReducer);

    return store;
}
```

createStore 함수의 첫 번째 인자에는 루트 리듀서를 전달한다. 두 번째 인자에는 스토어의 초기 상태를 지정해줄 수 있다. 여기에서 초기 상태를 지정해주지 않으면 앞서 리듀서에 설정한 기본값이 초기 상태가 될 것이다.

18.8 리액트와 리덕스 연동

이제 리덕스 자체의 구성은 다 끝났고 처음 만들어둔 리액트 앱과 서로 연동시키는 작업이 남았다. 직접 리덕스 스토어의 getState, dispatch, subscribe 메서드를 사용해서 값이 변경될 때마다 직접 리액트 앱을 다시 렌더링하는 방식으로 리액트와 연동해줄 수도 있다. 하지만 react-redux를 사용하면 이 작업을 더 우아하게 처리할 수 있다.

src 디렉터리 바로 아래에 있는 index.js 파일이 이 연동을 구현하는 곳이다. 참고로 리액트 앱의 시작점이 되는 파일이기도 하다(이런 파일을 엔트리 포인트라고 한다). 다른 index.js 파일도 많으므로 앞으로 src 디렉터리 바로 아래에 있는 index.js 파일을 엔트리 포인트 파일이라고 부르겠다.

create-react-app이 만들어준 엔트리 포인트 파일을 [코드 18-14]처럼 수정해보자.

코드 18-14 엔트리 포인트 파일 수정

```
import React from 'react';
import ReactDOM from 'react-dom';
import { Provider } from 'react-redux';
import App from './App';
import configureStore from './store/configureStore';

ReactDOM.render(
    <Provider store={configureStore()}>
        <App/>
    </Provider>,
    document.getElementById('root')
);
```

create-react-app이 만들어준 엔트리 포인트 파일과 비교해서 가장 주요한 차이점은 바로 react-redux가 제공하는 Provider라는 컴포넌트로 App 컴포넌트를 감싼다는 점이다. 또 Provider 컴포넌트에 configureStore 함수를 실행해서 생성된 리덕스 스토어를 전달하는 것을 확인할 수 있다.

리덕스 스토어의 상태가 변경될 때마다 컴포넌트에서 리덕스 스토어의 값을 사용하려면 한 가지 더 필요한 작업이 있다. react-redux가 제공하는 connect라는 함수로 리덕스와 컴포넌트를 연결하는 작업이다. connect 함수로 리덕스와 연결하는 작업은 모든 컴포넌트에 할 필요는 없고 일반적으로 최상위 컴포넌트인 App 컴포넌트 정도만 연결한다. 이 책에서 다루지는 않지만 리액트 라우터를 사용하면 라우터에 연결되는 최상위 컴포넌트들을 connect 함수로 연결하면 된다.

App 컴포넌트인 App.js 파일을 열어서 [코드 18-15]처럼 connect 함수와 connect 함수에 필요한 모듈을 추가하자. 그리고 connect 함수로 App 컴포넌트를 리덕스와 연결하자.

```jsx
import React, { Component } from 'react';

// connect 에 필요한 모듈 추가
import { bindActionCreators } from 'redux';
import { connect } from 'react-redux';
import * as actions from './actions';

class App extends Component {
    render() {
        return (
            <div className="App">
                <header className="App-header">
                    <img src={logo} className="App-logo" alt="logo" />
                    <h1 className="App-title">Welcome to React</h1>
                </header>
                <p className="App-intro">
                    To get started, edit <code>src/App.js</code> and save to reload.
                </p>
            </div>
        );
    }
}

// 바로 App 컴포턴트에 export 키워드를 넣지 않고
// connect 함수로 연결
export default connect(
    state => state,
    dispatch => ({
        actions: bindActionCreators(actions, dispatch)
    })
)(App);
```

connect 함수는 2개의 함수를 인자로 사용한다. 첫 번째 인자는 리덕스 스토어에서 전달된 상태값을 어떻게 바꿔서 전달할지 결정하는 함수다. 여기에서는 원래 상태 그대로 전달하는 함수를 인자로 사용했다. connect 함수의 두 번째 인자는 리덕스의 dispatch 메서드를 액션 생성자 함수와 묶어서 actions라는 값으로 전달한다는 의미다. 앞서 작성한 액션 생성자 함수는 실행하면 단순히 액션 객체를 리턴한다. 하지만 bindActionCreators(actions, dispatch)로 묶어 액션 생성자 함수를 실행하면 리턴되는 객체를 자동으로 리덕스에 보내준다.

connect 함수 호출로 감싼 App 컴포넌트는 리덕스 스토어 저장된 값을 props로 전달받고, props 중에서 actions라는 값에는 액션 생성자들이 전달된다.

리액트와 리덕스를 연결하는 부분이 어렵게 느껴진다면 일단 react-redux가 제공하는 Provider 컴포넌트와 connect 함수를 사용했을 때 리덕스 스토어의 상태값을 리액트에서 사용할 수 있다 정도로 이해해도 충분하다.

18.8.1 Header 컴포넌트

이제 리액트 컴포넌트들을 하나씩 만들어가보자. 먼저 가볍게 몸풀기로 Header 컴포넌트를 만들어보자. 리액트 컴포넌트는 기본적으로 리액트의 Component라는 클래스를 상속받는 구조다.

src 디렉터리 아래 Header.js 파일을 추가하고 그 안에 [코드 18-16]처럼 Header 컴포넌트를 작성해보자. 아무런 특별한 기능없이 단지 ⟨header⟩ 태그 안에 ⟨h1⟩ 태그가 있는 단순한 템플릿을 표시하는 컴포넌트다.

코드 18-16 Header 컴포넌트 작성

```
import React, { Component } from 'react';

export default class Header extends Component {
    render() {
        return (
            <header className="header">
                <h1 className="title">redux-observable example</h1>
            </header>
        );
    }
}
```

다음으로 [코드 18-17]처럼 Header 컴포넌트로 기존 App 컴포넌트의 header 부분을 대체해보자.

코드 18-17 Header 컴포넌트를 기존 App 컴포넌트에 적용

```
// ...

// Header 컴포넌트 추가
import Header from './Header';

class App extends Component {
    render() {
        return (
            <div className="App">
                <Header />
                <p className="App-intro">
                    To get started, edit <code>src/App.js</code> and save to reload.
                </p>
            </div>
        );
    }
}

// ...
```

이제 App 컴포넌트를 저장하면 [그림 18-3]처럼 헤더 부분이 바뀐 것을 확인할 수 있다.

그림 18-3 헤더가 변경된 리액트 앱

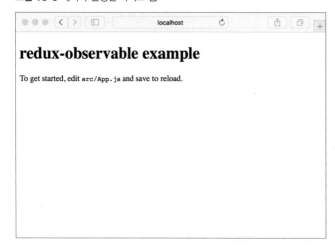

18.8.2 Loading 컴포넌트

이번에는 Loading 컴포넌트를 만들어보자. Loading 컴포넌트는 반투명한 검은 화면을 보여주어 로딩이 이뤄지는 동안 사용자 입력을 막는 역할을 한다.

src 디렉터리 아래 Loading.js 파일을 추가하고 그 안에 [코드 18-18]처럼 Loading 컴포넌트를 작성해보자.

코드 18-18 Loading 컴포넌트 작성

```javascript
import React, { Component } from 'react';

export default class Loading extends Component {
    render() {
        if (!this.props.loading) return null;

        const loadingStyle = {
            background: 'rgba(0, 0, 0, .8) no-repeat',
            width: '100%',
            height: '100%',
            position: 'fixed',
            top: 0,
            left: 0,
            zIndex: 999,
        };

        return (
            <div style={loadingStyle} />
        );
    }
}
```

Loading 컴포넌트는 Header 컴포넌트와 거의 비슷한 구조다. 한 가지 차이점이 있다면 상위 컴포넌트인 App 컴포넌트에서 전달받은 값 중 loading 값이 false인지 확인하는 부분이다. 리액트는 상위 컴포넌트가 전달해준 값을 this.props로 참조할 수 있으므로 this.props. loading 값을 확인해서 loading 값이 true일 때만 로딩 화면을 보여준다.

18.8.3 ErrorMessage 컴포넌트

이번에는 에러가 발생했을 때 해당 에러의 메시지를 화면에 표시하는 ErrorMessage 컴포넌트를 만들어보자.

ErrorMessage 컴포넌트의 구조는 앞서 만든 Loading 컴포넌트와 매우 비슷하다. Loading 컴포넌트처럼 상위 컴포넌트인 App 컴포넌트에서 전달받은 값 중에서 errorMessage 값이 있을 때만 컴포넌트를 표시한다.

src 디렉터리 아래 ErrorMessage.js 파일을 추가하고 안에 [코드 18-19]처럼 ErrorMessage 컴포넌트를 작성해보자.

코드 18-19 ErrorMessage 컴포넌트 작성

```
import React, { Component } from 'react';

export default class ErrorMessage extends Component {
    render() {
        if (!this.props.errorMessage) return null;

        return (
            <div className="errorMessage">
                {this.props.errorMessage}
            </div>
        );
    }
}
```

이제 [코드 18-20]처럼 Loading 컴포넌트와 ErrorMessage 컴포넌트를 App 컴포넌트에 적용해보자. 이 두 컴포넌트는 각각 loading 값과 errorMessage 값이 있어야 표시되므로 화면에는 특별한 변화가 아직 나타나지 않는다.

App 컴포넌트의 this.props에는 리덕스 스토어에서 전달받은 값들이 있다. 이 값 중에서 각 컴포넌트에 전달해야 하는 값은 loading={this.props.loading}와 같은 형태로 전달한다.

코드 18-20 Loading과 ErrorMessage 컴포넌트를 기존 App 컴포넌트에 적용

```
// ...

// Loading 컴포넌트 추가
import Loading from './Loading';

// ErrorMessage 컴포넌트 추가
import ErrorMessage from './ErrorMessage';

class App extends Component {
    render() {
        return (
            <div className="App">
                <Header />
                <Loading
                    loading={this.props.loading}
                />
                <ErrorMessage
                    errorMessage={this.props.errorMessage}
                />
            </div>
        );
    }
}

// ...
```

{...this.props}를 사용해서 App 컴포넌트가 전달받은 모든 상태값을 자식 컴포넌트에도 전달할 수도 있다.

코드 18-21 App 컴포넌트가 전달받은 모든 상태값을 자식 컴포넌트에 전달

```
<Loading
    {...this.props}
/>
```

18.8.4 Login 컴포넌트

[코드 18-22]를 참고해 만들 컴포넌트는 username과 password를 입력받아 로그인 버튼을 누르면 로그인 작업을 호출하는 Login 컴포넌트다.

코드 18-22 Login 컴포넌트

```
import React, { Component } from 'react';

export default class Login extends Component {
    constructor(props) {
        super(props);

        this.state = {
            username: '',
            password: '',
        };

        this.handleInputChange = event => {
            const { name, value } = event.target;

            this.setState({
                [name]: value
            });
        };

        this.login = event => {
            const { actions } = this.props;
            const { username, password } = this.state;

            actions.getAuth(username, password);
        };
    }

    render() {
        if (this.props.auth) return null;

        return (
            <div className="login">
                <form>
                    <label>
                        username
                        <input
```

```
                name="username"
                type="input"
                onChange={this.handleInputChange} />
            </label>
            <br />
            <label>
                password
                <input
                    name="password"
                    type="password"
                    onChange={this.handleInputChange} />
            </label>
            <br />
            <button
                type="button"
                disabled={!this.state.username && !this.state.password}
                onClick={this.login} >
                로그인
            </button>
        </form>
    </div>
    );
  }
}
```

render 함수 안에서 가장 먼저 등장하는 것은 상위 컴포넌트인 App 컴포넌트에서 전달한 값 중 auth 값이 있는지 확인하는 부분인 if(this.props.auth) return null;다. auth 값이 존재한다는 것은 앞서 리덕스 액션과 리듀서를 작성할 때 설명했던 것처럼 로그인을 완료해 인증 정보가 auth에 저장되었음을 의미한다. 즉, 로그인 관련 화면을 렌더링할 필요가 없으므로 null을 리턴하고 렌더링을 종료하는 로직이 가장 처음에 위치한다.

이어서 리턴하는 값은 로그인 관련 템플릿들이다. username을 전달받는 input 엘리먼트를 먼저 살펴보자.

코드 18-23 username을 전달받는 input 엘리먼트

```
<input
    name="username"
    type="input"
    onChange={this.handleInputChange} />
```

input 엘리먼트에서 중요한 부분은 onChange 이벤트다. username을 입력하면 onChange 이벤트가 발생하며 이벤트 핸들러로 this.handleInputChange 메서드를 지정했다. Login 컴포넌트의 생성자 안에 선언한 this.handleInputChange 메서드는 [코드 18-24]와 같다.

코드 18-24 this.handleInputChange 메서드

```
this.handleInputChange = event => {
    const { name, value } = event.target;

    this.setState({
        [name]: value
    });
};
```

handleInputChange 메서드의 로직은 단순하다. 이벤트가 일어난 타깃, 즉 input 엘리먼트의 name과 value 속성값을 가져와서 컴포넌트의 state에 저장하는 것이다. 이렇게 저장된 입력값은 로그인 버튼을 눌렀을 때 활용한다. 또한 그전에 로그인 버튼의 활성화 여부에도 사용한다.

객체의 키로 [name]를 사용했는데 이는 ES2015+에 추가된 계산된 속성 이름 기능이다. 속성 이름을 [ ] 안에서 선언하면 계산된 값의 결과를 속성 이름으로 지정할 수 있다. [코드 18-24]에서는 이벤트가 일어난 input 엘리먼트의 name 속성값을 속성 이름으로 사용했다.

[코드 18-25]는 로그인 버튼을 구현한 예다.

코드 18-25 로그인 버튼 구현

```
<button
    type="button"
    disabled={!this.state.username && !this.state.password}
    onClick={this.login} >
    로그인
</button>
```

컴포넌트의 state에서 username과 password 값 중에 하나라도 없으면 disabled가 활성화된다. 따라서 username과 password 값을 모두 입력하기 전까지는 로그인 버튼을 누를 수

없다. 또한 로그인 버튼에는 onClick 이벤트도 설정되어 있다. 클릭하면 컴포넌트의 login 메서드를 실행한다. [코드 18-26]은 구현한 예다.

코드 18-26 로그인 버튼의 login 메서드

```
this.login = event => {
    const { actions } = this.props;
    const { username, password } = this.state;

    actions.getAuth(username, password);
};
```

login 메서드는 상위 컴포넌트에서 전달한 값에서 actions를 꺼내온다. 앞서 설명했던 것처럼 actions에는 리덕스의 액션 생성자 함수들이 있다. 이어서 컴포넌트의 state에서 username과 password를 가져오는데 이 값들은 각각 input 엘리먼트에서 입력한 값들이다. 그리고 이어서 actions에 있는 액션 생성자 함수 중 getAuth 함수에 username과 password를 인자로 사용해 실행한다.

그런데 잘 생각해보면 앞서 액션 생성자 함수들을 만들 때 getAuth 함수를 만들지 않았다. getAuth 액션 생성자 함수가 리턴할 GET_AUTH 액션 처리는 redux-observable를 이용하는 부분이므로 나중으로 미뤄둔 것이다.

일단 여기까지 작성된 Login 컴포넌트를 [코드 18-27]처럼 App 컴포넌트에 적용해보자.

코드 18-27 Login 컴포넌트를 기존 App 컴포넌트에 적용

```
// Login 컴포넌트 추가
import Login from './Login';

class App extends Component {
    render() {
        return (
            <div className="App">
                <Header />
                <Login
                    auth={this.props.auth}
                    actions={this.props.actions}
                />
```

```
                    <Loading
                        loading={this.props.loading}
                    />
                    <ErrorMessage
                        errorMessage={this.props.errorMessage}
                    />
                </div>
            );
        }
    }
```

App 컴포넌트를 저장하면 [그림 18-4]처럼 로그인 관련 입력 폼이 추가된 것을 확인할 수 있다.

그림 18-4 로그인 관련 입력 폼이 추가된 리액트 앱

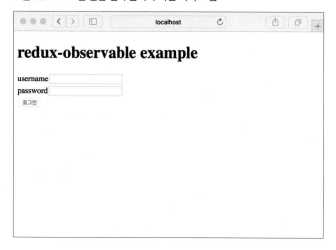

18.8.5 Auth 에픽

드디어 redux-observable이 필요한 시점에 도달했다. 로그인 버튼을 눌러서 '로그인 시도'라는 트리거 액션이 시작되면 이어서 '로딩 화면을 표시'하고 '서버와 API 통신'을 실행한다. 그리고 성공 혹은 실패 여부에 따라 '로그인 정보 저장' 혹은 '로그인 실패' 메시지를 표시하고 '로딩 화면을 제거'하는 복잡한 트랜잭션을 실행해야 한다. 이때 API 통신을 포함한 부수 효과를 적절하게 처리해줄 곳이 필요한데 이를 에픽으로 할 수 있다.

GET_AUTH 액션 추가

먼저 '로그인 시도' 트리거 액션에 해당하는 GET_AUTH 액션 타입 상수를 constants/ActionTypes.js 파일에 추가해보자.

코드 18-28 GET_AUTH 액션 타입 상수 추가

```
// GET_AUTH 상수 추가
export const GET_AUTH = 'GET_AUTH';
```

다음으로 GET_AUTH 액션 타입 상수를 사용해서 실제 액션 객체를 만드는 getAuth 액션 생성자 함수를 actions/index.js 파일에 추가해보자.

코드 18-29 getAuth 액션 생성자 함수 추가

```
// GET_AUTH 액션 생성자 함수 추가
export function getAuth(username, password) {
    return { type: ActionTypes.GET_AUTH, username, password };
}
```

authEpic 함수 추가

GET_AUTH 액션은 리듀서가 따로 필요하지 않다. 리덕스 스토어에 영향을 주지 않고 단지 에픽을 동작시키는 트리거 액션이기 때문이다.

이제 GET_AUTH 액션에 반응해 동작할 authEpic 함수를 만들어보자. 에픽이 위치할 디렉터리는 epics 디렉터리다. epics 디렉터리 아래 authEpic.js 파일을 추가하고 그 안에 첫 에픽을 [코드 18-30]처럼 작성해보자.

코드 18-30 authEpic 함수 작성

```
import { from } from 'rxjs';
import { switchMap, mergeMap, startWith, catchError, concat } from 'rxjs/operators';
import { ofType } from 'redux-observable';

import * as ActionTypes from '../constants/ActionTypes';
import * as actions from '../actions';
import { fakeAuth } from '../services/authService';
```

```
export default function authEpic(action$, store) {
    return action$.pipe(
        ofType(ActionTypes.GET_AUTH),
        switchMap(action => from(fakeAuth(action.username, action.password))
            .pipe(mergeMap(
                auth => [actions.setAuth(auth), actions.hideErrorMessage()],
                startWith(actions.loadingStart()),
                catchError(err => [actions.showErrorMessage(err.message)]),
                concat([actions.loadingEnd()])
            ))
    );
}
```

에픽은 action$과 store를 인자로 사용하는 함수 형태다. action$은 리덕스에서 보내는 액션들을 발행하는 옵저버블이다. store는 store.getState로 이전 리덕스 스토어 상태값을 참조하는 목적으로 사용할 수 있다.

authEpic 함수는 GET_AUTH 액션에만 반응해야 하므로 ofType 연산자로 필터링한다. 초반에 언급했던 것처럼 ofType 연산자는 redux-observable이 제공해주는 연산자로 다음과 같은 filter 연산자로 표현하는 것과 같다.

```
filter(action => action.type === ActionTypes.GET_AUTH)
```

이어서 switchMap 연산자를 사용했다. 새로운 로그인 시도가 있으면 앞 시도를 무시해도 괜찮기 때문이다. 또한 GET_AUTH 액션에서 파생하는 다양한 액션이 추가로 발행되므로 switchMap와 같은 변환 연산자가 필요하다.

fakeAuth 함수 추가

이어서 fakeAuth라는 함수에 username과 password를 인자로 사용해서 인증을 시도해야 한다. fakeAuth 함수는 인증 API의 Ajax 호출을 표현하는 가짜 API 호출 함수다. services 디렉터리의 authService.js 파일에 [코드 18-31]과 같은 fakeAuth 함수를 작성해두자.

코드 18-31 fakeAuth 함수 작성

```
export function fakeAuth(username, password) {
    return new Promise(function(resolve, reject) {
        setTimeout(function() {
            if (username === 'foo') {
                if (password === 'bar') {
                    return resolve({ username });
                }
                return reject(new Error('패스워드가 틀렸습니다.'));
            }
            return reject(new Error('없는 아이디입니다.'));
        }, 1000);
    });
}
```

fakeAuth 함수의 로직을 살펴보면 리턴하는 값이 프로미스 형태다. 여기에서는 마치 Ajax 호출인 것처럼 하려고 1초 후에 프로미스 결과가 나오도록 했다. username과 password가 각각 'foo', 'bar'로 전달되면 객체에 username 값을 담아 승인한다. 하나라도 다르면 각각 이에 해당하는 에러 객체와 함께 승인하지 않도록 되어 있다.

authEpic 함수 분석

다시 authEpic 함수로 돌아와 로직을 한 줄씩 살펴보자. 우선 fakeAuth 함수가 프로미스를 리턴하므로 .from(fakeAuth(action.username, action.password))로 옵저버블의 from 함수를 사용해서 프로미스를 옵저버블로 변환하는 것을 확인할 수 있다.

이어서 연결된 연산자는 mergeMap 연산자다. fakeAuth 함수 호출이 에러 없이 성공했다면 인증이 성공한 것이므로 결과값을 SET_AUTH 액션에 담아 보내야 한다. 단, 액션 하나만 필요하다면 .map(auth => actions.setAuth(auth))처럼 map 연산자를 사용해도 충분하다.

그런데 인증에 성공하면 SET_AUTH 액션만 아니라 에러 메시지도 숨겨야 하므로 HIDE_ERROR_MESSAGE 액션도 발행해야 한다. 따라서 2개의 액션을 모두 발행하고 싶다면 .mergeMap(auth => [actions.setAuth(auth), actions.hideErrorMessage()]) 형태로 사용해야 한다.

이어서 연결된 연산자는 startWith 연산자다. fakeAuth 함수로 인증 API를 호출하기 전에는 로딩 화면을 표시하는 LOADING_START 액션을 먼저 발행해야 한다. 따라서 .startWith(actions.loadingStart())로 LOADING_START 액션을 먼저 발행하도록 했다.

다음 연결된 연산자는 catchError 연산자다. catchError 연산자는 에러가 발생했을 때 해당 에러를 셀렉터 함수 타입의 인자로 설정한다. 여기서 리턴하는 옵저버블을 대신 구독하는 연산자다. 따라서 fakeAuth 함수로 인증하는 과정에서 에러가 발생하면 catchError 연산자로 에러를 처리할 수 있다. 여기에서는 .catchError(err => [actions.showErrorMessage(err.message)])로 발생한 에러 메시지를 SHOW_ERROR_MESSAGE 액션의 페이로드로 담아 발행한다.

마지막으로 연결된 연산자는 concat다. 로그인 인증하는 과정의 성공, 실패와 관계없이 LOADING_END 액션을 발생시켜 로딩 화면을 닫아야 하기 때문이다. .concat([actions.loadingEnd()]);로 LOADING_END 액션을 발행한다.

combineEpics 함수 추가

지금까지 살펴본 것처럼 RxJS를 사용하면 로그인 과정에서 성공/실패, 시작/종료가 긴밀하게 연결된 액션의 관계를 명시적으로 선언할 수 있다. redux-observable의 매력을 확인할 수 있는 부분이다. 여기에서는 단순하게 인증 관련 에픽인 authEpic 함수 하나만 만들어봤지만, 비슷한 방식으로 앱에서 필요한 다양한 에픽들을 여러 개 만들어서 각 프로세스들을 가시적으로 관리할 수 있다.

여러 개 에픽이 있다면 에픽들을 하나의 루트 에픽으로 결합해야 한다. 마치 여러 개의 리덕스 리듀서들을 combineReducers 함수를 이용해 하나로 조합해 주었던 것처럼 redux-observable도 이 작업을 쉽게 할 수 있도록 돕는 combineEpics 함수를 제공한다.

epics 디렉터리 아래에 index.js 파일을 만들고 [코드 18-32]를 참고해 combineEpics 함수를 사용해서 하나의 에픽으로 결합해보자.

코드 18-32 combineEpics 함수 작성

```
import { combineEpics } from 'redux-observable';
import authEpic from './authEpic';
```

```
export default combineEpics(
    authEpic,
);
```

사실 combineEpics 함수가 하는 작업은 [코드 18−33]과 동일하다.

코드 18-33 combineEpics 함수와 같은 기능을하는 코드 예

```
import { merge } from 'rxjs';
import authEpic from './authEpic';

export default(action$, store) => merge(
    authEpic,
);
```

redux−observable 미들웨어 적용

authEpic 함수를 실제 사용하려면 리덕스에 redux−observable 미들웨어를 적용해야 한다. store 디렉터리의 configureStore.js 파일을 [코드 18−34]처럼 수정하자.

코드 18-34 리덕스에 redux−observable 미들웨어 적용

```
import { createStore, applyMiddleware } from 'redux';
import { createEpicMiddleware } from 'redux-observable';
import rootEpic from '../epics';
import rootReducer from '../reducers';

export default function configureStore() {
    const store = createStore(
        rootReducer,
        applyMiddleware(createEpicMiddleware(rootEpic))
    );

    return store;
}
```

redux-observable의 combineEpics 함수를 사용해 결합한 루트 에픽을 가져와서 redux-observable의 createEpicMiddleware 함수로 redux-observable 미들웨어를 생성한 후 리덕스의 applyMiddleware 함수로 redux-observable 미들웨어를 적용한다.

이제 redux-observable 미들웨어가 리덕스에 적용되었다. 리덕스에서 보내는 액션들은 등록된 에픽에도 전달되며, 각 에픽들은 전달된 액션이 에픽을 작동시키는 트리거 액션일 때 에픽을 실행할 것이다.

18.8.6 Logout 컴포넌트

이제 마지막으로 만들 컴포넌트는 Logout 컴포넌트이다. 앞서 만든 Login 컴포넌트와는 반대로 auth 값을 확인해서 auth 값이 있을 때만 로그인 정보와 로그아웃 버튼을 출력한다. 또한 로그아웃 버튼을 누르면 resetAuth 액션 생성자 함수를 호출해서 로그아웃을 실행한다.

src 디렉터리 아래 Logout.js 파일을 추가하고 그 안에 [코드 18-35]를 참고해 Logout 컴포넌트를 작성해보자.

코드 18-35 Logout 컴포넌트 작성

```
import React, { Component } from 'react';

export default class Logout extends Component {
    constructor(props) {
        super(props);

        this.logout = event => {
            const { actions } = this.props;
            actions.resetAuth();
        };
    }

    render() {
        if (!this.props.auth) return null;

        return (
            <div className="logout">
                <form>
                    <div>{this.props.auth.username} 님 안녕하세요!</div>
```

```
                    <br />
                    <button type="button" onClick={this.logout}>로그아웃</button>
                </form>
            </div>
        );
    }
}
```

로그아웃 버튼의 클릭 이벤트는 컴포넌트의 this.logout 메서드를 핸들러 함수로 사용한다. this.logout 메서드는 전달받은 액션 생성자 함수 중 resetAuth를 실행해서 로그아웃을 실행한다.

이제 [코드 18-36]처럼 Logout 컴포넌트를 App 컴포넌트에 적용하면 로그인 기능을 모두 완성한 것이다.

코드 18-36 Logout 컴포넌트를 App 컴포넌트에 적용

```
// Logout 컴포넌트 추가
import Logout from './Logout';

class App extends Component {
    render() {
        return (
            <div className="App">
                <Header />
                <Login
                    auth={this.props.auth}
                    actions={this.props.actions}
                />
                <Logout
                    auth={this.props.auth}
                    actions={this.props.actions}
                />
                <Loading
                    loading={this.props.loading}
                />
                <ErrorMessage
                    errorMessage={this.props.errorMessage}
                />
            </div>
        );
```

```
        }
    }
```

아이디와 패스워드를 잘못된 값인 'baz', 'qux'로 입력한 후 로그인을 시도해보자. [그림 18-5] 처럼 1초 동안 로딩 화면을 표시한 후 "없는 아이디입니다"라는 에러 메시지를 표시한다. authEpic 함수가 의도한 대로 정상 동작하는 것이다.

그림 18-5 로딩 화면과 에러 메시지가 표시된 상태

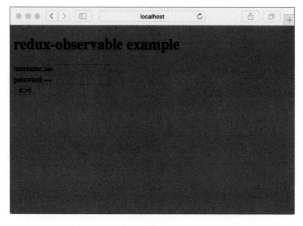

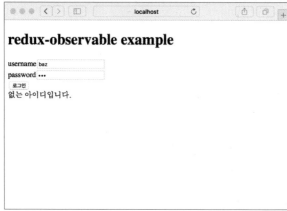

이후 정상적인 아이디와 패스워드 값인 'foo', 'baz'를 입력하고 로그인을 시도해보자. [그림 18-6]처럼 1초 동안 로딩 화면을 표시한 후 에러 메시지가 사라지고 로그인된 화면을 표시함을 확인할 수 있다.

그림 18-6 로그인된 상태

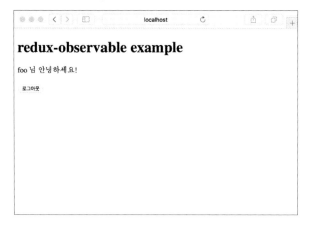

18.9 마치며

지금까지 RxJS 기반으로 만들어진 리덕스 미들웨어인 redux-observable을 사용해서 로그인 과정을 하나의 에픽으로 처리하는 과정을 살펴보았다. 단순하게 생각하면 로그인 시도라는 하나의 액션이겠지만, 실제 이 액션에 이어지는 다양한 하위 작업은 각각의 성공/실패, 시작/종료가 서로 긴밀하게 연결될 수 밖에 없다. 이 구조는 필연적으로 복잡도를 높이고 가시성을 크게 떨어뜨릴 수 밖에 없다. 이럴 때 redux-observable을 사용하면 서로 연결된 서브 트랜잭션들을 에픽으로 묶어 관리할 수 있다. 이 과정에서 RxJS의 연산자들이 크게 빛을 발한다.

redux-observable을 사용한다면 디버깅 도구나 로깅 미들웨어 같은 리덕스 자체가 가진 풍성한 생태계를 함께 사용할 수 있다. 또한 앱의 복잡도가 높아질수록 에픽 단위로 묶어서 코드를 가시적이고 명시적으로 표현할 수 있다. 앱의 복잡도를 관리할 수 있는 영역으로 만들 수 있을 것이다.

CHAPTER **19**

사용자 정의 생성 함수 및 연산자 만들기

RxJS는 기존 연산자만으로 여러 가지 이벤트나 값을 충분히 다룰 수 있다. 그래도 사용자 정의 연산자 구현이 필요할 때가 있다. RxJS의 옵저버블을 처음 소개할 때 옵저버블 인스턴스를 만드는 생성 함수를 소개했다. 그리고 옵저버블 인스턴스에 pipe 함수와 함께 연결해 사용할 수 있는 파이퍼블 연산자도 소개했다. 이 장에서는 사용자 정의 생성 함수와 파이퍼블 연산자를 각각 어떻게 구현하는지 살펴본다.

19.1 사용자 정의 파이퍼블 연산자

먼저 사용자 정의 파이퍼블 연산자를 어떻게 만들지 살펴보자. 이 절에서 다룰 사용자 정의 인스턴스 연산자는 tap 연산자의 변형이다.

원래 tap 연산자는 부수 효과가 발생했을 때 로그를 출력하거나 스트림에 영향을 주지 않는 동작을 돕는 목적으로 변수에 무언가를 저장하거나 접근할 때 유용하게 사용했다. 그러나 tap 연산자는 소스 옵저버블에서 전달하는 next, error, complete 함수를 그대로 사용한다. next 함수가 발행하는 값이 몇 번째인지 뜻하는 index 인자를 사용할 수 없다는 뜻이다. 따라서 로그 출력 같은 동작을 할 때 index 값이 필요하면 map 연산자에서 index 값을 전달받아서 처리한 후 있는 값을 그대로 리턴하는 방식을 사용해야 한다.

그런데 map은 변환 연산자이므로 유틸리티 연산자인 tap의 성격과 맞지 않는다. 그렇다면 기존 tap 연산자 구현 코드를 참고해서 index 값과 함께 next 함수를 실행할 수 있는 tapIndex 사용자 정의 연산자를 만들어보자.

먼저 operators/tap.js의 구현 코드[1]를 살펴보자.

코드 19-1 tap 연산자의 구현 코드 일부

```
export function tap(nextOrObserver, error, complete) {
    return function tapOperatorFunction(source) {
        return source.lift(new DoOperator(nextOrObserver, error, complete));
    };
}

class DoOperator {
    constructor(nextOrObserver, error, complete) {
        this.nextOrObserver = nextOrObserver;
        this.error = error;
        this.complete = complete;
    }
    call(subscriber, source) {
        return source.subscribe(
            new DoSubscriber(
                subscriber,
                this.nextOrObserver,
                this.error,
                this.complete
            )
        );
    }
}
```

import 키워드를 사용해 파이퍼블 연산자를 불러오는 부분은 export 키워드를 사용한 tap 함수다. 한 가지 특이한 점은 lift 함수로 값을 전달하는 실제 구현부의 이름이 DoOperator 클래스라는 것이다. RxJS 5까지는 do라는 이름의 연산자였는데 자바스크립트 예약어와 겹쳐 tap 연산자로 이름을 바꾼 사실을 반영한 것으로 생각한다.

---

1 http://reactivex.io/rxjs/file/es6/operators/tap.js.html

여기서 구현하려는 tapIndex는 tap 연산자의 구현과 같은 부분이 많다. 신경 써야 할 부분은 tapIndex에 특화된 index 값을 전달하는 부분이다. 구체적으로 설명하면 nextOrObserver를 단순히 next 함수 또는 옵저버로 취급하는 것이 아니라, index 값을 전달받을 수 있는 함수로 취급하도록 변경하는 것이다. 이제 사용자 정의 파이퍼블 연산자를 만드는데 필요한 부분 위주로 코드를 소개하겠다.

[코드 19-2]는 lift 함수를 사용해 실제 tapIndex 연산자를 주입하는 부분이다.

코드 19-2 tapIndex 연산자 주입(19/myOperators/tapIndex.js)

```
module.exports = function tapIndex(nextOrObserver, error, complete) {
    return function tapOperatorFunction(source) {
        return source.lift(
            new DoIndexOperator(nextOrObserver, error, complete)
        );
    };
};
```

lift 함수에는 DoIndexOperator 클래스의 인스턴스를 넣었다. 구독할 때 소스 옵저버블 처리 후 다음 스트림에서 호출되는 함수는 DoIndexOperator 클래스에 있다. 즉, this를 source 속성으로 갖는 새로운 옵저버블 인스턴스를 lift 함수로 생성한다고 보면 된다.

이제 DoOperator 클래스 코드를 기반으로 DoIndexOperator 클래스를 만들어 보도록 하겠다. [코드 19-3]은 DoIndexOperator 클래스에서 새로운 옵저버블 인스턴스를 생성하는 부분이다.

코드 19-3 새로운 옵저버블 인스턴스를 생성(19/myOperators/tapIndex.js)

```
class DoIndexOperator {
    // 생성자를 호출해서 새로운 옵저버블을 만들 때 초기화되는 함수
    constructor(nextOrObserver, error, complete) {
        this.nextOrObserver = nextOrObserver;
        this.error = error;
        this.complete = complete;
    }
    // 실제 구독할 때 호출되는 함수 source와 소스 옵저버블 subscriber는
    // doIndex 연산자 실행 후 다음 단계에 값을 전달하는 옵저버 역할
    call(subscriber, source) {
```

```
        return source.subscribe(
            new DoIndexSubscriber(
                subscriber,
                this.nextOrObserver,
                this.error,
                this.complete
            )
        );
    }
}
```

여기까지도 DoOperator와 크게 다르지 않다. 실제 구현부는 source.subscribe를 호출할 때 값을 전달받아 처리하는 DoIndexSubscriber에 있다. DoIndexSubsriber도 기존 코드에 있던 DoSubscriber를 기반으로 만들고 index를 처리하는 구현이 추가로 들어간다.

다음으로 [코드 19-4] DoIndexSubscriber 클래스의 생성자 함수 코드 부분을 살펴보자.

코드 19-4 DoIndexSubscriber 클래스의 생성자 함수(19/myOperators/tapIndex.js)

```
const { Subscriber } = require('rxjs/Subscriber');
// ...

class DoIndexSubscriber extends Subscriber {
    constructor(destination, nextOrObserver, error, complete) {
        super(destination);

        // 추가된 부분
        this.needIndex = typeof nextOrObserver === 'function';
        const newNextOrObserver = this.needIndex
            ? valueAndIndex =>
                    nextOrObserver(valueAndIndex.value, valueAndIndex.index)
            : nextOrObserver;
        // 추가된 부분

        const safeSubscriber = new Subscriber(
            newNextOrObserver,
            error,
            complete
        );
        safeSubscriber.syncErrorThrowable = true;
        this.add(safeSubscriber);
```

```
            this.safeSubscriber = safeSubscriber;

            // 추가된 부분
            this.index = 0; // 몇 번째 인덱스인지 센다.
        }
    }
```

DoIndexSubscriber 클래스는 Subscriber 클래스를 상속받는다. 이는 subscribe 함수에 전달할 수 있는 옵저버다. next, error, complete 함수를 호출해서 값을 전달하며 _next, _error, _complete라는 내부 함수를 호출한다. 그러므로 tapIndex 연산자 구현은 3개 함수를 구현하는 것이다.

첫 번째 인자는 destination이다. 데이터 스트림이 source 속성에서 destination 인자 방향으로 흐른다고 이해하면 좋다. Subscriber 클래스에서 destination은 연산자를 실행한 후 값을 전달할 옵저버다. tap 연산자에서는 Subscriber 클래스를 상속받았으니 super를 이용해 destination 인자를 사용하는 것으로 생각한다.

destination 인자는 다음에 처리할 내용을 제어하는 데 사용한다. 예를 들어 filter 연산자는 predicate 함수 조건에 맞지 않으면 destination.next를 호출하지 않는 것으로 다음 연산자에 값을 전달하지 않도록 한다. 이와 비슷한 용도로 사용하는 것이다.

tapIndex에서 index 값을 전달하는 상황은 첫 번째 인자가 함수여서 next 함수를 호출할 때다. 따라서 needIndex라는 이름의 변수에 함수인지 확인하는 코드를 넣었다. 옵저버일 때도 next 함수를 호출하면 옵저버의 next 함수 이외의 다른 함수가 포함될 수 있어 더 이상 옵저버가 아니게 된다. 그래서 이 상황은 따로 처리하지 않았다.

다음에는 newNextOrObserver에다가 next 함수로 전달하는 value와 index를 같이 묶은 valueAndIndex라는 객체를 전달받고 tapIndex 연산자의 첫 번째 인자인 nextOrObserver 함수를 적절하게 호출하도록 처리한다. 그리고 index 값이 몇 번째 발행한 값인지 저장할 수 있게 this.index = 0으로 초기화해서 변수에 값을 저장할 수 있게 한다. 나머지는 기존 tap 연산자랑 구현이 같다.

이제 next 함수의 구현을 살펴볼 차례다. next 함수로 값을 전달할 때 newNextOrObserver는 함수다. 따라서 index 값 전달이 필요하면 valueAndIndex도 전달하도록 해야 한다. 참고로 error와 complete 함수는 tap 연산자와 구현 내용이 같다.

코드 19-5 next 함수 구현(19/myOperators/tapIndex.js)

```
_next(value) {
    const { safeSubscriber } = this;

    // 원래 tap 연산자 코드
    // safeSubscriber.next(value);
    safeSubscriber.next(
        this.needIndex ? { value, index: this.index++ } : value
    );

    if (safeSubscriber.syncErrorThrown) {
        this.destination.error(safeSubscriber.syncErrorValue);
    } else {
        this.destination.next(value);
    }
}
```

tap 연산자와 다른 점은 safeSubscriber.next를 호출할 때 사용하는 인자다. _next(value)가 호출되었다는 것은 소스 옵저버블에서 값이 전달된 상황이라는 뜻이다. 이때 needIndex가 true면 value와 index 값을 키 값으로 갖는 객체를 전달한다. 이때 this.index++를 이용해 index 값은 1 증가한다. 예를 들어 현재 index 값이 1이고 전달된 값이 a면 {value: 'a', index: 1}이 전달되고 index++를 이용해 index 값은 2로 증가된다.

하지만 needIndex가 false라면 index 값 증가 없이 value 값을 그대로 전달한다. 기존 tap 연산자에서 옵저버가 값을 전달하는 것과 같은 처리를 하는 것이다.

이제 이제 지금까지 만들어본 사용자 정의 연산자를 어떻게 불러오는지는 [코드 19-6]에서 확인하자.

코드 19-6 tapIndex 연산자의 사용 예(19/run_tapIndex.js)

```
const { interval } = require('rxjs');
const { take, filter, map } = require('rxjs/operators');
const tapIndex = require('./myOperators/tapIndex');

interval(200).pipe(
    take(10),
    filter(x => x % 2 === 0),
```

```
    tapIndex((value, index) =>
        console.log(`value: ${value}, index: ${index}`)
    ),
    map(x => x + 1)
).subscribe(result => console.log(`result: ${result}`));
```

실행 결과는 다음과 같다.

```
value: 0, index: 0
result: 1
value: 2, index: 1
result: 3
value: 4, index: 2
result: 5
value: 6, index: 3
result: 7
value: 8, index: 4
result: 9
```

require 함수로 myOperators 디렉터리에 있는 tapIndex 연산자를 불러왔다. 그러면 옵저버블 인스턴스에서 tapIndex라는 이름으로 연산자를 사용할 수 있다.

[코드 19-6]에서는 200ms마다 10개까지 짝수만 발행하는 옵저버블을 실행한 후 바로 tapIndex 연산자로 로그를 출력한다. 이때 filter 연산자로 짝수만 0부터 순서대로 index 값을 출력한다. 그리고 map 연산자로 1 더한 값을 출력하도록 했다. 따라서 출력 결과에서는 10개 중 짝수 5개만 index 값 0부터 4를 출력한다.

19.2 사용자 정의 생성 함수

이번에는 ReactiveX와 RxJS 5까지 생성 연산자로 분류했고, 이 책에서는 생성 함수로 정의하는 옵저버블 인스턴스를 만들어보자.

우선 옵저버블 인스턴스를 만드는 Observable 클래스의 구현 코드를 살펴보자. 새로운 옵저버블의 생성자[2]는 [코드 19-8]처럼 구독할 때 호출하는 생성 함수를 인자로 사용한다. 전

----

2 http://reactivex.io/rxjs/file/es6/Observable.js.html

달받는 값이 있으면 _subscribe에 넣고 호출한다. 옵저버블을 생성할 때 전달하는 함수는 observer => { /*동작*/ return unsubscirbe } 형태다. 이 함수가 _subscribe에 할당되는 함수에 해당한다.

코드 19-7 새로운 옵저버블의 생성자 구현

```
export class Observable {
    constructor(subscribe) {
        this._isScalar = false;
        if (subscribe) {
            this._subscribe = subscribe;
        }
    }
}
```

19.2.1 rangeRadix 생성 함수 만들기

이 절의 사용자 정의 생성 함수는 rangeRadix다. range 함수에 진법(radix)을 지원하도록 인자를 추가해 해당 진법에 맞는 문자값을 발행한다. 16진수에 해당하는 rangeRadix(1, 15, 16)을 호출하면 1, 2, 3, 4, 5, 6, 7, 8, 9, a, b, c, d, e, f라는 15개 값을 발행한다. 여기서는 range 생성 함수의 구현 코드를 참고하여 사용자 정의 생성 함수를 만들 것이다.

코드 19-8 range 생성 함수의 구현 코드

```
import { Observable } from '../Observable';

export function range(start = 0, count = 0, scheduler) {
    return new Observable(subscriber => {
        let index = 0;
        if (scheduler) {
            return scheduler.schedule(dispatch, 0, {
                index, count, start, subscriber
            });
        } else {
            do {
                if (index++ >= count) {
                    subscriber.complete();
                    break;
```

```
                }
                subscriber.next(start++);
                if (subscriber.closed) {
                    break;
                }
            } while (true);
        }
        return undefined;
    });
}


/** @internal */
export function dispatch(state) {
    const { start, index, count, subscriber } = state;
    if (index >= count) {
        subscriber.complete();
        return;
    }
    subscriber.next(start);
    if (subscriber.closed) {
        return;
    }
    state.index = index + 1;
    state.start = start + 1;
    this.schedule(state);
}
```

start, count, scheduler를 인자로 사용해 new Observable(subscriber => {}) 형태로 옵
저버블 인스턴스를 생성해 리턴한다. 여기서는 count와 scheduler 사이에 radix(진법)를 인
자로 사용하도록 만들 것이다. 즉, rangeRadix 사용자 정의 생성 함수는 rangeRadix(start,
count, radix, scheduler) 형태의 함수다.

코드 19-9 rangeRadix 기본 구현(19/myOperators/rangeRadix.js)

```
const { Observable } = require('rxjs');

module.exports = function rangeRadix(start = 0, count = 0, radix = 10, scheduler) {
    const isRadixValid = Number.isInteger(radix) && radix >= 2 && radix <= 36;
    if (!isRadixValid) {
        throw new Error('Radix should be integer between 2 and 36.');
    }
```

```
        return new Observable(subscriber => {
            let index = 0;
            if (scheduler) {
                return scheduler.schedule(dispatch, 0, {
                    index,
                    count,
                    start,
                    radix,
                    subscriber
                });
            } else {
                do {
                    if (index++ >= count) {
                        subscriber.complete();
                        break;
                    }
                    // range는 subscriber.next(start++);
                    subscriber.next((start++).toString(radix));
                    if (subscriber.closed) {
                        break;
                    }
                } while (true);
            }
        });
    };
```

진법을 변환하려고 자바스크립트에서 기본 제공하는 toString(radix)를 사용했다. 해당 함수는 2부터 36까지의 정숫값만 지원하며 create 함수를 호출할 때 해당 범위의 정숫값이 아니면 에러를 발생시킨다.

이제 실제 진법을 변환해서 값을 발행하는 코드 부분 두 군데를 살펴보자. 마지막 인자에 스케줄러를 사용하면 동작하는 dispatch 함수 부분, destination.next에 값을 전달하는 부분이다. 스케줄러에서 dispatch 함수를 이용하는 부분은 start부터 매번 1씩 값을 증가시켜 값을 발행한다. 이때 필요한 상태 값인 index, count, start, radix, subscriber를 전달해서 상태를 관리한다. 여기에서는 start가 1씩 증가할 때 이를 진법에 맞게 변환하는 start.toString(_radix)로 값을 발행하도록 했다.

```
function dispatch(state) {
    const { start, index, count, radix, subscriber } = state;
    if (index >= count) {
        subscriber.complete();
        return;
    }
    subscriber.next(start.toString(radix));
    if (subscriber.closed) {
        return;
    }
    state.index = index + 1;
    state.start = start + 1;
    this.schedule(state);
};
```

new Observable(subscriber => {})의 중괄호 안 코드를 살펴보자. subscriber를 인자로
사용하는 함수다. 스케줄러를 인자로 사용할 때와 그렇지 않은 때로 나뉜다. 스케줄러가 있으
면 dispatch 함수에 radix를 상태 값으로 추가 전달하여 해당 스케줄러를 이용하도록 했다.
그렇지 않으면 subscriber.next로 start++를 감싼 후 toString(radix)를 호출해서 값을 발
행하도록 했다.

참고로 옵저버블 인스턴스를 만들 때는 unsubscribe 함수를 리턴한다고 설명했는데 [코드
19-9]에서 scheudler.schedule은 Subscription 클래스를 상속받은 Action 객체를 리턴한
다. 이는 함수 형태가 아니지만 Subscription 클래스의 인스턴스를 리턴할 수도 있다.

Observable.subscribe의 구현을 보면 _subscribe 함수에서 리턴하는 값을 Subscription.
add에서 인자로 사용해 호출한다. 이어서 Subscription.add의 구현을 보면 함수일 때
unsubscirbe 함수를 Subscription 객체에 추가해 같이 구독하도록 했다. 구독을 해제할 때
스케줄러의 구독도 함께 해제되는 것이다. 그래서 scheduler.schedule을 리턴하도록 했다.

스케줄러를 사용하지 않았다면 따로 함께 구독할 필요 없이 while문에서 값을 바로바로 발
행한다. 그러므로 목적에 따라 _subscribe 함수를 구현할 때 인자로 사용하는 subscriber의
next, error, complete 함수를 호출하면 된다. 혹은 구독 해제에 필요한 Subscription이나
unsubscirbe 함수를 함께 리턴하면 된다.

이제 새로운 사용자 정의 생성 함수를 만들었으니 rangeRadix라는 생성 함수를 사용해보자. [코드 19-11]은 rangeRadix 생성 함수를 불러와서 사용하는 예다.

코드 19-11 rangeRadix 생성 함수 사용 예(19/run_rangeRadix.js)

```
const rangeRadix = require('./myOperators/rangeRadix');

rangeRadix(1, 16, 16).subscribe(value => console.log(value));
```

실행 결과는 다음과 같다.

```
1
2
3
... 중간 생략 ...
d
e
f
10
```

1에서 16까지 16진수 rangeRadix 연산자로 구독해 화면에 출력했다. 세 번째 인자 radix는 값이 없으면 기본값이 10진수다. 만약 range 함수처럼 2개의 인자만 사용하거나 세 번째를 건너뛰고 마지막 스케줄러를 넣었다면 10진수로 동작하는 것을 확인할 수 있다.

19.2.2 mergeSeqTake 생성 함수 만들기

이번에 만들 사용자 정의 생성 함수는 mergeMap 연산자를 활용해 merge 생성 함수처럼 동작한다. 기본적으로 merge 생성 함수처럼 비동기 방식으로 여러 개의 옵저버블을 다룬다. 하지만 next 함수에 값이 도착하는 순서와 상관없이 인자로 나열한 옵저버블 순서대로 값을 발행한다.

mergeSeqTake라는 이름을 지은 이유는 take 연산자를 사용하기 때문이다. 구독 완료되지 않는 옵저버블이 있다면 특정 개수 이상 값을 발행하지 않도록 끊는 것이다. 따라서 마지막 인자는 take 연산자의 인자로 사용할 값 개수를 지정한다.

예를 들어 mergeSeqTake(observable1, observable2, 3)이라고 선언하면 observable1. pipe(take(3))과 observable2.pipe(take(3))를 각각 전달받아 mergeMap 연산자로 구독한 후 각각 구독 완료하기 직전의 마지막 값을 인자로 나열한 순서대로 발행하도록 동작한다. 즉, observable2.pipe(take(3))의 구독이 먼저 완료되더라도 마지막 값을 잠시 저장해두고 observable1.pipe(take(3))의 구독이 완료된 후에 각각 값을 발행한다.

이제 mergeSeqTake를 어떻게 구현할지 살펴보자. 앞에서 생성 함수를 구현하는 과정을 살펴봤으므로 이번에는 사용자 정의 생성 함수의 전체 구현 코드를 소개한다.

코드 19-12 mergeSeqTake 생성 함수의 전체 구현(19/myOperators/mergeSeqTake.js)

```javascript
const { Observable, from } = require('rxjs');
const { mergeMap, take, last, tap, map } = require('rxjs/operators');

module.exports = function mergeSeqTake(...observables) {
    let n = observables[observables.length - 1];
    if (n instanceof Observable) {
        n = Number.POSITIVE_INFINITY;
    } else if (typeof n === 'number' && n > 0) {
        observables.pop();
    } else {
        throw TypeError('LAST parameter should be observable or positive integer');
    }
    const { length } = observables;
    const values = [];
    let currentIndex = 0;
    return from(observables).pipe(
        mergeMap((observable, index) => observable.pipe(
            take(n),
            last(),
            tap(result => indexValueObj[index] = result),
            map(result => {
                const nextResults = [];
                while (
                  currentIndex < length &&
                  values.hasOwnProperty(currentIndex)
                ) {
                    nextResults.push(indexValueObj[currentIndex]);
                    currentIndex++;
                }
                return nextResults;
```

```
        }),
        mergeMap(nextResults => nextResults)
    ))
  );
};
```

---

mergeSeqTake는 함수 파라미터 이름 앞에 전개 연산자(...)를 추가한 observables를 사용한다. 함수를 호출했을 때 mergeSeqTake(observable1, observable2)처럼 다수의 인자를 사용하면 전개 연산자 뒤 인자는 이를 배열로 만들어 사용한다. 이 인자를 옵저버블 배열이라고 하겠다. 옵저버블 배열에 담긴 마지막 값을 읽어 변수 n에 저장한다.

변수 n은 옵저버블인지 숫자인지 검사해 from 함수가 옵저버블을 구독하는 횟수를 지정한다. n이 옵저버블이면 개별 옵저버블이 모든 값을 발행할 때까지 옵저버블 인스턴스를 구독해야 한다. 이를 위해 n이 옵저버블의 인스턴스인지 확인하고 맞으면 n의 값을 Number 클래스의 POSITIVE_INFINITY 상숫값으로 재설정한다. 이 상숫값은 무한대를 의미한다.

from 함수는 실행할 때 옵저버블 배열을 인자로 사용하고 pipe 함수의 인자로 mergeMap 연산자를 사용한다. 첫 번째 mergeMap 연산자의 인자에는 개별 옵저버블 객체와 이 객체가 옵저버블 객체에 담긴 순서가 있는 함수를 사용한다.

옵저버블 객체의 pipe 함수는 5개의 연산자를 사용한다. 첫 번째는 take 연산자다. 옵저버블이 한 번에 발행하는 값의 개수를 말한다. 이 연산자에 제공하는 n은 mergeSeqTake 함수에서 옵저버블 각 옵저버블이 최대로 발행할 수 있는 값 개수다.

두 번째는 last 연산자다. 옵저버블의 구독이 완료될 때까지 값을 무한대로 발행할 때 마지막으로 발행된 값만 수집하기 위해 사용한다. 여기서는 항상 마지막으로 발행된 값만 수집한다.

세 번째는 tap 연산자다. last 연산자로 수집한 값을 value 배열에 담아둔다. 객체의 키 이름은 옵저버블 배열에 담긴 순서(index)다. 예를 들어 tap 연산자로 구독한 옵저버블 2개가 발행한 값 중 마지막 값이 각각 3과 5라면 value 배열의 value[0] = 3, value[1] = 5라는 값이 있을 것이다.

네 번째 map 연산자는 옵저버블이 발행한 값을 함수 형태의 인자로 사용한다. 그리고 while 문으로 value에 담아둔 옵저버블이 발행한 값을 배열 하나로 통합해 nextResults에 담는다. value 배열에 현재 인덱스 값이 있는지 확인할 때는 hasOwnProperty 메서드를 사용한다.

마지막 mergeMap 연산자는 map 연산자가 리턴한 nextResults 객체를 인자로 사용해 다음에 발행해야 할 nextResults 배열의 모든 결과를 각각 발행한다.

이제는 mergeSeqTake 생성 함수를 사용하는 예를 보자. [코드 19-13]은 mergeSeqTake 생성 함수의 사용 예다.

코드 19-13 mergeSeqTake 생성 함수의 사용 예(19/run_mergeSeqTake.js)

```javascript
const { interval } = require('rxjs');
const { map, tap } = require('rxjs/operators');
const mergeSeqTake = require('./myOperators/mergeSeqTake');

const req1$ = interval(500).pipe(
    map(value => `req1 - ${value}`),
    tap(x => console.log(`[tap] ${x}`))
);

const req2$ = interval(1000).pipe(
    map(value => `req2 - ${value}`),
    tap(x => console.log(`[tap] ${x}`))
);

const req3$ = interval(500).pipe(
    map(value => `req3 - ${value}`),
    tap(x => console.log(`[tap] ${x}`))
);

mergeSeqTake(req1$, req2$, req3$, 2).subscribe(x => console.log(x));
```

500ms마다 같은 속도로 값을 발행하는 req1$과 req3$이 있다. 그리고 조금 느리게 1000ms마다 값을 발행하는 req2가 있다. mergeSeqTake 생성 함수에는 순서대로 인자를 나열하고 마지막 take 연산자의 인자로는 2를 사용했다. 어떤 결과가 나올까? 일단 각 옵저버블에서 값을 발행하는 시점을 알아야 하므로 map과 tap 연산자를 이용해 로그를 출력하도록 했다.

한편 take 연산자의 인자로 2를 사용했으므로 각각 0과 1을 발행하고 구독을 완료한다. 여기서 req1과 req3은 값을 발행하는 속도가 빨라서 먼저 구독을 완료하지만 req2는 가장 나중에 구독을 완료한다는 사실을 알 수 있다. 따라서 req1은 순서 상 첫 번째이므로 req1의 구독이 완료되자마자 req1 - 1을 가장 먼저 출력해야 한다. 그리고 req3은 먼저 구독이 완료되어도

req2의 구독이 완료되지 않았으므로 req2의 구독이 완료된 후에야 req2 - 1과 req3 - 1을 순서대로 출력해야 한다. 실행 결과는 다음과 같다.

```
[tap] req1 - 0
[tap] req3 - 0
[tap] req2 - 0
[tap] req1 - 1
req1 - 1
[tap] req3 - 1
[tap] req2 - 1
req2 - 1
req3 - 1
```

일단 예상대로 [tap] req1 - 0과 [tap] req3 - 0을 먼저 출력한다. 그리고 1초가 지났으니 [tap] req2 - 0과 [tap] req1 - 1을 출력한다. 이제 req1은 구독이 완료되었고 순서상 첫 번째이므로 req1 - 1을 먼저 출력한다. 그리고 [tap] req3 - 1을 출력하면서 req3 구독을 완료한다. 그렇지만 순서상 가장 나중이므로 아직 값을 발행하지 않는다.

2초가 지난 시점에는 [tap] req2 - 1을 출력하면서 req2의 구독을 완료한다. 따라서 req2 - 1, req3 - 1을 순서대로 출력한다. req3의 구독이 먼저 완료되었지만 순서 상 나중이라 req3 - 1을 잠시 메모리에 저장했다가 req2의 구독이 완료된 후에 순서대로 발행한 것이다.

[코드 19-12]는 사실 forkJoin 함수나 Promise.all의 원리를 활용했다. 보통 forkJoin 함수나 Promise.all은 나열된 옵저버블 구독 완료되거나 프로미스 실행이 모두 끝나야 하나의 최종 결과를 발행한다. 하지만 mergeSeqTake 생성 함수는 발행할 순서가 아니면 값을 저장하고 값을 발행할 순서면 바로 발행한다는 차이점이 있다.

ES2015+ 기본

ECMAScript 2015, 줄여서 ES2015라고 하는 새로운 자바스크립트 스펙은 얼마전까지 ES6 라고 했다. ES5 표준을 2009년에 정했었으니 거의 6년만에 브라우저에 대응하는 새로운 스펙 이 등장한 것이다. 지금까지는 새로운 스펙이 등장하는데 오랜 시간 간격이 있었으므로 ES3, ES5, ES6처럼 순차적인 숫자로 구분해왔다. 하지만 최근 자바스크립트에 관한 높은 관심 덕분 에 매년 새로운 자바스크립트 스펙을 확정하는 방향으로 바뀌었고 표준을 정한 연도를 기준으 로 이름을 붙이는 것이다. 그래서 2015년 이후에는 2016, 2017까지 표준 스펙을 지정한 상태 다. 시작점이 된 ES2015 이후로 추가된 스펙 전체를 ES2015+로 표기하기도 한다.

지금부터 다룰 ES2015+ 스펙은 모든 브라우저가 지원하는 것은 아니다. 지원 현황 링크[1]를 살 펴보면, 크롬은 스펙 대부분을 지원하지만 인터넷 익스플로러는 거의 지원하지 못하는 것을 확 인할 수 있다.

하지만 브라우저가 ES2015+ 스펙을 지원해주지 않더라도 ES2015+를 사용하는 데는 큰 문제 가 없다. 최근엔 자바스크립트를 그대로 사용하는 것이 아니라 용량을 줄이고 파일 하나로 만 드는 빌드 과정을 거치기 때문이다. 또한 빌드 과정 중에 바벨[Babel]과 같은 트랜스파일러만 추가 로 사용하면 ES2015+로 작성한 자바스크립트 코드를 IE9에서도 해석할 수 있는 ES5 코드로 변환해주기도 한다.

---

[1] http://kangax.github.io/compat-table/es6/

부록 A에서는 이 책의 주제인 RxJS에서 주로 사용하는 ES2015+ 스펙 중 이전과 비교했을 때 새로 추가된 스펙을 예제들과 함께 하나씩 살펴보겠다.

A.1 let과 const

ES2015+에는 기존의 var와 함께 let과 const라는 변수 선언 키워드가 추가되었다. var와는 다르게, let과 const는 범위 안 최상단으로 호이스팅Hoisting[2] 되지 않는다. 전역 혹은 함수 유효 범위scope를 갖는 var와 달리 let과 const는 블록 단위 유효 범위를 갖는다.

A.1.1 let

let은 함수 단위로 유효 범위를 갖는 var 키워드와 달리 변수를 사용하는 블록, 구문, 표현식에 관한 유효 범위를 갖는 변수를 선언할 때 사용한다.

코드 A-1 let의 사용 예

```
try {
    var foo = 'foo';
    let bar = 'bar';
}

finally {
    console.log(foo); // foo
    console.log(bar); // Uncaught ReferenceError: bar is not defined
}
```

TIP 부록에 있는 console.log( ) 옆 주석은 대부분 출력 결과를 뜻한다. 출력 결과가 아니면 별도로 '(출력 결과 아님)'이라는 설명을 넣도록 하겠다.

let은 같은 함수 안 또는 블록 범위에서 같은 변수를 재선언하면 타입 에러Type Error가 발생한다. switch문도 하나의 블록이므로 같은 변수 이름을 재선언하면 에러가 발생한다.

---

2 변수 정의를 범위에 따라 선언과 할당으로 분리하는 것을 뜻한다.

A.1.2 const

const는 프로그래밍에서 사용하는 상수를 선언하는 것이다. 값에 관한 읽기 전용의 참조를 생성한다. 값은 재할당해서 변경할 수 없으며 재선언할 수 없다. 또한 선언 단계에서 반드시 초기화해야 하며 let처럼 블록 단위 유효범위를 갖는다.

코드 A-2 const 사용 예

```
const foo = 10;
const foo = 20; // 재선언하면 에러 발생
const bar; // 초기화하지 않으면 에러 발생

const baz = 30;
if (true) {
    const baz = 40;
    console.log(baz); // 40 출력
}
console.log(baz); // 30 출력
```

A.2 템플릿 리터럴

템플릿 리터럴Template literal은 ES2015+에 추가된 새로운 형태의 문자열String 표기법이다. 쿼테이션 마크(")나 어퍼스트로피(')가 아닌 그레이브(`)으로 표기하며 템플릿 안에 자바스크립트 표현식도 사용할 수 있다.

코드 A-3 템플릿 리터럴 사용 예

```
// 어퍼스트로피 및 쿼테이션 마크를 사용할 때와 동일하게 선언한다.
const aaa = `string text`;

const name = `홍길동`;
const bbb = `내 이름은 ${name}입니다`; // 내 이름은 홍길동입니다.
const ccc = '내 이름은 ' + name + '입니다'; // 내 이름은 홍길동입니다.
```

A.2.1 멀티라인 지원

템플릿 리터럴은 멀티라인을 지원하며 템플릿 리터럴 안 내용을 그대로 출력해야하는 경우 백슬래시(\)를 추가한다.

코드 A-4 멀티라인 지원 예

```
// 멀티라인 지원
const multiLine = `안녕하세요,
    두 번째 라인입니다.
        띄어쓰기 모두가 그대로 포함됩니다.`;

// 템플릿 리터럴 안 내용을 그대로 출력해야 하면 백슬래시(\)를 사용한다.
const raw = `\`템플릿 리터럴 안 내용을 그대로 출력 (\${name})\``;

// 앞 코드는 다음과 같다.
const message = ``템플릿 리터럴 내의 내용을 그대로 출력 (${name})`;
```

A.2.2 표현식 사용

템플릿 리터럴은 표현식에서도 사용할 수 있다.

코드 A-5 표현식에서의 템플릿 리터럴 사용

```
const foo = 10;
const bar = 5.5;

const baz = `계산도 가능: ${ Math.round(foo + bar) }`;
console.log(baz); // 계산도 가능: 16
```

A.2.3 함수 형태로 템플릿 리터럴 사용하기

함수 형태로 템플릿 리터럴의 내용을 바꿀 수 있는 기능도 제공한다.

코드 A-6 tag 함수 형태로 템플릿 리터럴 사용

```
const a = 5;
const b = 10;
```

```
function tag(strings, ...values) {
    console.log(strings[0]); // "Hello "
    console.log(strings[1]); // " world "
    console.log(values[0]); // 15
    console.log(values[1]); // 50

    return "안녕하세요!";
}

const message = tag`Hello ${ a + b } world ${ a * b }`;
console.log(message); // "안녕하세요!"
```

A.3 향상된 객체 리터럴

ES2015+에 들어서 객체 선언 방식에 개선Enhanced Object Literal이 있었다. 물론 기존 선언 방식을 그대로 사용할수도 있다. 여기에서는 기존 선언 방식에서 추가된 부분들을 살펴보려고 한다.

A.3.1 짧은 속성 이름

속성 이름이 이미 선언되어 있는 변수 이름과 같다면 [코드 A-7]처럼 속성을 선언할 때 짧게 Shorthand 줄여줄 수 있다.

코드 A-7 짧은 속성 이름 사용 예

```
const name = '홍길동';

function hello() {
    console.log('안녕하세요!');
};

// 기존 객체 선언 방식
const before = {
    name: name,
    hello: hello
};
```

```
// 새로운 객체 선언 방식
const after = {
    name,
    hello
};
```

A.3.2 메서드 속성

멤버 함수를 선언할 때도 function 키워드를 사용하지 않고 [코드 A-8]처럼 바로 선언할 수 있다. 뒤에서 다룰 제너레이터 함수도 선언할 수 있다.

코드 A-8 메서드 속성 사용 예

```
const obj = {
    foo(a, b) {
        console.log(a, b);
    },
    // 제너레이터 함수도 선언 가능
    *bar(x, y) {
        const z = yield x;
        return y + z;
    }
};
```

A.3.3 계산된 속성 이름

속성을 선언할 때 계산된 값을 포함할 수 있게 변경되었다. [코드 A-9]처럼 속성 이름을 [ ] 안에서 선언하면 계산된 값의 결과를 속성 이름Computed Property Names으로 지정할 수 있다. 속성 이름이 동적인 것은 아니다. 처음 객체 생성 시 한 번 계산된 값으로 속성 이름이 지정되는 것이다.

코드 A-9 계산된 속성 이름 사용 예

```
const obj = {
    foo: 'bar',
    ['baz' + (35 + 7) ]: 42
};

console.log(obj.baz42); // 42
```

A.3.4 중복된 속성 이름 허용

ES5의 제한 모드strict mode 코드는 중복된 속성 이름을 선언했을 때 에러가 발생했다. 하지만 ES2015+에서는 더 이상 에러가 발생하지 않고 나중 값으로 덮어 쓴다.

코드 A-10 중복된 속성 이름 사용 예

```
const obj = {
    x: 1,
    x: 2
};

console.log(obj.x); // 2
```

A.4 비구조화

비구조화Destructuring는 배열 혹은 객체(깊게 중첩된 것도 포함)에서 값을 추출하고 저장할 때 활용한다.

A.4.1 배열 비구조화

기존에 배열에 담긴 값을 각각 다른 변수에 할당하려면 [코드 A-11]처럼 배열 요소를 선택해서 할당해야 했다.

코드 A-11 배열에 담긴 값을 변수 각각에 할당

```
var arr = [1, 2, 3, 4];
var a = arr[0];
var b = arr[1];
var c = arr[2];
var d = arr[3];

console.log(a); // 1
console.log(b); // 2
```

하지만 ES2015+의 비구조화^{Array Destructuring}를 사용하면 [코드 A-12]처럼 직관적으로 각 요소를 변수에 할당할 수 있다.

코드 A-12 배열 비구조화 사용 예

```
const arr = [1, 2, 3, 4];
const [ a, b, c, d ] = arr;

console.log(a); // 1
console.log(b); // 2
```

[코드 A-13]처럼 할당할 값이 없어도 문제없이 코드가 실행된다. 하지만 배열이 아닌 null이나 undefined를 비구조화하면 에러가 발생한다.

코드 A-13 배열이 아닌 값을 비구조화하는 예

```
const [a] = [];
console.log(a === undefined); // true

const [b] = null; // Uncaught TypeError: Cannot read property ...
```

할당할 값이 없을 때를 대비해 ES2015+에 추가된 기본값 스펙을 사용해서 기본값을 할당할 수도 있다.

코드 A-14 ES2015+ 기본값 사용

```
const [a = 1] = [];
console.log(a === 1); // true
```

A.4.2 객체 비구조화

객체 멤버들을 변수에 담는 것 역시 이전에는 [코드 A-15]처럼 변수에 하나하나 할당해줘야 했다.

코드 A-15 객체 멤버를 변수 각각에 할당

```
var person = { name: '이순신', country: '한국' };
var name = person.name;
var country = person.country;

console.log(name); // 이순신
console.log(country); // 한국
```

하지만 객체도 배열과 마찬가지로 비구조화^{Object Destructuring}를 사용해서 쉽게 멤버들을 변수에 할당할 수 있다.

코드 A-16 객체 비구조화 사용 예

```
const person = { name: '이순신', country: '한국' };
const { name, country } = person;

console.log(name); // 이순신
console.log(country); // 한국
```

A.4.3 객체 구조에 맞춰 비구조화하기

콜론(:)을 사용하면 전달받은 값과 다른 변수 이름으로 할당할 수 있고, 전달받은 객체 구조에 맞춰서 비구조화를 활용할 수 있다. 즉, 전달되는 객체 구조에 맞춰서 [코드 A-17]처럼 변수에 할당할 수도 있다.

코드 A-17 객체 구조에 맞춰 비구조화

```
const data = {
    aaa: '홍길동',
    bbb: {
        first: '코딩',
        second: '수영'
    }, ccc: '소나타'
};

const { aaa: name, bbb: {first: hobby1, second: hobby2}, ccc: car } = data;
```

```
console.log(name); // 홍길동
console.log(hobby1); // 코딩
console.log(hobby2); // 수영
console.log(car); // 소나타
```

A.4.4 계산된 객체 속성 이름과 비구조화

[코드 A-18]처럼 계산된 객체 속성 이름Computed object property names과 비구조화를 함께 사용할 수도 있다.

코드 A-18 계산된 객체 속성 이름과 비구조화 함께 사용

```
const key = 'zzz';
const { [key]: foo } = { zzz: 'bar' };

console.log(foo); // bar
```

A.5 기본값과 Rest 및 Spread 연산자

ES2015+ 이전에는 파라미터의 기본값이 없으면 기본값을 지정하는 다양한 방법이 존재했었다. ES2015+에서는 기본값을 지정할 수 있는 기본 문법과 파라미터를 더 편리하게 다루는 문법들이 추가되었다.

A.5.1 기본값 지정하기

ES2015+ 이전에는 파라미터의 기본값이 없으면 [코드 A-19]처럼 삼항 연산자나 || 연산자를 사용해서 기본값을 지정했다.

코드 A-19 ES2015+ 이전의 파라미터 기본값 지정

```
function test(x, y) {
    x = x === undefined ? 10 : x;
    y = y || 12;
```

```
        console.log(x + y);
    }

    test(); // 22
```

ES2015+에 추가된 기본 파라미터Default Parameter를 사용하면, 인자로 설정한 값이 undefined면 기본값으로 초기화할 수 있다.

코드 A-20 ES2015+의 기본 파라미터 사용

```
function test(x = 10, y = 12) {
    console.log(x + y);
}

test(); // 22
```

A.5.2 이름 있는 파라미터와 비구조화

기본 파라미터와 비구조화를 함께 사용하면 이름 있는 파라미터Named Parameter를 쉽게 구현할 수 있다.

코드 A-21 이름 있는 파라미터 구현

```
function setSize({ height = 600, width = 400 }) {
    console.log(height);
    console.log(width);
}

setSize({ height: 10 }); // height는 10, width는 400 출력
```

그런데 setSize({ height:10 }) 혹은 setSize(' ')로 호출하면 에러가 나지 않지만, 인자로 undefined 혹은 null을 사용하면 에러가 발생한다. 즉 setSize처럼 인자 없이 호출하면 에러가 발생하는 것이다.

이런 상황을 막으려면 [코드 A–22]처럼 빈 객체로 기본값을 정해주면 된다. 인자가 없을 때는 기본값으로 빈 객체를 전달하고 빈 객체에는 height와 width가 없으므로 height와 width 각각에 기본값이 할당되어 에러없이 이름 있는 파라미터를 구현할 수 있다.

코드 **A-22** 빈 객체를 이용한 이름 있는 파라미터 구현

```
function setSize({ height=600, width=400 } = {}) {
    console.log(height);
    console.log(width);
}


setSize(); // height는 600, width는 400 출력
```

A.5.3 Rest 연산자

Rest 연산자는 3개의 점(...)을 사용해서 여러 개 파라미터를 하나의 배열로 전달받을 수 있다. 기존에는 인자를 배열처럼 다루려고 Array를 사용해서 처리했던 작업들은 Rest 연산자를 사용하면 쉽게 해결할 수 있다.

[코드 A−23]에서 첫 번째 파라미터는 x 변수로 전달받고, x 이후 두 번째 파라미터부터는 y라는 변수에 배열 형태로 몰아서 전달받는다.

코드 **A-23** Rest 연산자 사용 예

```
function test(x, ...y) {
    return x * y.length;
}
test(3, 'hello', true, false) === 9 // true 출력
```

이전에는 [코드 A−24]처럼 arguments 객체를 활용해야 했다.

코드 **A-24** ES2015+ 이전의 arguments 객체 활용

```
function test() {
    var x = arguments[0];
    var y = [];

    for (var i = 1; i < arguments.length; i++) {
        y.push(arguments[i]);
    }

    return x * y.length;
}
```

A.5.4 Spread 연산자

Rest 연산자가 여러 개 파라미터를 하나의 배열에 담는다면 Spread 연산자는 배열에 담긴 값들을 파라미터로 분산해준다.

코드 A-25 Spread 연산자 사용 예

```
function f(x, y, z) {
    return x + y + z;
}

// 배열에 담긴 값 각각을 인자로 사용한다.
const numbers = [1, 2, 3];
f(...numbers) === 6 // true 출력
```

Spread 연산자를 활용하면 이전 apply 메서드를 사용한 부분을 더 간결하게 표현할 수 있다.

코드 A-26 apply 메서드 사용과 Spread 연산자 사용 비교

```
// ES5에서는 배열 안 숫자들의 최댓값을 찾으려고 Math.max에 apply 메서드를 사용했다.
Math.max.apply(null, [-1, 100, 9001, -32]); // 9001 출력

// ES2015+에서는 전개 연산자를 사용해 함수 인자로 배열을 사용할 수 있다.
Math.max(...[-1, 100, 9001, -32]); // 9001 출력
```

Spread 연산자를 활용하면 2개의 배열을 더 직관적으로 합할 수도 있다.

코드 A-27 2개의 배열을 합하는 Spread 연산자

```
let cities = ['서울', '부산'];
let places = ['여수', ...cities, '제주']; // ['여수', '서울', '부산', '제주'] 출력
```

A.6 화살표 함수

ES2015+의 화살표 함수^{Arrow Function}는 새롭게 추가된 함수 표현식이다. 동시에 this를 현재 컨텍스트^{Context}에 바인딩시킨다. 참고로 화살표 함수는 항상 익명 함수다.

A.6.1 화살표 함수의 다양한 형태

[코드 A-28]처럼 선언한 함수는 화살표 함수다.

코드 A-28 화살표 함수 선언 예

```
// ES5
const sum = function(num1, num2) {
    return num1 + num2;
};

// ES2015+
const sum = (num1, num2) => {
    return num1 + num2;
};
```

화살표 함수는 기본적으로 앞과 같은 구조를 갖는다. 하지만 단순하게 값을 리턴하는 한 줄의 표현식이라면 [코드 A-29]처럼 중괄호를 생략할 수 있고 완전히 동일하게 동작한다.

코드 A-29 중괄호를 생략한 화살표 함수

```
const sum = (num1, num2) => num1 + num2;
```

파라미터가 1개라면 파라미터를 감싸는 소괄호를 생략할 수 있다.

코드 A-30 파라미터가 1개라서 소괄호를 생략한 화살표 함수

```
const square = num => num * num;
```

파라미터가 1개도 없다면 반드시 소괄호를 표기해야 한다.

코드 A-31 파라미터가 없어 소괄호를 표시한 화살표 함수

```
const hello = () => {
    console.log('안녕하세요.');
};
```

만약 리턴하는 값이 객체라면 객체 리터럴에서 중괄호를 사용하므로 객체를 소괄호로 감싸야 한다.

코드 A-32 객체 리터럴을 사용할 때의 화살표 함수

```
const person = (name, age) => ({ name, age });
```

A.6.2 this를 컨텍스트에 바인딩

화살표 함수를 단순하게 생각하면 function 키워드를 생략할 수 있는 문법 편의Syntax Sugar 정도로 느껴질 수도 있다. 하지만 앞서 언급한 것처럼 큰 차이가 한 가지 있다. this를 현재 컨텍스트에 바인딩시킨다는 점이다.

예를 들어 setInterval나 setTimeout 함수의 파라미터로 사용하는 함수는 this가 window를 가리키므로 [코드 A-33]에서는 this.age를 참조하지 못한다.

코드 A-33 this.age를 참조하지 못하는 예

```
function Person() {
    this.age = 0;

    setTimeout(function() {
        // this는 Person의 인스턴스가 아닌 window를 가리킨다.
        this.age++;
    }, 0);
}

const john = new Person();
```

[코드 A-33] 실행 후 john의 age 값을 확인하면 여전히 0이고 window.age는 (undefined 를 증가시키려 했으므로) NaN을 표시한다.

이런 상황을 막으려고 기존에는 [코드 A-34]처럼 컨텍스트를 저장하는 임시 변수를 두는 방식을 많이 사용했다.

코드 A-34 컨텍스트를 저장하는 임시 변수 사용

```
function Person() {
    // 현재 컨텍스트를 임시로 저장
    const that = this;
    this.age = 0;

    setTimeout(function() {
        that.age++;
    }, 0);
}

const john = new Person();
```

하지만 화살표 함수는 this를 현재 컨텍스트에 바인딩시키므로 [코드 A-34]의 that과 같은 임시 변수가 필요없다.

코드 A-35 this를 현재 컨텍스트에 바인딩시킨 화살표 함수

```
function Person() {
    this.age = 0;

    // 이제 this는 Person의 인스턴스를 가리킨다.
    setTimeout(() => {
        this.age++;
    }, 0);
}

const john = new Person();
```

A.7 모듈

자바스크립트는 ES2015+ 스펙이 확정되기 전까지 모듈Module 기능이 빠져 있었다. 따라서 CommonJS 혹은 AMD라는 비공식 모듈 스펙을 구현해서 사용해 왔다. ES2015+에서는 이들과 비슷하지만 좀 더 확장성 있는 형태로 모듈 스펙이 정해졌다. 단, 현재까지는 일부 브라우저에서만 지원하므로 브라우저리파이나 웹팩 등의 모듈 번들러가 필요한 상황이다.

A.7.1 export

모듈은 [코드 A-36]처럼 export 키워드로 선언할 수 있다. 비공식 모듈 스펙이 함수나 객체를 활용하는 것과 달리 키워드 수준에서 사용할 수 있다는 점이 다르다.

코드 A-36 export 키워드로 모듈 사용

```
export function sum(x, y) {
    return x + y;
}

export function avr(x, y) {
    return (x + y) / 2;
}

export function floor(n) {
    return Math.floor(n);
}

export function abs(n) {
    return Math.abs(n);
}

export var pi = 3.141592;

// 기본값은 export default로 표현한다. 모듈 당 하나만 지정할 수 있다.
export default {
    sum,
    avr,
    floor,
    abs,
    pi
}
```

기본값은 export default로 표현하고 모듈 당 하나만 지정할 수 있다. [코드 A-37]처럼 함수나 변수에서 단독으로 export 키워드를 사용하면 에러가 발생한다.

코드 A-37 함수나 변수에서 단독으로 export 키워드 사용

```
function sum(x, y) {
    return x + y;
}
```

```
export sum; // 에러 발생
```

export default는 선언과 동시에 사용해도 에러가 발생하지 않는다.

코드 A-38 export default 사용

```
function sum(x, y) {
    return x + y;
}

export default sum; // 객체로 감싸지 않아도 정상적으로 사용할 수 있다.
```

모듈은 모듈만의 범위를 갖으므로 전역 범위에 영향을 끼치지 않는다. 또 export 키워드는 외부에 노출한다는 뜻일 뿐이다. 예를 들어 'export var pi = 3.14'라고 선언해도 모듈 안에서 pi 변수에 접근할 수 있다는 것은 변함이 없다.

A.7.2 import

모듈은 import 키워드로 불러올 수 있다. 기본적으로는 [코드 A-39]처럼 비구조화를 사용해서 멤버 중 일부를 불러올 수 있다.

코드 A-39 import 키워드로 모듈 불러오기

```
// 모듈에서 내보낸 멤버 중 일부를 불러오기
import { sum, pi } from './module/math';

console.log('sum result: %d', sum(pi, 20));
```

멤버를 불러올 때 별칭을 지어서 가져올 수도 있다. [코드 A-40]처럼 as 키워드를 사용한다.

코드 A-40 as 키워드로 별칭 사용하기

```
// 내보낸 멤버를 불러올 때 별칭 사용하기
import { sum as add, pi } from './module/math';
```

```
console.log('sum result: %d', add(pi, 20));
```

모듈에서 내보낸 모든 멤버를 불러오고 싶다면 아래와 같이 '*'을 사용하면 된다. [코드 A-41]에서 default 모듈은 math.default로 참조할 수 있다.

코드 A-41 모듈의 모든 멤버 불러오기

```
// 모든 모듈을 불러오고 싶을 때는 * as 이용
import * as math from './module/math';

console.log('sum result: %d', math.sum(math.pi, 20));
```

모듈을 불러오자마자 바로 내보낼 수도 있다.

코드 A-42 불어오자마자 내보내는 모듈

```
export * from './module/math';
```

모듈에서 내보낼 때 default 키워드로 기본값을 지정할 수 있다. 기본값을 불러올 때는 중괄호를 사용하지 않고 기본값을 받을 변수 이름만 지어주면 된다.

코드 A-43 기본값을 지정해 내보내는 모듈

```
// 기본값으로 모듈을 불러올 때는 중괄호 없이 기본값을 받을 변수 이름만 입력
import mathDefault from './module/math';

console.log('sum result: %d', mathDefault.sum(mathDefault.pi, 20));
```

모듈을 통째로 불러와서 해당 위치에서 바로 실행하고 싶다면 [코드 A-44]처럼 별명없이 import 키워드만 사용한다.

코드 A-44 모듈을 바로 실행하는 코드

```
// 모듈을 불러와서 그대로 해당 위치에서 실행한다.
import 'underscore';
```

마지막으로 기본값과 다른 멤버를 동시에 불러오고 싶다면 [코드 A-45]처럼 사용할 수 있다.

코드 A-45 기본값과 다른 멤버들을 동시에 불러오기

```
// 기본값 모듈과 다른 모듈들을 선택해서 불러오기
import mathDefault, { sum as add, floor } from './module/math';

console.log('result: %d', floor(add(mathDefault.pi, 20)));
```

A.8 클래스

ES2015+에서는 프로토타입prototype 기반의 상속을 더 명확하게 표현하는 class 키워드가 추가
되었다. class는 함수 구현과 크게 다르지 않으며 클래스 선언과 클래스 표현식을 제공한다. 하
지만 함수와 비교하면 호이스팅이 일어나지 않는다는 차이점이 있다.

A.8.1 class 선언

클래스 선언은 함수 선언과는 다르게 호이스팅이 발생하지 않는다. [코드 A-46]은 클래스 선
언 예다.

코드 A-46 클래스 선언 예

```
class Person {
    // 객체를 초기화하는 기본 메서드
    constructor() {

    }
}

const john = new Person();
```

constructor는 객체를 생성하고 초기화하는 기본 메서드며 클래스 안에 개만 존재할 수 있다.
여러 개 constructor를 선언하면 SyntaxError가 발생한다. 참고로 클래스 선언 전에 클래스
를 참조하면 ReferenceError가 나타난다는 사실은 기억해두자.

A.8.2 익명 class 선언

클래스도 익명으로 선언할 수 있다.

코드 A-47 익명 클래스 선언 예

```
const Person = class {
    constructor() {
    }
}
```

A.8.3 extends를 이용한 클래스 상속

extends는 하나의 클래스에서 다른 클래스를 상속할 때 사용하는 키워드다.

코드 A-48 extends로 클래스 상속

```
class Person {
    constructor(name) {
        this.name = name;
    }
}
class Man extends Person {
    getName() {
        console.log('My name is ' + this.name);
    }
}
const john = new Man('John');
john.getName(); // My name is John 출력
```

A.8.4 super 키워드를 이용한 상위 객체 접근

부모 클래스에 선언된 메서드를 호출하려면 super 키워드를 사용한다.

코드 A-49 super 키워드로 상위 객체 접근

```
class Person {
    constructor(name) {
        this.name = name;
```

```
        }

        getName() {
            console.log('Person\'s name is ' + this.name);
        }
    }

    class Man extends Person {
        // 상속 받는 클래스에서 constructor 메서드를 생략하면
        // 부모 클래스의 constructor 메서드가 그대로 실행되며
        // 이는 다음과 같은 코드가 실행되는 것과 같다.
        // constructor(name) {
        //     super(name);
        // }

        getName() {
            // 부모 클래스의 메서드 실행
            super.getName();
        }
    }

    const john = new Man('John');
    john.getName(); // Person's name is John 출력
```

A.8.5 정적 메서드

static 키워드는 정적 메서드를 정의한다. 정적 메서드는 인스턴스를 생성하지 않고도 호출할
수 있으며 인스턴스에서도 클래스 이름을 참조해서 호출해야 한다.

코드 A-50 정적 메서드 정의와 사용

```
    class Position {
        constructor(x, y) {
            this.x = x;
            this.y = y;
        }

        static distance(a, b) {
            var dx = a.x - b.x;
            var dy = a.y - b.y;
```

```
        return Math.sqrt(dx * dx + dy * dy);
    }
}

const p1 = new Position(5, 5);
const p2 = new Position(10, 10);

console.log(Position.distance(p1, p2));  // 7.0710678118654755
console.log(typeof p1.distance) // undefined
```

A.9 프로미스

자바스크립트의 거의 대부분 작업들은 비동기로 이루어진다. 어떤 작업을 요청하면서 콜백 함수를 등록하면 작업을 실행한 후 결과도 콜백 함수로 알려준다. 실제 비동기 작업이 아니더라도 자바스크립트는 결과를 콜백으로 알려주는 패턴을 매우 흔하게 사용한다.

프로미스Promise 패턴을 사용하면 비동기 작업들을 순차적으로 처리하거나 병렬로 처리하는 등의 제어가 더 수월해지고 코드의 가독성이 좋아진다. 내부의 예외 처리 구조가 탄탄하므로 에러가 발생했을 때 에러 처리 등을 더 가시적으로 관리할 수 있는 장점이 있다.

TIP 프로미스와 관련해 『JavaScript Promise』(한빛미디어, 2015)라는 무료 eBook[3]을 배포 중이다. 이 책의 내용이 상당히 괜찮은 편이어서 참고하는 것을 권장한다.

A.9.1 프로미스의 기본 구조

프로미스의 기본 구조는 [코드 A-51]과 같다. new 키워드를 사용해 새 프로미스(Promise)를 만들고 파라미터로 resolve와 reject가 있는 익명 함수를 주입하는 형태다.

코드 A-51 프로미스의 기본 구조

```
function square(num) {
    return new Promise((resolve, reject) => {
        // 비동기 작업
```

---

3 http://www.hanbit.co.kr/store/books/look.php?p_code=E5027975256

```
            setTimeout(() => resolve(num * num), 3000);
    });
}

console.log('비동기 작업 호출');

square(5).then(result => console.log('결과는', result));
```

비동기 작업을 묘사하려고 setTimeout 함수를 사용했다. 이 부분은 Ajax나 파일 입출력(I/O), 데이터베이스 요청 등 다른 비동기 작업이나 동기 작업이 위치할 수도 있다.

프로미스 생성자 함수로 생성된 Promise 인스턴스에는 정상적으로 비동기 작업이 완료되었을 때 호출하는 then 메서드가 존재한다.

이 메서드는 2개의 콜백을 파라미터로 사용할 수 있다. 첫 번째 파라미터에는 작업이 성공했을 때 콜백, 두 번째 파라미터에는 실패했을 때 콜백을 등록할 수 있다. 참고로 [코드 A-51]에서는 두 번째 실패했을 때 콜백이 생략되었다.

A.9.2 프로미스의 상태

프로미스는 다음 네 가지 상태 중 하나의 상태를 갖는다.

- pending: 아직 프로미스를 실행 중인 상태(fulfilled 혹은 reject되기 전)다.
- fulfilled: 프로미스를 지킨 상태다.
- rejected: 프로미스를 어떤 이유에서 못 지켜진 상태이다.
- settled: fulfilled 혹은 reject된 상태다.

일단 new Promise로 프로미스가 생성되는 직후부터 resolve나 reject 함수가 호출되기 전까지의 순간은 pending 상태다. 이후 비동기 작업을 마친 후 결과물을 약속대로 잘 줄 수 있다면 첫 번째 인자로 주입되는 resolve 함수를 호출한다. 결과물을 주는 데 실패했다면 두 번째 인자로 주입되는 reject 함수를 호출하여 프로미스의 상태를 결정한다.

주의할 점은 resolve든 reject 함수든 한 번 실행되어 프로미스의 상태가 결정되면 다시 실행해도 프로미스는 같은 결과를 리턴한다는 것이다. [코드 A-52]는 그 예다.

코드 A-52 프로미스의 상태 결정 예

```
const settledPromise = new Promise((resolve, reject) => {
    // 50% 확률로 resolve 함수 실행
    if (Math.round(Math.random())) {
        resolve("프로미스 성공!");
    }
    else {
        reject(Error("프로미스 실패.."));
    }
});

// 첫 번째 실행
settledPromise
    .then(result => console.log(result))
    .catch(error => console.error(error.message));

// 두 번째 실행
settledPromise
    .then(result => console.log(result))
    .catch(error => console.error(error.message));

// 세 번째 실행
settledPromise
    .then(result => console.log(result))
    .catch(error => console.error(error.message));
```

50%의 확률로 프로미스 실행이 성공하거나 실패한다. 한 번 성공한 프로미스는 다시 실행해도 여전히 같은 값인 것을 볼 수 있다. 프로미스의 이러한 특성을 활용해서 같은 비동기 작업을 여러 번 실행하는 것을 방지할 수 있다.

하지만 보통 함수를 호출할 때마다 비동기 작업을 새로 실행하는 형태로 개발할 것이다. 이럴 때는 [코드 A-53]처럼 새로운 프로미스를 리턴하는 형태로 사용한다.

코드 A-53 새로운 프로미스 리턴

```
const newPromise = function() {
    return new Promise((resolve, reject) => {
        // 50% 확률로 resolve 함수 실행
        if (Math.round(Math.random())) {
            resolve("프로미스 성공!");
```

```
            }
            else {
                reject(Error("프로미스 실패.."));
            }
        });
    };

    // 첫 번째 실행
    newPromise()
        .then(result => console.log(result))
        .catch(error => console.error(error.message));

    // 두 번째 실행
    newPromise()
        .then(result => console.log(result))
        .catch(error => console.error(error.message));

    // 세 번째 실행
    newPromise()
        .then(result => console.log(result))
        .catch(error => console.error(error.message));
```

앞서 한 번 결과가 결정되면 몇 번을 실행해도 같은 결과를 리턴했던 것과 달리 호출할 때마다 다른 결과를 리턴하는 것을 확인할 수 있다.

A.9.3 catch 메서드

Promise 인스턴스에는 then 메서드 외에도 catch 메서드가 존재한다. .then(null, function () { ... })와 같은 기능이라고 보면 된다.

코드 A-54 then 메서드 사용 예

```
function getUsername(id) {
    return new Promise((resolve, reject) => {
        // 비동기 작업
        setTimeout(() => {
            if (id === 'admin') {
                resolve('홍길동');
            }
```

```
            else {
                reject(new Error('존재하지 않는 아이디입니다.'));
            }
        }, 3000);
    });
}


getUsername('test')
    .then(username => console.log(`${username} 님 안녕하세요!`),
        error => console.error(error.message));
```

[코드A-54]는 [코드 A-55]와 완전히 같은 동작을 한다.

코드 A-55 catch 메서드 사용 예

```
function getUsername(id) {
    return new Promise((resolve, reject) => {
        // 비동기 작업
        setTimeout(() => {
            if (id === 'admin') {
                resolve('홍길동');
            }
            else {
                reject(new Error('존재하지 않는 아이디입니다.'));
            }
        }, 3000);
    });
}


getUsername('test')
    .then(username => console.log(`${username} 님 안녕하세요!`))
    .catch(error => console.error(error.message));
```

A.9.4 프로미스 체이닝

프로미스는 기본적으로 then 메서드로 연결될 수 있다. then 메서드에 인자로 주입하는 함수에서 값을 리턴하면 내부에서 이 리턴값을 다시 프로미스로 감싸준다. 그래서 특별히 다른 작업을 해주지 않아도 then 메서드를 이어서 사용할 수 있다.

인자로 주입하는 함수에서 리턴한 값은 다음 then 메서드의 인자로 사용된다. 이때 주의할 점은 여러 개의 인자가 아닌 오직 인자 하나만 사용할 수 있다는 것이다.

코드 A-56 인자 하나만 사용하는 then 메서드

```
function getUsername(id) {
    return new Promise((resolve, reject) => {
        // 비동기 작업
        setTimeout(() => {
            if (id === 'admin') {
                resolve('홍길동');
            }
            else {
                reject(new Error('존재하지 않는 아이디입니다.'));
            }
        }, 3000);
    });
}

getUsername('test')
    .then(username => username + '님 안녕하세요!')
    .then(message => console.log(message))
    .catch(error => console.error(error.message));
```

첫 번째 then 메서드에서는 이름과 메시지를 더해서 리턴하는 것을 볼 수 있다. 프로미스는 이렇게 값을 리턴하면 내부에서 다시 프로미스로 감싸주므로 바로 then 메서드로 체이닝할 수 있다. 체이닝된 상태에서 중간에 에러가 발생하면 가까운 catch 메서드로 바로 이동한다. 따라서 체이닝된 상태에서 마지막에만 catch 메서드가 있다면 에러 처리의 가독성이 높아진다. 참고로 내부에서 프로미스로 감싼 값을 살펴보면 try/catch 형태이므로 예상치 못한 에러에 대응하는 것도 더 편리하다.

A.9.5 Promise.all 메서드

3개의 비동기 작업이 모두 완료되었을 때만 다음 작업을 진행하는 상황에서 [코드 A-57]처럼 작성한다면 비동기의 장점을 찾을 수 있을까?

코드 A-57 3개의 비동기 작업을 구현

```javascript
async1(function(result1) {
    async2(function(result2) {
        async3(function(result3) {
            console.log('작업 결과는 %s, %s, %s', result1, result2, result3);
        });
    });
});
```

Promise.all을 활용하면 비동기의 장점도 살리면서 코드의 가독성도 높일 수 있다.

코드 A-58 Promise.all을 사용한 비동기 작업 코드

```javascript
Promise.all([async1(), async2(), async3()])
    .then(result => console.log('작업의 결과는 %s, %s, %s', ...result));
```

실제 Promise.all을 사용해서 동작하는 예를 살펴보자.

코드 A-59 Promise.all 동작 예

```javascript
function square(num) {
    return new Promise((resolve, reject) => {
        // 비동기 작업
        setTimeout(() => resolve(num * num), 3000);
    });
}

function sum(arr) {
    return arr.reduce((sum, num) => sum + num, 0);
}

console.log('3초 후 결과 출력..');
Promise.all([square(5), square(7), square(9)])
    .then(sum)
    .then(console.log);
```

3개 비동기 작업의 결과를 받아서 이들의 합을 구하고 이어서 결과를 출력하는 형태다. 프로미스 부분만 보면 전체적으로 어떻게 동작할지 모두 예측할 수 있는 가독성 높은 코드가 쉽게 작성되었다.

A.10 제너레이터 함수

제너레이터 함수는 함수 밖을 나갔다가 나중에 다시 돌아올 수 있는 함수다. 이때 컨텍스트(지역 변수 영역)는 나가고 다시 들어오는 중에도 그대로 유지된다.

제너레이터 함수는 일반 함수와는 다르게 function*로 표시한다. 호출해도 즉시 실행되지 않고 이터레이터 객체가 리턴된다.

코드 A-60 제너레이터 함수의 사용 예

```
function* generatorFunc() {
    for (let i = 0; i < 3; i++) {
        yield i;
    }
}

let iterator = generatorFunc();

console.log(iterator.next()); // {value: 0, done: false}
console.log(iterator.next()); // {value: 1, done: false}
console.log(iterator.next()); // {value: 2, done: false}
console.log(iterator.next()); // {value: undefined, done: true}
```

yield는 제너레이터 함수 안에서 pause와 return을 합한 것처럼 동작한다. 저 위치에서 일단 함수 실행을 일시 정지한 다음 yield 값을 외부로 리턴해준다. 여기에서는 i 값을 리턴할 때 약간 특이하게 value와 done을 멤버로 갖는 객체를 리턴한 후 value 안에 yield 값을 전달한다.

그런데 이터레이터의 next 메서드로 다시 제너레이터 함수 내부에 값을 전달할 수도 있다. 이터레이터에서 next 메서드를 호출할 때 R, X, J, S 를 전달하자 for문 내부의 console.log로 전달한 값을 출력하는 것을 확인할 수 있다.

코드 A-61 이터레이터의 next 메서드로 제너레이터 함수에 값 전달

```
function* generatorFunc() {
    for (let i = 0; i < 4; i++) {
        console.log(yield i);
    }
```

```
    return '종료';
  }

let iterator = generatorFunc();

iterator.next();
iterator.next('R'); // R
iterator.next('X'); // X
iterator.next('J'); // J
iterator.next('S'); // S
```

A.11 Array에 추가된 메서드들과 for...of문

이 절에서는 Array에 추가된 메서드와 for...of문을 살펴보겠다.

A.11.1 Array.of 메서드

Array.of 메서드는 인자의 수나 타입에 관계없이 가변 인자를 갖는 새로운 Array 인스턴스를 만든다.

코드 A-62 Array.of 메서드 사용 예

```
Array.of(1); // [1]
Array.of(1, 2, 3); // [1, 2, 3]
Array.of(undefined); // [undefined]
```

ES5 문법으로 Array.of 메서드를 구현하면 [코드 A-63]과 같다.

코드 A-63 ES5로 Array.of 메서드 구현

```
Array.of = function() {
    return Array.prototype.slice.call(arguments);
};
```

A.11.2 Array.from 메서드

Array.from 메서드는 인자로 사용하는 배열 같은 객체나 반복 가능 객체를 배열로 변환하는 메서드다. 배열 같은 객체array-like는 다음을 말한다.

- 유사 배열 객체: length 속성과 인덱싱된 요소를 가진 객체
- 반복 가능한 객체: Map과 Set와 같이 객체의 요소를 얻을 수 있는 객체

코드 A-64 Array.from 메서드 정의 예

```
const surrogatepair = '서러게이트페어☆';
Array.from(surrogatepair); // ["서", "러", "게", "이", "트", "페", "어", "☆"]
```

Array.from 메서드는 반복 가능한 객체인지 확인한 후, 아니면 배열과 같은 객체로 배열로 변환을 시도한다. Array.from 메서드에서 반복 가능한 객체라는 것은 for...of문에서 반복해서 다룰 수 있는 객체를 말한다.

A.11.3 for...of문

for...of문은 ES2015+에서 추가된 구문 중 하나다. 기존 for...in문이 속성 이름을 반복해서 다룬다면, for...of문은 속성값을 반복해서 다룬다.

for...of문을 활용해서 배열로 변환하는 메서드를 만들면 [코드 A-65]와 같다.

코드 A-65 for...of문을 활용해 배열로 변환하는 메서드

```
function iterableToArray(obj) {
    const array = [];
    for (let v of obj) {
        array.push(v);
    }

    return array;
}

const surrogatepair = '서러게이트페어☆';
iterableToArray(surrogatepair); // ["서", "러", "게", "이", "트", "페", "어", "☆"]
```

결과적으로 Array.from 메서드는 문자열을 for...of문에 전달해서 시러게이트 페어^{surrogate pair}까지 고려해 한 글자씩 반복해서 다루는 구조로 생각할 수 있다.

A.11.4 Array.from 메서드 예제

Array.from 메서드를 사용하는 예는 [코드 A-66]과 같다.

코드 A-66 Array.from 메서드 사용 예

```
// 배열과 같은 객체(Array-like object)를 배열로 변환
function f() {
    return Array.from(arguments);
}

f(1, 2, 3); // [1, 2, 3]

// 반복 가능한(iterable) 객체를 배열로 변환
// Set
Array.from(new Set(['foo', window])); // ['foo', window]

// Map
Array.from(new Map([[1, 2], [2, 4], [4, 8]])); // [[1, 2], [2, 4], [4, 8]]

// String
Array.from("foo"); // ["f", "o", "o"]

// 두 번째 인자를 활용하면 배열로 변환된 요소를 가공할 수 있다.
Array.from([1, 2, 3], x => x + x); // [2, 4, 6]

// 순차적인 번호를 갖는 배열 생성
Array.from({length: 5}, (v, k) => k); // [0, 1, 2, 3, 4]
```

A.12 Map

Map은 ES2015+ 스펙에 새롭게 추가된 자료구조다. 기존에는 객체를 Map처럼 사용해왔지만 ES2015+ 환경에서는 명시적으로 Map을 사용할 수 있다.

Map은 기본적으로 키-값 형태의 객체다. 키 값으로 Primitive 값 외에도 객체와 함수를 사용할 수 있다. Map에서 사용하는 메서드는 [표 A-1]과 같다.

표 A-1 Map에서 사용하는 메서드

메서드	리턴 값
get	지정된 key로 value를 리턴
delete	지정된 key(와 value)를 제거
set	key, value를 추가
has	지정된 key 값이 있으면 true를 리턴
clear	Map의 요소를 모두 제거

[코드 A-67]은 [표 A-1]에서 소개하는 메서드 중 set, get, has를 사용하는 예다.

코드 A-67 Map의 메서드 사용

```
const map = new Map();
const keyObj = {};
const keyFunc = function() {};

map.set('키 이름', '홍길동');
map.set(keyObj, '이순신');
map.set(keyFunc, '장보고');

map.get('키 이름') === '홍길동'; // true 출력
map.get(keyObj) === '이순신'; // true 출력
map.get(keyFunc) === '장보고'; // true 출력
map.get({}) === undefined; // true 출력
map.get(function() {}) === undefined; // true 출력

map.size === 3; // true 출력
map.has('키 이름') === true; // true 출력
```

A.12.1 키의 등가성

키의 등가성은 'same-value' 알고리즘을 기반에 둔다. 즉, 모든 값은 === 연산자의 동작에 따라 같은지 여부를 판단한다는 것이다. 단, NaN !== NaN이라도 NaN은 NaN과 동일한 것으로 간주한다.

A.12.2 객체와 Map의 차이

객체와 Map은 둘 다 키-값 형태라는 점에서 비슷하므로, 지금까지 객체는 Map으로 사용되어 왔다. 하지만 객체와 Map 사이에는 몇 가지 중요한 차이가 있다.

- 객체는 프로토타입이 있으므로 기본적으로 몇 개의 키가 있다. 물론 Object.create (null)을 사용하여 해결할 수는 있다.
- 객체의 키는 문자열이지만 Map에서는 함수나 객체도 키가 될 수 있다.
- Map의 크기는 쉽게 얻을 수 있지만 객체의 크기는 수동으로 기록해야 한다.

항상 Map이 객체보다 활용하기 좋다는 것을 의미하지 않으므로 필요에 따라 적절하게 선택해 사용할 필요가 있다.

A.12.3 Array와의 관계

Map 생성자를 사용하면 키-값 형태의 2차원 배열을 Map으로 변환할 수 있다.

코드 A-68 2차원 배열의 Map 변환

```
const arr = [['지역', '서울'], ['취미', '개발']];

const map = new Map(arr) ;
map.get('지역'); // 서울을 리턴
```

A.13 Set

키 없이 값을 갖는 객체다. add로 값을 할당하고 중복되는 값이 있을 땐 이전 값이 새로운 값으로 치환된다. [표 A-2]는 Set에서 사용하는 주요 메서드를 소개한다.

표 A-2 Set에서 사용하는 주요 메서드

메서드	리턴 값
add	요소를 추가
delete	지정된 요소를 제거

메서드	리턴 값
has	지정된 요소가 포함된 경우 true를 리턴
clear	요소를 모두 제거

[코드 A-69]는 Set의 주요 메서드를 사용하는 예다.

코드 A-69 Set의 주요 메서드 사용

```
const set = new Set();
set.add('홍길동').add('이순신').add('홍길동'); // Set(2) {"홍길동", "이순신"}
set.size === 2; // true
set.has('홍길동'); // true
```

A.13.1 Map/Set의 키-값 참조

Map과 Set은 이터레이터를 각각 리턴하여 for...of문으로 객체의 키-값을 참조할 수 있다.

표 A-3 Map/Set 객체의 키-값을 참조하는 메서드

메서드	리턴 값
keys	{ "key1", "key2", ... }
values	{ "value1", "value2", ... }
entries	{ ["key1", "value1"], ["key2", "value2"], ... }

단 Set의 keys와 entries 메서드는 key 값이 없으므로 key 값을 value와 같은 값으로 리턴된다. [코드 A-70]은 Map/Set의 키-값을 참조하는 entries 메서드의 사용 예다.

코드 A-70 객체의 키-값을 참조하는 entries 메서드 사용

```
const map = new Map();
const set = new Set();
map.set('key1', 'value1').set('key2', 'value2');
set.add('value1').add('value2');

for (let [key, value] of map) {
    console.log(key, value);
}
// 위의 for..of문은 다음과 같다.
```

```
for (let [key, value] of map.entries()) {
    console.log(key, value);
}

// 위의 for..of문은 다음과 같다.
map.forEach((value, key, map) => {
    console.log(key, value);
});

// Set도 for...of문으로 참조할 수 있다.
for (let [key, value] of set.entries()) {
    console.log(key, value);
}
```

A.13.2 WeakMap과 WeakSet

ES2015+에는 WeakMap과 WeakSet도 새롭게 추가되었다. Map이나 Set과 비슷하지만 객체 참조가 약하게 연결되어 있다는 점이 다르다. 저장된 객체 참조가 WeakMap과 WeakSet을 제외한 다른 영역에서 모두 없어지면 가비지 컬렉션garbage collection의 대상이 되어 메모리에서 제거된다. 그리고 리턴되는 이터레이터가 없다.

A.14 심벌

심벌Symbol은 ES2015+에 추가된 새 기본 타입으로 일종의 고유 아이디로 사용되는 토큰이다.

팩토리 함수인 Symbol을 사용해서 심벌을 만들 수 있다. 유일한 인자로 문자열을 사용하며 단지 어떤 심벌인지 디버깅할 때 설명하는 용도로 사용한다.

코드 A-71 Symbol 함수의 정의 예

```
let symbolTest = Symbol('symbol_test');
```

Symbol 함수를 사용해서 생성한 모든 심벌은 단일 값을 갖는다.

코드 A-72 Symbol 함수로 생성한 심벌 값 비교

```
let test1 = Symbol('test');
let test2 = Symbol('test');

test1 === test2; // false
```

심벌은 객체의 속성 키 값으로 사용될 수 있다. 당연히 계산된 속성으로 사용될 수 도있다. 이전에 객체의 속성 키 값은 문자열만 사용할 수 있었지만 이제 심벌도 사용할 수 있다.

하지만 항상 '[ ]'로 참조해야 하고 '.'으로 참조할 수는 없다.

코드 A-73 심벌의 사용 예

```
const symbolTest = Symbol();
let obj = {
    [symbolTest]: 'hello world!'
};

console.log(obj[symboleTest]); // hello world!
```

심벌을 속성 키 값으로 사용하면 getOwnPropertyNames 아닌 getOwnPropertySymbols를 사용해야 한다. Reflect.ownKeys로는 모든 종류의 키값을 알 수 있고, Object.keys(obj)는 열거enumerable 타입 형태의 키만 참조한다.

심벌은 기본적으로 전역 레벨로 생성되지 않는다. 전역 레벨로 생성하려면 for 메서드를 사용해서 생성하고 keyFor로 사용해야 한다.

코드 A-74 심벌을 전역 레벨로 생성하는 for 메서드

```
let sym = Symbol.for('symbolTest');
Symbol.keyFor(sym); //'symbolTest'
```

심벌은 속성 값으로 자바스크립트의 내부 언어 동작을 가리키는 특별한 심벌들이 있다. [표 A-4]에 이를 정리했다.

표 A-4 특별한 심벌들

심벌	가리키는 내부 동작
Symbol.iterator	객체의 기본 이터레이터
Symbol.match	문자열과 매치
Symbol.replace	문자열과 매치되는 부분을 치환
Symbol.search	정규식과 일치하는 문자열의 인덱스를 리턴
Symbol.split	문자열을 정규식과 일치하는 지점에서 분할
Symbol.hasInstance	생성자 객체가 해당 인스턴스의 객체로 인식되는지를 결정하는 데 사용
Symbol.isConcatSpreadable	Array.prototype.concat()을 사용하여 객체를 배열 요소로 평면화할 때 설정으로 사용
Symbol.unscopables	with 환경 바인딩에서 제외될 자신과 또 상속된 속성 이름을 지정하는 데 사용. 제한(strict) 모드에서는 불필요
Symbol.species	파생 객체를 생성하는 데 사용하는 생성자 함수
Symbol.toPrimitive	객체를 기본 타입 값으로 변환하는 메서드
Symbol.toStringTag	Object.prototype.toString()에서 사용할 객체의 기본 설명에 사용되는 문자열 값

A.15 이터레이터와 이터러블

앞에서 자바스크립트의 내부 언어 동작을 가리키는 특별한 심벌들을 소개했다. 그 중 하나가 객체의 기본 이터레이터를 가리키는 Symbol.iterator다.

A.15.1 이터러블

자바스크립트에서 어떤 객체가 이터러블하다는 의미는 객체의 멤버 중 Symbol.iterator라는 이름의 함수가 있다는 뜻이다. 이해되지 어려울 수 있으므로 좀 더 살펴보자.

이터러블한 객체는 [코드 A-75]처럼 for...of문을 사용해서 탐색할 수 있다.

코드 A-75 for...of문을 사용해 이터러블 객체 탐색

```
const str = '안녕하세요';
for (let i of str) {
```

```
    console.log(i); // 안, 녕, 하, 세, 요
  }
```

그럼 객체의 멤버 중 Symbol.iterator라는 이름의 함수가 실제로 존재하는지 확인해보자.

코드 A-76 Symbol.iterator 함수의 존재 확인

```
const str = '안녕하세요';
console.log(str[Symbol.iterator]);
// function [Symbol.iterator]() { [native code] }
```

콘솔에서 확인해보면 Symbol.iterator 속성 값이 네이티브 코드로 이루어진 함수임을 알 수 있다. 조금 낯설지 모르지만 ES2015+에서는 자바스크립트의 내부 동작을 가리키려고 몇 가지 심벌을 미리 설정해두었고, 방금 그중에서 이터러블함을 나타내는 Symbol.iterator가 문자열 내부에 미리 선언된 것을 확인한 것이다.

ES2015+에서 [Symbol.iterator] 키가 있는 메서드는 이터러블한 것으로 간주한다. 이터레이터 팩토리 메서드라고 약속되어 있기 때문이다. 메서드를 실행하면 이터레이터가 리턴될 것으로 예측하며 이터레이터 객체는 next라는 메서드로 탐색할 수 있다.

그런데 [코드 A-77]처럼 이터러블의 이터레이터 팩토리 메서드([Symbol.iterator])가 정상적인 이터레이터 객체를 리턴하지 않으면 런타임 예외 또는 버그가 발생할 수 있다.

코드 A-77 정상적인 이터레이터 객체를 리턴하지 않는 상황

```
const nonWellFormedIterable = {
    [Symbol.iterator] () {
        // next 메서드가 없는 잘못된 이터레이터를 리턴
        return 'hello';
    }
};

[...nonWellFormedIterable]; // TypeError: [] is not a function
```

A.15.2 이터레이터

앞서 잠깐 언급했지만 이터레이터는 [Symbol.iterator]라는 키가 있는 메서드를 실행한 결괏값인 next 메서드로 요소를 탐색할 수 있다. 이터레이터는 값들을 한 번에 하나씩 리턴한다.

[코드 A-78]은 1부터 3까지 순차적으로 값을 리턴하는 이터레이터를 만드는 이터레이터 팩토리 메서드다.

코드 A-78 이터레이터를 만드는 이터레이터 팩토리 메서드

```
let counter = {
    [Symbol.iterator] () {
        let count = 1;
        return {
            next() {
                if (count <= 3) {
                    return { done: false, value: count++ };
                }
                return { done: true, value: undefined };
            }
        }
    }
};
```

이터러블한 객체는 [코드 A-79]처럼 for...of문을 사용해서 탐색할 수 있다.

코드 A-79 for...of문으로 탐색하는 이터러블 객체

```
for (let i of counter) {
    console.log(i); //1, 2, 3
}
```

직접 이터레이터 팩토리 메서드를 호출해서 이터레이터를 리턴받아서 실행할 수도 있다.

코드 A-80 이터레이터 팩토리 메서드를 호출해서 받는 이터레이터 생성

```
let count = counter[Symbol.iterator]();
count.next(); // { done: false, value: 1 }
count.next(); // { done: false, value: 2 }
```

```
count.next(); // { done: false, value: 3 }
count.next(); // { done: true, value: undefined }
```

A.15.3 제너레이터와 이터레이터

제너레이터는 기본적으로 실행하면 이터레이터를 리턴한다. 따라서 [코드 A-80]은 [코드 A-81]처럼 변환할 수 있다.

코드 A-81 제너레이터를 이용한 이터레이터 생성

```
let gcounter = {
    * [Symbol.iterator] () {
        yield 1;
        yield 2;
    }
};
```

당연히 for...of문을 사용해서 탐색할 수 있다.

코드 A-82 for...of문을 이용한 이터러블 객체 탐색

```
for (let i of gcounter) {
    console.log(i); //1, 2
}
```

물론 제너레이터에 직접 이터레이터 팩토리 메서드를 호출해서 이터레이터를 리턴받아서 실행할 수도 있다.

코드 A-83 제너레이터에 이터레이터 팩토리 메서드를 호출해서 이터레이터 생성

```
let gcount = gcounter[Symbol.iterator]();
gcount.next(); // { done: false, value: 1 }
gcount.next(); // { done: false, value: 2 }
gcount.next(); // { done: true, value: undefined }
```

A.16 프락시

프락시Proxy는 객체의 기본 기능을 재정의하는 데 사용한다. 타깃target, 트랩traps, 핸들러handler라는 개념이 있다. 각 개념의 뜻은 다음과 같다.

- 타깃: 프락시가 동작을 변경할 객체
- 트랩: 객체가 가진 기본 기능에 접근하는 방법
- 핸들러: 설정한 트랩에 대응해서 재정의된 동작을 담은 객체

[코드 A-84]는 프락시를 사용해서 객체에 없는 속성을 호출하면 undefined가 아니라 'hello world!'를 리턴하도록 만드는 예다.

코드 A-84 프락시로 예외 상황에 특정 값을 리턴하는 예

```
// 프락시 핸들러 선언
const handler = {
    // get은 속성 값을 읽을 때의 트랩이다.
    get : function(target , name) {
        // 원래 타깃에 없는 값이면 hello world!를 리턴
        return target[name] || 'hello world!';
    }
};

// 빈 객체에 프락시 적용
const test = new Proxy({} , handler);
// 존재하지 않는 속성 값 출력 시도
console.log(test.aaa); // hello world!
```

앞 예제에서는 get 트랩에만 프락시를 설정했는데, 이런 방식으로 재정의할 수 있는 프락시 트랩 목록은 [표 A-5]와 같다.

표 A-5 재정의할 수 있는 프락시 트랩 목록

기능	핸들러 메서드
함수 실행 트랩	handler.apply()
new 키워드로 생성자 호출 트랩	handler.construct()
속성 값 삭제 트랩	handler.deleteProperty()
속성 값 읽기 트랩	handler.get()

기능	핸들러 메서드
속성 값 쓰기 트랩	handler.set()
Object.defineProperty 트랩	handler.defineProperty()
Object.getOwnPropertyDescriptor 트랩	handler.getOwnPropertyDescriptor()
GetPrototypeOf 트랩	handler.getPrototypeOf()
Object.setPrototypeOf 트랩	handler.setPrototypeOf()
in에 관한 트랩	handler.has()
Object.isExtensible 트랩	handler.isExtensible()
Object.getOwnPropertyNames 트랩	handler.ownKeys()
Object.preventExtensions 트랩	handler.preventExtensions()

A.16.1 Proxy.revocable

프락시에는 취소 가능한 프락시를 만드는 revocable 메서드가 있다. 이 메서드는 타깃과 핸들러를 인자로 사용해 실행하면, 프락시 생성자 함수를 사용할 때처럼 취소 가능한 프락시 객체를 리턴한다. 객체에는 proxy 속성과 revoke 메서드가 있다.

Proxy.revocable 메서드를 실행하면 프락시 객체에 적용된 프락시를 더 이상 사용할 수 없고 이후 모든 핸들러에 TypeError를 발생시킨다.

A.17 리플렉트

리플렉트Reflect는 프락시와 달리 기본 동작을 재정의하지 않고 실행할 수 있도록 위임하는 기능이 있다. 프락시의 핸들러에서 객체의 원래 기능을 그대로 실행하게 하고 싶을 때 리플렉트를 사용한다. 따라서 프락시와 함께 사용할 때가 많다. 참고로 프락시의 트랩 핸들러 메서드 목록과 리플렉트의 메서드 목록은 같다.

[코드 A-85]는 프락시와 리플렉트를 사용하는 예다.

```
let obj = {};

let pObj = new Proxy(obj, {
    // 속성 값 설정 트랩에 대한 핸들러
    // 트랩에는 target, key, value, receiver를 사용한다.
    set(target, key, value, receiver) {
        // 설정하려는 값 출력
        console.log(target, key, value, receiver);
        // 전혀 다른 값인 hello world!를 할당
        return Reflect.set(target, key, 'hello world!');
    }
});

pObj.aaa = 123; // Object {} "aaa" 123
console.log(obj.aaa); // hello world!
```

객체에 속성 값을 설정한 후 console.log로 해당 값을 한번 출력한다 다음으로는 객체에 원래 값이 아닌 'hello world!'를 출력하도록 설정했다.

RxJS 5와 6의 차이점

2018년 8월 31일 기준 RxJS의 안정 버전은 6.3.0이다. RxJS 6은 기존 5.5에 있던 목표에서 하나가 더 추가되었다. 기존에 프로토타입 방식으로 제공되던 패치 연산자^{Patch Operator}들을 개선해 전반적으로 더 작은 번들 사이즈^{Smaller overall bundles sizes}를 만들겠다는 것이다. 좀 더 구체적으로 설명하면 웹팩과 같은 번들링 도구로 번들링 파일을 만들 때 불필요한 코드가 포함되면 용량이 커지는 문제를 줄여보려는 노력이다. RxJS 6와 7의 미래를 소개하는 RxJS의 리더 벤 레시의 영상[1]에 자세히 소개되기도 했다.

RxJS 5.5까지는 let 연산자에서 사용할 수 있는 함수 단위를 불러서 사용할 수 있는 레터블^{lettable} 연산자를 제공해 번들링 파일을 만들 때의 용량을 줄여보려는 노력을 했다. 하지만 RxJS 6에서는 let 연산자 대신 여러 개 레터블 연산자를 사용할 수 있는 파이퍼블 연산자로 대체했다. 이 장에서는 이러한 특징을 토대로 RxJS 6의 특징과 5와 6 버전의 차이점을 가볍게 살펴보겠다.

B.1 파이퍼블 연산자를 도입한 이유

파이퍼블 함수를 도입한 이유는 다음과 같다.[2]

---

1 https://www.youtube.com/watch?v=8WhFBIsKy-Y
2 https://github.com/ReactiveX/rxjs/blob/master/doc/pipeable-operators.md#why

1 Obervable.prototype으로 연결된 연산자는 갑자기 없어지더라도 사용하는 입장에서 사라졌다는 것을 알 수 없어 코드에 문제가 발생한다. pipe 함수로 각 연산자를 함수 형태로 불러와서 사용하면 필요한 연산자를 각 파일에서 불러와서 사용할 수 있다.

2 패치 연산자는 웹팩 등에서 트리쉐이킹할 수 없다. 각 모듈 단위로 파이퍼블 연산자를 불러오면 트리쉐이킹 대상이 되어 번들링 파일 용량을 효율적으로 관리할 수 있다.

3 파이퍼블 연산자는 갑자기 사용하지 않더라도 lint라는 도구로 미리 사용되지 않음을 확인할 수 있다. 왜냐하면 함수를 불러왔더라도 호출하지 않기 때문이다. 그러나 패치 연산자는 prototype으로 연결된 메서드이므로 어떤 연산자를 갑자기 사용할 수 없더라도 lint로 해당 연산자를 불러왔다는 사실을 확인할 수 없다.

4 함수형 프로그래밍과 같이 사용하기 편하다. 사용자 정의 연산자를 만들더라도 Observable 클래스를 상속하거나 lift 함수로 연결할 필요없이 함수 단위로 만들어 사용하기 편하다.

B.2 자바스크립트 키워드와 충돌 방지

pipeable 함수는 함수 단위로 불러와서 사용해야 하므로 자바스크립트 키워드 이름과 충돌을 피해야만 했다. 따라서 자바스크립트 키워드와 겹치는 연산자의 이름을 다음처럼 변경했다.[3]

1 do -〉 tap

2 catch -〉 catchError

3 switch -〉 switchAll

4 finally -〉 finalize

그 밖에 생성 함수도 자바스크립트와 키워드 충돌 방지를 위해 버전 5의 이름에서 바뀐 것이 있다.[4]

1 Observable.if 〉 iif( )

2 Observable.error 〉 throwError( )

---

3 https://github.com/ReactiveX/rxjs/blob/master/docs_app/content/guide/v6/migration.md#howto-convert-to-pipe-syntax

4 https://github.com/ReactiveX/rxjs/blob/master/docs_app/content/guide/v6/migration.md#howto-convert-deprecated-methods

B.3 RxJS v5 코드를 RxJS v6 코드로 변경하는 방법

아래 예처럼 range같은 생성 함수도 불러와서 사용해야 하며, 연결되는 다른 연산자들도 불러와서 사용한다.[5] 다만 생성 함수는 rxjs/observable에 있으며, 연결되는 파이퍼블 연산자들은 rxjs/operators에 속해 있다. rxjs/operator도 있는 rxjs/operators는 s가 붙은 복수형이란 것에 주의해야 한다.

코드 B-1 RxJS 6으로 변경

```
import { range } from 'rxjs';
import { map, filter, scan } from 'rxjs/operators';

const source$ = range(0, 10);

source$.pipe(
  filter(x => x % 2 === 0),
  map(x => x + x),
  scan((acc, x) => acc + x, 0)
)
.subscribe(x => console.log(x))
```

B.4 버전과 하위/상위 호환성

현재 RxJS v5.x to v6 업데이트 가이드[6]에 따르면 버전 5.x에서 버전 6으로 업데이트하는 방법을 다음처럼 안내한다.

1 5.5보다 버전이 낮다면 5.5로 업데이트한 후 발생하는 이슈가 있다면 수정한다.

2 버전 6에서 버전 5의 하위 호환성을 지원하는 rxjs-compat와 함께 설치한다.[7] npm install rxjs@6 rxjs-compat@6 -save와 같은 방식이다.

---

5 https://github.com/ReactiveX/rxjs/blob/master/doc/pipeable-operators.md#usage

6 https://github.com/ReactiveX/rxjs/blob/master/docs_app/content/guide/v6/migration.md

7 https://github.com/ReactiveX/rxjs/blob/master/docs_app/content/guide/v6/migration.md#backwards-compatibility

3 rxjs-compat에서 커버되지 않은 부분들이 있다면 breaking-change 문서[8]를 참고해서 수정한다.

4 마지막으로 rxjs-compat에 의존성 있는 부분을 없애고 버전 v6로 완전히 수정한다.[9]

B.5 마치며

자바스크립트도 최근엔 prototype의 의존성을 줄이고 각각의 모듈을 불러오는 방향을 추구하는 편이다. 이는 lint나 웹팩 등의 도구에서 연산자를 적절히 추적하는 데 도움이 되므로 권장하는 방식이다. 따라서 RxJS 5를 사용하더라도 필요한 부분만 import 키워드로 불러와서 연산자를 사용하는 습관을 들이는 것이 좋다. 이렇게 하면 번들링할 때 용량도 줄일 수 있고 RxJS 6의 파이퍼블 연산자로 코드를 바꾸기도 쉬울 것으로 생각한다.

그 밖에 RxJS에 의존성이 있는 자바스크립트 라이브러리와 기존 RxJS를 함께 사용한다면 다양한 버전이 섞이는 문제가 발생할 수도 있다. 이 문제를 막고자 하위 호환성을 보장하는 rxjs-compat를 제공한다. RxJS 5와 RxJS 6를 혼재해서 사용해야 하는 특별한 상황이라면 앞서 설명한 하위 호환성 관련 문서를 참고하기 바란다.

---

8 https://github.com/ReactiveX/rxjs/blob/master/docs_app/content/guide/v6/migration.md#breaking-changes

9 https://github.com/ReactiveX/rxjs/blob/master/docs_app/content/guide/v6/migration.md#drop-compat

INDEX